新 완전절친

토익
LC

천보라 지음

KB019233

The One 더원

新 완전절친
토익 LC

개정판 1쇄 발행 2019년 2월 20일

지은이 천보라
기획 및 편집 유효정
디자인 나인플럭스
마케팅 정병건

펴낸곳 ㈜글로벌21
출판등록 2019년 1월 3일
주소 서울시 종로구 삼일대로15길 19 글로벌빌딩
전화 02)725-8282 팩스 02)753-6969
www.global21.co.kr

ISBN 978-89-8233-305-7 13740

· 이 책에 실린 모든 내용, 디자인, 편집 구성의 저작권은 ㈜글로벌21과 지은이에게 있습니다.
  허락 없이 복제하거나 다른 매체에 옮겨 실을 수 없습니다.
· 잘못된 책은 구입하신 곳에서 바꿔 드립니다.

초보자라면 스타트부터 시작하면 되고, 고급자라면 실전 문제를 풀며 감각을 익히면 됩니다.
하지만 이 교재는 초보자도 고급자도 아닌 중급자들에게 딱 맞춤인 유형으로 구성되어 있습니다.
신토익과 토익 출제경향을 철저히 분석하여, 이 교재 한 권만으로 LC 성적이 향상될 수 있게
구성하였습니다.

아는 단어인데도 들리지 않아요.

가장 많이 듣는 질문 중 하나입니다. 어휘의 뜻을 알고 있어도 원어민의 발음으로 노출되면 순간적으로
놓치게 됩니다. 나라별 발음의 특성을 이해하고 따라 읽어보며 반복 청취를 해야 합니다. 특히 단어가 이
어질 때 들리는 연음에 주의하며 큰 소리로 따라 읽어 봅니다. 내가 원어민의 발음에 가깝게 발음할 수 있
으면 그 단어도 잘 들리게 됩니다.

문제를 많이 푸는데도 성적은 제자리에요.

가끔 보면 커피숍이나 공원에서 리스닝 공부를 하는 학습자들을 볼 수 있는데, 최대한 집중할 수 있는 환
경에서 청취하라고 권합니다. 시험과 같은 상황이라고 생각하고 매 순간 집중력을 발휘해 문제를 풀어야
실력 상승이 됩니다. 문제를 풀고 정답과 맞춰보고 틀린 문제를 체크하는 단순한 패턴만 반복해서는 안
됩니다. 컨디션에 따라 집중력이 달라지는 학습자들은 시험 전 컨디션 관리도 필수이겠죠?

LC 성적이 RC 성적에 비해 턱없이 낮아요.

RC 성적이 안정된 학습자라면 기본적인 어휘나 문법이 어느 정도 갖춰졌다고 볼 수 있습니다. 하지만 리
스닝 공부는 일단 귀가 뻥뻥 뚫려야 하므로 많이 들어야 합니다. 여기서 중요한 것은 그냥 들어서는 안 되
고 반드시 전략을 갖고 들어야 합니다. 리스닝을 할 때, 자신도 모르게 듣고 머릿속으로 해석하는 학습자
들이 있습니다. 우리는 정답을 찾기 위해 리스닝을 하는 것이지, 무슨 말인지 이해하기 위해 리스닝을 하
는 것이 아니라는 점을 명심할 필요가 있습니다.

현장에서 토익 학습자들에게 청취 요령에 대한 질문을 많이 받습니다. 열심히 공부하는 사람을 못 따라가
는 건 사실이지만, 좀 더 빠른 시간에 목표점수를 달성하려면 자신만의 학습 플랜이 필요합니다. 더불어
교재에 제시된 다양한 비법을 참고하여 같은 문제를 반복적으로 틀리지 않도록 합시다.

천보라

Contents

책의 특징   006

토익 소개   008

학습캘린더   010

Part 1 ● 사진 묘사 Photographs

Unit 01 ● 1인 사진   014

Unit 02 ● 다인 사진   022

Unit 03 ● 사물 · 풍경 사진   030

Unit 04 ● 복합 사진   038

Part Test   046

Part 2 ● 질의응답 Question-Response

Unit 01 ● Who의문문   050

Unit 02 ● What의문문   054

Unit 03 ● When의문문   060

Unit 04 ● Where의문문   064

Unit 05 ● How의문문   070

Unit 06 ● Why의문문   074

Unit 07 ● 일반의문문   080

Unit 08 ● 부정의문문   084

Unit 09 ● 선택의문문   090

Unit 10 ● 제안 · 요청의문문   094

Unit 11 ● 평서문   100

Unit 12 ● 부가의문문   104

Part Test   110

Part 3 ● 짧은 대화 Short Conversations

Unit 01 ● 주제/목적을 묻는 문제 114

Unit 02 ● 화자/장소를 묻는 문제 122

Unit 03 ● 세부사항 관련 문제 130

Unit 04 ● 제안/요청 관련 문제 136

Unit 05 ● 화자의 의도 파악/시각정보 연계/3인 대화 문제 144

Part Test 153

Part 4 ● 짧은 담화 Short Talks

Unit 01 ● 전화메시지 160

Unit 02 ● 공지/안내 168

Unit 03 ● 방송/보도 176

Unit 04 ● 연설/발표 184

Unit 05 ● 광고 192

Part Test 202

실전모의고사 208

A b o u t
T h i s
B o o k

책의 특징

1 토익 고득점을 얻기 위한 필수 학습서

● 토익 시험에 대비해 공부하고 응시해본 적은 있으나 아직 고득점을 얻지 못한 학습자들을 위한 필수 학습서입니다. 최근 출제된 토익 시험을 분석하여, 자주 출제되는 주제, 어휘, 질문, 답변, 오답으로 교재를 구성하였습니다. 실전 난이도에 가까운 문제들도 수록하였으니, 열심히 학습한다면 토익 고득점을 얻을 수 있을 것입니다.

2 신토익 신유형 출제 경향 완벽 반영

● 2016년부터 새롭게 출제된 신토익 신유형 출제 경향을 반영하였습니다. 학습자들은 토익 리스닝에 새로 추가된 3인 대화, 5회 이상 주고받는 대화, 화자의 의도를 파악하는 문제, 시각자료를 보고 푸는 문제 유형을 이 책으로 학습할 수 있습니다. 신유형이라고 해서 무조건 더 어려운 것은 아니니, 미리 겁먹지 말고 신유형을 파악해보기 바랍니다.

3 문제 풀이 전략과 오답패턴 제시

● 유형별 문제풀이에 도움이 될만한 출제경향과 풀이 전략, 그리고 오답패턴을 필요에 따라 제시하였습니다. 자주 출제되는 질문에는 무엇이 있는지, 주로 어떤 것들이 정답이 되는지, 오답에는 어떤 패턴이 있는지 미리 학습해서 실제 시험에서 활용할 수 있도록 하기 바랍니다.

4 토익 빈출표현과 어휘 제공

● 토익 시험에 자주 출제되었던 어휘와 표현들을 수록하였습니다. 특히 Part 3와 4 문제를 푸는 데 중요한 역할을 하는 패러프레이징 표현들도 있으니, 빈출표현들을 잘 익혀두도록 합니다.

5 리스닝 능력을 향상시키는 딕테이션 연습 수록

● 토익 리스닝 각 파트에는 딕테이션 연습이 수록되어 있습니다. 음성을 집중해서 듣고 빈칸에 들어갈 내용이 무엇인지 받아 적어 보기 바랍니다. 토익 시험은 영어 실력도 중요하지만 무엇보다 집중력이 뛰어나야 합니다. 딕테이션 연습을 하면서 리스닝 실력과 함께 집중력을 키워보세요.

6 체계적 학습을 위한 학습캘린더 제공

● 혼자서도 의지를 가지고 학습할 수 있도록 '유닛별', '월별' 학습캘린더를 제공합니다. 스스로 학습계획을 세워보고 계획에 따라 꾸준하게 공부해보세요. 언어는 하루에 몰아서 몇 시간씩 비정기적으로 학습하는 것보다 하루에 1시간씩이라도 꾸준히 하는 것이 더 효과적입니다. 따라서 조금씩이라도 매일매일 학습하기를 권장합니다.

7 미국, 영국, 호주식 발음의 mp3

● 토익에는 미국, 영국, 호주식 발음 등 다양한 발음이 출제됩니다. 실제 시험에서 당황하지 않으려면 미리 미국, 영국, 호주식 발음에 익숙해지는 것이 좋습니다. 이 교재와 함께 제공되는 mp3에는 미국, 영국, 호주식 발음이 골고루 녹음되어 있습니다. 책상에 앉아 학습을 할 때는 물론이고, 자투리 시간을 활용하여 계속 mp3를 청취하는 것을 추천합니다. 리스닝 실력을 빠르게 향상시키는 가장 좋은 방법은 자주 듣는 것이기 때문입니다.

8 학습 효과를 높여주는 동영상 강의

● 조금 더 즐겁고 효과적으로 학습하고 싶다면, 글로벌21(www.global21.co.kr)의 동영상 강의를 들으며 학습하세요. 실력 있는 선생님이 여러분의 토익 공부를 좀 더 재미있고 쉽게 만들어드릴 것입니다.

토익 소개

1 토익이란?

● TOEIC(Test of English for International Communication)은 영어가 모국어가 아닌 사람들을 대상으로 언어 본래의 기능인 커뮤니케이션 능력에 중점을 두고 일상생활, 또는 국제업무 등에 필요한 실용영어 능력을 평가하는 시험입니다. 1979년 미국 ETS(Educational Testing Service)에 의해 개발된 이래 전 세계 150개 국가 14,000개의 기관에서 승진 또는 해외파견 인원 선발 등의 목적으로 널리 활용되고 있으며 우리나라에는 1982년 도입되었습니다. 현재 전 세계적으로 해마다 약 600만 명 이상이 응시하고 있습니다.

2 토익 시험의 구성

구성	Part	Part별 출제 내용		문항 수	제한 시간	배점
Listening Comprehension	1	사진 묘사		6		
	2	질의 응답		25	100	45분	495점
	3	짧은 대화		39			
	4	짧은 담화		30			
Reading Comprehension	5	단문 공란 채우기(문법/어휘)		30			
	6	장문 공란 채우기		16	100	75분	495점
	7	독해	단일 지문	29			
			복수 지문	25			
Total		7개 파트		200문항	120분	990점

3 토익 시험 출제 분야

● TOEIC 시험에서는 주로 일상 생활과 회사 업무 등에서 사용되는 어휘, 표현, 대화, 문장들을 다루며, 크게는 다음과 같은 분야와 관련된 문제들이 출제됩니다.

▶ **전문적인 비즈니스** | 계약, 협상, 마케팅, 세일즈, 비즈니스 계획, 회의

▶ **제조** | 공장 관리, 조립 라인, 품질 관리

▶ **금융과 예산** | 은행, 투자, 세금, 회계, 청구

▶ **개발** | 연구, 제품 개발

▶ **사무실** | 임원 회의, 위원 회의, 편지, 메모, 전화, 팩스, e-mail, 사무 장비와 가구

▶ **인사** | 구인, 채용, 퇴직, 급여, 승진, 취업 지원과 자기 소개

▶ **주택/기업 부동산** | 건축, 설계서, 구입과 임대, 전기와 가스 서비스

▶ **여행** | 기차, 비행기, 택시, 버스, 배, 유람선, 티켓, 일정, 역과 공항 안내, 자동차 렌트, 호텔, 예약, 연기와 취소

4　토익 시험 접수

● 온라인으로 exam.ybmnet.co.kr에 접속하여 시험 일정 및 접수 기간 등 세부 내용을 확인할 수 있습니다. 정기시험과 추가시험 일정을 확인하고, 원하는 시험 날짜를 선택해 접수하면 됩니다.

5　토익 시험장 준비물

● 신분증 : 규정 신분증(주민등록증, 운전면허증, 기간 만료 전의 여권, 공무원증, 장애인 복지 카드 등)
● 필기구 : 연필(볼펜이나 사인펜은 사용할 수 없음), 지우개
● 시계 : 아날로그 손목시계(전자식 시계는 사용할 수 없음)

6　토익 시험 시간표

오전 시험	오후 시험	시험 진행
~ 9:20	~ 14:20	입실
9:30 ~ 9:45	14:30 ~ 14:45	답안지 작성 오리엔테이션
9:45 ~ 9:50	14:45 ~ 14:50	휴식
9:50 ~ 10:05	14:50 ~ 15:05	신분증 확인
10:05 ~ 10:10	15:05 ~ 15:10	문제지 배부 및 파본 확인
10:10 ~ 10:55	15:10 ~ 15:55	듣기 평가(LC)
10:55 ~ 12:10	15:55 ~ 17:10	독해 평가(RC)

7　토익 시험 성적 확인

● 시험일로부터 통상 12일 후, 오전 6시부터 인터넷과 ARS(060-800-0515)로 성적을 확인할 수 있습니다. TOEIC 성적표는 우편으로 수령하거나 온라인으로 발급받을 수 있습니다. 우편 수령 시 성적 발표 후 약 7~10일 정도가 소요되며, 온라인으로 발급받을 경우 자신의 토익 성적 유효 기간 내에 홈페이지에 접속하여 직접 출력할 수 있습니다. TOEIC 성적은 해당 시험 시행일로부터 2년 간 유효합니다.

1 유닛별 학습캘린더

● 목표점수와 학습시작일, 완료일을 정한 뒤, 각 Unit별로 학습날짜를 정해 학습해보세요. 하나의 Unit을 하루에 끝내기 어려울 경우, Unit당 학습기간을 정하는 것도 좋습니다.

목표 점수	점		
학습 시작일	년	월	일
학습 완료일	년	월	일

	학습 내용		학습 날짜
Part 1	Unit 01 ● 1인 사진		/
	Unit 02 ● 다인 사진		/
	Unit 03 ● 사물 · 풍경 사진		/
	Unit 04 ● 복합 사진		/
	Part Test		/
Part 2	Unit 01 ● Who의문문		/
	Unit 02 ● What의문문		/
	Unit 03 ● When의문문		/
	Unit 04 ● Where의문문		/
	Unit 05 ● How의문문		/
	Unit 06 ● Why의문문		/
	Unit 07 ● 일반의문문		/
	Unit 08 ● 부정의문문		/
	Unit 09 ● 선택의문문		/
	Unit 10 ● 제안 · 요청의문문		/
	Unit 11 ● 평서문		/
	Unit 12 ● 부가의문문		/
	Part Test		/

	학습 내용		학습 날짜
Part 3	Unit 01 ● 주제/목적을 묻는 문제		/
	Unit 02 ● 화자/장소를 묻는 문제		/
	Unit 03 ● 세부사항 관련 문제		/
	Unit 04 ● 제안/요청 관련 문제		/
	Unit 05 ● 화자의 의도 파악/ 시각정보 연계/3인 대화 문제		/
	Part Test		/
Part 4	Unit 01 ● 전화메시지		/
	Unit 02 ● 공지/안내		/
	Unit 03 ● 방송/보도		/
	Unit 04 ● 연설/발표		/
	Unit 05 ● 광고		/
	Part Test		/
실전	실전모의고사		/

2 월별 학습캘린더 •┈┈┈┈┈┈┈┈┈┈┈┈┈┈┈┈┈┈┈┈┈┈┈┈┈┈┈┈•

● 목표점수와 학습시작일, 완료일을 정한 뒤, 스스로 일정을 계획해서 학습해보세요. 8주에 걸쳐 모든 Unit을 학습하는 방법, 또는 4주에 걸쳐 모든 Unit을 학습한 뒤 나머지 4주 동안 복습하는 방법이 있습니다.

목표 점수	점
학습 시작일	년 월 일
학습 완료일	년 월 일

월	화	수	목	금	토	일

新 완전절친
TOEIC

Part
1

사진 묘사
Photographs

Unit 01 ● 1인 사진

Unit 02 ● 다인 사진

Unit 03 ● 사물·풍경 사진

Unit 04 ● 복합 사진

Part Test

1인 사진

 P1-1

- 1인 사진은 총 6문제 중에서 주로 1, 2번으로 나오며, 비교적 쉬운 유형에 속한다.
- 인물의 행동에 초점이 맞춰지므로, 인물의 동작과 상태를 파악하는 것이 중요하다.
- 현재진행형(be동사 + -ing)으로 된 선택지가 90% 이상 출제된다.

1 인물의 동작 및 상태가 정답인 경우

1인 사진에서는 인물의 동작이나 상태가 정답이 되는 경우가 많다. 따라서 큰 동작부터 시작해 작은 동작까지 인물의 동작과 상태를 파악하는 것이 중요하다.

예제

(A) She's wearing a coat.
(B) She's working at a desk.
(C) She's adjusting glasses.
(D) She's fixing a computer.

(A) 그녀는 외투를 입고 있다.
(B) 그녀는 책상에서 일하고 있다.
(C) 그녀는 안경을 고쳐 쓰고 있다.
(D) 그녀는 컴퓨터를 고치고 있다.

(A) 여자가 외투를 입고 있지 않으므로 오답이다.
(B) 여자가 책상에서 일하고 있으므로 정답이다.
(C) 여자가 안경을 쓰고 있지만, 고쳐 쓰고 있는 게 아니므로 오답이다.
(D) 여자가 컴퓨터를 사용하고 있지만, 고치고 있지 않으므로 오답이다.

예제

(A) A man is sweeping a floor.
(B) A man is ordering a meal.
(C) A man is wiping a counter.
(D) A man is preparing dinner.

(A) 남자가 바닥을 쓸고 있다.
(B) 남자가 음식을 주문하고 있다.
(C) 남자가 카운터를 닦고 있다.
(D) 남자가 저녁식사를 준비하고 있다.

(A) 남자가 바닥을 쓸고 있지 않으므로 오답이다.
(B) 남자가 음식을 주문하고 있지 않으므로 오답이다.
(C) 남자가 카운터를 닦고 있으므로 정답이다.
(D) 남자가 저녁식사를 준비하고 있지 않으므로 오답이다.

2 인물이 착용하고 있는 것이 정답인 경우

1인 사진에서는 인물의 동작이나 상태가 정답이 될 확률이 높지만, 인물이 착용하고 있는 것이 정답이 되는 경우도 있다.

예제

(A) She is holding some books.
(B) She is crossing her legs.
(C) She is wearing glasses.
(D) She is writing on a document.

(A) 그녀는 책 몇 권을 들고 있다.
(B) 그녀는 다리를 꼬고 있다.
(C) 그녀는 안경을 착용하고 있다.
(D) 그녀는 서류를 작성하고 있다.

(A) 여자가 책을 들고 있는 것이 아니라 읽고 있으므로 오답이다.
(B) 여자가 다리를 꼬고 있지 않으므로 오답이다.
(C) 여자가 안경을 쓰고 있으므로 정답이다.
(D) 여자가 서류를 작성하고 있지 않으므로 오답이다.

3 수동진행형(be + being + p.p.)이 정답인 경우

사물의 상태를 묘사함과 동시에 사람의 동작을 묘사할 수 있는 것이 수동진행형이다. 종종 수동진행형을 이용한 사람의 동작이 정답으로 출제된다. 사람이 없는 사진에서 수동진행형(be + being + p.p.)이 들리면 오답이다.

예제

(A) The man is cleaning a vehicle.
(B) Some furniture is being assembled.
(C) A cart is being pushed on the pavement.
(D) Building materials are stacked on a cart.

(A) 남자가 차량을 청소하고 있다.
(B) 가구가 조립되고 있다.
(C) 도로 위에 카트가 이동되고 있다.
(D) 건축자재가 카트 위에 쌓여 있다.

(A) 남자가 차량을 청소하지 않고 있으므로 오답이다.
(B) 사진에 가구가 보이지 않기 때문에 오답이다.
(C) 카트가 남자에 의해 이동되고 있으므로 정답이다.
(D) 사진에 카트 위에 쌓인 건축자재가 없으므로 오답이다.

❶ 시선처리

looking at the screen 스크린을 보고 있다
examining the menu 메뉴를 살펴보고 있다
gazing at the ground 땅바닥을 응시하고 있다
watching a game 게임을 관전하고 있다
admiring some artwork 미술품을 감상하고 있다
studying a map 지도를 살펴보고 있다
browsing the news stand 가판대를 구경하고 있다

❷ 손 동작

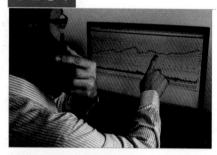

pointing at a screen 스크린을 가리키고 있다
grasping a container 용기를 손에 쥐고 있다
reaching for an item 물건을 향해 손을 뻗고 있다
handing out papers 서류를 나누어 주고 있다
waving at the crowd 관중에게 손을 흔들고 있다
pouring liquid into the cup 컵에 액체를 따르고 있다

❸ 사람의 외형 묘사

wearing protective gear 보호 장비를 착용하고 있다
adjusting one's tie 넥타이를 고쳐 매고 있다
trying on some jewelry 보석을 착용해 보고 있다
removing one's hat 모자를 벗고 있다
putting on goggles 고글을 쓰고 있다

❹ 도구를 사용하는 동작

using a tool 도구를 이용하고 있다
fixing a wheel 바퀴를 고치고 있다
working on a computer 컴퓨터 작업을 하고 있다
installing a fence 울타리를 설치하고 있다
maneuvering a machine 기계를 조작하고 있다
repairing the equipment 장비를 고치고 있다

❺ 정지 자세

leaning against the wall 벽에 기대어 있다

sitting at a desk 책상에 앉아 있다

sitting side by side 나란히 앉아 있다

lying on the grass 풀밭에 누워 있다

standing in line 줄 서 있다

kneeling down 무릎을 꿇고 있다

facing each other 마주 보고 있다

❻ 발 동작

strolling on the beach 해변을 거닐고 있다

riding a bike 자전거를 타고 있다

boarding the airplane 비행기에 탑승하고 있다

walking along the road 길을 따라 걷고 있다

crossing the street 길을 건너고 있다

climbing down the ladder 사다리를 내려오고 있다

❼ 물건을 다룰 때

carrying some luggage 짐을 운반하고 있다

operating a machine 기계를 작동하고 있다

holding up a test tube 시험관을 들고 있다

putting up a sign 표지판을 설치하고 있다

hanging up a painting 그림을 걸고 있다

moving a pile of paper 서류 더미를 옮기고 있다

● 음성을 듣고 밑줄 친 부분을 받아 적은 뒤, 정답을 찾아보세요.

1

(A) A man is _____ down the street.

(B) A man is pushing a _____.

(C) A man is climbing the _____.

(D) A man is _____ with a bike.

2

(A) A woman is _____ up her sleeves.

(B) A woman is _____ for an item.

(C) A woman is talking to _____.

(D) A woman is _____ some goods into the basket.

3

(A) He's _____ a machine.

(B) He's _____ the bushes.

(C) He's using a _____.

(D) He's taking leaves into _____.

4

(A) She is playing an _____.

(B) She is _____ a band.

(C) She is _____ at the monitor.

(D) She is _____ in front of an audience.

5

(A) The man is _____ his luggage.

(B) The man is putting his luggage on the _____ belt.

(C) The man is _____ his luggage on the seat.

(D) The man is staring at his _____ in the mirror.

6

(A) She is sitting by the main _____.

(B) She is talking to a _____.

(C) She is _____ in a computer.

(D) She is writing a _____ on her papers.

▶ ▶ ▶ 정답 및 해설 p2

● 음성을 듣고 사진을 가장 적절히 묘사한 보기를 고르세요.

1

3

2

4

5

7

6

8

▶ ▶ ▶ 정답 및 해설 p3

- 다인 사진은 2인 이상의 인물이 등장하는 유형으로, 인물의 공통적인 동작을 파악해야 한다.
- 공통적인 동작이 없다면, 개별적인 인물의 행동에 주의를 기울여야 한다.
- 배경의 비중이 더 클 경우에는 배경 묘사가 정답이 될 수 있음에 유의한다.

1 인물의 공통적인 동작이나 개별적인 행동이 정답인 경우

다인 사진에서는 인물들이 공통적으로 취하고 있는 동작이나 옷차림새 등이 정답이 되는 경우가 많다. 만약 공통적인
특징이 없다면, 각 인물의 개별적인 부분이 정답이 될 수 있다.

예제

(A) A woman is hanging up a sign.
(B) Some customers are waiting in line.
(C) Some customers are paying for some
   merchandise.
(D) A woman is examining an item.

(A) 여자가 간판을 걸고 있다.
(B) 몇몇 손님들이 줄을 서 있다.
(C) 몇몇 손님들이 물건값을 지불하고 있다.
(D) 여자가 물건을 살펴보고 있다.

(A) 사진에 간판이 없으므로 오답이다.
(B) 인물들이 개별적인 행동을 하고 있고, 줄을 서 있지 않으므로 오답이다.
(C) 물건값을 지불하고 있는 공통적인 동작을 확인할 수 없으므로 오답이다.
(D) 여자가 물건을 살펴보고 있으므로 정답이다.

예제

(A) Some people are entering a building.
(B) Some people are holding onto a railing.
(C) Some people are crossing a street.
(D) Some people are descending some steps.

(A) 몇몇 사람들이 건물로 들어가고 있다.
(B) 몇몇 사람들이 난간을 붙잡고 있다.
(C) 몇몇 사람들이 길을 건너고 있다.
(D) 몇몇 사람들이 계단을 내려가고 있다.

(A) 사람들이 건물로 들어가고 있지 않으므로 오답이다.
(B) 난간을 붙잡고 있는 사람은 단 한 명이므로 오답이다.
(C) 사진에 길(street)이 등장하지 않으므로 오답이다.
(D) 사람들이 계단을 내려가고 있으므로, 공통 동작을 잘 설명한 정답이다.

2 배경 묘사가 정답인 경우

인물이 등장하는 사진이지만, 주변 사물이나 배경 묘사가 정답이 되는 경우가 있다. 다인 사진에서 배경의 비중이 클 경우에 특히 그렇다.

예제

(A) The woman is sitting on the curb.
(B) They're looking in the same direction.
(C) Some leaves have fallen from the trees.
(D) The man is looking into a microscope.

(A) 여자가 연석 위에 앉아 있다.
(B) 그들은 같은 방향을 바라보고 있다.
(C) 나뭇잎들이 나무들에서 떨어져 있다.
(D) 남자가 현미경을 들여다보고 있다.

(A) 여자가 연석이 아닌 잔디 위에 앉아 있으므로 오답이다.
(B) 남녀가 서로 다른 방향을 보고 있으므로 오답이다.
(C) 잔디 위에 나뭇잎들이 떨어져 있으므로 정답이다.
(D) 남자가 현미경을 들여다보는 게 아니라 카메라로 사진을 찍고 있으므로 오답이다.

3 수동진행형(be + being + p.p.)이 정답인 경우

사물의 상태를 묘사함과 동시에 사람의 동작을 묘사할 수 있는 것이 수동진행형이다. 종종 수동진행형을 이용한 사람의 동작이 정답으로 출제된다. 단, 사람이 없는 사진에서 수동진행형(be + being + p.p.)이 들리면 오답이다.

예제

(A) They're stacking boxes in a van.
(B) They're carrying a drawer to a room.
(C) A piece of furniture is being moved.
(D) The ladder is leaning against the wall.

(A) 그들은 밴에 상자를 쌓고 있다.
(B) 그들은 방 안으로 서랍을 옮기고 있다.
(C) 가구 한 점이 운반되고 있다.
(D) 사다리가 벽에 기대어 있다.

(A) 동작의 대상(boxes)이 사진에 없고, 사람들의 동작도 잘못 묘사한 오답이다.
(B) 서랍을 옮기는 장소가 방이 아니라 밴이기 때문에 장소에서 오답이다.
(C) 수동진행형으로 사람의 동작을 묘사한 정답이다. 서랍장을 가구(A piece of furniture)로 표현했다.
(D) 사다리가 벽이 아니라 밴에 기대어 있으므로 오답이다.

① 쇼핑

be on display 진열되어 있다

be available for purchase 구입할 수 있다

be arranged in rows 여러 줄로 정렬되어 있다

browsing the news stand 신문 가판대를 구경하고 있다

reaching for an item on the shelf 선반 위 물건에 손을 뻗고 있다

using a cash register 현금 출납기를 이용하고 있다

standing next to the counter 카운터 옆에 서 있다

② 식당/주방

set for a meal 식사를 위해 준비하다

studying the menu 메뉴판을 자세히 보고 있다

seats are occupied 좌석이 차 있다

chairs are upside down 의자가 뒤집혀 있다

wearing an apron 앞치마를 하고 있다

umbrellas have been unfolded 파라솔이 펼쳐져 있다

stirring something in a pot 냄비 안의 뭔가를 젓고 있다

wiping off the table 테이블을 닦고 있다

utensils are lying on a counter 조리기구가 카운터에 놓여있다

③ 주문/식사

taking an order 주문을 받고 있다

distributing the menus 메뉴판을 나누어주고 있다

clearing the dishes 그릇들을 치우고 있다

sipping from a glass 컵으로 마시고 있다

serving refreshments 다과를 제공하고 있다

pouring something into cups 컵에 무언가를 따르고 있다

tasting the soup 수프를 맛보고 있다

❹ 공사장

be under construction 공사 중이다

welding a pipe 파이프를 용접하고 있다

operating heavy machinery 중장비를 작동하고 있다

standing on a scaffolding 발판 위에 서 있다

hammering a nail 망치로 못을 박고 있다

improving the roadway 도로를 보수하고 있다

push a wheelbarrow 손수레를 밀다

❺ 실내/실외

vacuuming the carpet 카펫을 진공청소기로 청소하고 있다

mopping the floor 바닥을 대걸레로 닦고 있다

changing a light bulb 전구를 갈고 있다

mowing the lawn 잔디를 깎고 있다

trimming the bushes 덤불을 다듬고 있다

raking the leaves 낙엽을 갈퀴로 긁어모으고 있다

dirt is being shoveled 삽으로 흙을 퍼내고 있다

using a sewing machine 재봉틀을 사용하고 있다

❻ 사무실

staring at a screen 화면을 보고 있다

examining some papers 서류를 검토하고 있다

entering some data 자료를 입력하고 있다

paging through a booklet 소책자를 훑어보고 있다

rearranging the furniture 가구를 재배치하고 있다

greeting each other 서로 인사하고 있다

holding the machine's lid 기계의 뚜껑을 잡고 있다

assemble for a meeting 회의를 위해 모이다

● 음성을 듣고 밑줄 친 부분을 받아 적은 뒤, 정답을 찾아보세요.

1

(A) The speaker is _____ at the graph.

(B) The people are _____ toward the presenter.

(C) The speaker is _____ notes on the board.

(D) The speaker is _____ between the tables.

2

(A) A woman is wearing an _____.

(B) They're _____ against the wall.

(C) They're working at a _____.

(D) They're cooking _____.

3

(A) They are looking at _____ other.

(B) They are sitting on a _____.

(C) The man is _____ up his shirt.

(D) The woman is putting her hand on his _____.

4

(A) The man is pointing at the _____.

(B) The man is wearing a _____ helmet.

(C) A woman is showing the _____ to others.

(D) A woman is _____ up the binder from a chair.

5

(A) Some people are _____ for a photo.

(B) Two men are _____ a press conference.

(C) One of the men is being _____.

(D) A woman is talking to a _____ at the studio.

6

(A) They're jogging in the _____ direction.

(B) They're running on a _____ in the gym.

(C) The leaves have _____ from the trees.

(D) The narrow path _____ through the forest.

▶ ▶ ▶ 정답 및 해설 p5

● 음성을 듣고 사진을 가장 적절히 묘사한 보기를 고르세요.

1

3

2

4

5

7

6

8

▶ ▶ ▶ 정답 및 해설 p7

사물 · 풍경 사진

 P1-9

- 사물 · 풍경 사진에는 인물이 등장하지 않기 때문에 난도가 다소 높다.
- 주어가 어떤 사물이 될지 예측할 수 없으므로, 사진 속 모든 것을 신경 써서 본다.
- 사람의 동작을 묘사하는 표현인 수동진행형(be + being + p.p.)은 거의 오답이다.

1 사물의 상태나 위치가 정답인 경우

사진에 등장한 사물의 상태나 위치가 정답으로 출제된다. 1인 사진, 다인 사진보다 더 많은 어휘 실력이 요구된다.

 예제

(A) A truck is being towed by the police.
(B) The road through the forest has been paved.
(C) Construction vehicles have been parked near the trees.
(D) There are three bulldozers in operation.

(A) 트럭이 경찰에 의해 견인되고 있다.
(B) 숲 속을 가로지르는 길은 포장되어 있다.
(C) 공사 차량들이 나무들 근처에 주차되어 있다.
(D) 불도저 3대가 작동 중이다.

(A) 사진에 트럭과 경찰이 나와 있지 않으므로 오답이다.
(B) 길이 포장되어 있지 않으므로 오답이다.
(C) 공사 차량들이 나무들 근처에 주차되어 있으므로 정답이다.
(D) 현재 차량 3대 모두 운행 중이 아니므로 오답이다.

 예제

(A) Curtains have been opened up.
(B) The lamp is placed in the corner of the room.
(C) There is a flower vase on the table.
(D) The sofa has been pushed against the wall.

(A) 커튼이 열려 있다.
(B) 전등이 방 한구석에 놓여 있다.
(C) 테이블 위에 꽃병이 있다.
(D) 소파가 벽 쪽에 붙어 있다.

(A) 사진에 커튼이 보이지 않으므로 오답이다
(B) 전등이 방 한구석에 놓여 있으므로 정답이다.
(C) 바닥에 꽃장식이 있지만, 테이블 위에 있지 않으므로 오답이다.
(D) 소파가 창문 쪽에 붙어 있으므로 오답이다.

특정한 사물의 상태가 아니라 전체적인 배경이 정답이 되기 때문에 난도가 다소 높다. 전반적인 분위기를 잘 파악해서, 선택지 하나하나를 소거법으로 지워나가며 풀어보자.

예제

(A) Patrons are seated at an outdoor café.
(B) There are buildings either side of the road.
(C) Vehicles are being pulled over.
(D) Some balcony doors have been opened.

(A) 손님들이 야외 카페에 앉아 있다.
(B) 길의 양쪽에 건물들이 있다.
(C) 차량들이 길가에 주차되고 있다.
(D) 몇몇 발코니 문들이 열려 있다.

(A) 사진에 사람이 없으므로, 손님들(Patrons)이라는 표현에서 오답이다.
(B) 길 양쪽으로 모두 건물이 있기 때문에 정답이다.
(C) 주차되고 있는 차량들이 보이지 않기 때문에 오답이다.
(D) 문이 열려있는 발코니가 보이지 않으므로 오답이다.

예제

(A) A boat is traveling under a bridge.
(B) A walkway protrudes into the river.
(C) A bridge goes over the highway.
(D) The waves are breaking on the rocks.

(A) 배 한 척이 다리 밑을 항해하고 있다.
(B) 통로가 강 쪽으로 돌출되어 있다.
(C) 다리가 고속도로 위를 가로지르고 있다.
(D) 파도가 바위에 부딪쳐 부서지고 있다.

(A) 배 한 척이 다리 아래를 항해하고 있으므로 정답이다.
(B) 돌출되어 있는 통로가 보이지 않으므로 오답이다.
(C) 사진에 고속도로가 보이지 않으므로 오답이다.
(D) 사진에 파도와 바위 모두 보이지 않기 때문에 오답이다.

❶ 교통

pulling into the station 역으로 들어오고 있다
going in the same direction 같은 방향으로 가고 있다
riding in a carriage 마차를 타고 있다
exiting(= getting off) the bus 버스에서 내리고 있다
parallel to the road 도로와 평행을 이루다
traveling in opposite direction 반대 방향으로 이동하고 있다
lead onto a highway 고속도로로 이어지다
a car is being towed 차가 견인되고 있다

❷ 물가

use a fishing rod 낚싯대를 사용하다
rowing(= paddling) a boat 배의 노를 젓고 있다
some waves are crashing 파도가 치고 있다
walking along the pier 부두를 따라 걷고 있다
docked at the harbor 항구에 정박해 있다
standing in shallow water 얕은 물가에 서 있다
span across the water 물을 가로지르다

❸ 짐, 물건

bending over a car 차 위로 몸을 구부리다
the rear of the van 밴의 뒤쪽에
crates are being loaded 상자들이 실리고 있다
cartons are being stacked 상자들이 쌓이고 있다
taking a measurement 측정하고 있다
carrying a stack of plates 접시 더미를 나르고 있다
sealing a box with tape 상자를 테이프로 봉하고 있다

❹ 회의/발표

concentrating on writing 쓰기에 집중하고 있다
taking some notes 받아 적고 있다
deliver a presentation 발표하다
address the audience 청중에게 연설하다
sit across each other 서로 마주 보고 앉다
gesturing with one's hands 손으로 제스처를 취하고 있다
involved in a discussion 토론에 참여하고 있다
exchanging business cards 명함을 교환하고 있다

❺ 공원

chasing the dog 개를 쫓고 있다
sharing a bench 벤치를 공유하고 있다
feeding the birds 새들에게 모이를 주고 있다
sit in the shade of the tree 나무 그늘에 앉다
strolling along the path 길을 따라 산책하고 있다
flowers are blooming 꽃들이 피어 있다
relaxing by the fountain 분수 옆에서 쉬고 있다
taking a break in the sun 양지에서 휴식을 취하고 있다

❻ 건물 모양

have many stories (건물이) 여러 층이다
be symmetrical 대칭형이다
rooftops are flat 지붕이 납작하다
built in a similar style 비슷한 모양으로 지어져 있다
many modern skyscrapers 많은 현대식 고층건물
construction is in progress 공사가 진행 중이다
houses overlook the water 집이 물가를 내려다본다

● 음성을 듣고 밑줄 친 부분을 받아 적은 뒤, 정답을 찾아보세요.

1   

(A) A vehicle is being _____.

(B) Lots of motorcycles are parked along the _____.

(C) The café is _____ by some potted plants.

(D) People are _____ under the awning.

2   

(A) People are running on a _____.

(B) A narrow path _____ to the cabin.

(C) All the leaves have _____ off the trees.

(D) Lines are _____ in the middle of the road.

3   

(A) A row of buildings stretches _____ the riverside.

(B) A resort is being _____ near the shore.

(C) The bike is parked on the _____.

(D) There is an island _____ in the middle of the sea.

4

(A) There is a cloth _____ across the table.

(B) Lunch is being _____ in the kitchen.

(C) A _____ centerpiece is on the table.

(D) Food has been _____ on the table.

5

(A) The lamp is hanging from the _____.

(B) Cushions are _____ on the arm chair.

(C) Pillows are _____ out on the floor.

(D) The painting is hanging _____ the desk.

6

(A) There is a pile of _____ at the construction site.

(B) The logs are _____ on top of each other.

(C) A fence is being put up along the _____.

(D) The _____ has been set up around the house.

▶ ▶ ▶ 정답 및 해설 p9

● 음성을 듣고 사진을 가장 적절히 묘사한 보기를 고르세요.

1

3

2

4

5

7

6

8

▶ ▶ ▶ 정답 및 해설 p10

Unit 04 복합 사진

 P1-13

- 복합 사진은 인물, 사물, 풍경 사진이 전부 합쳐진 사진이다.
- 공항, 도서관, 식당, 공원 등과 같은 공공장소를 배경으로 한 사진이 주로 출제된다.
- 다양한 시제가 출제되므로, 인물의 동작과 사물의 상태 등을 동시에 살펴야 한다.

1 인물의 동작 및 상태가 정답인 경우

복합 사진 속 인물의 동작이나 상태가 정답으로 출제된다.

예제

(A) A man is sitting on the pier.

(B) The ship is sailing to the island.

(C) Boats are docked in the harbor.

(D) Mountains are visible from an outdoor pool.

(A) 남자가 부두에 앉아 있다.
(B) 선박이 섬을 향해 항해하고 있다.
(C) 배들이 항구에 정박되어 있다.
(D) 야외 수영장에서 산맥이 보인다.

(A) 한 남자가 부두에 앉아 있으므로 정답이다.
(B) 항해하고 있는 선박이 보이지 않기 때문에 오답이다.
(C) 배들이 항구에 정박해 있지 않으므로 오답이다.
(D) 사진에 야외 수영장이 없기 때문에 오답이다.

예제

(A) The woman's resting with a magazine in her lap.

(B) There's a sign propped against the tree.

(C) A swimming pool is being built near a park.

(D) The woman is standing next to the fence.

(A) 여자가 그녀의 무릎 위에 잡지를 놓고 휴식을 취하고 있다.
(B) 간판 하나가 나무에 기대어 있다.
(C) 수영장이 공원 근처에서 건설되는 중이다.
(D) 여자가 울타리 옆에 서 있다.

(A) 여자가 잡지를 보며 휴식을 취하고 있으므로 정답이다.
(B) 사진에 간판이 보이지 않으므로 오답이다.
(C) 수영장은 있지만, 현재 건설되는 중이 아니므로 오답이다.
(D) 여자가 서 있지 않고 앉아 있기 때문에 오답이다.

2 사물의 상태가 정답이 되는 경우

사진에서 인물이 중점적으로 보이지 않고, 사물의 상태를 묘사한 표현이 정답이 되는 경우이다.

예제

(A) Cartons are piled in a shopping cart.

(B) Some items are lined by the cash register.

(C) A woman is arranging some boxes on a ledge.

(D) Display shelves are stocked with products.

(A) 상자들이 쇼핑 카트 안에 쌓여 있다.

(B) 물건 몇 개가 금전 출납기 옆에 줄지어 있다.

(C) 여자가 선반 위에 몇몇 상자들을 정리하고 있다.

(D) 진열 선반들이 물건들로 가득 차 있다.

(A) 사진에 쇼핑 카트가 보이지 않기 때문에 오답이다.

(B) 사진에 금전 출납기가 보이지 않기 때문에 오답이다.

(C) 사진에 선반이 보이지 않고, 상자들을 정리하는 여자도 없으므로 오답이다.

(D) 각각의 선반들이 과일, 야채로 가득 차 있으므로 정답이다.

3 배경묘사가 정답이 되는 경우

사진에서 인물이 중점적으로 보이지 않고, 배경을 묘사한 표현이 정답이 되는 경우이다.

예제

(A) Cars are parked in a row.

(B) Some traffic is stopped at the intersection.

(C) Street lamps are positioned on both sides of the road.

(D) Trees have been planted along the sidewalk.

(A) 차량들이 일렬로 주차되어 있다.

(B) 몇몇 차량들이 교차로에 멈춰 있다.

(C) 가로등들이 길의 양쪽에 놓여 있다.

(D) 인도를 따라 나무들이 심겨 있다.

(A) 거리에 주차된 차량이 보이지 않기 때문에 오답이다.

(B) 교차로 및 차량들이 사진에 없기 때문에 오답이다.

(C) 길 양쪽에 가로등들이 없기 때문에 오답이다.

(D) 나무들이 인도를 따라 심겨있으므로 정답이다.

❶ 운동

doing exercise 운동을 하고 있다
jogging on the street 거리에서 조깅 하고 있다
lifting weights 역기를 들어 올리고 있다
diving into the pool 수영장에 뛰어들고 있다
sunbathing on a beach 해변에서 일광욕을 하고 있다
going out to get some air 바람을 쐬러 나가고 있다
playing on the swings 그네를 타고 있다
running after a ball 공을 잡으려고 달리고 있다

❷ 여행

speaking to the receptionist 프런트 직원에게 말하고 있다
in the baggage claim area 수하물 찾는 곳에서
depart from a runway 활주로에서 출발하다
stepping onto the airplane 비행기에 올라타고 있다
searching for a place to park 주차공간을 찾고 있다
standing hand in hand 손을 잡고 서 있다
unpacking one's suitcases 짐들을 풀고 있다

❸ 도서

putting away the books 책들을 치우고 있다
reading a biography 자서전을 읽고 있다
looking through a magazine 잡지를 보고 있다
leafing through the book 책을 훑어보고 있다
pressing a label onto an envelope 봉투에 라벨을 붙이고 있다
shelving the journals 잡지들을 서가에 얹고 있다
pushing a cart across the hallway 복도를 가로질러 손수레를 밀고 있다

❹ 공연/전시

leading the orchestra 오케스트라를 지휘하고 있다
admiring the artwork 작품을 감상하고 있다
performing on stage 무대에서 공연하고 있다
singing in a choir 합창하고 있다
applauding the performance 공연에 박수를 치고 있다
curtains have been pulled shut 커튼들이 쳐져 있다
gesturing to the audience 관객에게 손짓하고 있다
hanging a picture on the wall 벽에 그림을 걸고 있다

❺ 사물의 배치

in a row(= in a line) 일렬로
on both sides of ~의 양쪽에
next to each other 나란히
in alternate seats 교대로
on top of each other 서로 포개어져서
in opposite directions 반대 방향으로
behind one another 줄지어

❻ 고난도 표현

appreciating the view 경치를 감상하고 있다
peering through a telescope 망원경으로 자세히 보고 있다
placing the lid 뚜껑을 덮고 있다
elevated for repairs 수리를 위해 들어 올리다
disposing of litter 쓰레기를 버리고 있다
inspecting the establishment 시설을 검사하고 있다
jotting something down 메모하고 있다
clear a piece of land (중장비로) 땅을 고르다

● 음성을 듣고 밑줄 친 부분을 받아 적은 뒤, 정답을 찾아보세요.

1

(A) _____ have been posted on the board.

(B) They are _____ a picture on the wall.

(C) They are standing with their arms _____.

(D) Posters are _____ on the window.

2

(A) _____ is being sold at an outdoor market.

(B) People are _____ in the department store.

(C) A clerk is _____ some vegetables.

(D) _____ are being harvested in a field.

3

(A) The hall is filled with _____.

(B) The performers are _____ the stage.

(C) The orchestra is playing at the _____ stage.

(D) Students are taking music lessons in the
   _____.

4

(A) A worker is _____ a safety gear.

(B) Some crates are being moved on a _____.

(C) A worker is _____ boxes into a truck.

(D) A worker's _____ a vehicle.

5

(A) A man is _____ the grass.

(B) A man is _____ a hole around the fence.

(C) Some plants are being _____ with water.

(D) Potted plants are being placed on a _____.

6

(A) Glasses are being _____ from the table.

(B) Copies of the _____ are being handed out.

(C) The speaker is standing in the _____ of the stage.

(D) A woman is _____ a meeting in the board room.

▶ ▶ ▶ 정답 및 해설 p12

● 음성을 듣고 사진을 가장 적절히 묘사한 보기를 고르세요.

1

3

2

4

5

7

6

8

▶ ▶ ▶ 정답 및 해설 p14

● 음성을 듣고 사진을 가장 적절히 묘사한 보기를 고르세요.

1

2

3

4

5

6

▶ ▶ ▶ 정답 및 해설 p16

新 완전절친
TOEIC

Part
2

질의응답
Question-Response

Unit 01 ● Who의문문

Unit 02 ● What의문문

Unit 03 ● When의문문

Unit 04 ● Where의문문

Unit 05 ● How의문문

Unit 06 ● Why의문문

Unit 07 ● 일반의문문

Unit 08 ● 부정의문문

Unit 09 ● 선택의문문

Unit 10 ● 제안 · 요청의문문

Unit 11 ● 평서문

Unit 12 ● 부가의문문

Part Test

Who의문문

- Who의문문은 특정 업무를 하거나 책임을 맡은 사람이 누구인지 묻는다.
- 매회 평균 2문제 정도 출제되며, 사람 이름, 직업/직위, 해당 부서 등을 제시한 것이 정답이 된다.

유형1   Mark your answer on your answer sheet.   (A)   (B)   (C)

Q   Who is in charge of this project?

(A) Charles needs rechargeable ones.

(B) Emma finally invented a laser projector.

(C) **Mr. Hudson, the manager of the Advertising Department.**

이 프로젝트를 누가 담당하고 있나요?
(A) Charles는 재충전할 수 있는 물품들이 필요해요.
(B) Emma는 마침내 레이저 영사기를 발명했어요.
(C) 광고부장인 Hudson씨가요.

▶ Who의문문에 인물 관련 대답이 나오는 문제로, 비교적 쉬운 유형이다. (A)는 질문에 나온 charge를 이용한 오답이고, (B)는 질문에 나온 project와 비슷한 projector를 이용한 오답이다. Who에 대한 대답은 당연히 사람이 등장하는데, 내용상 (C)가 정답이다.

짚고 넘어가기!   사람 이름이 언급된다고 해서 황급히 찍고 넘어가면 안 된다. 내용을 이해하고 끝까지 확인하자.

어휘   in charge of ~을 책임지고 있는 | rechargeable 재충전할 수 있는 | invent 발명하다, 고안하다 | projector 영사기, 설계자 | advertising 광고(업)

Mark your answer on your answer sheet.　　　(A)　　　(B)　　　(C)

Q Who estimated the costs for that job?

(A) Nobody seems to know.

(B) Yes, she did the calculations.

(C) How much does it cost?

누가 그 일에 드는 비용에 대한 견적을 냈나요?
(A) 아무도 모르는 것 같아요.
(B) 예, 그녀가 계산을 했어요.
(C) 비용은 얼마인가요?

▶ Who의문문에 인물 언급 없이 대답하는 문제로, 간접적인 응답유형의 문제다. (A)처럼 특정 인물이 언급되지 않아도 Who의문문의 정답이 될 수 있다. (B)는 의문사 의문문에 Yes로 응답했기 때문에 끝까지 들을 필요 없이 오답이다. (C)는 질문에 나온 cost를 반복한 오답이다.

어휘 estimate 견적을 내다, 어림잡아 짐작하다 | cost (돈이) 들다 | calculation 계산, 추정

기초다지기

🎧 P2-2

1 Who takes the bus with you to the office?　　　(A)　　　(B)　　　(C)

2 Who's sending out the Christmas cards to our clients?　　　(A)　　　(B)　　　(C)

3 Who do you think will be the new president?　　　(A)　　　(B)　　　(C)

▶ ▶ ▶ 정답 및 해설 p18

Who의문문 빈출유형

❶ 사람

Q Who do I talk to about getting a parking permit? 주차 허가를 받으려면 누구와 얘기해야 하죠?

A Ask Julie at the front desk. 안내 데스크의 Julie에게 물어보세요.

Q Who left this message on my desk while I was away? 내가 없는 동안에 누가 내 책상 위에 이 메시지를 남겼죠?

A Someone from the human resources department. 인사부의 어떤 사람이요.

Q Who do I need to see about ordering copy papers? 복사용지를 주문하려면 누구를 만나야 하죠?

A Ms. Stevens authorizes all purchases. Stevens씨가 모든 구매를 관할해요.

❷ 인칭대명사

Q Who has the key to the supply room? 공급실 열쇠를 누가 가지고 있나요?

A I thought you used it last. 제 생각에는 당신이 마지막으로 사용한 것 같은데요.

Q Who is the woman next to Mr. Kruger? Kruger씨 옆의 여자는 누구인가요?

A She's the new receptionist. 그녀는 새로 온 접수원이에요.

❸ 직책, 대상

Q Who will present first at the workshop? 누가 워크숍에서 가장 먼저 발표를 하죠?

A The marketing manager will start out. 마케팅 매니저가 시작할 거예요.

Q Who's in charge of ordering office supplies? 사무용품 주문은 누가 담당하죠?

A That would be the office manager. 사무실 매니저일 겁니다.

Q Who presided over the meeting? 누가 회의를 주재했나요?

A The CEO assigned Mr. Grant. CEO가 Grant씨에게 맡겼어요.

❹ 간접적, 우회적 답변

Q Who's in charge here? 여기 책임자가 누구인가요?

A I have no idea. I'm a visitor myself. 잘 모르겠어요. 저도 방문객이에요.

Q Who recommended seeing that movie? 누가 그 영화를 보도록 추천했나요?

A It had a good review in the paper. 그 영화가 신문에서 평이 좋았어요.

Part 1

Part 2

Part 3

Part 4

● 음성을 듣고 빈칸을 채운 뒤, 알맞은 답을 고르세요.

1 Who's going to _____ the meeting for the _____ staff?

    (A) Before 11 o'clock.

    (B) Samantha is in _____.

    (C) It met our _____.

2 Who _____ the budget proposal?

    (A) That sounds like a good idea.

    (B) The _____ did.

    (C) Over 10,000 dollars.

3 Who's _____ for hiring interns?

    (A) Carl, the _____ director.

    (B) The day after tomorrow.

    (C) He was hired _____ July.

4 Who _____ the note on the board?

    (A) Maybe the _____ did.

    (B) It was posted in the _____.

    (C) Let's send him a thank-you note.

▶ ▶ ▶ 정답 및 해설 p18

알고 넘어가기   Who의문문은 일반적으로 사람 이름, 직책, 회사명이 정답 후보 1순위이며, '~을 담당하다, 처리하다'라는 의미의 be in charge of, be responsible for, deal with, handle, take care of 등의 표현들이 함께 쓰이는 경우가 많다.

직책명		부서명	
customer 고객	employer 고용주	sales 영업부	overseas division 해외 사업부
secretary 비서	director 이사	payroll 급여부, 경리부	accounting 회계부
executive 간부, 임원	technician 기술자	human resources (= personnel) 인사부	
receptionist 접수원	accountant 회계사	maintenance 관리과	public relations 홍보과
cashier 출납원	supervisor 감독관	board of directors 이사회	branch office 지사
auditor 회계 감시관, 감사	advisor 고문	head office (= main office, headquarters) 본사	
CEO 최고경영자	vice president 부사장		

Unit 02 What의문문

 P2-5

- What의문문은 What 뒤에 어떤 명사가 나오느냐에 따라 답변이 달라지기 때문에, 무엇보다 What 뒤의 명사를 잘 들어야 한다.
- 의문사만 듣고 풀 수 있는 다른 의문사의문문과 달리 난도가 있는 유형에 속한다.

유형1

| Mark your answer on your answer sheet. | (A) | (B) | (C) |

Q What did you think of Mark's proposal for recycling paper?

(A) Only recycled materials.

(B) It was useful.

(C) No, I don't think so.

종이 재활용에 관한 Mark의 제안에 대해 어떻게 생각했나요?
(A) 오직 재활용 물건들만요.
(B) 그것은 유용했어요.
(C) 아니요, 전 그렇게 생각하지 않아요.

▶ What의문문은 상대에게 사람이나 사물에 대한 의견을 묻는다. 답변에는 주로 의견을 나타내는 형용사가 나온다. (A)는 질문에 나온 recycling과 유사한 단어인 recycled를 이용한 오답이고, (C)는 No로 답변했으므로 의문사의문문에서 무조건 오답이다. 의견을 묻는 What did(do) you think ~?에 대한 대답으로 (B)가 적합하다.

어휘 proposal 제안(서) | recycling paper 종이 재활용 | recycled materials 재활용 물건 | useful 유용한

Mark your answer on your answer sheet. (A) (B) (C)

Q What's the procedure for a tour in the factory?

(A) Welcome to a guided tour of the plant.

(B) This machine operates night and day.

(C) Visitors must show their ID cards in the lobby.

공장을 견학하는 절차가 어떻게 되나요?
(A) 공장 가이드 투어에 오신 것을 환영합니다.
(B) 이 기계는 밤낮으로 작동합니다.
(C) 방문객들은 로비에서 그들의 신분증을 제시해야 합니다.

▶ What과 연결되는 명사가 핵심이다. 이 질문에서 핵심 단어는 procedure이고, 이 단어와 연관되는 내용이 정답이다. (A)는 질문에 나온 tour의 반복, 그리고 factory와 동의어인 plant를 사용한 오답이고, (B)는 질문에 나온 factory에서 연상될 수 있는 내용으로 오답이다.

어휘 procedure 절차 | guided tour 가이드가 딸린 투어 | plant 공장 | operate 작동하다 | visitor 방문객 | ID card(= identification card) 신분증

Part 1
Part 2
Part 3
Part 4

기초다지기

🎧 P2-6

1 What did you buy at the museum? (A) (B) (C)

2 What are you doing after work? (A) (B) (C)

3 What's your new president like? (A) (B) (C)

▶ ▶ ▶ 정답 및 해설 p19

❶ What's + 명사

Q What's the position that's open in accounting? 회계부에 공석인 자리는 어떤 자리인가요?

A I think they've already hired someone. 제 생각에는 그들이 이미 누군가를 고용했어요.

Q What's today's exchange rate for the dollar? 오늘 달러에 대한 환율이 어떻게 되죠?

A It's posted on the Internet. 인터넷에 게시되어 있어요.

Q What's your opinion of the new educational policy? 새 교육정책에 관해 어떤 의견을 갖고 계시죠?

A It seems reasonable to me. 합리적으로 보이네요.

❷ What + 동사

Q What did you do with the documents? 이 서류들을 가지고 무엇을 했나요?

A Oh, I filed them already. 아, 제가 이미 서류철을 해 놨어요.

Q What happened to the laptop computer? 노트북 컴퓨터에 무슨 일이 있었나요?

A Chris had to borrow it to install the software. Chris가 소프트웨어를 설치하려고 빌려 가야 했어요.

Q What did the editor say about meeting the deadline? 편집자가 마감일을 맞추는 것에 대해 뭐라고 말했나요?

A She's not happy about it. 그녀는 별로 마음에 들어 하지 않아요.

Q What did you do with your receipts from the workshop? 워크숍의 영수증들을 가지고 무엇을 했나요?

A I submitted them yesterday. 제가 어제 제출했어요.

Q What will this presentation be about? 이 프레젠테이션은 무엇에 관한 거죠?

A Revenue for the last quarter. 지난 분기의 수익이요.

Q What did the client say about our marketing ideas? 우리의 마케팅 아이디어에 대해 고객이 뭐라고 했나요?

A She was very impressed. 그녀는 깊은 인상을 받았어요.

Q What's causing all the noise upstairs? 무엇 때문에 위층이 시끄럽죠?

A They're fixing their bathroom. 그들은 욕실을 수리하는 중이에요.

❸ What + 명사(의문형용사)

Q What day did the new secretary arrive? 새 비서는 언제 도착했나요?

A She came in yesterday. 그녀는 어제 도착했어요.

Q What type of work do you do? 어떤 종류의 일을 하시죠?

A I'm currently a health inspector. 현재 저는 위생 검사관이에요.

Q What color would you like the inside to be? 안쪽을 무슨 색으로 할 건가요?

A Light brown, I think. 제 생각에는 밝은 갈색이요.

● 음성을 듣고 빈칸을 채운 뒤, 알맞은 답을 고르세요.

1　What do you think the _____ about?

(A) I haven't read it yet.

(B) Write the first _____ of a story.

(C) There's a series of interviews.

2　What do you think we should wear to the reception?

(A) The _____ to the welcome party.

(B) Luncheon will be served soon.

(C) _____ clothing is suggested.

3　What's the _____ for dry-cleaning a shirt?

(A) Stop by the _____ shop.

(B) 10 dollars _____ shirt.

(C) After it finishes.

4　What type of room should I _____ for you?

(A) Two nights and three days.

(B) One with an _____ view.

(C) It's more _____.

▶ ▶ ▶ 정답 및 해설 p19

알고 넘어가기　　**다양한 What 관용표현**

What brings you here? 여기 무슨 일로 왔나요?

What is the seminar about? 무엇에 관한 세미나인가요?

What does he do for a living? 그의 직업은 무엇인가요?

What does she look like? 그녀는 어떻게 생겼나요? (외모)

What does your secretary like? 새 비서는 어떤가요? (성격)

What's your extension number? 당신의 내선번호는 무엇인가요?

What if there is an accident? 사고가 나면 어떻게 하죠?

What made you so late? 왜 이렇게 늦었어요?

What do you think of my plan? 제 계획 어때요?

● 음성을 듣고 질문에 알맞은 응답을 고르세요.

1   Mark your answer on your answer sheet.   (A)   (B)   (C)

2   Mark your answer on your answer sheet.   (A)   (B)   (C)

3   Mark your answer on your answer sheet.   (A)   (B)   (C)

4   Mark your answer on your answer sheet.   (A)   (B)   (C)

5   Mark your answer on your answer sheet.   (A)   (B)   (C)

6   Mark your answer on your answer sheet.   (A)   (B)   (C)

7   Mark your answer on your answer sheet.   (A)   (B)   (C)

8   Mark your answer on your answer sheet.   (A)   (B)   (C)

9   Mark your answer on your answer sheet.   (A)   (B)   (C)

10   Mark your answer on your answer sheet.   (A)   (B)   (C)

▶ ▶ ▶ 정답 및 해설 p20

❶ 질문에 대한 응답에 O, X로 체크하면서 듣습니다. 헷갈릴 경우에는 △표시를 해둡니다.

❷ 중간에 멈추지 말고 끝까지 집중해서 풀어봅니다. 풀고 나서 바로 해설을 보지 말고, 틀린 문제는 다시 들어봅니다.

❸ 해설지까지 보고 오답정리까지 끝나면, 반드시 큰 소리로 여러 번 따라 읽고 다시 음성을 들어봅니다.

Who/What의문문 오답패턴 ● ● ●

🔊 P2-10

1　Yes/ No가 들리면 무조건 오답이다

의문사로 시작하는 의문문에 Yes/No 응답은 오답이다. 따라서 의문사로 시작하는 의문문에 Yes/No 답변이 들린다면 이후의 내용을 들을 필요 없이 바로 정답 후보에서 제거한다.

Q　What's the charge to go to the opera house?

　(A) It'll cost fifty dollars.

　(B) No, it's far from here.

　(C) It takes half an hour to get there.

오페라극장으로 가는 데 요금은 얼마인가요?
(A) 50달러에요.
(B) 아니요, 여기서 멀어요.
(C) 거기까지 가는 데 30분 정도 걸립니다.

▶ What으로 시작하는 의문사의문문이므로, No로 응답한 (B)는 어떤 경우에도 오답이다.

2　유사하거나 동일한 발음이 나오면 오답이다

질문에 나온 단어와 유사하거나 동일한 발음의 단어가 들리면, 의식적으로 그 보기를 정답으로 선택하는 경우가 있다. 특히 초보자일 경우가 더욱 조심해야 한다.

Q　Who's attending the president's reception?

　(A) He is a resident of this city.

　(B) The management team.

　(C) In the hotel ballroom.

사장 환영회에 누가 참석하죠?
(A) 그는 이 도시의 거주자예요.
(B) 경영 팀이요.
(C) 호텔 연회장에서요.

▶ (A)는 질문의 president와 유사한 발음의 resident라는 단어로 혼동을 주는 오답이다.

3　Who의문문인데 When이나 Where의문문에 대한 답변이 들리면 오답이다

Q　Who is supposed to shut up the shop tonight?

　(A) The owner is.

　(B) Until 10 o'clock.

　(C) Opposite the café.

오늘 밤 가게 문을 누가 닫을 예정인가요?
(A) 가게 주인이요.
(B) 10시까지요.
(C) 카페 맞은편에요.

▶ (B)는 의문사 When에 대한 응답이고, (C)는 의문사 Where에 대한 응답이므로 오답이다.

When의문문

 P2-11

● When의문문은 시간이나 때를 묻는 문제로 질문 속의 시제를 잘 들어야 한다.

● 가까운 미래를 묻는 문제가 주로 출제되며, 시간을 나타내는 전치사구 및 부사절이 정답으로 출제된다.

유형1

Mark your answer on your answer sheet.　　　(A)　　　(B)　　　(C)

Q When would be the best time to reach you?

　(A) At around noon.

　(B) For a month.

　(C) Please feel free to call her.

당신에게 언제 연락하는 게 가장 좋으세요?
(A) 정오쯤에요.
(B) 한 달 동안이요.
(C) 언제든지 그녀에게 연락해요.

▶ **When**의문문 유형1은 전형적인 시점을 묻는 문제로 비교적 쉬운 유형의 문제라 할 수 있다. (B)는 기간을 물었을 때의 응답이고, (C)는 질문에 언급되지 않은 3인칭 목적격 her를 사용한 오답이다.

어휘　reach(= get in touch with) 연락이 닿다 | around noon 정오쯤 | feel free to 마음대로 ~하다

Mark your answer on your answer sheet. (A) (B) (C)

Q When can we meet to discuss the sales report?

(A) Tomorrow at the latest.

(B) We'll send you a copy of the report.

(C) No, we submitted it yesterday.

판매 보고서에 관해 논의하기 위해 우리가 언제 만날 수 있을까요?
(A) 늦어도 내일이요.
(B) 우리가 당신에게 보고서 사본을 보낼 거예요.
(C) 아니요, 우리는 어제 그것을 제출했어요.

▶ When의문문 유형2는 가까운 미래를 물어보는 패턴으로, When의문문의 70% 정도를 차지한다. When 의문문을 들을 때에는 항상 시제에 유의해야 한다. (B)는 질문의 report를 반복한 오답이고, (C)는 의문 사의문문에 No로 응답했으므로 끝까지 들을 필요 없이 오답이다.

어휘 discuss 논의하다 | sales report 판매 보고서 | at the latest 늦어도 | submit 제출하다

기초다지기

🎧 P2-12

1 When will the seminar be over? (A) (B) (C)

2 When did the movie start? (A) (B) (C)

3 When do you expect to make a speech at the meeting? (A) (B) (C)

▶▶▶ 정답 및 해설 p22

❶ 확실한 시점

Q When is your appointment with the career counselor? 직업 상담사와 당신의 약속은 언제죠?

A I have to be there by 2. 저는 2시까지 거기에 가야 해요.

Q When do you expect the renovation to be finished? 개조는 언제 끝날 거라고 예상하나요?

A Not until next week. 다음 주나 되어서야 끝날 거예요.

Q When is the deadline for the submission of proposals? 제안서를 제출하는 마감일은 언제죠?

A No later than next Monday. 늦어도 다음 주 월요일까지요.

Q When did the president agree to the pay raise? 사장은 언제 월급인상에 동의했나요?

A While he was here this morning. 오늘 아침 그가 여기에 있었을 동안요.

❷ 잠정적 시점

Q When are the new products going to be released? 신상품은 언제 출시될 건가요?

A Sometime next month. 다음 달쯤에요.

Q When will the inventory project be completed? 재고 프로젝트는 언제 끝날 건가요?

A Soon, I hope. 희망컨대, 곧이요.

Q When will the goods I ordered be delivered? 제가 주문한 물건은 언제쯤 배달되죠?

A They should be here any minute. 아마 곧 도착할 겁니다.

❸ 그 밖의 유형

Q When will the company move its headquarters to Florida? 회사는 언제 본사를 플로리다로 이전할 건가요?

A Nobody seems to know the exact date. 아무도 정확한 날짜를 모르는 것 같아요.

Q When will the manager brief the company sales? 매니저는 회사 매출을 언제 보고할 건가요?

A I thought he did it already. 그가 벌써 했다고 생각했는데요.

Q When will we start the construction of the building? 언제 건물을 짓기 시작할까요?

A As soon as the building permit is issued. 건물 허가가 떨어지자 마자요.

Q When do you expect them to suggest the reorganization plan? 그들이 구조개편 계획을 언제 제안할 거라 예상하나요?

A When the executives return from their vacation. 임원들이 휴가에서 돌아오면요.

● 음성을 듣고 빈칸을 채운 뒤, 알맞은 답을 고르세요.

1   When will we start the construction of the new road?

    (A) The building is _____ construction.

    (B) As soon as _____ is received.

    (C) They're waiting for a taxi.

2   When do you think the _____ is possible?

    (A) I wish I knew.

    (B) I sent them by _____.

    (C) To the new address.

3   When does the company issue the _____?

    (A) By the city bank.

    (B) The recent issue of the _____.

    (C) On the first day of the month.

4   When is the _____ meeting in Amsterdam?

    (A) At the beginning of next month.

    (B) There's a meeting at the _____.

    (C) Board of directors recommended him.

▶▶▶ 정답 및 해설 p22

알고 넘어가기   **When의문문 빈출 표현**

전치사구	부사구
in an hour 한 시간 후에 on Saturdays 토요일마다 by noon 정오까지 by the deadline 마감 기한까지 in less than 3 months 3달이 안 되어 by the end of the month 이달 말까지	late last night 어젯밤 늦게 sooner or later 조만간 the day before yesterday 그저께 the day after tomorrow 모레 right now(= immediately) 지금 당장 not until 5 o'clock 5시나 되어서야

Unit 04 Where의문문

 P2-15

- Where의문문은 장소나 위치, 출처 등을 물어보는 의문문으로 장소 전치사구가 정답으로 제시된다.
- 발음이 의문사 When과 혼동되므로, 청취 훈련을 통해 익숙해 져야 한다.

유형1

Mark your answer on your answer sheet.   (A)   (B)   (C)

Q Where can we find a good place to take a client for dinner?

(A) Sometime next week.

(B) Let me show you the menu.

(C) Try the new restaurant across the street.

저녁식사에 고객을 데리고 갈만한 괜찮은 장소가 어디일까요?
(A) 다음 주쯤에요.
(B) 메뉴를 보여 드릴게요.
(C) 길 건너 새로운 식당에 가 보세요.

▶ Where의문문 유형1은 특정 장소로 대답하는 전형적인 유형이다. (A)는 의문사 When에 어울리는 응답이고, (B)는 질문의 dinner를 듣고 연상할 수 있는 menu가 사용된 오답이다.

어휘 place 장소 | client 고객, 의뢰인 | sometime 언젠가, 한때

Mark your answer on your answer sheet.　　　　(A)　　　(B)　　　(C)

Q Where's the new hotel going to be built?

(A) I hope you enjoy your stay.

(B) It hasn't been decided yet.

(C) The construction will be completed by July 14th.

새 호텔은 어디에 지어질 예정인가요?
(A) 즐거운 시간을 보내시길 바라요.
(B) 아직 결정되지 않았어요.
(C) 공사는 7월 14일까지 완료될 거예요.

▶ Where의문문 유형2는 장소를 언급하지 않는 간접적인 응답유형이다. (A)는 질문의 hotel을 통해 연상할 수 있는 문장이고, (C)는 의문사 When에 대한 답변으로 적절하며, 질문의 built와 유사한 construction 이라는 단어가 사용된 오답이다.

어휘 enjoy 즐기다 | stay 머무름, 방문 | decide 결정하다 | complete 완료하다, 마치다

기초다지기　　　　　　　　　　　　　　　　　　🎧 P2-16

1 Where do you get your hair cut?　　　　　　　(A)　　　(B)　　　(C)

2 Where can I check my bags?　　　　　　　　　(A)　　　(B)　　　(C)

3 Where can I catch the bus to the city hall?　　(A)　　　(B)　　　(C)

▶ ▶ ▶ 정답 및 해설 p23

Where의문문 빈출유형

P2-17

❶ 장소관련 응답

Q Where is the new shopping mall going to be located? 새 쇼핑몰은 어디에 위치할 것 같나요?

A Downtown area, I guess. 저는 시내일 것 같아요.

Q Where is the power button for this scanner? 이 스캐너의 전원 버튼은 어디에 있죠?

A Check the back of the machine. 기계의 뒤편을 살펴보세요.

Q Where did you leave the office keys? 사무실 열쇠들을 어디에다 두었나요?

A I have them in my pocket. 제 주머니에 있어요.

Q Where does Ms. Willis want me to put this box? Willis씨는 제가 이 박스를 어디에 두기를 원하나요?

A Leave it here. 여기에 두세요.

❷ 출처를 알려주는 경우

Q Where do we buy our copy papers? 우리는 복사용지를 어디에서 구입하나요?

A We usually order them online. 대게 인터넷으로 주문해요.

Q Where can I find the information the manager needed? 매니저가 필요로 했던 정보를 어디에서 찾을 수 있나요?

A Look at Ms. Bright's file. Bright씨의 파일을 보세요.

Q Where are we going to raise funds to expand our business? 사업을 확장하기 위해 어디서 기금을 조성할 건가요?

A We can get a loan from the bank. 은행에서 대출을 받을 수 있어요.

❸ 사람 이름

Q Where did you put the extra copies? 여분의 복사본들은 어디다 두셨나요?

A Davis has them. Davis가 갖고 있어요.

Q Where did you hear the news of the merger? 합병 소식을 어디에서 들었나요?

A Everyone has been talking about it. 모든 사람이 그것에 대해 얘기하고 있었어요.

❹ 기타 답변

Q Where can we find a good place to eat around here? 이 근처에서 식사할 만한 좋은 장소가 어디일까요?

A I'm not familiar with this area. 저는 이 근처를 잘 모릅니다.

Q Where is the company going to invest their capital? 회사는 자본을 어디에 투자할 것 같나요?

A They haven't decided yet. 아직 결정하지 못했어요.

● 음성을 듣고 빈칸을 채운 뒤, 알맞은 답을 고르세요.

1   Where can I find the today's newspaper?

     (A) Yes, it was _____ news.

     (B) Display the table of contents.

     (C) It _____ arrive before 7 AM.

2   Where did you put the shipping _____?

     (A) It will be shipped next week.

     (B) I left it in the top _____.

     (C) I left a voice mail message.

3   Where do I _____ for a yoga class?

     (A) From 9 AM to 6 PM on weekdays.

     (B) You can sign up right there.

     (C) You can save 15% of registration _____.

4   Where's the copy _____ I bought last week?

     (A) What paper do you usually read?

     (B) I guess we used them _____ up.

     (C) It's 10 dollars and 50 cents a box.

▶ ▶ ▶ 정답 및 해설 p23

알고 넘어가기   **Where 발음이 잘 안 들려요!!!**

Where의문문은 일단 듣기만 하면 정답 고르기가 어렵지 않은 의문사다. 미국식으로는 '웨어'라고 읽지만 영국 및 호주식 발음으로 '워'처럼 들리기 때문에 다 듣고 나서 "어, 뭐지?"라고 의문사를 놓쳤다고 생각할 수 있다. 만약 의문사를 놓쳤다고 생각했다면 확률상 Where의문문일 가능성이 높다. 아무래도 When은 받침이 있는 'n' 발음 때문에 좀 더 잘 들린다. 하지만 이런 이론은 확률상이기 때문에 좀 더 정확하게 듣기 위해서는 결국 반복된 청취연습이 중요하다.

● 음성을 듣고 질문에 알맞은 응답을 고르세요.

1   Mark your answer on your answer sheet.   (A)   (B)   (C)

2   Mark your answer on your answer sheet.   (A)   (B)   (C)

3   Mark your answer on your answer sheet.   (A)   (B)   (C)

4   Mark your answer on your answer sheet.   (A)   (B)   (C)

5   Mark your answer on your answer sheet.   (A)   (B)   (C)

6   Mark your answer on your answer sheet.   (A)   (B)   (C)

7   Mark your answer on your answer sheet.   (A)   (B)   (C)

8   Mark your answer on your answer sheet.   (A)   (B)   (C)

9   Mark your answer on your answer sheet.   (A)   (B)   (C)

10   Mark your answer on your answer sheet.   (A)   (B)   (C)

▶ ▶ ▶ 정답 및 해설 p24

❶ 질문에 대한 응답에 O, X로 체크하면서 듣습니다. 헷갈릴 경우에는 △표시를 해둡니다.

❷ 중간에 멈추지 말고 끝까지 집중해서 풀어봅니다. 풀고 나서 바로 해설을 보지 말고, 틀린 문제는 다시 들어봅니다.

❸ 해설지까지 보고 오답정리까지 끝나면, 반드시 큰 소리로 여러 번 따라 읽고 다시 음성을 들어봅니다.

When/Where의문문 오답패턴 ● ● ●

P2-20

1　When의문문인데 Where나 How long의문문에 대한 답변이 들리면 오답이다

Q　When will Mr. Kumamoto hire the new editor?

(A) In the editorial department.

(B) By the end of the month.

(C) For two months.

Kumamoto씨는 언제 새 편집자를 고용할 건가요?
(A) 편집부서에서요.
(B) 이번 달 말까지요.
(C) 두 달 동안요.

▶ (A)는 장소 및 출처를 묻는 Where의문문에 대한 응답이고, (C)는 기간을 묻는 How long의문문에 대한 응답으로 둘 다 오답이다.

2　Where의문문인데 When의문문에 대한 답변이 들리면 오답이다

Q　Where does Ms. Cooper want me to put the packages?

(A) Leave them here.

(B) Yes, I think he does.

(C) After the meeting.

Cooper씨는 이 소포들을 어디에 놓기를 원하나요?
(A) 여기에 두세요.
(B) 네, 그가 그런 것 같아요.
(C) 회의가 끝나고요.

▶ (B)는 의문사의문문에 Yes로 응답했으므로 끝까지 듣지 않아도 오답이고, (C)는 의문사 When에 대한 응답으로 시간을 나타냈기 때문에 오답이다.

3　연상되는 단어가 들리면 오답이다

질문에 나온 단어를 듣고 연상될 만한 단어, 예를 들어 질문에 department store(백화점)가 들렸는데 보기에 shopping(쇼핑)이 들리면 오답이다.

Q　Where do you keep spare batteries?

(A) Until they run out.

(B) In the supply cabinet.

(C) Yes, I keep meaning to.

여분의 배터리를 어디에 보관하세요?
(A) 그것들이 다 떨어질 때까지요.
(B) 소모품 캐비닛 안에요.
(C) 네, 저는 계속 그렇게 할 생각이에요.

▶ (A)는 질문에 나온 batteries라는 단어를 듣고 연상할 수 있는 단어인 run out(다 떨어지다)을 사용한 오답이다. (C)는 의문사의문문에 Yes로 대답했기 때문에 오답이다.

How의문문

● How의문문은 단독으로 쓰일 때 기본적으로 수단이나 방법을 주로 묻는다.

● How뒤에 다른 형용사 · 부사가 결합되어 다양한 의미로 사용될 수 있다.

유형1

Mark your answer on your answer sheet.　　　　(A)　　　(B)　　　(C)

Q How long is your commute in the morning?

　(A) Because of a traffic jam.

　(B) The parking lot is full of cars.

　(C) 30 minutes by an express train.

아침에 통근 시간은 얼마나 걸리나요?
(A) 교통 체증 때문에요.
(B) 주차장이 차로 꽉 찼어요.
(C) 고속 열차로 30분이요.

▶ How의문문 유형1은 How의문문 중 가장 자주 출제되는 How long 유형이다. 기간을 묻는 질문이므로 시간 및 시제를 물어보는 When의문문과 구분이 필요하다. (A)는 이유를 물어보는 Why의문문에 대한 응답으로 질문의 commute라는 단어와 연관 있는 traffic을 이용한 오답이고, (B)는 commute와 연관 있는 cars를 이용한 연상 오답이다.

어휘 commute 통근(거리) | traffic jam 교통 체증 | be full of ~로 가득 차다 | express train 고속 열차

Mark your answer on your answer sheet.　　(A)　　(B)　　(C)

Q How is the work going on the expense report?

(A) If you think you can afford it.

(B) You didn't submit any receipts.

(C) It will be ready tomorrow.

지출 보고서에 대한 일은 어떻게 진행되고 있나요?
(A) 지불할 수 있다고 생각하신다면요.
(B) 어떤 영수증도 제출하지 않으셨어요.
(C) 내일 준비될 거예요.

▶ How의문문 유형2는 'How + be동사' 형태로 상태를 묻는다. 주로 형용사가 포함된 문장이 답변이 된다. (A)는 질문의 expense로 연상할 수 있는 afford를 사용한 오답이고, (B)는 질문의 expense와 관련 있는 receipts를 사용한 오답이다.

어휘 go on (일이) 되어가다 | expense report 지출 보고서 | afford (금전적·시간적) 여유가 되다 | submit 제출하다 | receipt 영수증 | ready 준비된

기초다지기

🎧 P2-22

1　How long will you be staying in Tokyo?　　　　　　　　(A)　　(B)　　(C)

2　How much will it cost to sign up for the class?　　　　(A)　　(B)　　(C)

3　How do I reserve a banquet hall?　　　　　　　　　　(A)　　(B)　　(C)

▶▶▶ 정답 및 해설 p26

❶ How + 형용사/부사

Q How many engineers work on the night shift? 몇 명의 기술자들이 야간 근무를 하나요?

A There are usually 5 or 6 of them. 일반적으로 5, 6명이 해요.

Q How much of a discount applies to this desk set? 이 책상 세트에는 할인이 얼마나 적용되나요?

A Sorry, the sale ended yesterday. 죄송하지만, 할인이 어제 끝났습니다.

Q How long has the company been operating in Europe? 그 회사는 유럽에서 얼마나 영업했나요?

A For over a year so far. 이제까지 1년 조금 넘게요.

Q How soon can you finish drawing up the contract? 얼마나 빨리 계약서 초안을 끝낼 수 있나요?

A It shouldn't take much longer. 그리 오래 걸리지 않을 겁니다.

Q How often does your boss go on a business trip abroad? 당신의 상사는 얼마나 자주 해외 출장을 가나요?

A As frequently as possible. 가능한 한 자주 가세요.

Q How far would you say the national museum is from here? 여기서 국립박물관이 얼마나 멀죠?

A It's about a ten minute walk. 10분 정도 걸으면 됩니다.

❷ How + 동사

Q How is the stock market performing these days? 요즘 주식시장 상황은 어때요?

A It's going down. 떨어지고 있어요.

Q How have you arranged to get to the conference? 회의하러 어떻게 갈 건가요?

A I'm getting a ride with a colleague. 동료와 함께 차를 타고 갈 거예요.

Q How will the new products have an effect on sales? 새로운 제품이 매출에 어떤 영향을 줄까요?

A Well, it's too early to tell. 글쎄요, 아직 단정하긴 일러요.

Q How do you like the new computer monitor? 새 컴퓨터 모니터가 마음에 드나요?

A It seems to be much better than the last one. 지난번 것보다 훨씬 나아 보이네요.

❸ 제안/권유

Q How about inviting Mr. Morris to give us some advice on this?
Morris씨에게 이 문제에 대해 조언해 달라고 요청해보는 건 어때요?

A He's really qualified. 그는 그럴 자격이 있어요.

연 · 습 · 문 · 제

● 음성을 듣고 빈칸을 채운 뒤, 알맞은 답을 고르세요.

1 How will I _____ the person I'm meeting?

(A) It's an exciting opportunity.

(B) Yes, you're able to _____ him.

(C) He'll be wearing a white uniform.

2 How do you like the new menu at the cafeteria?

(A) It's _____ what I wanted.

(B) Read the user's _____.

(C) Would you like anything to eat?

3 How long have you been investigating the _____?

(A) For almost 2 years.

(B) It took three hours to get there.

(C) The _____ sent the investigator.

4 How often do I need to update the _____ information?

(A) I'm not sure where it is.

(B) It updates _____.

(C) Click here to open it.

▸▸▸ 정답 및 해설 p26

알고 넘어가기 **오답으로 출제되는 동음이의어**

질문의 단어가 선택지에 그대로 나온다면 오답일 가능성이 높다. 이럴 경우 대부분 동음이의어가 많다.

charge 책임, 담당 - charge 충전하다	sign 표지판 - sign 서명하다
leave 남기다 - leave 떠나다	book 책 - book 예약하다
train 기차 - train 훈련하다	glass 컵 - glasses 안경
carry 운반하다 - carry 취급하다	rest 나머지 - rest 휴식하다
turn 차례 - turn 돌다	please 제발 - please 기쁘게 하다
kind 종류 - kind 친절한	present 선물 - present 제출하다
check 수표 - check 확인하다	store 가게 - store 저장하다
cover 다루다 - cover 대신 일하다	last 마지막 - last 지속되다

Why의문문

 P2-25

- Why의문문은 이유 및 목적을 물어보기 때문에 내용에 대한 이해를 필요로 한다.
- 의문사 중에서 가장 까다로운 편으로 음성을 듣고 바로 이해할 수 있는 실력이 동반되어야 한다.

유형1

Mark your answer on your answer sheet. (A) (B) (C)

Q Why did the Fredonia bookstore move?

(A) Order a book on the Internet.

(B) **Because it needed more space.**

(C) I usually don't have time to read it.

Fredonia 서점은 왜 이전을 했나요?

(A) 인터넷으로 책을 주문하세요.

(B) 왜냐하면 공간이 더 필요했기 때문이에요.

(C) 저는 보통 읽을 시간이 없어요.

▶ Why의문문 유형1은 전형적으로 이유를 묻고, 이유의 접속사 because로 대답하는 형태이다. (A)는 질문에 나온 bookstore에서 단어 book을 따온 오답이고, (C)는 bookstore라는 단어를 이용해 연상할 수 있는 문장으로 오답이다.

어휘 **bookstore** 서점 │ **move** 옮기다, 이전하다 │ **space** 공간, 빈자리 │ **usually** 보통, 대개

Mark your answer on your answer sheet.　　　(A)　　　(B)　　　(C)

Q Why did you cancel your subscription to the morning newspaper?

(A) I rarely had time to read it.

(B) This is not in my job description.

(C) It offers the latest issue of the magazine.

조간신문 구독을 왜 취소했나요?
(A) 읽을 시간이 거의 없어서요.
(B) 이것은 제 직무 기술서에 없습니다.
(C) 이것은 잡지의 최신 호를 제공합니다.

▶ Why의문문 유형2는 이유의 접속사나 전치사를 생략하고 부연설명으로 응답하는 유형이다. (B)는 질문의 subscription과 유사한 발음인 description을 이용한 오답이며, (C)는 질문의 newspaper로 연상할 수 있는 유사어휘 magazine을 이용한 오답이다.

어휘 subscription 구독 | morning newspaper 조간신문 | rarely 좀처럼 ~하지 않게 | job description 직무 기술서 | latest 최신의

기초다지기　　　　　　　　　　　　　　　　　P2-26

1　Why is the city hall closed?　　　　　　　　　　(A)　　　(B)　　　(C)

2　Why didn't you go to the 4:30 motor show?　　　　(A)　　　(B)　　　(C)

3　Why were you late for the interview?　　　　　　　(A)　　　(B)　　　(C)

▶ ▶ ▶ 정답 및 해설 p27

❶ 전치사/접속사를 이용한 응답

Q Why didn't you sign up for the yoga class? 왜 요가 강좌에 등록하지 않았나요?

A Due to the high registration fee. 비싼 등록비 때문에요.

Q Why did you stop dealing with that research firm? 왜 그 조사기관과 거래를 중단했나요?

A Because their information was not accurate. 그들의 정보가 정확하지 않았어요.

❷ 접속사가 생략된 응답

Q Why does the woman want to revise the contract? 그 여자는 왜 계약서를 수정하고 싶어 했나요?

A Materials' prices have gone up. 재료비가 올랐어요.

Q Why did you leave your last job? 전에 다니던 직장을 왜 그만뒀나요?

A It was too far for me to commute. 출퇴근하기가 너무 멀어서요.

Q Why didn't I get reimbursed for these travel expenses? 저는 왜 출장비를 환급받지 못했나요?

A You needed to have prior approval. 당신은 미리 승인을 받아야 했어요.

Q Why hasn't the company stopped hiring new employees? 회사는 왜 신입사원 고용을 중단하지 않죠?

A I thought they had. 이미 중단했다고 생각했는데요.

❸ to부정사를 이용한 응답(~하기 위해서)

Q Why are these shoes being sold at a reduced price? 이 신발은 왜 할인된 가격으로 팔리고 있나요?

A To promote for the brand name. 브랜드 이름을 홍보하려고요.

❹ 간접적 유형의 답변

Q Why haven't the application been processed yet? 지원서가 왜 처리되지 않았나요?

A I'll ask the personnel office. 인사부에 물어볼게요.

Q Why hasn't the shipment arrived yet? 왜 아직 선적물이 도착하지 않았나요?

A I'll let you know in a minute. 조금 있다가 알려드릴게요.

● 음성을 듣고 빈칸을 채운 뒤, 알맞은 답을 고르세요.

1   Why was the board meeting postponed?

    (A) There was a scheduling _____.

    (B) We just couldn't afford it.

    (C) I'm _____ to attend the meeting.

2   Why isn't the special _____ posted on our Web site?

    (A) Advertising is really necessary.

    (B) The computer system was down all morning.

    (C) Our catalog _____ discount vouchers.

3   Why isn't professor Kwan teaching here anymore?

    (A) He _____ at the end of last year.

    (B) Registration closed last week.

    (C) No, _____ not.

4   Why are you working at the reception desk today?

    (A) _____ to the check-in counter.

    (B) Yes, but I'll stay until tomorrow.

    (C) I'm _____ in for Ms. Smith.

▶ ▶ ▶ 정답 및 해설 p27

알고 넘어가기   제안 · 권유를 나타내는 **Why의문문**

이유를 나타내는 Why의문문과 반드시 구분해서 정답을 골라야 한다. 제안 및 권유를 나타내는 Why의문문은 긍정/부정으로 응답하는 패턴이 대부분이며 뒷부분에서 더 자세히 언급된다.

Q   Why don't we talk about it over lunch?   **A**   That's a good idea.
점심 먹으면서 그것에 관해 얘기하는 건 어때요?   좋은 생각이에요.

Q   Why don't you get some advice from Ms. Jones?   **A**   I probably should.
Jones씨에게 조언을 얻는 건 어떨까요?   꼭 그래야겠네요.

Q   Why don't I carry your suitcase?   **A**   I can manage, thanks.
제가 당신의 가방을 들어드릴까요?   고맙지만 혼자 할 수 있어요.

● **음성을 듣고 질문에 알맞은 응답을 고르세요.**

1 Mark your answer on your answer sheet. (A) (B) (C)

2 Mark your answer on your answer sheet. (A) (B) (C)

3 Mark your answer on your answer sheet. (A) (B) (C)

4 Mark your answer on your answer sheet. (A) (B) (C)

5 Mark your answer on your answer sheet. (A) (B) (C)

6 Mark your answer on your answer sheet. (A) (B) (C)

7 Mark your answer on your answer sheet. (A) (B) (C)

8 Mark your answer on your answer sheet. (A) (B) (C)

9 Mark your answer on your answer sheet. (A) (B) (C)

10 Mark your answer on your answer sheet. (A) (B) (C)

▶ ▶ ▶ 정답 및 해설 p28

❶ 질문에 대한 응답에 O, X로 체크하면서 듣습니다. 헷갈릴 경우에는 △표시를 해둡니다.

❷ 중간에 멈추지 말고 끝까지 집중해서 풀어봅니다. 풀고 나서 바로 해설을 보지 말고, 틀린 문제는 다시 들어봅니다.

❸ 해설지까지 보고 오답정리까지 끝나면, 반드시 큰 소리로 여러 번 따라 읽고 다시 음성을 들어봅니다.

How/Why의문문 오답패턴 ● ● ●

1 How의문문에서 When이나 Where에 대한 답변이 들리면 오답이다

Q How was the Chinese class you took?

(A) It was not so difficult.

(B) It begins next week.

(C) At the library near my house.

당신이 수강했던 중국어 강좌는 어땠어요?

(A) 그리 어렵지 않았어요.

(B) 다음 주에 시작해요.

(C) 집 근처 도서관에서요.

▶ (B)는 의문사 When에 어울리는 응답이며, (C)는 의문사 Where에 어울리는 응답으로 둘 다 오답이다.

2 How long의문문에서 When에 대한 답변이 들리면 오답이다

Q How long will the morning presentation last?

(A) It was very informative.

(B) Probably, about an hour.

(C) As soon as I finish the report.

오전 발표가 얼마나 계속될까요?

(A) 정말 유익했어요.

(B) 아마도 한 시간 정도요.

(C) 보고서를 끝내자마자요.

▶ (A)는 상태 및 의견을 물어보는 How의문문에 어울리는 응답이며, (C)는 때를 물어보는 When의문문에 어울리는 응답으로 둘 다 오답이다.

3 의문사 Why와 제안 · 요청의문의 Why를 구분해야 한다

의문사 Why가 들린다고 무조건 의문사의문문으로 단정 지어서는 안 된다. Why 다음에 don't가 들리면 제안 · 권유문이므로 긍정/부정의 답변이 정답이 된다.

Q Why don't we ask Clark to lead the discussion?

(A) I think it's the best choice.

(B) Because he doesn't have to leave.

(C) He was interviewed about the issue.

Clark에게 토론을 진행해 달라고 부탁해 볼까요?

(A) 그게 최고의 선택이라고 생각해요.

(B) 왜냐면 그가 떠날 필요가 없기 때문이에요.

(C) 그는 그 문제에 대해 인터뷰를 했어요.

▶ 이유의 접속사 Because가 있는 (B)를 선택하지 않도록 주의한다.

- 일반의문문은 be동사나 조동사로 시작하는 의문문 모두를 말한다.
- Yes/No로 답변이 가능하지만 이를 생략하고 질문에 대한 부연설명이 나온다.

유형1

Mark your answer on your answer sheet. (A) (B) (C)

Q Did you have a chance to read that article on a new type of airport?

(A) Check your itinerary before departure.

(B) I was just about to look at it.

(C) Yes, she's printing the selected article right now.

새로운 형태의 공항에 관한 기사를 읽어봤나요?
(A) 출발 전에 일정표를 점검하세요.
(B) 지금 막 읽어 보려던 참이에요.
(C) 네, 그녀가 선정된 기사를 지금 인쇄하고 있어요.

▶ 일반의문문 유형1은 조동사 Do로 물어보는 형태이다. 의문사의문문과는 달리 정형화된 응답패턴이 없기 때문에 난도가 있으며, 여러 시제에 유의해야 한다. (A)는 질문에 나온 airport에서 연상할 수 있는 문장으로 오답이며, (C)는 article이라는 단어가 반복된 함정이면서, 또한 주어가 3인칭으로 주어 불일치 오답이다.

어휘 article 기사, 글 | itinerary 여행 일정표 | departure 출발, 떠남 | be about to 막 ~하려 하다 | selected 선정된, 선택된

유형2

> Mark your answer on your answer sheet.　　　(A)　　　(B)　　　(C)

Q Are you in charge of training new employees during the session?

(A) I used to be.

(B) Yes, I am new here.

(C) There will be no charge at all.

당신이 교육 기간 동안 신입사원들을 훈련하는 책임을 맡고 있나요?
(A) 예전에 그랬죠.
(B) 네, 저는 여기가 처음이에요.
(C) 요금은 전혀 없습니다.

▶ 일반의문문 유형2는 Be동사로 물어보는 형태로, 내용을 파악하고 정답을 찾아야 하는 문제이다. 일반의문문은 Yes/No 답변이 가능하지만, 이를 생략하고 바로 부연설명을 하는 경우도 있다. (A)는 No가 생략된 답변으로 해석에 유의해야 하는 정답이다. (B)는 질문에 나온 단어인 new를 반복한 오답으로 길을 물어볼 때 많이 나오는 답변 유형이다. (C)는 질문에 나온 charge를 반복한 오답으로 다른 뜻으로 사용되었다.

어휘 in charge of ~를 담당하는, ~에 대한 책임이 있는 | train 교육시키다 | session (특정한 활동을 위한) 시간 | used to (과거에) ~하곤 했다

기초다지기

🎧 P2-32

1 Annie, do you have time to check this report with me?　　　(A)　　　(B)　　　(C)

2 Will you help me carry this computer?　　　(A)　　　(B)　　　(C)

3 Have you ever visited the marketing division?　　　(A)　　　(B)　　　(C)

▶▶▶ 정답 및 해설 p30

일반의문문 빈출유형

P2-33

❶ 긍정/허락의 답변

Q Is Sarah's retirement party on Wednesday? 수요일에 Sarah의 은퇴식이 열리나요?

A Yes, are you coming? 네, 당신도 참석하시나요?

Q Do you think you can finish the report on time? 보고서를 제때 마무리할 수 있다고 생각하나요?

A Sure, if I work quickly. 물론이죠, 서두른다면 가능해요.

❷ 부정/거절의 답변

Q Are we out of printer toner? 프린터의 토너를 다 썼나요?

A No, there is more in the cabinet. 아니요, 캐비닛 안에 더 있어요.

Q Is she suggesting that we go to the movie this weekend? 그녀가 이번 주말에 영화 보러 가자고 제안하고 있나요?

A Actually, she is hoping we could go next time. 사실, 그녀는 다음번에 가기를 희망하고 있어요.

❸ Yes/No 생략 답변

Q Were you able to cancel Jack's flight to Atlanta? Jack의 애틀란타행 비행기 표를 취소할 수 있었나요?

A I did so just now. 방금 했어요.

Q Did Mandy drop you off at the subway station? Mandy가 당신을 지하철역에 내려주었나요?

A Actually, Barry did. 사실 Barry가 해줬어요.

❹ 간접적 답변

Q Have you decided where to spend your vacation this summer? 올 여름휴가를 어디서 보낼지 결정했나요?

A I'm still deciding between Milan and Malaysia. 아직도 밀라노와 말레이시아 중에서 결정하는 중이에요.

Q Can this mobile phone be repaired here in the shop? 이 가게에서 이 휴대폰이 수리될 수 있을까요?

A It all depends on the problem. 문제점이 무엇이냐에 달려 있어요.

Q Does the new online shopping mall offer free shipping? 새 온라인 쇼핑몰은 무료 배송을 제공하나요?

A Only on certain items. 특정 제품에만 제공돼요.

❺ 제안하는 답변

Q Do you think this suitcase will fit into the trunk? 이 가방이 트렁크 안에 들어갈까요?

A Why don't we give it a try? 한번 시도해 볼까요?

● 음성을 듣고 빈칸을 채운 뒤, 알맞은 답을 고르세요.

1　Do you want me to set the _____?

(A) When would you like the _____ call?

(B) No, I'll do it myself.

(C) Yes, _____ right here.

2　May I have your driver's license and car _____?

(A) You can use the car _____ service.

(B) Oh, I forgot to bring it.

(C) Because it's due to _____ soon.

3　Does anyone have an _____ battery?

(A) Is there any _____ charge?

(B) No, the shop is closed on Sundays.

(C) You can _____ mine.

4　Did you see the new curtain in the living room?

(A) Yes, it _____ the color of the wall.

(B) No, it is not a _____ of furniture.

(C) It _____ on the price.

5　Will you be able to come to the _____ seminar?

(A) Aren't you going to finish it?

(B) Yes, we _____ our sales goal in a month.

(C) Yes, I'm _____ on it.

▶ ▶ ▶ 정답 및 해설 p30

Unit 08 부정의문문

P2-35

● 부정어(Not)가 들어있는 부정의문문은 응답하는 데 있어 일반의문과 동일하다.

● 부정어는 대답하는 내용에 영향을 미치지 못하므로, 질문의 내용이 맞으면 Yes, 그렇지 않으면 No로 대답하면 된다.

유형1

Mark your answer on your answer sheet.　　　　(A)　　　(B)　　　(C)

Q Shouldn't we call Ms. Lopez and tell her that we'll be late?

(A) Yes, at a high rate of speed.

(B) No, she really shouldn't.

(C) No, we have plenty of time.

Lopez씨에게 전화해서 우리가 늦을 거라고 알려야 하지 않을까요?
(A) 네, 빠른 속도로요.
(B) 아니요, 그녀는 정말 그렇게 해선 안 돼요.
(C) 괜찮아요, 시간이 충분하니까요.

▶ 부정의문문 유형1은 Yes/No로 응답하는 유형이다. 부정의문문은 질문의 Not에 신경 쓰지 말고 질문 내용에 대해 긍정이면 Yes, 부정이면 No로 답하면 된다. (A)는 질문에 언급된 late와 유사한 발음인 rate를 사용한 오답이며, (B)는 일단 주어가 불일치하며 질문의 shouldn't이 반복된 오답이다.

어휘 rate 속도, 비율, 요금 | plenty of 많은

Mark your answer on your answer sheet.　　　(A)　　　(B)　　　(C)

Q　Haven't we already launched our new products onto the market?

(A) We're starting next month.

(B) Could we move up the release date?

(C) Yes, I put my house on the market.

우리는 벌써 시장에 신상품을 출시하지 않았나요?
(A) 다음 달에 시작할 겁니다.
(B) 출시 날짜를 당길 수 있을까요?
(C) 네, 팔려고 집을 내놓았어요.

▶ 부정의문문 유형2는 Yes/No를 생략하고 바로 부연설명을 하는 유형이다. (A)는 No가 생략된 정답이고, (B)는 질문의 launch와 같은 뜻의 단어인 release가 쓰인 오답이고, (C)는 질문의 market을 반복 사용한 오답이다.

어휘　already 이미, 벌써 | launch 출시하다 | move up 앞당기다 | release date 출시 날짜 | put A on the market A를 팔려고 시장에 내놓다

기초다지기　　　　　　　　　　　　　　　　　　　　　🎧 P2-36

1　Isn't there a car wash nearby?　　　　　　　　　　(A)　　(B)　　(C)

2　Hasn't the shipment arrived?　　　　　　　　　　　(A)　　(B)　　(C)

3　Don't you think that flower shop is too expensive?　(A)　　(B)　　(C)

▶▶▶ 정답 및 해설 p31

❶ Yes에 해당하는 긍정적 답변

Q Doesn't the invoice have to be on her desk by Thursday? 송장이 목요일까지 그녀의 책상 위에 있어야 하지 않나요?

A Yes, I'm trying to finish it. 네, 그래서 그 일을 마치려고 노력 중이에요.

Q Didn't you have a major client to meet after lunch? 점심 식사 후에 주요 고객을 만나기로 하지 않았나요?

A Oh, you're right. But they cancelled at the last minute. 아, 맞아요. 하지만 마지막 순간에 그들이 취소했어요.

❷ Yes를 생략한 답변

Q Isn't the parking lot under construction right now? 그 주차장은 지금 공사 중이지 않나요?

A All this month, I heard. 제가 듣기로 이번 달 내내요.

Q Aren't the new computers being delivered this afternoon? 새 컴퓨터들은 오늘 오후에 배달될 예정이 아니었나요?

A They should be here soon. 곧 도착할 예정이에요.

❸ No로 시작하는 답변

Q Hasn't the flight from Madrid landed yet? 마드리드에서 오는 비행편은 아직 착륙하지 않았나요?

A No, it will be an hour late. 아니요, 한 시간 늦어질 겁니다.

Q Shouldn't you reserve a table at a restaurant? 식당에 테이블을 예약해야 하지 않나요?

A No, I'm not sure when I will be arriving. 아니요, 제가 언제 도착할지 몰라서요.

❹ No를 생략한 답변

Q Aren't we having lunch with the new clients? 우리는 새로운 고객들과 함께 점심 식사를 하지 않나요?

A I'm afraid we had to cancel it. 유감스럽게도 취소해야 했어요.

Q Don't you want to come to the ball game? 야구 경기 보러 가기를 원하지 않나요?

A I have another appointment. 다른 약속이 있어요.

❺ 기타 응답

Q Can't we leave the office a little earlier tomorrow? 내일 좀 일찍 퇴근할 수 없을까요?

A I'll have to ask. 여쭤보겠습니다.

Q Haven't you heard that the company will be sold? 회사가 팔릴 거라는 소식 듣지 못했나요?

A Who told you that? 누구한테 들으셨는데요?

● 음성을 듣고 빈칸을 채운 뒤, 알맞은 답을 고르세요.

1 Doesn't Mr. Evans work here anymore?

(A) Yes, I'm _____ of driving to work.

(B) No, I don't have his works.

(C) He was _____ to the head office.

2 _____ the advertising team be arriving soon?

(A) The _____ invited him to the reception.

(B) They're supposed to be here by 6.

(C) Yes, it's great for _____ relations.

3 Weren't you _____ about the policy change?

(A) Of course, that's the _____.

(B) No one _____ it.

(C) I don't know how to use it.

4 Won't he be here for tonight's _____?

(A) It will go on all night long.

(B) He is not _____ well.

(C) Yes, it's in the grand _____.

5 Don't you think you should ask the boss for a _____?

(A) No, I wouldn't talk about the _____.

(B) I think it's _____ not to talk.

(C) The company just got a new boss.

▶ ▶ ▶ 정답 및 해설 p32

● 음성을 듣고 질문에 알맞은 응답을 고르세요.

1　Mark your answer on your answer sheet.　　　　　　　　　(A)　(B)　(C)

2　Mark your answer on your answer sheet.　　　　　　　　　(A)　(B)　(C)

3　Mark your answer on your answer sheet.　　　　　　　　　(A)　(B)　(C)

4　Mark your answer on your answer sheet.　　　　　　　　　(A)　(B)　(C)

5　Mark your answer on your answer sheet.　　　　　　　　　(A)　(B)　(C)

6　Mark your answer on your answer sheet.　　　　　　　　　(A)　(B)　(C)

7　Mark your answer on your answer sheet.　　　　　　　　　(A)　(B)　(C)

8　Mark your answer on your answer sheet.　　　　　　　　　(A)　(B)　(C)

9　Mark your answer on your answer sheet.　　　　　　　　　(A)　(B)　(C)

10　Mark your answer on your answer sheet.　　　　　　　　　(A)　(B)　(C)

▶ ▶ ▶ 정답 및 해설 p32

❶ 질문에 대한 응답에 O, X로 체크하면서 듣습니다. 헷갈릴 경우에는 △표시를 해둡니다.

❷ 중간에 멈추지 말고 끝까지 집중해서 풀어봅니다. 풀고 나서 바로 해설을 보지 말고, 틀린 문제는 다시 들어봅니다.

❸ 해설지까지 보고 오답정리까지 끝나면, 반드시 큰 소리로 여러 번 따라 읽고 다시 음성을 들어봅니다.

1 동일한 어휘가 나오면 오답이다

질문에서 들렸던 어휘와 똑같은 어휘가 보기에 나온다면 거의 오답이다. 이럴 경우 품사가 다르거나 의미가 다른 경우가 많다. 예를 들어 질문에 work가 '일하다'라는 동사로 쓰였는데 보기에는 '일, 업무'의 명사로 사용될 수 있다.

Q Will the community center be closed for the holidays?

　(A) It will just be closed on New Year's day.

　(B) No, it's a holiday today.

　(C) Community service is a great idea.

주민 센터는 휴일에 문을 닫나요?
(A) 그곳은 설날에만 문을 닫을 겁니다.
(B) 아니요, 오늘은 휴일입니다.
(C) 사회봉사는 좋은 생각입니다.

▶ (B)는 질문의 holiday를 반복한 오답이고 (C)는 질문의 community를 반복한 오답이다.

2 Yes에 No의 설명을 하거나 No에 Yes의 설명을 하면 오답이다

Yes로 응답하면 긍정의 부연설명을 해야 하고, No로 응답하면 부정의 부연설명을 해야 한다. 예를 들어 "서류 제출했나요?"라는 질문에 "네, 깜빡했어요."라고 응답하면 오답이 된다.

Q Isn't there a rock concert at the arena tonight?

　(A) No, I'll be there in a minute.

　(B) I guess he does.

　(C) Let me check the schedule.

오늘 밤 공연장에서 록 콘서트가 있지 않나요?
(A) 아니요, 곧 갈 겁니다.
(B) 그가 할 것 같아요.
(C) 스케줄을 확인해 볼게요.

▶ (A)는 No로 답하고 Yes에 해당하는 부연설명을 했으므로 오답이다. (B)는 3인칭 he를 사용했으므로 주어 불일치 오답이다.

3 주어가 불일치하면 오답이다

질문에 you가 포함되어 있는데 대답에 she, he가 있으면 주어가 불일치하는 오답이다. 어려운 문제라도 주어가 일치하는지 여부를 통해 오답을 소거할 수 있다.

Q Didn't Catherine submit the catering order for the reception?

　(A) She sent it yesterday.

　(B) I have some on the table.

　(C) About 300 dollars.

Catherine이 연회를 위한 출장뷔페 주문을 제출하지 않았나요?
(A) 그녀는 그것을 어제 보냈어요.
(B) 식탁 위에 몇 개가 있어요.
(C) 약 300달러 정도요.

▶ (B)는 1인칭 I를 사용했으므로 주어가 일치하지 않고 (C)는 가격을 묻는 표현에 대한 응답이므로 오답이다.

Unit 09 선택의문문

 P2-41

● 선택의문문은 A와 B 둘 중에 하나의 선택을 요구하는 질문으로, A or B의 형태로 제시된다.

● 정답으로 A와 B의 답변이 패러프레이징 되는 경우도 있지만 '둘 다 괜찮다' '상관없다'식의 응답도 자주 출제된다.

유형1

Mark your answer on your answer sheet.   (A)   (B)   (C)

Q Do you want to assemble this product yourself or should I ask Mr. Chen?

(A) You can ask him to fill them out.

(B) I'll take care of it.

(C) Have you seen the assembly line?

이 물건을 직접 조립하기 원하나요, 아니면 Chen씨에게 물어봐야 할까요?
(A) 그에게 그것을 작성하라고 부탁할 수 있어요.
(B) 제가 처리하겠습니다.
(C) 그 생산조립 라인을 보았나요?

▶ 선택의문문 유형1은 A와 B중 어느 하나를 선택하는 답변이다. 질문에 제시된 어휘가 보기에 나오기도 하지만, 다른 표현으로 바꾸어 출제되는 경우가 더 많다. (A)는 질문에 나온 ask를 이용한 오답이고, (C)는 assemble – assembly를 이용한 파생어 오답이다. 정답은 (B)인데 'Do you want to assemble this product yourself?'라는 문장을 A라고 보고 'should I ask Mr. Chen?'을 B라고 봤을 때 정답은 A를 다르게 표현했다.

어휘 assemble 조립하다, 모이다 | fill out 작성하다 | take care of ~을 처리하다 | assembly line 생산 조립라인

Mark your answer on your answer sheet.　　　(A)　　　(B)　　　(C)

Q　Is the training workshop for new employees on Thursday or Friday?

　　(A) The meeting has been arranged for Wednesday.

　　(B) The training session will start at 10 o'clock.

　　(C) It's been delayed until next week.

신입사원을 위한 교육 워크숍은 목요일인가요, 아니면 금요일인가요?
(A) 회의는 수요일로 정해졌어요.
(B) 교육 과정은 10시에 시작할 거예요.
(C) 그것은 다음 주로 미뤄졌어요.

▶ 선택의문문 유형2는 둘 중 하나를 선택하지 않고 제3의 답변을 하는 유형이다. 질문에서 목요일과 금요일 중에 어느 요일인가를 물어봤지만, 정답은 (C)로 다음 주로 미뤄졌다는 답변이다. (A)는 질문에서 요일이 언급되자 Wednesday를 언급해서 혼동을 준 것이며, 주어가 meeting이므로 오답이다. (B)는 질문에서 언급된 training을 다시 반복한 오답이다.

어휘 　training workshop 교육 워크숍 | new employee 신입사원 | arrange 마련하다, 처리하다 | training session 교육 과정

기초다지기

🔊 P2-42

1　Is it better to travel to Montreal by car or by train?　　　(A)　　(B)　　(C)

2　Would you prefer to meet after work, or another time?　　　(A)　　(B)　　(C)

3　Would you like to drink a glass of orange juice or a glass of lemonade?　(A)　　(B)　　(C)

▶ ▶ ▶ 정답 및 해설 p34

선택의문문 빈출유형

P2-43

❶ 둘 중 하나를 선택

Q Would you rather we give you money for your wedding, or buy you a present?
결혼식 축의금을 줄까요, 아니면 선물을 사 줄까요?

A I would prefer to have the cash. 현금으로 받는 편이 좋아요.

Q Should we ship these parts today, or should we wait until tomorrow?
이 부품들을 오늘 발송해야 하나요, 아니면 내일까지 기다려야 하나요?

A I would say tomorrow. 내일까지 기다려야 할 거예요.

Q Are you coming with us to the Dance Festival or would you prefer to stay here?
댄스 축제에 우리와 함께 갈 건가요, 아니면 여기에 머무를 건가요?

A I wouldn't mind going. 가도 상관없어요.

Q Do you want me to transfer your calls to your office or just take messages?
전화를 당신 사무실로 돌려줄까요, 아니면 그냥 메시지를 받아놓을까요?

A I don't want to be disturbed. 방해받고 싶지 않아요.

❷ 둘 다 아니다, 상관없다

Q Would you like to be seated indoors or on the patio? 실내에 앉을까요, 아니면 테라스에 앉을까요?

A Whichever is convenient for you. 당신에게 편한 곳으로요.

Q Should I put the book you ordered on the desk or on the table?
당신이 주문한 책을 책상 위에 놓아야 하나요, 아니면 테이블 위에 놓아야 하나요?

A It doesn't matter to me. 저는 상관없어요.

Q Do you want to rent a sedan or a convertible? 세단을 빌리고 싶나요, 아니면 컨버터블을 빌리고 싶나요?

A It depends on the price. 가격에 따라 다르죠.

❸ 제 3의 답변

Q Do you plan to renew your lease or look for another studio?
임대 계약을 갱신할 계획인가요, 아니면 다른 원룸을 찾고 있나요?

A I haven't made up my mind. 아직 결정하지 못했어요.

Q Should I call the system administrator or not? 시스템 관리자에게 연락해야 하나요, 안 해도 되나요?

A Don't bother. We can handle it. 괜찮아요. 우리가 해결할게요.

연·습·문·제

P2-44

Part 1

Part 2

Part 3

Part 4

● 음성을 듣고 빈칸을 채운 뒤, 알맞은 답을 고르세요.

1 Has the fax machine been repaired or is still _____ worked on?

(A) By the end of the day.

(B) We're _____ two options.

(C) It was _____ this morning.

2 Do you think the book cover looks better in yellow or in green?

(A) It is written on the _____.

(B) It was made by the _____ company.

(C) The green one's more _____.

3 Could you help me _____ the manuscript now or are you busy?

(A) I'd like to buy some newspapers.

(B) It was _____ reviewed.

(C) I'll be free after lunch.

4 Do you pay the _____ separately or by automatic withdrawal?

(A) You can use cash machines to _____ money.

(B) Actually, all the _____ are included in the rent.

(C) I will help to the best of my _____.

5 Will you be at the _____ or should I send someone there?

(A) I have to _____ this application form.

(B) You had better look for someone else.

(C) I'll _____ your office sometime.

▶ ▶ ▶ 정답 및 해설 p35

제안 · 요청의문문

- 제안 · 요청의문문은 상대방에게 권유나 제안을 하는 '~해 주시겠습니까?'의 형태이다.
- 대부분 답변은 일단 긍정 또는 부정으로 답한 후에, 그에 대한 부연설명을 붙이는 경우가 많다.

유형1

Mark your answer on your answer sheet. (A) (B) (C)

Q Why don't we try the recently opened restaurant?

(A) Because it ended pretty early.

(B) I'd be glad to.

(C) All the food in the restaurant is tasty.

최근에 오픈한 레스토랑에 가보는 건 어떨까요?
(A) 꽤 일찍 끝났기 때문이에요.
(B) 좋아요.
(C) 레스토랑의 모든 음식이 맛있어요.

▶ 제안 · 요청의문문 유형1은 의문사로 시작하는 Why don't we ~? 유형으로 상대방에게 '~하시겠어요?'라고 제안하는 형태이다. Why의문문과는 반드시 구분해야 하며, 정답으로는 Yes로 긍정한 후 부연설명을 하는 형태가 절반에 가깝게 출제된다. (A)는 질문의 opened에서 연상할 수 있는 ended를 사용한 오답이며, (C)는 질문의 restaurant이 반복 사용된 오답이다.

어휘 recently 최근에 | pretty 꽤, 아주 | I'd be glad to(= I'd be happy to, I'd be delighted to) 기꺼이 ~하다 | tasty (풍미가 강하고) 맛있는

Mark your answer on your answer sheet.　　　　(A)　　　　(B)　　　　(C)

Q Do you mind turning off the heater?

(A) Yes, it's a bit cold.

(B) Sorry, I don't have any.

(C) I'd better turn down the volume.

히터를 꺼도 될까요?
(A) 네, 좀 춥습니다.
(B) 죄송하지만, 갖고 있는 게 없어요.
(C) 볼륨을 낮추는 게 낫겠어요.

▶ 제안·요청의문문 유형2는 Do you mind ~? 유형으로 문장에 부정어인 mind(꺼리다, 신경 쓰다)가 들어가 있어 다소 혼동될 수 있다. 모든 영어 문장이 그렇듯이, 문장에서 부정어의 유무는 Yes/No 응답에 영향을 끼치지 못하므로 내용에 대해서 응답하면 된다. 예를 들어, 질문에서 'Do you mind' 부분이 아니라 'turning off the heater' 부분에 대해 응답하면 된다는 사실이다. 정답은 (A)이다.

어휘 turn off 끄다 | a bit 조금 | turn down (소리 등을) 낮추다

기초다지기　　　　　　　　　　　　　　　　　🎧 P2-46

1　Would you mind if I close the window?　　　　(A)　　　　(B)　　　　(C)

2　Why don't we spend our winter vacation in Maldives?　　　　(A)　　　　(B)　　　　(C)

3　Would you like to have dinner with us tomorrow?　　　　(A)　　　　(B)　　　　(C)

▶▶▶ 정답 및 해설 p36

❶ 긍정/허락의 답변

Q Can someone cover my shift for me on Tuesday? 화요일에 제 근무를 대신해 줄 분 있나요?

A Yes, if you can take mine on Thursday. 네, 목요일에 제 근무를 대신해 주신다면요.

Q Could you look up this word in the dictionary for me? 저를 위해 이 단어를 사전에서 찾아줄 수 있나요?

A Sure, just give me a minute. 물론이죠, 잠깐만 시간을 주세요.

Q Would you like to visit our shop this weekend and have dinner? 이번 주말에 우리 가게에 들러서 저녁 먹을래요?

A Why not? I've never been to your place. 좋아요, 당신 가게에 가 본 적이 없었네요.

❷ 부정/거절의 답변

Q Why don't you apply for a job in marketing department? 마케팅 부서에 지원하는 게 어때요?

A It doesn't pay enough. 돈벌이가 충분치 않아요.

Q Will you be able to come to the party this Friday night? 이번 주 금요일 밤 파티에 올 수 있나요?

A I can't make it. 못 갈 것 같은데요.

❸ Yes/No를 생략한 답변

Q Would you like me to look it up on my smart phone? 제가 스마트폰에서 그것을 찾아봐 드릴까요?

A That would really help me out. 제게 큰 도움이 되겠네요.

Q Do you mind waiting in the lobby until Mr. Perez arrives? Perez씨가 도착할 때까지 로비에서 기다려 주시겠습니까?

A I'd be happy to. 기꺼이 그러겠습니다.

Q Why don't you put that poster on the wall? 저 포스터를 벽에 붙이는 게 어떨까요?

A I don't think people will see it here. 사람들이 여기서 그것을 볼 것 같지 않은데요.

❹ 제3의 응답

Q Why don't we start the board meeting at 10 o'clock? 10시에 중역 회의를 시작할까요?

A It's up to you. 그것은 당신에게 달려 있어요.

Q Could you hand out the research files for me? 연구 자료 좀 나눠줄래요?

A Where are they? 그것들이 어디 있나요?

● 음성을 듣고 빈칸을 채운 뒤, 알맞은 답을 고르세요.

1   Would you like me to mail the _____ information?

(A) Can I renew my license?

(B) Yes, I already _____ new information.

(C) No, thanks. I can handle it.

2   Let's investigate getting a new _____ system.

(A) It's hard to live on this salary.

(B) Okay, it _____ much consideration.

(C) No, there's one more.

3   Why don't I _____ a notice for you?

(A) I'd appreciate that.

(B) To _____ our design.

(C) Stacey _____ the picture on our Web site.

4   Why don't you tell your boss you're _____ to leave the company?

(A) OK. I'll see you there.

(B) I think I will.

(C) No, I was _____ last September.

5   Let's check these _____ once more before publication.

(A) I guess he does.

(B) Good idea. We must be well _____.

(C) No one has contacted me.

▶ ▶ ▶ 정답 및 해설 p36

● 음성을 듣고 질문에 알맞은 응답을 고르세요.

1 Mark your answer on your answer sheet.   (A)   (B)   (C)

2 Mark your answer on your answer sheet.   (A)   (B)   (C)

3 Mark your answer on your answer sheet.   (A)   (B)   (C)

4 Mark your answer on your answer sheet.   (A)   (B)   (C)

5 Mark your answer on your answer sheet.   (A)   (B)   (C)

6 Mark your answer on your answer sheet.   (A)   (B)   (C)

7 Mark your answer on your answer sheet.   (A)   (B)   (C)

8 Mark your answer on your answer sheet.   (A)   (B)   (C)

9 Mark your answer on your answer sheet.   (A)   (B)   (C)

10 Mark your answer on your answer sheet.   (A)   (B)   (C)

▶ ▶ ▶ 정답 및 해설 p37

❶ 질문에 대한 응답에 O, X로 체크하면서 듣습니다. 헷갈릴 경우에는 △표시를 해둡니다.

❷ 중간에 멈추지 말고 끝까지 집중해서 풀어봅니다. 풀고 나서 바로 해설을 보지 말고, 틀린 문제는 다시 들어봅니다.

❸ 해설지까지 보고 오답정리까지 끝나면, 반드시 큰 소리로 여러 번 따라 읽고 다시 음성을 들어봅니다.

선택/제안·요청의문문 오답패턴 ● ● ● ●

1 제안문에서 과거 시제로 응답하면 오답이다

제안문은 '~을 해 주시겠어요?'의 의미로 과거시제는 특수한 경우를 제외하고는 정답이 되지 않는다. 예를 들어, '점심시간에 산책 가는 게 어때요?'라는 질문에서 '조금 전에 다녀왔어요.'라고 응답하는 경우를 제외하고 주로 현재나 미래시제가 정답이다.

Q Would you like the chicken salad or the tuna salad?

(A) I served it already.

(B) The salary is pretty good.

(C) Is the tuna salad oily?

치킨 샐러드를 드릴까요, 참치 샐러드를 드릴까요?
(A) 제가 벌써 내갔어요.
(B) 월급은 꽤 괜찮아요.
(C) 참치 샐러드 기름진가요?

▶ (A)는 제안문에서 과거시제를 사용했으며, 질문의 상황과 연관성을 가진 오답이다. (B)는 질문의 salad와 발음이 비슷한 salary를 사용한 유사발음 오답이다.

2 When/Where에 대한 답변을 하면 오답이다

어떤 의문문이건 의문사 When/Where에 대한 답변이 오답으로 자주 출제된다. 이는 질문을 놓쳤을 경우, 혼동이 되게끔 자주 넣는 단골 오답이기 때문이다.

Q Could you fill in for me on while I'm gone?

(A) Until the end of the month, I think.

(B) Fill out the application first.

(C) Did you ask the manager first?

제가 없는 동안에 제 일을 대신해 줄 수 있나요?
(A) 제 생각에 이달 말까지요.
(B) 신청서를 먼저 작성해 주세요.
(C) 관리자에게 먼저 물어보았나요?

▶ (A)는 의문사 When에 대한 답변으로 어울리는 오답이다. (B)는 질문의 fill을 반복 사용한 오답이다.

3 발음이 유사한 어휘가 나오면 오답이다

질문의 어휘와 발음이 유사한 어휘를 이용하며 오답을 유도하는 유형이다. 예를 들어 질문에 contract가 나왔다면 보기에 contact를 배치해 혼동을 주는 식이다.

Q Would you like to join me for a game of tennis?

(A) There were about ten of us.

(B) Well, I do need the exercise.

(C) I'm afraid I didn't.

테니스 한 게임 할래요?
(A) 약 10명이 있었어요.
(B) 음, 저는 정말 운동이 필요해요.
(C) 유감이지만 저는 하지 않았어요.

▶ (A)는 질문의 tennis와 발음이 유사한 ten을 사용한 오답이고, (C)는 제안문에 과거시제를 사용한 오답이다. 테니스를 치자고 하는 제안에 운동이 필요하다고 답을 하고 있는 (B)가 정답이다.

● 평서문은 물어보는 의문문 형태가 아니라서 정답을 예측하기가 어렵다.
● 난도가 높은 만큼 출제 비율도 가장 높기 때문에 철저한 훈련이 요구되는 파트이다.

유형1

Mark your answer on your answer sheet.　　(A)　　(B)　　(C)

Q We need to evaluate the reliability of the application.

(A) Please explain how the evaluation goes.

(B) Why don't we discuss it at the next staff meeting?

(C) You can simply consult your smart phone.

우리 애플리케이션의 안정성을 평가해야 해요.
(A) 그 평가가 어떻게 진행되는지 설명해 주세요.
(B) 다음 직원회의 때 논의하는 건 어떨까요?
(C) 간단하게 스마트폰을 참고하면 됩니다.

▶ 평서문 유형1은 정보를 전달하며 동시에 문제점을 알리는 유형이다. 평서문은 난도가 높기 때문에 다양한 질문—응답 유형을 통해 미리 훈련하지 않으면 정답을 찾기가 어렵다. (A)는 질문에 나온 evaluate과 파생어 관계인 evaluation을 이용한 오답이고, (C)는 질문의 application에서 연상할 수 있는 smart phone을 이용한 오답이다. 정답인 (B)와 같이 역질문 응답 유형이 고난도 문제로 출제된다.

어휘 evaluate 평가하다 | reliability 안정성, 신뢰성 | evaluation 평가 | consult 참고하다

Mark your answer on your answer sheet.   (A)   (B)   (C)

Q   This user's manual for smart phone looks quite confusing.

(A) Look up a number in a telephone directory.

(B) Yes, I'll distribute them during the meeting.

(C) It's actually easier than it looks.

스마트폰을 위한 이 사용설명서는 꽤 복잡해 보여요.
(A) 전화번호부에서 번호를 찾으세요.
(B) 네, 회의할 때 그것들을 나누어 줄 거예요.
(C) 사실 보기보다는 쉬워요.

▶ 평서문 유형2는 개인적인 의견이나 소감을 말하는 유형이다. (A)는 질문의 phone과 파생어 관계인 telephone을 이용한 오답이고 (B)는 복수 대명사 them을 지칭하는 단어가 질문에 없으므로 오답이다. (C)는 No를 생략하고 부연설명을 한 경우로 정답이다.

어휘   manual 설명서 | quite 상당히 | confusing 혼란스러운 | look up 찾아보다 | telephone directory 전화번호부 | distribute 나눠주다

기초다지기   🎧 P2-52

1   I'll save the seat for Freddie.   (A)   (B)   (C)

2   Ms. Smith will be filling in for me at the hospital.   (A)   (B)   (C)

3   This map is really very complicated.   (A)   (B)   (C)

▶▶▶ 정답 및 해설 p39

❶ 사실/정보 전달

Q The proposal won't have to be revised again. 그 제안서는 다시 수정할 필요가 없어요.

A No, probably not. 아니요, 안 해도 돼요.

Q I'd like three tickets for Sunday night's performance, please. 일요일 밤 공연 티켓 3장이요.

A That'll be 55 dollars. 55달러입니다.

Q Sir, I think you dropped this receipt. 선생님, 이 영수증을 떨어뜨린 것 같은데요.

A Oh, it must've fallen out of my purse. 제 지갑에서 떨어졌나 봅니다.

❷ 해결책 제시

Q Someone just spilled drinks on the table in the meeting room. 방금 누군가가 회의실에서 음료수를 흘렸어요.

A I'll send someone to clean it up. 제가 청소할 사람을 보내도록 할게요.

Q I'm looking for someone to cover my shift tonight. 오늘 밤 제 교대 근무를 대신할 사람을 찾고 있어요.

A Oh, I can recommend Ms. Simpson. Simpson씨를 추천할게요.

❸ 개인적 의견/맞장구

Q This instruction manual isn't very clear. 이 설명서는 좀 불분명해요.

A Yes, I found them very complicated. 네, 아주 복잡하다고 생각했어요.

Q I didn't like the action movie we saw last night. 어젯밤에 우리가 본 액션 영화는 별로였어요.

A Neither did I. It was worse than expected. 저도요. 예상보다 더 나빴어요.

Q Please remember to sign out when you are finished. 끝나면 서명하는 거 기억해 주세요.

A I won't forget. 잊지 않을게요.

❹ 질문으로 응답

Q I wish I knew a quicker way to get to the public library. 공공도서관에 가는 더 빠른 방법을 안다면 좋을 텐데요.

A Have you tried taking the bus no. 22? 22번 버스를 이용해 보셨나요?

Q I heard the concert's been postponed. 음악회가 연기되었다고 들었습니다.

A When's the new date? 새로운 날짜는 언제인가요?

Q Our sports goods will soon be available in other cities. 우리의 스포츠 용품이 다른 도시에서도 구입이 가능하게 될 거예요.

A Will they be sold in LA? LA에서도 파나요?

● 음성을 듣고 빈칸을 채운 뒤, 알맞은 답을 고르세요.

1 We'll get a _____ to build a bridge in this area today.

(A) The building was designed by famous _____.

(B) I hope it'll be _____.

(C) No, I haven't decided.

2 Your proposal should be _____ 4 pages in length.

(A) Doesn't it _____ to you at all?

(B) I guess that's the _____ page.

(C) I've written more than that.

3 We should buy some more chairs for the _____.

(A) Do we have enough money in the _____?

(B) I'd like a table near the window.

(C) I'll go ahead and _____.

4 I think this _____ belt is slowing down.

(A) I've never been to the factory before.

(B) Within the _____ facility.

(C) It seems _____ to me.

5 They've asked to postpone the _____ until tomorrow.

(A) No, the _____ has been completed.

(B) I wonder why they do that.

(C) She will now _____ the machine.

▶ ▶ ▶ 정답 및 해설 p39

Part 1
Part 2
Part 3
Part 4

Unit 12 부가의문문

🔊 P2-55

● 부가의문문은 평서문으로 시작해 문장 끝에 짧은 의문문이 붙은 형태이다.
● 부가의문문은 중요하지 않은 정보이므로, 결국 앞의 '주어 + 동사'를 파악해서 답변을 고르면 된다.

유형1

Mark your answer on your answer sheet.　　　(A)　　　(B)　　　(C)

Q　We have to submit our final draft until 5 PM, don't we?

(A) No, the deal has not been finalized.

(B) Yes, I turned in a rough draft.

(C) Actually, they were due an hour ago.

최종안을 오후 5시까지 제출해야 하죠, 그렇지 않나요?
(A) 아니요, 그 거래는 마무리되지 않았어요.
(B) 네, 저는 초안을 제출했어요.
(C) 사실 한 시간 전이 마감이었어요.

▶ 부가의문문 유형1은 제안·요청 형태를 띠고 있다. 부가의문문 중에서 출제비율이 가장 높은 유형으로 일반 동사의 부가의문문 형태이다. (A)는 질문의 final과 파생어 관계인 finalize를 이용한 오답이고, (B)는 질문의 submit과 같은 뜻의 turn in이 사용되었고 draft라는 단어도 반복 사용되어 오답이다.

어휘　submit 제출하다 | final draft 최종안 | deal 거래 | finalize 마무리 짓다 | rough draft 초고 | due 만기가 된

Mark your answer on your answer sheet.   (A)   (B)   (C)

Q You haven't read the new tax policy yet, have you?

(A) I'm writing a report now.

(B) I'll do it this weekend.

(C) Since when do you pay taxes?

아직 새로운 세금 정책을 읽지 않았죠, 그렇죠?
(A) 저는 현재 리포트를 작성하고 있어요.
(B) 이번 주말에 읽을 겁니다.
(C) 언제부터 세금을 냅니까?

▶ 부가의문문 유형2는 보기에서 Yes/No가 빠진 형태이다. 부가의문문의 정답을 고를 때 가장 중요한 점은 문장에 부정어(Not)의 유무와 꼬리말의 유무에 관계없이, 문장 내용이 사실이면 Yes, 아니면 No로 응답 한다는 점이다. (A)는 질문의 read와 연관되는 writing, report 등 연관 어휘를 이용한 오답이며 (C)는 질 문의 tax를 반복 이용한 오답이다. (B)는 No가 생략된 응답으로 정답이다.

어휘   **tax policy** 세금 정책 | **since** ~부터 | **pay** 지불하다

기초다지기 🔊 P2-56

1   You've hired a new secretary, haven't you?   (A)   (B)   (C)

2   You ordered some office supplies, didn't you?   (A)   (B)   (C)

3   You've just finished the monthly budget report, haven't you?   (A)   (B)   (C)

▶ ▶ ▶ 정답 및 해설 p40

❶ Be동사/조동사 부가의문문

Q You've seen the latest Tom Cruise movie, haven't you? 최근에 나온 Tom Cruise 영화 보셨죠, 그렇지 않나요?

A Yes, I saw it on Saturday. 네, 토요일에 봤어요.

Q You didn't finish dealing with telephone orders yet, did you? 전화로 주문받은 건의 처리를 아직 안 끝냈죠, 그렇죠?

A No, not quite. 아니요, 아직 못 끝냈어요.

Q The building project has already been scheduled, hasn't it? 건설 프로젝트는 벌써 예정되어 있어요, 그렇지 않나요?

A No, it still needs Mr. Ford's approval. 아니요, 여전히 Ford씨의 승인이 필요해요.

❷ 일반 동사 부가의문문

Q The airport shuttle goes to the convention center, doesn't it? 이 공항버스는 컨벤션센터로 가죠, 그렇지 않나요?

A No, it only goes downtown. 아니요, 시내만 가요.

Q Mindy takes the train to work every morning, doesn't she? Mindy는 매일 아침 기차를 타고 출근하죠, 그렇지 않나요?

A Except for Mondays. 월요일만 제외하고요.

❸ Yes/No 생략 답변

Q Mr. Willson will be organizing the company picnic this year, won't he?
Willson씨가 올해 회사 야유회를 계획하고 있죠, 그렇지 않나요?

A Actually, Ms. Lopez is. 사실 Lopez씨가 해요.

❹ 특수 형태의 부가의문문

Q This new security system is much more effective, don't you think?
새 보안 시스템은 훨씬 더 효과적이네요, 그렇게 생각하지 않나요?

A Yes, it's quite an innovation. 네, 꽤 혁신적이네요.

Q There's going to be an department meeting tomorrow, right? 내일 부서회의가 있을 예정이에요, 그렇죠?

A Yes, the vice president is coming around. 네, 부사장님이 오실 겁니다.

● 음성을 듣고 빈칸을 채운 뒤, 알맞은 답을 고르세요.

1 This _____ system isn't very efficient, is it?

(A) Oh, what's in it?

(B) Yes, it's an _____ request.

(C) Do you have any ideas to _____ it?

2 He was supposed to _____ the project this week, wasn't he?

(A) Yes, we closed the _____.

(B) No, it's not due yet.

(C) I signed the _____.

3 The gym is _____ by public transportation, isn't it?

(A) Yes, it's close to the subway station.

(B) I _____ take the bus to work.

(C) Personal trainers will help you _____.

4 You're going to the Friday's staff meeting, aren't you?

(A) He's tied up in a _____.

(B) It's _____, isn't it?

(C) Maybe we'll miss the train.

5 Mr. Holly is in charge of the _____ Department, isn't he?

(A) No, I only manage the _____.

(B) Yes, he was employed last month.

(C) Didn't he _____ to another department?

▶ ▶ ▶ 정답 및 해설 p41

실전문제

● 음성을 듣고 질문에 알맞은 응답을 고르세요.

1 Mark your answer on your answer sheet.   (A) (B) (C)

2 Mark your answer on your answer sheet.   (A) (B) (C)

3 Mark your answer on your answer sheet.   (A) (B) (C)

4 Mark your answer on your answer sheet.   (A) (B) (C)

5 Mark your answer on your answer sheet.   (A) (B) (C)

6 Mark your answer on your answer sheet.   (A) (B) (C)

7 Mark your answer on your answer sheet.   (A) (B) (C)

8 Mark your answer on your answer sheet.   (A) (B) (C)

9 Mark your answer on your answer sheet.   (A) (B) (C)

10 Mark your answer on your answer sheet.   (A) (B) (C)

▶ ▶ ▶ 정답 및 해설 p41

❶ 질문에 대한 응답에 O, X로 체크하면서 듣습니다. 헷갈릴 경우에는 △표시를 해둡니다.

❷ 중간에 멈추지 말고 끝까지 집중해서 풀어봅니다. 풀고 나서 바로 해설을 보지 말고, 틀린 문제는 다시 들어봅니다.

❸ 해설지까지 보고 오답정리까지 끝나면, 반드시 큰 소리로 여러 번 따라 읽고 다시 음성을 들어봅니다.

평서문/부가의문문 오답패턴 ● ● ●

1 연상 단어가 들리면 오답이다

질문에 언급된 단어에서 연상될 수 있는 단어를 의도적으로 배치하는 경우가 있다. 예를 들어 office supplies를 듣고 연상할 수 있는 copy paper, cabinet, file, pen, ink cartridge 등의 어휘를 사용하여 오답을 유도하는 유형이다.

Q I can drive through the zoo, right?

(A) I just threw it away.

(B) It's in the car.

(C) No, it's prohibited.

동물원을 차로 운전해서 갈 수 있어요, 그렇죠?
(A) 저는 그것을 막 버렸어요.
(B) 그것은 차 안에 있어요.
(C) 아니요, 금지되어 있어요.

▶ (A)는 질문의 단어 through와 발음이 유사한 threw로 대답한 오답이며, (B)는 질문의 drive에서 연상할 수 있는 car를 사용한 오답이다.

2 유사한 단어(파생어)가 나오면 오답이다

질문의 어휘와 파생어 관계의 어휘를 이용하여 오답을 유도하는 유형이다. 예를 들어 질문에 contract가 나왔다면 보기에 contractor를 배치해 혼동을 주는 식이다.

Q We have a reporter covering the stock exchange, haven't we?

(A) The stock I bought has gone down.

(B) Yes, she's there right now.

(C) I have to turn in my report on time.

우리는 주식 관련 취재를 담당하는 기자가 있어요, 그렇지 않나요?
(A) 제가 산 주식이 떨어졌어요.
(B) 네, 그녀는 지금 거기 있어요.
(C) 저는 제시간에 리포트를 제출해야 해요.

▶ (A)는 질문의 stock을 반복한 오답이며, (C)는 질문의 reporter와 파생어 격인 report를 사용한 오답이다.

3 주어가 불일치하면 오답이다

질문이 지칭하는 주어가 you라면 대답의 주어는 I나 We가 되어야 한다. 이와 같이 내용상 맞더라도 주어가 불일치하면 정답이 될 수 없다.

Q You are going to make your presentation next, aren't you?

(A) No, he did it.

(B) Yes, I'm a bit nervous.

(C) To present an award to Mr. Webb.

당신이 다음 순서로 발표할 거죠, 그렇죠?
(A) 아니요, 그가 했어요.
(B) 네, 조금 긴장되네요.
(C) Webb씨에게 상을 수여하기 위해서요.

▶ (A)는 주어 및 시제가 불일치하므로 오답이고, (C)는 질문의 presentation과 파생어 관계에 있는 present를 사용한 오답이다.

● 음성을 듣고 질문에 알맞은 응답을 고르세요.

7   Mark your answer on your answer sheet.

8   Mark your answer on your answer sheet.

9   Mark your answer on your answer sheet.

10 Mark your answer on your answer sheet.

11 Mark your answer on your answer sheet.

12 Mark your answer on your answer sheet.

13 Mark your answer on your answer sheet.

14 Mark your answer on your answer sheet.

15 Mark your answer on your answer sheet.

16 Mark your answer on your answer sheet.

17 Mark your answer on your answer sheet.

18 Mark your answer on your answer sheet.

19 Mark your answer on your answer sheet.

20 Mark your answer on your answer sheet.

21 Mark your answer on your answer sheet.

22 Mark your answer on your answer sheet.

23 Mark your answer on your answer sheet.

24 Mark your answer on your answer sheet.

25 Mark your answer on your answer sheet.

26 Mark your answer on your answer sheet.

27 Mark your answer on your answer sheet.

28 Mark your answer on your answer sheet.

29 Mark your answer on your answer sheet.

30 Mark your answer on your answer sheet.

31 Mark your answer on your answer sheet.

▶ ▶ ▶ 정답 및 해설 p43

新 완전절친
TOEIC

Part
3

짧은 대화
Short Conversations

Unit 01 ● 주제/목적을 묻는 문제

Unit 02 ● 화자/장소를 묻는 문제

Unit 03 ● 세부사항 관련 문제

Unit 04 ● 제안/요청 관련 문제

Unit 05 ● 화자의 의도 파악/시각정보 연계/3인 대화 문제

Part Test

주제/목적을 묻는 문제

 P3-1

---

1 **대화문의 주제와 목적은 대부분 대화의 초반부에 등장한다**

● 대화의 패턴은 정해져 있다. 대화를 전반, 중반, 후반부로 나눈다면 전반부에서는 주로 대화의 주제, 목적 그리고 화자의 직업 및 장소가 언급된다.

● 일반적으로 첫 두 문장을 들으면 주제, 목적을 유추할 수 있지만, 최근에는 전체 내용을 듣고 종합해 풀어야 하는 문제가 늘어나고 있다. 따라서 초반부에서 힌트를 찾지 못했다면 전체 내용을 듣고 유추해서 문제를 풀어야 한다.

---

2 **주제를 묻는 질문**

- What are the speakers mainly discussing? 화자들은 무엇에 관해 논의하고 있는가?
- What are the speakers talking about? 화자들은 무엇에 관해 이야기하고 있는가?
- What is the main topic of the conversation? 대화의 주된 화제는 무엇인가?
- What are the speakers doing? 화자들은 무엇을 하고 있는가?
- What do the speakers plan to do? 화자들은 무엇을 할 계획인가?

---

3 **목적을 묻는 질문**

- Why is the woman calling? 여자가 왜 전화했는가?
- Why did the man contact the woman? 남자는 왜 여자에게 연락했는가?
- What does the woman call for? 여자는 무엇 때문에 전화하는가?
- What is the purpose of the call? 전화를 건 목적은 무엇인가?
- What is the problem? 문제점이 무엇인가?

---

4 **주제나 목적을 알려주는 패턴**

아래 표현들의 뒤에 주제나 목적에 해당하는 내용이 등장하는 경우가 많다.

- I'd like to ~ ~를 하고 싶습니다
- Have you seen/watched ~? ~를 본 적 있나요?
- I'd really appreciate ~ ~해서 정말 감사드립니다.

- I heard (that) ~ ~라고 들었습니다
- I'm calling to ~ ~하기 위해 전화 중입니다
- It is honor to ~ ~해서 영광입니다

5 　정답은 대부분 패러프레이징 되어 출제된다

I heard **Mr. Oh** was promoted to the general manager of the Asian market.
저는 Oh씨가 아시아 시장의 총괄 매니저로 승진했다고 들었습니다.

Q What are the speakers discussing? 화자들은 무엇에 관해 논의하고 있는가?

A A promotion of **a coworker** 동료의 승진

▶ Oh씨가 승진한 이야기를 하고 있으며, Oh씨를 coworker(동료)라는 단어로 패러프레이징했다.

Did you hear about **the explosion at the Seattle factory**? How could that happen?
시애틀 공장의 폭발사고에 대해 들었나요? 어떻게 발생한 거죠?

Q What is the topic of the conversation? 이 대화의 주제는 무엇인가?

A **An accident at a plant** 공장에서의 사고

▶ explosion(폭발)을 accident(사고)로, factory(공장)를 plant(공장)로 각각 패러프레이징했다.

6 　실전풀이 전략

전략 1 ▶ **문제에서 주제 · 목적을 묻는 질문임을 미리 파악한다.**
질문에 topic, purpose, call, discussing, talking about 등이 나오면, 주제 · 목적을 묻는 질문임을 파악하고 머릿속에 전개방식을 그린다.

전략 2 ▶ **대화에서 to부정사가 들어간 표현 근처에 주제/목적을 묻는 문제의 힌트가 있다.**
I'm calling to(~하려고 전화했다), I'd like to(~하고 싶다) 다음에 나오는 표현이 목적을 나타내는 표현이라고 보아도 무방하다.

전략 3 ▶ **문제점, 걱정거리, 전화를 건 목적 등도 대화의 주제/목적을 묻는 문제에 속한다.**
대화의 전반부에서 일반적인 문제점이나 걱정거리 등을 물어보며 문제를 제기하기도 하는데, 이 부분도 넓은 의미에서 결국 주제를 물어보는 문제라고 할 수 있다.

패러프레이징 빈출유형

시간	annual	➡ every year	연례의
	quarterly	➡ every three months	분기별의
	yearly	➡ once a year	연례의
	in two days	➡ the day after tomorrow	이틀 후
	thirty minutes	➡ half an hour	30분
	every two weeks	➡ every other week	2주마다
	in the morning	➡ before noon	오전에
	the other day	➡ a few days ago	며칠 전에
	for a decade	➡ for 10 years	10년 동안
	the following day	➡ the next day	다음 날
	at the beginning of the year	➡ January	연초에
동사	decline	➡ turn down	거절하다
	release	➡ launch	출시하다
	employ	➡ recruit	고용하다
	renovate	➡ remodel	개조하다
	hand out	➡ distribute	나누어주다
	merge	➡ combine	합병하다
	cancel	➡ call off	취소하다
	delay	➡ postpone	미루다, 연기하다
	perform	➡ conduct	수행하다
	visit	➡ drop by	들르다
	charge	➡ bill	청구하다
	evaluate	➡ appraise	평가하다
	correct	➡ modify	수정하다

명사	story	➡ floor	층
	main office	➡ headquarters	본사
	commercial	➡ advertisement	광고
	mistake	➡ error	실수
	attorney	➡ lawyer	변호사
	handbook	➡ manual	안내서
	salary	➡ wage	임금
	estimate	➡ quote	견적(서)
	businessman	➡ entrepreneur	사업가
	cargo	➡ freight	화물
	coupon	➡ voucher	쿠폰
	event	➡ function	행사
	income	➡ earnings	수입
	fund	➡ finance	자금
형용사 부사	extra	➡ additional	추가의
	latest	➡ newest	최신의
	free	➡ complimentary	무료의
	worried	➡ concerned	염려하는
	exhausted	➡ worn out	지친
	broken	➡ out of order	고장 난
	positive	➡ optimistic	긍정적인
	exclusive	➡ only	독점적인
	wrong	➡ incorrect	틀린
	affordable	➡ reasonable	(값이) 적당한
	abroad	➡ overseas	해외로
	lost	➡ missing	잃어버린

● 음성을 잘 듣고 빈칸을 채운 후 정답을 골라보세요.

1 Where does the woman need to go?

(A) To the airport

(B) To the city hall

(C) To the travel agency

(D) To the bus terminal

2 Why does the man recommend the bus?

(A) It goes directly to the airport.

(B) It can avoid traffic congestion.

(C) The fare is cheaper than a taxi.

(D) It travels frequently to the destination.

3 What does the man tell the woman to do?

(A) Take an alternative bus

(B) Go to another stop

(C) Board the flight

(D) Get a free ticket

W: Mark, my flight to Boston leaves at 7 tonight. Should I take a cab to the airport?

M: Well, there is a traffic jam for _____. The public bus would be a lot faster because of the bus-only lane. The number 72 bus stops right in front of the _____ Terminal of the airport.

W: Oh, thanks. Does that bus _____?

M: No, you're on the wrong side of the street. The bus stop you need is in the _____.

W: Mark, my flight to Boston leaves at 7 tonight. Should I take a cab to the airport?

M: Well, there is a traffic jam for **rush hour**. The public bus would be a lot faster because of the bus-only lane. The number 72 bus stops right in front of the **Domestic** Terminal of the airport.

W: Oh, thanks. Does that bus **pass by**?

M: No, you're on the wrong side of the street. The bus stop you need is in the **opposite direction**.

W: Mark, 제 보스턴행 비행기는 오늘 밤 7시에 출발해요. 공항까지 택시를 타고 가는 게 좋을까요?
M: 음, 아마도 교통이 혼잡한 시간일 거예요. 공공버스가 버스 전용차선을 이용하기 때문에 훨씬 빠르죠. 72번 버스가 공항의 국내선 터미널 바로 앞에 서요.
W: 아, 감사합니다. 그 버스가 여기 지나가나요?
M: 아니요, 이쪽 편이 아니에요. 당신이 버스를 탈 정류장은 반대편에 있습니다.

---

1 Where does the woman need to go?

(A) **To the airport**
(B) To the city hall
(C) To the travel agency
(D) To the bus terminal

여자는 어디로 가야 하는가?
(A) 공항으로
(B) 시청으로
(C) 여행사로
(D) 버스 터미널로

2 Why does the man recommend the bus?

(A) It goes directly to the airport.
(B) **It can avoid traffic congestion.**
(C) The fare is cheaper than a taxi.
(D) It travels frequently to the destination.

남자는 왜 버스를 추천하는가?
(A) 공항까지 곧장 간다.
(B) 교통체증을 피할 수 있다.
(C) 요금이 택시보다 저렴하다.
(D) 목적지까지 자주 다닌다.

3 What does the man tell the woman to do?

(A) Take an alternative bus
(B) **Go to another stop**
(C) Board the flight
(D) Get a free ticket

남자는 여자에게 무엇을 하라고 말하는가?
(A) 다른 버스 타기
(B) 다른 정류장으로 가기
(C) 비행기 타기
(D) 무료 표 사기

어휘 take a cab 택시를 타다 | traffic jam 교통 체증 | rush hour 교통 혼잡 시간 | public bus 공공버스 | bus-only lane 버스 전용차선 | domestic 국내의 | pass by 지나가다 | opposite direction 반대 방향 | directly 직접, 똑바로 | avoid 피하다 | traffic congestion 교통체증 | fare 운임, 통행료 | frequently 자주 | destination 목적지, 도착지 | alternative 대체의, 대신의 | board 타다, 승차하다

해설 **1** 첫 부분에서 여자가 말한 Should I take a cab to the airport?에서 여자가 공항으로 가야 한다는 것을 알 수 있다.

2 남자는 버스 전용차선 때문에 버스가 더 빠르다고 하며, 택시보다 버스를 추천하고 있다.
　　패러프레이징 traffic jam → traffic congestion

3 The bus stop you need is in the opposite direction.에서 남자가 여자에게 맞은편 정류장으로 가라고 제안한 것을 알 수 있다.
　　패러프레이징 opposite → another

● 음성을 듣고 질문에 알맞은 응답을 고르세요.

1 What is the main topic of the conversation?

(A) Car repairs

(B) Traffic situations

(C) Presentation materials

(D) Travel arrangements

2 According to the man, what is the problem?

(A) He is invited to be chairman.

(B) There is a lot of rain in the forecast.

(C) His vehicle is not currently working.

(D) The traffic is bumper to bumper on the road.

3 What does the woman say she will do?

(A) Proofread a draft

(B) Book a trip

(C) Contact the car rental agency

(D) Drop by a service center

4 Why is the woman calling?

(A) She is stuck in traffic.

(B) Her flight has been canceled.

(C) She has missed the flight.

(D) The meeting was adjourned.

5 What does the man remind the woman to do tomorrow?

(A) Hold a reception

(B) Make a presentation

(C) Join a teleconference

(D) Lead a training course

6 What does the woman ask the man to do?

(A) Contact a client's office

(B) Hand out some materials

(C) Speak with her supervisor

(D) Attend a meeting on behalf of her

7   Why is the woman concerned?

   (A) She has to work extended hours.
   (B) There was an accident downstairs.
   (C) There was insufficient space on a floor.
   (D) She has to educate part-time workers.

8   What does the woman suggest?

   (A) Talking to a manager
   (B) Fixing the equipment
   (C) Relocating a portion of a team
   (D) Minimizing the office space

9   Which department do Charlie and Jake work in?

   (A) Accounting department
   (B) Financial department
   (C) Personnel department
   (D) Maintenance department

10   What are they mainly discussing?

   (A) Advertising on TV
   (B) Planning the event together
   (C) Reducing the budget
   (D) Hiring part time workers

11   What does the woman ask the man to do?

   (A) Look for another supplier
   (B) Cut expenses
   (C) Attend a launch event
   (D) Present the documents

12   What does the man say will start on Wednesday?

   (A) Executives meeting
   (B) An accounting project
   (C) A promotional offer
   (D) A motor show

▶ ▶ ▶ 정답 및 해설 p48

화자/장소를 묻는 문제

 P3-4

1 화자/장소를 묻는 문제는 대화의 초반부에 정답이 있다

● 화자의 신분을 묻는 문제는 대화의 초반에 직접적으로 언급되는 경우도 있지만, 최근에는 대화를 들으며 정답을 유추해야 하는 경우가 많아지고 있다.

● 대화의 장소를 묻는 문제는 핵심어를 통해 파악할 수 있으므로, 많은 시간을 소비하지 않고 빠르게 풀고 넘어가서 시간을 절약해야 한다.

● 화자/장소를 묻는 문제는 주제/목적을 묻는 문제와 함께 대화의 초반에 힌트가 제시된다. 하지만 단답형으로 보기가 제시되므로 주제/목적을 묻는 문제보다 비교적 쉬운 난도에 속한다.

2 화자의 신분을 묻는 질문

- Who most likely are the speakers? 화자들은 누구인 것 같은가?

- What is the man's occupation? 남자의 직업은 무엇인가?

- Who is the woman talking to? 여자는 누구와 얘기하고 있는가?

- What business does the man work for? 남자는 어떤 분야에서 일하는가?

- What department does Sam most likely work in? Sam은 어느 부서에서 일하겠는가?

3 대화의 장소를 묻는 질문

- Where most likely are the speakers? 화자들은 어디에 있겠는가?

- Where is this conversation taking place? 대화는 어디에서 이루어지고 있는가?

- Where do the speakers most likely work? 화자들은 어디에서 일하겠는가?

- Where are the man and woman? 남자와 여자는 어디에 있는가?

- Where is the woman calling? 여자는 어디로 전화하는가?

4 실전풀이 전략

전략 1 ▶ 문제를 미리 읽어 질문의 키워드를 파악한다.

전략 2 ▶ 대화가 중반 이후로 진행되면 오답으로 빠질 수 있는 함정이 나오기 때문에, 초반부를 놓치지 않고 들어야 한다.

전략 3 ▶ 초반부에 힌트가 직접적으로 제시되지 않는 경우에는 후반부까지 주의해서 듣고 정답을 유추해야 한다.

5　직업을 나타내는 필수 어휘

직업	핵심어
clerk 점원	I'm sorry but we do not have any **in stock**. 죄송하지만 재고가 전혀 없어요.
job applicant 구직자	Did you hear anything about **interviewing** with the company you **applied to**? 당신이 지원한 회사의 면접에 대해 어떤 것이라도 들었나요?
tour guide 여행 가이드	There are two **tours** daily. One starts at 10A.M. and the second starts at 1P.M. 매일 두 가지 투어가 있어요. 하나는 오전 10시에 출발하고, 그다음은 오후 1시에 출발해요.
realtor 부동산 중개인	Someone has just signed the **lease** on that **property**. 어떤 분이 방금 그 부동산 임대차 계약에 서명하셨어요.
host 진행자	Our **guest** today is Jessica Adams, a famous singer-songwriter currently touring the Europe. 오늘의 게스트는 현재 유럽을 순회하고 있는 유명한 싱어송라이터인 Jessica Adams입니다.
reporter 기자	I write a monthly **column** for the newspaper and would like to **profile** your company this month. 제가 신문에 월간 칼럼을 쓰는데, 이번 달에 귀사를 소개하고 싶습니다.
receptionist 접수원	I'm calling to **remind** you now that you have an **appointment** with Dr. Melton at 11 o'clock this morning. 귀하께서 오늘 오전 11시에 Melton 선생님과 약속이 있다는 것을 알려드리려 전화했습니다.

6　장소를 나타내는 필수 어휘

직업	핵심어
hotel 호텔	Please leave your key at the **front desk** when you go out. 외출하실 때는 열쇠를 프런트 데스크에 맡겨 주십시오.
airport 공항	Excuse me, when's the next **flight** to Seattle? 실례합니다만, 시애틀행 다음 비행기는 언제인가요?
bank 은행	I would like to open a **bank account** for money transfers. 돈을 송금하기 위한 계좌를 만들려고 합니다.
restaurant 식당	Feel free to take your time and have a look at our **menu**. 자유롭게 시간을 갖고 메뉴를 천천히 보세요.
museum 박물관	I can't find the special **exhibition** on Renaissance art. 르네상스 예술에 관한 특별 전시회를 찾을 수가 없네요.
post office 우체국	I need to send this **package** to my sister who lives overseas in Spain. 해외 스페인에 사는 여동생에게 이 소포를 보내야 합니다.
travel agency 여행사	I have two seats in **first class** on a flight that leaves 10A.M. this morning. 오늘 아침 10시에 떠나는 비행기의 일등석 좌석 2개가 있습니다.

plumber 배관공	drain 배수구 toilet 변기 bucket 양동이	faucet 수도꼭지 sink 개수대 pipe cutter 파이프 절단기	leaky 물이 새는 clogging 막힘
librarian 사서	late fee 연체료 due date 반납일 circulation desk 도서대출 데스크	check out (책을) 대출하다 periodicals 정기 간행물	materials 자료물
job applicant 구직자	cover letter 자기소개서 candidate 지원자 a letter of recommendation 추천서	personnel office 인사부 expertise 전문 지식	job interview 구직 면접
accountant 회계사	balance 잔액 book 장부 make ends meet 수지를 맞추다	budget 예산 statement 명세서	tax 세금 reimbursement 변제, 상환
insurance representative 보험사 직원	coverage 보상범위 insurance provider 보험사 insurance fee 보험료(= premium)	file a claim 보험금을 청구하다 breakage 파손	policy number 보험증서 번호
tour guide 관광 가이드	itinerary 여행 일정표 scenery 경치, 풍경	historical site 유적지 attractions 관광지	sightseeing 관광 lost and found 분실물 보관소
mechanic 수리공	parts 부품 take apart 분해하다 convertible 지붕이 접히는 차	replace 교체하다 used car 중고차	expire 만기가 되다 break down 고장 나다
architect 건축가	blue print 청사진 drawings 도면 foundation 기초	construction 공사 building materials 건축 자재	cement 시멘트 office complex 사무 단지
receptionist 접수원	appointment 약속 be booked up 예약이 꽉 차다	reschedule 일정을 변경하다 transfer one's call 전화를 돌려주다	hold one's call 전화를 대기시키다

airport 공항	boarding pass 탑승권 take off 이륙하다 on board 기내의 clear customs 세관을 통과하다 stopover 경유지	be booked up 예약이 끝나다 land 착륙하다 local time 현지시각 carry-on 기내 휴대 수하물 jetlag 시차 피로	flight attendant 승무원 non stop 직항 aisle seat 통로 좌석 connecting flight 연결 항공편
hotel 호텔	front desk 프런트 데스크 banquet 연회 hallway 복도 service charge 팁, 봉사료 convention 회의	accommodation 숙박시설 courtesy bus 무료 셔틀버스 room service 룸서비스 lounge 휴게실 reception 환영회	delegation 대표단 wake-up call 모닝콜 porter 짐꾼 suite 스위트룸 bell boy 호텔 벨보이
bank 은행	balance 잔액 withdraw 출금 savings account 보통 예금 endorse 이서하다 transaction 거래 mortgage 담보(대출)	interest rate 금리 remit 송금하다 teller 금전 출납원 exchange rate 환율 wire money 송금하다 automatic debit 자동 납부	deposit 입금 checking account 당좌 예금 statement 거래 명세서 loan 대출 close an account 계좌를 해지하다 monetary 화폐의, 통화의
hospital 병원	medical file 진료 파일 diagnosis 진단 physician 내과의사 veterinarian 수의사 injection 주사 pill 알약	physical exam 건강 검진 be hospitalized 입원하다 surgeon 외과의사 regular check-up 정기검진 sneeze 재채기 flu 감기	see a doctor 진찰을 받다 cavity 충치 allergic 알레르기가 있는 blood pressure 혈압 practice medicine 개업하다 symptom 증상
restaurant 식당	today's special 오늘의 특별메뉴 dish 요리 beverage 음료 seasoning 조미료 bill 계산서 cuisine 요리	main course 주 요리 stuffed 속을 채운 refreshments 다과 atmosphere 분위기 flavor 맛 portion 1인분	ingredient 재료 vegetarian 채식주의자 recipe 조리법 smoked 훈제의 broiled 구운 starter 전채요리
post office 우체국	sort 분류하다 weight limit 중량 제한 courier 택배 fragile 깨지기 쉬운 priority mail 빠른우편(= express mail) postal code 우편번호(= zip code)	by air 항공 우편으로 parcel 소포 registered mail 등기우편 freight 화물 regular mail 보통우편(=surface mail)	envelope 봉투 shipment 수송 cargo 화물
store 가게	refund 환불 cash register 계산대 merchandise 상품 on display 진열 중인 price 가격을 매기다 restock 재고를 채우다	receipt 영수증 retail 소매의 exchange 교환하다 free delivery 무료배송 browse 둘러보다	out of stock 재고가 없는 warranty 보증서 wholesale 도매의 patron 단골손님 purchases 구매품

Part 1
Part 2
Part 3
Part 4

● 음성을 잘 듣고 빈칸을 채운 후 정답을 골라보세요.

1 Who most likely is the woman?

(A) A programmer

(B) A sales clerk

(C) A patron

(D) A technician

2 What is the man's problem?

(A) He purchased a defective item.

(B) He sent a damaged product.

(C) He couldn't find the same model.

(D) He misplaced the receipt.

3 What will the woman probably do?

(A) Get a refund

(B) Repair the laptop

(C) Bring a replacement

(D) Consult a supervisor

M: Hello, I bought a laptop from your store last week. But when I got home and opened the box, I discovered that the screen _____ in it.

W: Oh, I'm really sorry about that. Would you like to order a _____ laptop free of charge? Or we can give you a _____ as long as you have the receipt.

M: Thank you for your service. I'd like to replace it with the same model.

W: Okay. I'll go and get another one in our _____.

M: Hello, I bought a laptop from your store last week. But when I got home and opened the box, I discovered that the screen **had a crack** in it.

W: Oh, I'm really sorry about that. Would you like to order a **replacement** laptop free of charge? Or we can give you a **full refund** as long as you have the receipt.

M: Thank you for your service. I'd like to replace it with the same model.

W: Okay. I'll go and get another one in our **storeroom**.

M: 안녕하세요, 지난주에 이곳 매장에서 노트북을 구입했습니다. 하지만 집에 가서 박스를 열어보니 노트북 화면에 금이 가 있더라고요.

W: 정말 죄송합니다. 무료로 교체할 수 있는 노트북을 주문하시겠어요, 아니면 영수증을 갖고 계시다면 전액 환불도 가능합니다.

M: 서비스에 감사드려요. 저는 같은 모델로 교체할래요.

W: 알겠습니다. 그럼 제가 창고에 가서 하나를 가져오겠습니다.

1 Who most likely is the woman?

(A) A programmer

(B) A sales clerk

(C) A patron

(D) A technician

여자는 누구일 것 같은가?
(A) 프로그래머
(B) 매장 직원
(C) 단골손님
(D) 기술자

2 What is the man's problem?

(A) He purchased a defective item.

(B) He sent a damaged product.

(C) He couldn't find the same model.

(D) He misplaced the receipt.

남자의 문제는 무엇인가?
(A) 결함이 있는 물건을 구입했다.
(B) 손상된 물건을 보냈다.
(C) 같은 모델을 찾을 수 없었다.
(D) 영수증을 잘못 두었다.

3 What will the woman probably do?

(A) Get a refund

(B) Repair the laptop

(C) Bring a replacement

(D) Consult a supervisor

여자는 아마도 무엇을 할 것인가?
(A) 환불받기
(B) 노트북 고치기
(C) 교체물건 가지고 오기
(D) 상사와 상의하기

어휘 discover 발견하다 | crack (갈라져 생긴) 금 | replacement 교체(품) | free of charge 무료의 | full refund 전액 환불 | receipt 영수증 | storeroom 창고 | patron 고객, 단골손님 | defective 결함이 있는 | damaged 손상된 | misplace 잘못 두다 | consult 상의하다

해설 **1** 대화의 첫 부분에서 남자가 I bought a laptop from your store last week.이라고 했으므로, 여자의 직업이 매장 직원임을 추측할 수 있다.

2 남자가 노트북 스크린에서 금(crack)을 발견했다고 했으므로, 정답은 (A)이다.
패러프레이징 the screen had a crack → a defective item

3 남자가 같은 모델로 교체하고 싶다고 했고, 여자가 이를 창고에서 가져오겠다고 했으므로 정답은 (C)이다.
패러프레이징 go and get another one → Bring a replacement

Part 1
Part 2
Part 3
Part 4

● 음성을 듣고 질문에 알맞은 응답을 고르세요.

1 Where does this conversation probably take place?

(A) At a hotel lobby
(B) At a box office
(C) At a bus stop
(D) At an intersection

2 Why is the woman concerned?

(A) She might miss the bus.
(B) The destination is too far away.
(C) The bus has not arrived yet.
(D) She can't come to the party.

3 What does the man recommend?

(A) Taking a different bus
(B) Making a detour
(C) Reconfirming the schedule
(D) Waiting for the next bus

4 What most likely is the man's job?

(A) Web designer
(B) Magazine editor
(C) Fashion merchandiser
(D) Computer programmer

5 According to the woman, what happened last week?

(A) A product test was conducted.
(B) The directory was updated.
(C) New products were introduced.
(D) The company went public.

6 What does the woman ask the man to do?

(A) Revise a document
(B) Meet some staff members
(C) Add new information on the site
(D) Focus on the advertising campaign

7 Where does this conversation take place?

(A) At a city library
(B) At a print shop
(C) At a publishing company
(D) At a book store

8 What does the woman say about the book?

(A) It is no longer in print.
(B) It is unavailable now.
(C) It is currently on sale.
(D) It has not published yet.

9 What will probably happen next?

(A) The man will provide his contact information.
(B) The man will look for another book.
(C) A book will be delivered to his house.
(D) The woman will call the warehouse.

10 What does the man want to do?

(A) Wire some money
(B) Open a bank account
(C) Have a photo taken
(D) Go on a vacation

11 What does the man show the woman?

(A) A passport
(B) An ID card
(C) A driver's license
(D) His company address

12 What is the man going to do next?

(A) Complete a form
(B) Apply for a loan
(C) Close an account
(D) Evaluate the credibility

▶ ▶ ▶ 정답 및 해설 p52

Part 3 · **Unit 03**

세부사항 관련 문제

 P3-7

---

1 세부사항 관련 문제는 대화 중간이나 마지막 부분에 단서가 등장한다

- 대화 속에 많은 세부정보들이 등장하는데, 세부사항 관련 문제의 단서는 대화 중간이나 마지막 부분에 주로 등장한다. 미리 문제를 읽고 키워드를 파악해서 단서가 있는 부분을 들어야 한다.
- 세부사항 관련 문제는 노려듣기를 해야지 대화가 끝나고 기억해서 풀면 안 된다. 정해진 유형을 분석해서 반복 훈련하는 것만이 정답을 맞히는 지름길이다.

---

2 단서가 제시되는 위치

- 세부사항 관련 문제는 출제 범위가 넓기 때문에, 단서가 전반부에 걸쳐 나오는 경우가 있고 후반부에 걸쳐 나오는 경우도 있다. 이유나 원인은 전반부에, 앞으로 할 일과 미래의 일 추측은 후반부에 나온다.

■ 대화문의 전반부에 단서가 제시되는 문제 유형

- What problem does the man mention? 남자는 어떤 문제를 언급하는가?   ▶ 남자의 첫 문장에 집중
- Why is the woman calling the man? 여자는 왜 남자에게 전화하는가?   ▶ 여자의 첫 문장에 집중
- What is the man concerned about? 남자는 무엇에 관해 걱정하는가?   ▶ 남자의 첫 문장에 집중

■ 대화문의 후반부에 단서가 제시되는 문제 유형

- What will the man do next? 남자는 다음에 무엇을 할 것 같은가?   ▶ 남자의 후반 문장에 집중
- What will the man include in an e-mail? 남자는 이메일에 무엇을 포함할 것인가?   ▶ 남자의 e-mail 단어에 집중
- What will the woman be doing tomorrow? 여자는 내일 무엇을 할 것인가?   ▶ 여자의 tomorrow 단어에 집중

---

3 서술형 문제 유형

■ 문제점 · 이유 · 감정을 묻는 문제 유형

- What problem does the man report? 남자는 어떤 문제를 보고하는가?
- Why can't the woman attend the cooking class? 여자는 왜 요리 수업에 참석할 수 없는가?
- Why does Cathy want to meet with the man? Cathy는 왜 남자를 만나고 싶어 하는가?
- Why does the man ask the woman for help? 남자는 왜 여자에게 도움을 요청하는가?
- What is the man's complaint about the book? 책에 대한 남자의 불만은 무엇인가?

■ 화자의 행동 · 의견 · 상태를 묻는 문제 유형

- What did the woman recently do? 여자는 최근에 무엇을 했는가?

- What does the man say about the aquarium? 남자는 수족관에 대해 뭐라고 말하는가?

- Why was the man unable to receive the woman's call? 남자는 왜 여자의 전화를 받을 수 없었는가?

4 단답형 문제 유형

■ 세부적인 장소 · 인물 · 대상을 묻는 문제 유형

- Where will the man probably go next? 남자는 다음에 어디로 갈 것인가?

- Who is traveling from Hongkong to meet the man? 남자를 만나러 누가 홍콩에서 오는가?

- What is the woman looking for? 여자는 무엇을 찾고 있는가?

- What is the Grace Lee's field of expertise? Grace Lee의 전문 분야는 무엇인가?

- How did the woman learn about the concert? 여자는 콘서트에 대해 어떻게 알게 되었는가?

■ 시간 · 날짜 · 수치를 묻는 문제 유형

- What time will the work be completed? 작업은 몇 시에 끝나는가?

- When will the man probably receive the report by? 남자는 보고서를 언제까지 받게 될 것 같은가?

- For how long has the man been waiting to get his computer to work? 남자는 컴퓨터가 작동하기까지 얼마 동안 기다리고 있는가?

- How much must the woman pay? 여자는 얼마를 지불해야 하는가?

- How many times has Ms. Lamb won the award? Lamb씨는 상을 몇 번 받았는가?

5 실전풀이 전략

전략 1 ▶ 키워드에 동그라미를 치고, 미리 문제와 보기를 읽어 내용을 파악한다.

전략 2 ▶ 다양한 의문사로 각종 정보를 물어보기 때문에, 패러프레이징을 빨리 알아차려야 승산이 있다.

전략 3 ▶ 역접 표현이 들리는 곳 뒷부분을 집중해서 들어야 한다. 역접을 나타내는 단어는 but, in fact, however, actually, unfortunately 등이 있다.

● 음성을 잘 듣고 빈칸을 채운 후 정답을 골라보세요.

1   What does the woman like about the restaurant?

     (A) Diverse and tasty food

     (B) A modern atmosphere

     (C) A reasonable price

     (D) A unique recipe

2   What does the woman say she wants to do?

     (A) Speak to the chef

     (B) Order fresh ingredients

     (C) Get details about catering

     (D) Bring a client to a meeting

3   Why is the woman asked to wait?

     (A) A table is being set.

     (B) There's a mistake in the bill.

     (C) Some dessert will be served.

     (D) The manager is meeting a regular customer.

W: It's perfect place for excellent food. I'm _____ a variety of delicious food you serve.

M: Thank you so much. Our restaurant uses only _____. Also, there are a lot of dishes to choose from.

W: Oh, you're right. Let me ask you about your _____. I'm holding an investment presentation sometime next week, so I'd like to see a _____.

M: Sure, but I'm afraid you may have to wait a few minutes. The catering manager is talking to another patron in the VIP room.

W: It's perfect place for excellent food. I'm **impressed with** a variety of delicious food you serve.

M: Thank you so much. Our restaurant uses only **fresh ingredients**. Also, there are a lot of dishes to choose from.

W: Oh, you're right. Let me ask you about your **catering service**. I'm holding an investment presentation sometime next week, so I'd like to see a **price list**.

M: Sure, but I'm afraid you may have to wait a few minutes. The catering manager is talking to another patron in the VIP room.

W: 훌륭한 요리를 위한 완벽한 장소네요. 저는 당신이 제공하는 다양하고 맛있는 요리에 깊은 인상을 받았어요.

M: 감사합니다. 우리 레스토랑은 오직 신선한 재료만 사용합니다. 또한, 선택할 수 있는 다양한 요리가 있습니다.

W: 아, 맞아요. 당신의 출장 요리 서비스에 대해 뭐 좀 물어볼게요. 저는 다음 주 중 언제 투자 발표회를 열 예정이라서, 가격표를 좀 봤으면 합니다.

M: 물론입니다. 하지만 죄송하게도 잠시 기다리셔야 할 것 같습니다. 출장 요리 담당자가 VIP실에서 단골 고객과 얘기하고 있어서요.

---

1 What does the woman like about the restaurant?

(A) Diverse and tasty food

(B) A modern atmosphere

(C) A reasonable price

(D) A unique recipe

여자는 레스토랑의 어떤 점을 좋아하는가?

(A) 다양하고 맛있는 음식

(B) 현대적 분위기

(C) 저렴한 가격

(D) 독특한 조리법

2 What does the woman say she wants to do?

(A) Speak to the chef

(B) Order fresh ingredients

(C) Get details about catering

(D) Bring a client to a meeting

여자는 무엇을 하고 싶다고 하는가?

(A) 요리사와 이야기하기

(B) 신선한 재료 주문하기

(C) 출장 요리에 대한 정보 얻기

(D) 미팅에 고객 데려오기

3 Why is the woman asked to wait?

(A) A table is being set.

(B) There's a mistake in the bill.

(C) Some dessert will be served.

(D) The manager is meeting a regular customer.

여자는 왜 기다려야 하는가?

(A) 테이블이 준비되고 있어서

(B) 계산서가 잘못되었기 때문에

(C) 디저트가 제공될 예정이라서

(D) 담당자가 단골손님을 만나고 있어서

어휘 impressed 인상 깊은 | a variety of 다양한 종류의 | ingredient 요리 재료 | dish 음식 | catering 출장 요리 | investment 투자 | price list 가격표 | patron 단골손님 | diverse 다양한 | tasty 풍미 있는, 맛있는 | atmosphere 분위기

해설 **1** 여자는 남자에게 다양하고 맛있는 음식 때문에 깊은 인상을 받았다고 했으므로 정답은 (A)이다.
　　패러프레이징 a variety of delicious food → Diverse and tasty food

　　2 여자가 출장 요리에 대해 궁금해하며 가격표를 보고 싶다고 했기 때문에 정답은 (C)이다.

　　3 출장 요리 담당자가 다른 고객을 만나고 있어서 여자가 기다려야 하기 때문에 정답은 (D)이다.
　　패러프레이징 patron → a regular customer

● 음성을 듣고 질문에 알맞은 응답을 고르세요.

1   What type of position did the man apply for?

(A) Accountant

(B) Engineer

(C) Financial advisor

(D) Architectural designer

2   What part of the job is the man willing to negotiate?

(A) The seating

(B) The overtime pay

(C) The salary

(D) The travel expenses

3   What benefit does the woman mention?

(A) Free lunches

(B) Regular bonuses

(C) Medical insurance

(D) Holidays with pay

4   What problem does the woman mention?

(A) Environment pollution is getting serious.

(B) Customers complain about the service.

(C) The stocks have been exhausted.

(D) The advertising is ineffective.

5   What is different between this year and last year?

(A) The number of customers

(B) The publicity

(C) The profitability

(D) The quality of goods

6   According to the man, what will happen on July 26th?

(A) The price will go up.

(B) A delivery will be made.

(C) A customer will visit the store.

(D) A system will be changed.

7 Who most likely is the man speaking to?

(A) A receptionist

(B) A supplier

(C) A reporter

(D) A writer

8 According to the woman, why is Ms. Ramirez unavailable right now?

(A) She is in a meeting.

(B) She is on her way to a meeting.

(C) She is chairing a meeting.

(D) She is on the telephone.

9 Why is the man concerned?

(A) He has not signed the contract.

(B) He is unclear about his article.

(C) He has a deadline.

(D) He cannot call the publisher.

10 Where does the man work now?

(A) In Hongkong

(B) In Taipei

(C) In Prague

(D) In New York

11 What did the man recently do?

(A) He traveled to New York.

(B) He joined the sales team.

(C) He bought a Wi-Fi router.

(D) He started a new project.

12 How long has the man been waiting for Internet access?

(A) Over a week

(B) Over two weeks

(C) Over three weeks

(D) Over four weeks

▶ ▶ ▶ 정답 및 해설 p56

제안/요청 관련 문제

P3-10

1　제안/요청 관련 문제는 대화의 후반부를 들으면 된다

● 제안/요청 관련 문제는 남자와 여자 중에서 누구에 관한 질문인지 미리 파악해야 한다. 남자에 대한 문제는 남자의 말에, 여자에 대한 문제는 주로 여자의 말에 힌트가 있다.

● 미래의 계획을 물어보는 문제는 미래 시제 및 미래의 시간 부사구와 함께 출제된다. 문제를 읽고 해당되는 곳에 동그라미를 치고, 노려듣기를 하면 된다.

2　제안/요청을 묻는 질문

- What does the man suggest the woman do? 남자는 여자에게 무엇을 하라고 제안하는가?
- What does the woman offer to do? 여자는 무엇을 하겠다고 제안하는가?
- What does the man recommend the woman do? 남자는 여자에게 무엇을 하라고 권유하는가?
- What does the woman instruct the man to do? 여자는 남자에게 무엇을 하도록 지시하는가?
- What will the woman inform the man about? 여자는 남자에게 무엇을 알릴 것인가?

3　제안/요청 관련 표현

관련 키워드

ask, offer, suggest, recommend, want, need, invite, request, encourage, make sure

Shall we ~? ~할까요?	I'd be happy to 기꺼이 ~하겠습니다
Let's ~합시다	How[What] about ~? ~하는 것은 어때요?
Why don't we[you] ~? ~하는 것은 어때요?	Would[Do] you mind ~? ~하는 거 괜찮으세요?
You have to[should] do ~해야만 합니다	Make sure to do 확실히 ~하세요
I suggest[recommend] ~하시길 제안합니다	Please do ~해 주세요

Why don't you make an appointment to see the manager tomorrow? 내일 관리자를 만날 약속을 하는 게 어때요?

I'd be happy to fill out a service request form. 서비스 요청 양식을 기꺼이 작성할게요.

How about sending Megan a thank you card for her help? Megan에게 도움을 주어 고맙다는 감사카드를 보내는 게 어때요?

I'll **make sure to** be near my phone tomorrow. 내일은 꼭 전화기 근처에 있을게요.

Please call before the end of business day. 업무가 끝나기 전에 전화해 주세요.

4   미래의 계획, 앞으로 할 일을 묻는 질문

- What will the man most likely do next? 남자는 다음에 무엇을 할 것인가?
- What is the woman preparing to do? 여자는 무엇을 준비하고 있는가?
- What does the man expect to happen? 남자는 무슨 일이 일어날 것이라고 예상하는가?
- According to the man, what will occur tomorrow? 남자에 따르면, 내일 어떤 일이 일어날 것인가?
- What information will the woman send the man? 여자는 남자에게 어떤 정보를 보낼 것인가?

5   미래를 나타내는 주요 표현

관련 키워드

next, later, tomorrow, be going to, 시간을 나타내는 미래 부사구

I can[will] do ~하겠습니다 (= Let me ~)	I'd better ~하는 게 낫겠네요
be expected[supposed] to ~할 예정이다	be planning[scheduled, intended] to ~할 계획이다
I've decided[determined, made up my mind] to 저는 ~하기로 결정했어요	

I'll have someone to bring it to you immediately. 누군가에게 바로 갖다 주라고 할게요.

Let me get my passport for you. 제 여권을 드릴게요.

You**'re supposed to** let me know when you leave. 갈 때 나에게 알려 주기로 했잖아요.

I'm planning to give assignments for next month's book reviews. 다음 달 책 리뷰를 위해 업무를 줄 계획이에요.

I'd better review the applicants for the manager position. 부장직 지원자들을 검토하는 게 좋겠네요.

6   실전풀이 전략

전략 1 ▶ 남/녀 성별에 유의해서 듣고, 성별을 특정 하는 제안/요청 관련 동사를 미리 파악한다.

전략 2 ▶ 대화의 어구가 그대로 제시되지 않고 패러프레이징되는 경우가 많기 때문에 주의한다.

전략 3 ▶ 미리 문제를 통해 후반부에 힌트가 있다는 사실을 인지한다.

	work out	➡ do exercise	운동하다
	address	➡ give a speech	연설하다
	depart for	➡ leave for	~를 향해서 떠나다
	hire	➡ fill a position	채용하다
	expect	➡ project	예상하다
	present	➡ submit	제출하다
	transfer	➡ relocate	전근시키다
	promote	➡ advance	승진시키다
	call off	➡ cancel	취소하다
	postpone	➡ leave off	연기하다
	sign up for	➡ enroll in	~에 등록하다
	forget	➡ slip one's mind	잊어버리다
동사	loan	➡ borrow money	돈을 빌리다
	break down	➡ malfunction	고장 나다
	copy	➡ duplicate	복사하다
	consult	➡ refer to	참고하다
	be in charge	➡ be responsible	책임지다
	work overtime	➡ work additional hours	초과근무하다
	finish	➡ complete, be over, be done	끝내다
	take part in	➡ participate in	~에 참가하다
	browse	➡ look around	구경하다
	reach an agreement	➡ come to an agreement	합의에 도달하다
	be supposed to do	➡ be scheduled to do	~할 예정이다
	put A through to B	➡ direct A to B	A의 전화를 B로 돌려주다
	funding	➡ capital	자금, 자본
명사	different route	➡ alternative road	다른 길
	remodeling	➡ maintenance work	개조
	warranty	➡ guarantee	보증

명사		
transaction	➡ deal	거래
pharmacy	➡ drug store	약국
stopover	➡ layover	단기 체류
estimate	➡ quote	견적서
deadline	➡ due date	마감일
belongings	➡ possessions	소유물
gym	➡ fitness center	체육관, 헬스장
assessment	➡ evaluation	평가
accommodations	➡ lodging	숙박
modification	➡ amendment	수정
job opening	➡ job vacancy	공석
reimbursement	➡ compensation	변제
warehouse	➡ storage room	창고
entrance fee	➡ admission fee	입장료
receipt	➡ the proof of purchase	영수증
real estate agent	➡ property manager	부동산 중개인
building materials	➡ construction supplies	건축재료
형용사 부사		
busy	➡ hectic	바쁜
previous	➡ former	이전의, 전임의
sold out	➡ out of stock	품절된
attached	➡ included	첨부된
for free	➡ at no extra charge	무료로
reduced price	➡ discounted price	할인된 가격
short-handed	➡ under staffed	일손이 부족한
nearby	➡ within walking distance	가까운
complex	➡ complicated, confusing	헷갈리는
under the weather	➡ not feel good	몸이 아픈
run out of	➡ out of stock	품절된, 다 떨어진
right away	➡ immediately	당장, 즉시
regularly	➡ on a regular basis	규칙적으로

● 음성을 잘 듣고 빈칸을 채운 후 정답을 골라보세요.

1 Where does this conversation most likely take place?

(A) In an office

(B) In an airport

(C) In a restaurant

(D) In a hotel lounge

2 Why was Dr. Collins late?

(A) He was lost.

(B) He was delayed by roadwork.

(C) His flight has arrived late.

(D) He missed the flight.

3 What will the speakers probably do next?

(A) Go out for dinner

(B) Move their own bags

(C) Check into the hotel

(D) Give a presentation

W: Dr. Collins, I'm over here.

M: Oh. Hi, Lucy. I hope you haven't been waiting long. The road construction _____ on the way. Did you have any trouble finding this place?

W: No, not at all. I got here about 30 minutes ago. I've just been sitting in the lounge and reading a magazine. I guess this hotel is an ideal place for _____. So are you ready to leave, Dr. Collins? We can _____ for tomorrow's meeting while we eat dinner.

M: That sounds great. I'm really hungry. I already checked in to my room and _____ my bags, so I'm ready to go.

W: Dr. Collins, I'm over here.

M: Oh. Hi, Lucy. I hope you haven't been waiting long. The road construction **held me up** on the way. Did you have any trouble finding this place?

W: No, not at all. I got here about 30 minutes ago. I've just been sitting in the lounge and reading a magazine. I guess this hotel is an ideal place for **business purposes**. So are you ready to leave, Dr. Collins? We can **review the agenda** for tomorrow's meeting while we eat dinner.

M: That sounds great. I'm really hungry. I already checked in to my room and **dropped** my bags, so I'm ready to go.

W: Collins 박사님, 저 여기 있어요.
M: 아. 안녕, Lucy. 오래 기다리지 않았길 바랍니다. 오는 길에 도로 공사 때문에 늦었어요. 이 장소를 찾는 데 어떤 어려움이라도 있었나요?
W: 아니요, 전혀요. 저는 30분 전에 도착했어요. 라운지에 앉아서 잡지를 읽고 있었죠. 이 호텔은 비즈니스 목적으로 이상적인 장소인 것 같아요. 그럼 이제 나갈 준비가 되셨나요, Collins 박사님? 저녁을 먹으면서 내일 회의 안건을 검토할 수 있을 것 같아요.
M: 좋아요, 정말 배고프네요. 저는 벌써 체크인을 끝내고 객실에 가방까지 두고 왔어요. 그러니 저도 갈 준비가 되었습니다.

1   Where does this conversation most likely take place?

(A) In an office

(B) In an airport

(C) In a restaurant

(D) In a hotel lounge

이 대화가 이루어지는 장소로 가장 알맞은 곳은 어디인가?
(A) 사무실
(B) 공항
(C) 레스토랑
(D) 호텔 라운지

2   Why was Dr. Collins late?

(A) He was lost.

(B) He was delayed by roadwork.

(C) His flight has arrived late.

(D) He missed the flight.

Collins 박사는 왜 늦었는가?
(A) 길을 잃었다.
(B) 도로공사 때문에 늦었다.
(C) 비행편이 늦게 도착했다.
(D) 비행편을 놓쳤다.

3   What will the speakers probably do next?

(A) Go out for dinner

(B) Move their own bags

(C) Check into the hotel

(D) Give a presentation

화자들은 다음에 무엇을 할 것인가?
(A) 저녁 먹으러 나간다.
(B) 가방을 옮긴다.
(C) 호텔에서 체크인한다.
(D) 발표를 한다.

어휘 road construction 도로 공사 | hold up 지연시키다 | have trouble -ing ~하는 데 어려움을 겪다 | ideal 이상적인 | purpose 목적 | while ~하는 동안 | drop (짐을) 내리다 | roadwork 도로공사

해설 1 여자가 라운지에 앉아 잡지를 읽고 있었다고 했고, 이 호텔이 비즈니스 목적으로 이상적인 것 같다고 했으므로 정답은 (D)이다.

2 남자는 도로 공사 때문에 늦었다고 했으므로 정답은 (B)이다.
　　패러프레이징 The road construction → roadwork

3 여자는 저녁을 먹으면서 안건을 검토하기를 원하고 있고, 남자도 배가 고프다고 했으므로 정답은 (A)이다.

● 음성을 듣고 질문에 알맞은 응답을 고르세요.

1 What problem are the speakers discussing?

(A) A repair shop was closed.

(B) The meeting was called off.

(C) The copy machine is not working.

(D) Some workers left the company.

2 Who called the maintenance department?

(A) An engineer

(B) Sophia

(C) Oscar

(D) Sophia's assistant

3 What will the woman do next?

(A) Use different copier

(B) Read the instruction

(C) Find another technician

(D) Visit the department

4 Where most likely does the woman work?

(A) At a newspaper company

(B) At an online market

(C) At a book café

(D) At an advertising agency

5 Why is the man calling?

(A) To discontinue a subscription

(B) To pay a late fee

(C) To ask about a subscription

(D) To report a problem

6 What does the woman offer?

(A) A gift certificate

(B) A free trial

(C) A discount coupon

(D) A subscription renewal

7 What is the woman looking for?

(A) A photocopier
(B) Résumés
(C) Computer files
(D) An application form

8 According to the woman, why is Helen out of the office?

(A) She is meeting with some interns.
(B) She is interviewing some applicants.
(C) She is attending a retirement party.
(D) She is responsible for a training.

9 What will the woman most likely do next?

(A) Review the résumés
(B) Postpone a meeting
(C) Interview an applicant
(D) Send an e-mail

10 Why is the woman calling the man?

(A) To reschedule the appointment
(B) To notify him about a cancellation
(C) To describe the severe damage
(D) To change the selected menu

11 What does the man say about the schedule?

(A) It is hard to change.
(B) It is flexible.
(C) It is really tight.
(D) It is posted on the web.

12 What does the woman suggest?

(A) Opening a bank account
(B) Providing a discount
(C) Preparing for a party
(D) Watching the weather forecast

▶ ▶ ▶ 정답 및 해설 p60

화자의 의도 파악/시각정보 연계/ 3인 대화 문제

 P3-13

1　화자의 의도 파악 문제

● 화자의 의도 파악 문제는 문맥상 화자가 한 말의 의도를 파악하는 문제이다. 주어진 문장의 의미를 그대로 해석해서 풀면 안 되고, 대화의 흐름을 파악해서 정답을 골라야 한다.

● 해당 표현의 앞뒤 문장에 힌트가 있으니 반드시 문제를 미리 읽고 노려듣기 준비를 한다.

2　의도 파악을 묻는 질문

- What does the man mean when he says, "I wasn't there."?
  남자가 "나는 거기에 없었어요."라고 말하는 의미는 무엇인가?

- Why does the woman say, "I'd be happy to work this project."?
  여자가 "이 프로젝트를 해서 기쁩니다."라고 말하는 이유는 무엇인가?

- What does the man imply when he says, "Our budget is very tight this quarter."?
  남자가 "우리 예산이 이번 분기에 빠듯해요."라고 말하는 의도는 무엇인가?

3　의도 파악 문제 예시

Q　Why does the woman say, "Things are a little busy at the moment"?

　　(A) She is moving into a different office.

　　(B) She has a project deadline.

M: Amelia, I heard about your promotion. That's great news. When do you start your new position?

W: Thanks very much. I start on Monday. Things are a little busy at the moment though because my new office is on the second floor and I have to move all my personal belongings there.

여자는 왜 "요즘 조금 바쁘네요."라고 말하는가?
(A) 다른 사무실로 이사하는 중이라서
(B) 프로젝트 마감기한이 있어서

M: Amelia, 승진했다고 들었어요. 정말 기쁜 소식이에요. 언제부터 새 직책을 맡았나요?
W: 고마워요. 월요일부터 시작해요. 새 사무실이 2층이라 개인 소지품을 다 옮겨야 해서 요즘 조금 바쁘네요.

4 시각정보 연계 문제

● 시각정보 연계 문제는 대화만 듣고 문제를 푸는 것이 아니라, 표나 그래프를 보고 정보를 찾아내야 하는 유형이다. 문제는 'Look at the graphic'(시각 정보를 보시오)으로 시작하며, 2인 대화에서 출제된다.

● 문제지의 표나 그래프를 보고 미리 문제를 파악할 수 있어, 의도 파악 문제에 비해 오히려 무난하다.

5 시각정보 연계 문제를 묻는 질문

- Look at the graphic. Which parking area will be closed?
  시각정보를 보시오. 어느 주차 구역이 닫힐 것인가?

- Look at the graphic. When will the speakers arrive at the airport?
  시각정보를 보시오. 화자들은 언제 공항에 도착할 것인가?

6 시각정보 연계 문제 예시

Name	Extension No.
Carl White	0
Lucy Mitchell	1
Rachel Perry	7
Kelly Young	9

Q Look at the graphic. What number will the woman most likely call?

(A) 0   **(B) 1**   (C) 7   (D) 9

M: You don't look well. How do you feel?

W: I'm afraid I have a bad cold. When I start coughing, it doesn't stop. Do you know who I should ask if I could leave work early?

M: You should call Lucy Mitchell in the human resources.

시각정보를 보시오. 여자는 어느 번호로 전화하겠는가?
(A) 0번   (B) 1번   (C) 7번   (D) 9번

M: 안색이 안 좋네요. 어디 안 좋은가요?
W: 독한 감기에 걸린 것 같아요. 기침을 시작하면 멈추지를 않네요. 일찍 조퇴해도 되는지 누구에게 물어봐야 하는지 아세요?
M: 인사부의 Lucy Mitchell에게 전화해 보세요.

- 3인 대화 문제는 기존의 '남-여' 또는 '여-남' 대화 패턴에서 벗어나 '남-남-여' 혹은 '여-여-남'의 형태를 띤다. 대화를 주고받는 횟수가 2인 대화에 비해 늘어났지만, 비교적 짧게 주고받기 때문에 겁먹을 필요는 없다.
- 3명이 한꺼번에 대화를 주고받기 때문에 속도감이 느껴질 수 있다. 따라서 문제를 미리 읽고 키워드를 기억하면서 노려듣기를 해야 한다.

8   3인 대화를 묻는 질문

- Where do the speakers work? 화자들은 어디에서 일하는가?
- What does the woman ask David about? 여자는 David에게 무엇을 요청하는가?
- What does the woman say she is concerned about? 여자는 무엇을 걱정하고 있다고 말하는가?

9   3인 대화 문제 예시

Q   What is the woman invited to do?

   (A) Join coworkers for lunch

   (B) Ask for a menu

M1: Hi Rose. Frank and I are going to lunch at Black Pepper café. Would you like to join us?

M2: A few others from the office are coming along with us. It'll be a great opportunity to get to know each other.

W: Right. I think it would be a nice time.

여자는 무엇을 권유받고 있는가?
(A) 동료들과 함께 점심 먹기
(B) 메뉴를 요청하기

M1: 안녕하세요, Rose. Frank하고 저는 Black Pepper 카페에 점심식사 하러갈 거예요. 함께 갈래요?
M2: 사무실에서 몇 명이 나와 함께 가요. 아마 서로를 알기에 좋은 기회가 될 거예요.
W: 맞아요. 좋은 시간이 될 것 같아요.

146

leisure 여가	seating 좌석, 자리 sold out 매진된 audience 청중 gallery 화랑 intermission 중간 휴식시간	box office 매표소 act 막 exhibition 전시회 curator 큐레이터	film 영화 premiere 첫 상영 하다 conductor 지휘자 collection 소장품	admission fee 입장료 review 논평 critic 비평가 showing 상영
function 행사	banquet 연회 caterer 출장 연회업체 key note speaker 기조연설자 wrap up a project 프로젝트를 마무리 짓다	upcoming 다가오는 auditorium 강당	fundraising 모금 reception 환영회 seating arrangement 좌석 준비 miss a meeting 회의에 참석하지 못하다	convention 대규모 회의 make it 참석하다
property 부동산	rent 집세 investment 투자 spacious 넓은 licensed realtor 공인 중개사 residential district 주거 지역 conveniently located 편리한 곳에 위치한	landlord 집주인 deposit 보증금 relocate 이전하다	tenant 세입자 lease 임대차 계약 realtor 부동산 중개인 furnished apartment 가구가 구비된 아파트 financial district 금융 지역	commission 중개료 studio 원룸 adjacent to ~에 인접한
shopping 쇼핑	change 거스름돈 invoice 청구서 retail price 소매가 defective 결함이 있는 service charge 수수료 reasonable price 적당한 가격(= affordable price)	quality 품질 payment 지불 warranty 보증서	discount 할인하다 store credit 외상금액 guarantee 보증하다 shipping charge 배송비 as proof of purchase 구매 증거로	place an order 주문하다 return policy 반품 정책 locate 위치를 찾다
equipment 기기	damaged 손상된 inventory 재고 cabinet 캐비닛 change the cartridge 카트리지를 교체하다 out of order 고장 난(= broken, not working)	technician 기술자 supplier 공급업체 supply room 비품실	install 설치하다 warehouse 창고 storeroom 저장실 maintenance department 시설관리부 replacement parts 교체 부품	office supplies 사무용품 fix 수리하다 stationery 문방구
marketing 마케팅	strategy 전략 target 목표 profitable 수익성 있는 market survey 시장 조사 boost sales 판매를 촉진시키다	indicate 나타내다 pricing 가격 책정 work force 노동력	check out 확인하다 modify 수정하다 pick up 개선되다, 회복되다 share one's ideas ~의 아이디어를 공유하다	poll 여론 조사 surplus 잉여
traffic 교통	back up 후진하다 heavy traffic 교통 혼잡 steering wheel 운전대	speeding 과속	shortcut 지름길 traffic congestion 교통 체증(= traffic jam) be caught in traffic 차가 막히다	direct traffic 교통 정리하다

Part 1
Part 2
Part 3
Part 4

● 음성을 잘 듣고 빈칸을 채운 후 정답을 골라보세요.

1   Where do the speakers most likely work?

(A) At a factory

(B) At a hospital

(C) At a laundry service

(D) At a construction site

2   What does the woman ask Ethan about?

(A) Automating the production line

(B) Hiring more workers

(C) Scheduling an inspection

(D) Replacing some tools

3   What does the woman say she will do?

(A) Distribute safety equipment

(B) Send a notification by e-mail

(C) Check the facilities

(D) Comply with the rules

 New ▸

M1: Thanks for meeting today. As you know, we have had _____ customers returning _____ recently. From now on, the inspector will be examining all products before being shipped.

W: OK. Ethan and I were talking about that yesterday. Ethan, did you have a chance to _____?

M2: Yes, the new quality control inspector is joining tomorrow morning.

W: Oh, that's good. I'll e-mail _____ of the inspection to the entire staff to let them know.

미국 – 영국 – 호주

M1: Thanks for meeting today. As you know, we have had **countless** customers returning **faulty goods** recently. From now on, the inspector will be examining all products before being shipped.

W: OK. Ethan and I were talking about that yesterday. Ethan, did you have a chance to **schedule an inspection**?

M2: Yes, the new quality control inspector is joining tomorrow morning.

W: Oh, that's good. I'll e-mail **the details** of the inspection to the entire staff to let them know.

M1: 오늘 모여 주셔서 감사합니다. 아시다시피, 최근에 수많은 고객들이 결함 있는 제품을 반품해오고 있습니다. 이제부터는 배송 전에 검사관이 모든 제품을 검사할 것입니다.
W: 알겠습니다. Ethan과 저는 어제 그것에 대해 이야기를 나누었어요. Ethan, 검사 일정을 잡을 기회가 있었나요?
M2: 네, 새로운 품질관리 검사관이 내일 아침에 합류합니다.
W: 아, 잘됐네요. 검사에 대해 알리기 위해 제가 세부정보를 전 직원에게 이메일로 전송하겠습니다.

1 Where do the speakers most likely work?

(A) At a factory
(B) At a hospital
(C) At a laundry service
(D) At a construction site

화자들은 어디에서 일하는 것 같은가?
(A) 공장
(B) 병원
(C) 세탁소
(D) 공사장

2 What does the woman ask Ethan about?

(A) Automating the production line
(B) Hiring more workers
(C) Scheduling an inspection
(D) Replacing some tools

여자는 Ethan에게 무엇에 대해 물어보는가?
(A) 생산 라인을 자동화하는 것
(B) 더 많은 직원을 고용하는 것
(C) 검사 일정을 잡는 것
(D) 몇몇 장비를 교체하는 것

3 What does the woman say she will do?

(A) Distribute safety equipment
(B) Send a notification by e-mail
(C) Check the facilities
(D) Comply with the rules

여자는 무엇을 할 것이라고 말하는가?
(A) 안전기기 나누어 주기
(B) 이메일로 통지하기
(C) 시설 점검하기
(D) 규칙 준수하기

어휘 countless 수많은, 무수한 | faulty 결함이 있는 | inspector 검사관 | examine 검사하다 | inspection 검사, 점검 | comply with (규칙 등을) 따르다

해설 **1** 대화의 초반에 앞으로 검사관이 배송하기 전에 모든 제품을 검사할 것이라고 했으므로 가장 어울리는 장소는 공장이다.

2 여자가 검사 일정을 잡을 기회가 있었냐고 물었기 때문에 정답은 (C)이다. 패러프레이징 되지 않아 쉽게 찾을 수 있다.

3 여자는 세부사항을 이메일로 전 직원에게 발송하겠다고 했으므로, 정답은 (B)이다.
패러프레이징 패러프레이징 e-mail the details → Send a notification by e-mail

● 음성을 듣고 질문에 알맞은 응답을 고르세요.

1 What has the man forgotten to bring?

(A) Some coupons

(B) A membership card

(C) A receipt for an item

(D) Some eco bags

4 What are the speakers mainly discussing?

(A) A hotel reservation

(B) A magic show

(C) A performance

(D) A restaurant location

2 What problem does the woman mention?

(A) A clerk gave up suddenly.

(B) A product is not in stock.

(C) A computer system is not working.

(D) The floor is slippery.

New ▶ **5** Why does the woman say, "Mike has a wagon"?

(A) To offer the man a ride

(B) To emphasize the functions

(C) To reserve the parking space

(D) To show off his new car

New ▶ **3** What does the woman imply when she says, "I know where it was placed"?

(A) An item is not available.

(B) She has the man put it back.

(C) She will return the item to the correct location.

(D) The item has been placed the wrong position.

6 What does the woman say she will do?

(A) Purchase discount tickets

(B) Update a reservation

(C) Pay their bills separately

(D) Look for a map

Museum Map

Floor 1 Sculpture	Floor 3 Painting
Floor 2 Theme Display	Floor 4 Special Exhibit

Catering Company	Cost
Mediterranean	$1,500
Black Noodles	$2,100
Red Tomato	$1,250
Diamond Restaurant	$ 980

New **7** Look at the graphic. On which floor will the man meet his sister?

(A) Floor 1
(B) Floor 2
(C) Floor 3
(D) Floor 4

8 What will happen in the main lobby?

(A) An autograph event will be held.
(B) A special exhibit will open.
(C) A video will be shown.
(D) Some elevators will be repaired.

9 Why does the woman suggest using the stairs instead of taking the elevators?

(A) They are nearby.
(B) They are relatively safe.
(C) They are productive.
(D) They are not crowded.

10 What type of event are the speakers discussing?

(A) A shareholders' meeting
(B) A client luncheon
(C) A career fair
(D) An anniversary party

11 What problem did the woman experience with one of the restaurants?

(A) An unfriendly staff
(B) Some spoiled food
(C) An error in calculation
(D) A delivery delay

New **12** Look at the graphic. How much will the dinner most likely cost?

(A) $2,100
(B) $1,500
(C) $1,250
(D) $ 980

▶ ▶ ▶ 정답 및 해설 p64

인사 · 고용		일상 업무	
candidate	지원자(= applicant)	assign	(일, 책임)을 맡기다
cover letter	자기소개서	assume	(책임을) 맡다(= take on)
degree	학위	bankruptcy	파산
dismiss	해고되다(= lay off)	confidential	기밀의
experience	경력(= field)	collaborate	협력하다
hire	고용하다(= employ, recruit)	draft	초안
incentive	장려금(= bonus)	estimate	견적
job offer	구인(= job opening)	inventory	재고
personnel	직원들	operating cost	운영비
potential	잠재성 있는(= prospective)	paycheck	급여(= payroll)
quit	그만두다(= resign)	statement	명세서
requirement	자격 요건(= qualification)	workload	업무량
replacement	후임자(= successor)	night shift	저녁 근무조
retire	은퇴하다(= leave office)	pay raise	봉급 인상
transfer	전근시키다(= relocate)	reimbursement	상환, 변제
a letter of recommendation	추천서(= reference)	a leave of absence	휴가 중
accept an offer	제안을 받아들이다	get to work	출근하다(= punch in)
fill in for	대신 근무하다(= cover one's shift)	get off the office	퇴근하다(= leave work, call it a day)
get a promotion	승진하다(= get advanced)	meet the deadline	마감일을 맞추다
turn down an offer	제안을 거절하다(= reject/refuse an offer)	extend the deadline	마감일을 연장하다
pay raise	임금 인상(= salary increase)	out of town	출장가다(= on a business trip)
performance evaluation	업무 평가(= performance appraisal)	temporary employment	임시직
overtime payment	시간 외 수당	permanent employment	정규직
		work overtime	추가 근무하다(= work extra hours)
		take a day off	휴가를 내다

● 음성을 듣고 질문에 알맞은 응답을 고르세요.

32 What is the problem?

(A) Some interns have not turned up.

(B) The deadline has been moved up.

(C) There is a scheduling conflict.

(D) Camera devices cannot be used.

33 What does the woman inquire about?

(A) Changing the schedule at a later time

(B) Halting her interview

(C) Calling a staff meeting

(D) Distributing some brochures

34 What does the man say he will do?

(A) Review an article

(B) Send some materials

(C) Organize a conference

(D) Print out an agenda

35 Where are the speakers?

(A) At a pharmacy

(B) At a laboratory

(C) At a cafeteria

(D) At a medical clinic

36 Why does the woman apologize?

(A) The man has to wait.

(B) The man's prescription is wrong.

(C) The man's insurance card is missing.

(D) The man should come back tomorrow.

37 What will the man most likely do next?

(A) Go back to work

(B) Contact an office

(C) Consult his doctor

(D) Apply for a permit

38 What are the speakers mainly discussing?

(A) Arranging a delivery

(B) Claiming a refund

(C) Having an appliance fixed

(D) Holding off on new purchases

39 What day will the man be available?

(A) Monday

(B) Tuesday

(C) Wednesday

(D) Friday

40 According to the woman, what requires an extra fee?

(A) Additional staff

(B) Over the weight limit

(C) Removal of a used item

(D) A certificate reissue

----

41 What is the purpose of the man's visit to the hotel?

(A) To pick up a client

(B) To lead a training session

(C) To conduct an interview

(D) To address a ceremony

42 What does the man need help with?

(A) Scheduling a wake-up call

(B) Unlocking a door

(C) Upgrading his computer

(D) Arranging floral centerpieces

43 What does the woman ask the man to do?

(A) Wait in the lounge

(B) Join the membership

(C) Reserve a different room

(D) Talk to a manager

44 What does the man want to do?

(A) Join the wedding ceremony

(B) Receive housing benefit

(C) Change his working hours

(D) Come up with plans

45 What does the man say he has to do in the Tuesday morning?

(A) Attend his son's graduation

(B) Eat breakfast with his coworker

(C) Drive his son to a library

(D) Complete their given tasks

46 What does the woman remind the man to do?

(A) Get to work on time

(B) Contact his supervisor

(C) Leave earlier than usual

(D) Work extended hours

----

47 Where does the woman want to go?

(A) To a general hospital

(B) To a theme park

(C) To a science museum

(D) To a department store

48 Who most likely is the man?

(A) A tour guide

(B) A bus driver

(C) A ticket agent

(D) A hospital worker

49 How does the man say he will help the woman?

(A) By going over the directions

(B) By dropping her off anywhere

(C) By accompanying her all day

(D) By shouting out the stop

50 What is the purpose of the woman's visit?

(A) To purchase office supplies

(B) To get an equipment fixed

(C) To complain about the service

(D) To inquire about the return policy

51 What does the man request?

(A) A receipt

(B) A voucher

(C) A contract

(D) A warranty

52 What does the woman say she will do two days later?

(A) Retrieve a product

(B) Give a presentation

(C) Hire an engineer

(D) Send some information

----

53 What is Dr. Donald Fletcher known for?

(A) Critic

(B) Investor

(C) Pharmacist

(D) Scientist

New ▶ 54 What does the man mean when he says, "I have to finalize the contract by tomorrow."?

(A) He can't make it to an event.

(B) He will be fired sooner or later.

(C) He is satisfied with the result.

(D) He doesn't have enough time to get it done.

55 What will the man probably do next?

(A) Lend a book

(B) Attend the ceremony

(C) Review the documents

(D) Send an invitation

56 What does the woman point out?

(A) The restaurant is understaffed.

(B) The oven is not currently working.

(C) The food doesn't taste as good as it looks.

(D) A flavor has changed lately.

57 What explanation does the man give?

(A) An assistant chef takes care of dessert.

(B) The kitchen has been remodeled.

(C) A supplier has discontinued a product.

(D) There isn't a substitute for ricotta cheese.

58 What does the man offer to do for the woman?

(A) Issue discount coupons

(B) Refund the full amount

(C) Notify the main chef

(D) Offer her a free drink

----

59 What is the man planning to do?

(A) Paint a wall

(B) Renovate his kitchen

(C) Look for a specific brand

(D) Replace some wallpaper

60 What does the man like about the product?

(A) Its low cost

(B) Its durability

(C) Its eco-friendly material

(D) Its simple design

61 What does the woman offer the man?

(A) A discount

(B) Some samples

(C) Store credit

(D) Free delivery

62 Why is the woman at Mr. Owen's office?

(A) To cancel an appointment

(B) To make a payment

(C) To attend a meeting

(D) To get a job interview

63 Why is Mr. Owen unable to meet with the woman?

(A) He called in sick this morning.

(B) He is out of the office.

(C) He is meeting a client.

(D) He suddenly quit his job.

64 What will the man probably do next?

(A) Reschedule an appointment

(B) Go over the candidate's résumé

(C) Tell the woman Mr. Owen's address

(D) Contact Mr. Owen's coworker

Phone Directory	
Department	Extension
Facilities	7002
Advertising	7012
Maintenance	7022
Human Resources	7032

65 Who most likely is the man?

(A) A potential employer

(B) A call center worker

(C) An event coordinator

(D) A building janitor

New ▶ 66 Look at the graphic. Which extension number will the woman have to dial?

(A) 7002

(B) 7012

(C) 7022

(D) 7032

67 Why does the woman say some staff may be delayed?

(A) They are taking a lunch break.

(B) They are repairing some chairs.

(C) They are at a training session.

(D) They are exercising at the gym.

Cape Town International Jazz Festival		
Saturday Only	Members	$ 72
	Non-members	$ 80
Sunday Only	Members	$ 81
	Non-members	$ 90
Both Days	Members	$ 135
	Non-members	$ 150

68 What problem does the woman mention?

(A) The venue is too small.

(B) A Web site has been disabled.

(C) All tickets are sold out.

(D) A band has canceled the schedule.

New ▶ **69** Look at the graphic. How much will the woman most likely pay?

(A) $72

(B) $80

(C) $90

(D) $135

70 What does the man ask the woman to present?

(A) A membership card

(B) A latest photo

(C) A cell phone number

(D) An Internet certificate

▶ ▶ ▶ 정답 및 해설 p68

新 완전절친
TOEIC

Part
4

짧은 담화
Short Talks

Unit 01 ● 전화메시지

Unit 02 ● 공지/안내

Unit 03 ● 방송/보도

Unit 04 ● 연설/발표

Unit 05 ● 광고

Part Test

전화메시지

🔊 P4-1

1 전화메시지의 종류

● 녹음메시지(Recorded message) : 부재중임을 알리는 메시지
● 음성메시지(Voice mail message) : 전화 건 사람이 용건을 남기는 메시지
● 자동음성안내(Automated message) : 공공기관이나 서비스 업체의 안내 메시지

2 출제 경향

■ **Part 4**는 문제에 힌트가 있다. 문제에서 **telephone message, recorded message, call, calling, caller** 같은 단어가 들리면 전화메시지임을 예상하고 전개방식을 떠올려야 한다.

■ 첫 문장에서 화자의 신분을 알 수 있다.

Hello, this is Dwayne from Irvin **Dental Clinic**. I'm calling to inform you that it's been five months since your last teeth cleaning and you are now able to make appointments online. If you go to www.irvindentalclinic.com, there's a banner left on the screen that says "schedule an appointment." Don't miss it.

Q Where does the man work? 남자는 어디에서 일하는가?

A At a dentist's office 치과

■ 두 번째 문장에서 전화를 건 목적을 알 수 있다.

Hey, it's Luis. **I'm calling to see if you're free on Friday.** My supervisor gave me two tickets to see the ballet performance at Sydney Opera House. **I thought you might like to go with me.** I just looked up the theater's seating chart and the seats are really nice. They're in the center section on the main floor, pretty close to the stage.

Q What is the purpose of the call? 전화를 건 목적은 무엇인가?

A To extend an invitation 초대를 하려고

■ 후반부에 제안 · 요청사항과 추가정보 등이 제시된다.

This is an automated message from the Mayfield software company to all staff. Due to the snowstorm predicted for this afternoon, the CEO has decided to close the office early at 1 P.M. Local weather forecast indicated that temperatures are dropping quickly and the traffic will be shut down in selective areas. Please **remember to shut down your computers** before you leave.

Q What are listeners reminded to do? 청자는 무엇을 요청받는가?

A Turn off some equipment 기기를 끄라고

3 전화메시지 빈출 질문

■ 전체지문 관련 질문

- What is the speaker calling about? 화자는 무엇 때문에 전화를 거는가?
- Why has the woman contacted the man? 여자는 왜 남자에게 연락했는가?
- What kind of business is the speaker calling? 화자는 어떤 업체에 전화하는가?
- Who is the message probably for? 이 메시지는 누구를 위한 것인가?

■ 세부사항 관련 질문

- What time does the business close? 영업 마감 시간은 언제인가?
- Why would someone dial '0' now? 왜 누군가는 지금 0번을 누르겠는가?
- According to the caller, what day will be available? 화자에 따르면 무슨 요일이 가능한가?

초반부
인사말
발신자/수신자
주제/목적

1 메시지를 받는 사람

This message is for Bill Stevens in the Personnel department.
인사부의 Bill Stevens에게 이 메시지를 남깁니다.

2 메시지를 남기는 사람

❶ **This is** Amy Nakamura, owner of Hikari Electronic Company.
저는 Hikari 전자회사의 소유주인 Amy Nakamura입니다.

❷ **Thank you for calling** the Emerald National Theater.
Emerald 국립극장에 전화 주셔서 감사합니다.

❸ **You've reached** Riley Jones in the sales division of KM Investments.
귀하는 KM 투자회사의 영업부서 Riley Jones에게 전화하셨습니다.

관련 빈출 질문

1. For whom is this message intended?
누구를 위한 메시지인가?

2. Who is this message intended for?
누구를 대상으로 하는 메시지인가?

3. Who recorded this message?
누가 이 메시지를 녹음했는가?

3 전화를 건 목적

❶ **I'm calling about** your post about needing help with a business Web site.
회사 웹사이트에 도움이 필요하다는 귀하의 게시물을 보고 전화드립니다.

❷ **I'm calling to** confirm your request for airline reservations and car rentals for your trip to Hongkong.
저는 귀하의 홍콩 여행을 위한 비행기 예약과 자동차 대여를 확인하려고 전화드립니다.

❸ **I need to speak** with you about your LED light you ordered from us last week.
지난주 주문하신 LED 조명에 관해 이야기하고 싶습니다.

관련 빈출 질문

1. What is the main purpose of this call?
이 전화의 주된 목적은 무엇인가?

2. What is the message mainly about?
이 메시지는 주로 무엇에 대한 것인가?

3. What does the message mainly concern?
메시지는 주로 무엇에 관한 것인가?

중반부
세부 내용
연락 정보

4 세부사항 설명

❶ **Unfortunately**, we no longer produce that particular model you requested.

안타깝게도, 저희는 귀하가 요청한 특정 모델을 더 이상 생산하지 않습니다.

❷ **I'd like to** schedule a time to meet with you over the next few days if you are available.

시간이 되시면, 며칠 내로 만날 시간을 정하고 싶습니다.

❸ We have at least 30 stores in New York, but **we're planning to** open additional store locations in Europe and Asia.

저희는 뉴욕에만 최소 30개의 지점이 있는데, 유럽과 아시아에 추가 지점을 더 낼 계획입니다.

관련 빈출 질문

1. What will happen at 2 P.M. on Tuesday?

화요일 오후 2시에 무슨 일이 일어날 것인가?

2. What type of the service does the company provide?

회사는 어떤 종류의 서비스를 제공하는가?

3. According to the talk, what will the caller do this evening?

담화에 따르면, 전화 건 사람은 오늘 저녁에 무엇을 할 것인가?

후반부
당부/지시
요청/권유

5 요청/권유

❶ **Please be sure** to pick up the package from the office when you get home.

집에 도착하시면 반드시 사무실에서 소포를 찾아가세요.

❷ **Why don't you** confirm the error and send a revised estimate at your earliest convenience.

가능한 한 빨리 이 오류를 확인하고 수정된 견적서를 보내주시는 게 어때요?

6 당부/지시

❶ Could you **call me back** and let me know if Thursday is good time for us to come in and install it?

목요일이 저희가 가서 그것을 설치하기에 좋은 시간인지 아닌지 다시 전화해서 알려 주시겠어요?

❷ I'll be out of the office, but **you can reach me** on my mobile phone.

저는 사무실에 없을 예정이지만, 제 휴대폰으로 연락하실 수 있습니다.

빈출질문 유형

1. Why does the caller apologize?

전화 건 사람은 왜 사과하는가?

2. Why does the woman request a return call?

여자는 왜 회신 전화를 하라고 요청하는가?

3. What does the speaker suggest the listener do?

화자는 청자들에게 무엇을 제안하는가?

● 음성을 잘 듣고 빈칸을 채운 후 정답을 골라보세요.

1 Who most likely is the speaker?

(A) An electrician

(B) A repair person

(C) A hiring manager

(D) An apartment manager

2 What problem did the listener mention?

(A) A leaky faucet

(B) A broken lock

(C) A noise from upstairs

(D) The lack of parking spaces

3 Why is the listener asked to stop by an office?

(A) To make a payment

(B) To claim the package

(C) To leave a letter

(D) To sign a document

Hi, Mario. This is Joanna from the management office of Eastville Apartments. I received your message that the _____ was dripping continuously, so I scheduled to have a plumber come and _____ on Friday morning around 10 o'clock. Since you'll probably be at work at that time, could you please visit the management office before then? You'll need to sign a paper _____ for the plumber to enter _____. Thank you.

Hi, Mario. This is Joanna from the management office of Eastville Apartments. I received your message that the **kitchen faucet** was dripping continuously, so I scheduled to have a plumber come and **fix it** on Friday morning around 10 o'clock. Since you'll probably be at work at that time, could you please visit the management office before then? You'll need to sign a paper **giving permission** for the plumber to enter **in your absence**. Thank you.

안녕하세요, Mario. 저는 Eastville 아파트 관리 사무소의 Joanna입니다. 저는 당신의 부엌 수도꼭지에서 물이 계속 떨어진다는 메시지를 받았고, 그래서 이번 주 금요일 아침 10시경에 배관공을 불러서 수리를 맡기려고 합니다. 그 시간에 아마 직장에 계실 테니, 그전에 우리 사무실에 들러 주실래요? 부재 시에 배관공이 댁에 들어갈 수 있도록 허가서에 서명하셔야 합니다. 감사합니다.

1 Who most likely is the speaker?

(A) An electrician
(B) A repair person
(C) A hiring manager
(D) An apartment manager

화자는 누구일 것 같은가?
(A) 전기 기사
(B) 수리공
(C) 고용부장
(D) 아파트 관리인

2 What problem did the listener mention?

(A) A leaky faucet
(B) A broken lock
(C) A noise from upstairs
(D) The lack of parking spaces

청자가 언급한 문제는 무엇인가?
(A) 물이 새는 수도꼭지
(B) 고장 난 자물쇠
(C) 위층의 소음
(D) 주차공간의 부족

3 Why is the listener asked to stop by an office?

(A) To make a payment
(B) To claim the package
(C) To leave a letter
(D) To sign a document

청자는 왜 사무실에 들러달라고 요청받는가?
(A) 돈을 지불하기 위해
(B) 소포를 찾기 위해
(C) 편지를 두고 가기 위해
(D) 서류에 서명하기 위해

어휘 management office 관리 사무소 | faucet 수도꼭지 | drip 똑똑 떨어지다 | continuously 계속해서 | plumber 배관공 | since ~ 때문에 | probably 아마도 | permission 허가 | absence 부재 | leaky 새는 | claim 되찾다

해설 **1** 화자는 아파트 관리사무소에서 일한다고 했으므로 정답은 (D)이다.

2 수도꼭지에서 물이 계속 떨어진다는 메시지를 언급하고 있으므로 정답은 (A)이다.
패러프레이징 the kitchen faucet was dripping continuously → A leaky faucet

3 부재 시에 배관공이 들어올 수 있도록 서류에 서명하라고 했으므로 정답은 (D)이다.
패러프레이징 sign a paper → sign a document

● 음성을 듣고 질문에 알맞은 응답을 고르세요.

1 What area does the speaker work in?

(A) Human Resources department
(B) Accounting department
(C) Finance department
(D) Information Technology department

2 What is the last date the submissions will be accepted?

(A) March 27th
(B) March 31st
(C) April 1st
(D) April 31st

3 What does the speaker ask the listener to do?

(A) Send a fax
(B) Provide an e-mail address
(C) Purchase an office equipment
(D) Mail a package

4 Where did the caller meet Ms. Page?

(A) At a book fair
(B) At a conference
(C) At a company
(D) At a party

5 What is the caller interested in discussing?

(A) A book cover
(B) A job vacancy
(C) An interview
(D) A grand opening

6 What will the caller probably do this morning?

(A) Review the résumé
(B) Complete a form
(C) Upload a file
(D) Send an e-mail

7 What is the speaker calling to discuss?

(A) A recent inquiry

(B) A policy change

(C) A bathroom work

(D) A rental fee

8 What does the speaker suggest the listener do?

(A) Refurbish a room

(B) Renew the lease

(C) Call a different agency

(D) Consider waiting to rent an apartment

9 What does the speaker offer to do?

(A) Print a rental agreement

(B) Provide contact information

(C) Show the size of a bathroom

(D) Give a tour of an apartment

10 Where does the woman work?

(A) A furniture store

(B) A convenience store

(C) A real estate agency

(D) A bookstore

11 What problem does the woman mention?

(A) An item is not currently in stock.

(B) A project is stopped.

(C) The price has increased.

(D) A cabinet is damaged.

12 What has the woman offered to do for the man?

(A) Provide the lowest prices

(B) Recommend another brand

(C) Exchange the used products

(D) Dispatch an employee to give him details

▶ ▶ ▶ 정답 및 해설 p81

1 공지 및 안내의 종류

- 공공안내(Public announcement) : 상점, 비행기, 회의, 공연장 안내
- 사내공지(Company announcement) : 회사 정책, 행사 일정 및 회의 전 공지
- 견학안내(Guided tour) : 관광객들을 상대로 관광 가이드가 하는 공지

2 출제 경향

■ **Part 4는 문제에 힌트가 있다. 문제에서 announcement, announce 같은 단어가 들리면 공지 및 안내를 예상하고 전개방식을 떠올려야 한다.**

■ 첫 문장에서 공지 및 안내의 장소를 알 수 있다.

> Attention, Empire **airlines passengers**. We'll be landing in Osaka in 20 minutes behind schedule. We would like to apologize for the delay, which has been caused by an accident on the runway. Passengers making the 3:00 connection to Tokyo, please see the gate staff right away upon arrival to check in for your flight.

Q Where most likely is the announcement being made? 이 안내가 이루어지는 곳은 어디인가?

A On an airplane 비행기 안

■ 두 번째 문장에서 세부적인 정보를 알 수 있다.

> For passengers traveling on to Wellington, you will need to exit at Salisbury station and **go to platform 10** for your connecting train. For your convenience, there are refreshment stands on the first floor, near the main entrance. Thank you for travelling with us.

Q What should people traveling to Wellington do? Wellington으로 여행하는 사람은 무엇을 해야 하는가?

A Go to another platform 다른 플랫폼으로 가기

■ 후반부에 제안 · 요청사항과 추가정보 등이 제시된다.

> When you finish, **I'll be at back of the hall** and **I'd be glad to answer any of your questions** about the "benefits of being a vegetarian" we covered today. I'll look forward to reading your comments, and thanks for coming.

Q Why are listeners directed to the back of the hall? 청자들은 왜 강당 뒤로 가야 하는가?

A To talk to the presenter 발표자와 이야기하려고

3 공지/안내 빈출 질문

■ 전체지문 관련 질문

- What is the announcement mainly about? 이 안내는 주로 무엇에 관한 것인가?
- What is the purpose of this announcement? 이 공지의 목적은 무엇인가?
- Who is the announcement intended for? 누구를 위한 안내인가?
- Who is the announcement for? 누구를 위한 공지인가?

■ 세부사항 관련 질문

- When is the work scheduled to begin? 작업은 언제 시작될 예정인가?
- What problem does the speaker mention? 화자는 어떤 문제를 언급하는가?
- According to the speaker, what will happen tomorrow? 화자에 따르면, 내일 무슨 일이 있을 것인가?

1 오프닝 멘트

❶ **May I have your attention** for a moment, please?

잠시 주목해 주시겠습니까?

❷ **I want to start** today's staff meeting with some very good news.

저는 오늘 매우 좋은 소식으로 직원회의를 시작하고 싶습니다.

❸ **Welcome to** the new graffiti exhibition at the Los Angeles Museum.

로스앤젤레스 박물관에서 열리는 새 그라피티 전시회에 오신 것을 환영합니다.

2 청자(listener) 언급

Welcome, **spectators**. Please listen to a short announcement.

관객 여러분, 환영합니다. 잠시 안내방송을 들어주세요.

3 화자(speaker) 언급

Ladies and gentlemen, this is your **captain** speaking. Welcome aboard the Lucky Star Ferry.

신사 숙녀 여러분, 저는 이 배의 선장입니다. Lucky Star호에 승선하신 것을 환영합니다.

관련 빈출 질문

1. Where is this announcement taking place?

이 공지가 이루어지는 곳은 어디인가?

2. Who is the intended audience of the announcement?

공지의 대상은 누구인가?

3. Who most likely are the listeners?

청자들은 누구인 것 같은가?

초반부
청자/화자
주제/목적

4 주제 및 목적

❶ **I'd like to remind you of** some major changes to the company policy.

회사 정책에 몇 가지 중대 변화가 생겼음을 알려드리고 싶습니다.

❷ **Please note that** the museum will close in ten minutes.

박물관이 10분 뒤에 문을 닫는다는 사실을 유념하세요.

❸ **Thank you for coming** to the charity fundraiser, hosted by the city.

시에서 주최하는 자선기금 모금행사에 와주셔서 감사합니다.

관련 빈출 질문

1. What is the announcement mainly about?

공지는 주로 무엇에 관한 것인가?

2. What's the purpose of the event?

행사의 목적은 무엇인가?

3. What event is being announced?

어떤 행사가 공지되고 있는가?

5 공지/안내의 배경 설명

중반부
공지의 배경
관련 정보

❶ **Unfortunately**, we will arrive a little bit later than the scheduled time.
안타깝게도, 우리는 예정된 시간보다 조금 더 늦게 도착할 것입니다.

❷ The stadium can sometimes be inaccessible **due to** the heavy traffic.
경기장은 교통량 때문에 때때로 접근할 수 없습니다.

❸ **Before** we begin today, I'd like to introduce Mr. Cho, our new president.
오늘 시작하기 전에, 저는 새로 온 사장님인 Cho씨를 소개하고 싶습니다.

❹ **As you all know**, our profit margin has declined.
알다시피, 우리의 이윤 폭이 감소했습니다.

관련 빈출 질문

1. What is the cause of the problem?
문제의 원인은 무엇인가?

2. What is the main reason for this announcement?
이 공지이 주요 이유는 무엇인가?

3. Why is a change being made?
왜 변화가 발생했는가?

6 유의사항

후반부
유의사항
추가정보

❶ Please **make sure** all mobile phones are turned off during the performance.
공연 중에는 반드시 모든 휴대폰을 꺼주시기 바랍니다.

❷ Our business hours will be extended by 2 hours **as of** July.
7월부터 영업시간이 2시간 더 연장될 것입니다.

❸ Participants **are encouraged to** fill out a survey to help the association.
참석자들은 협회를 돕기 위한 설문조사를 작성하도록 권장됩니다.

❹ All writers **are asked to** submit their articles by the end of the month.
필자들은 이번 달 말까지 기사를 제출해야 합니다.

관련 빈출 질문

1. What are the employees asked to do?
직원들은 무엇을 하라고 요청받는가?

2. What are the listeners invited to do?
청자들은 무엇을 권유받고 있는가?

3. What does the speaker suggest shoppers do?
화자는 쇼핑객들에게 무엇을 하라고 제안하는가?

● 음성을 잘 듣고 빈칸을 채운 후 정답을 골라보세요.

1 What is the report mainly about?

(A) A public library

(B) A recreational center

(C) An athletic facility

(D) A fundraising event

2 Who is Darrell Gibb?

(A) A city official

(B) A news reporter

(C) A curator

(D) An architect

3 When will work on the project begin?

(A) In June

(B) In August

(C) In September

(D) In November

The city government has approved plans to build a new public library in the city's downtown area. The library will be _____ across from the Buckingham Municipal Art Gallery on Emerson Avenue. City Mayor, Darrell Gibb, spoke about the new library in a _____ yesterday. He showed enthusiasm, saying that the library would be a hub for the community and children are _____ to it for a field trip. The new public library could be one of the biggest projects at a cost of at least $50 million. Expected to be completed in 2019, construction will begin on September 10. An opening day celebration is _____ for June 26.

The city government has approved plans to build a new public library in the city's downtown area. The library will be **located directly** across from the Buckingham Municipal Art Gallery on Emerson Avenue. City Mayor, Darrell Gibb, spoke about the new library in a **press conference** yesterday. He showed enthusiasm, saying that the library would be a hub for the community and children are **getting dragged** to it for a field trip. The new public library could be one of the biggest projects at a cost of at least $50 million. Expected to be completed in 2019, construction will begin on September 10. An opening day celebration is **tentatively scheduled** for June 26.

시 당국이 시내에 새 공공도서관을 짓는 계획을 승인했습니다. 도서관은 Emerson가의 버킹엄 시립 아트 갤러리의 바로 맞은편에 위치하게 됩니다. Darrell Gibb 시장이 새로운 도서관에 대해 어제 기자회견에서 말했습니다. 그는 도서관이 지역의 중심이 되어 어린아이들이 현장학습으로 올 수도 있다며 열정을 표했습니다. 새 공공 도서관은 최소 5천만 달러를 들인 거대 프로젝트 중 하나입니다. 2019년도에 완공될 것으로 기대되며, 공사는 9월 10일에 시작될 것입니다. 개관기념식은 잠정적으로 6월 26일로 잡았습니다.

1 What is the report mainly about?

(A) A public library

(B) A recreational center

(C) An athletic facility

(D) A fundraising event

이 보도는 주로 무엇에 관한 것인가?
(A) 공공 도서관
(B) 오락 센터
(C) 체육 시설
(D) 자금 모금 행사

2 Who is Darrell Gibb?

(A) A city official

(B) A news reporter

(C) A curator

(D) An architect

Darrell Gibb은 누구인가?
(A) 시 공무원
(B) 뉴스 기자
(C) 박물관 관장
(D) 건축가

3 When will work on the project begin?

(A) In June

(B) In August

(C) In September

(D) In November

프로젝트 작업은 언제 시작되는가?
(A) 6월
(B) 8월
(C) 9월
(D) 11월

어휘 city government 시 당국 | approve 승인하다 | be located ~에 위치하다 | directly 바로 | across from ~의 맞은편에 | municipal 시립의 | mayor 시장 | press conference 기자회견 | enthusiasm 열정 | hub 중심 | community 지역 사회 | drag 끌어당기다 | field trip 현장 학습 | celebration 축하연 | tentatively 잠정적으로 | athletic 체육의

해설 **1** 시 당국이 공공도서관을 짓는다고 발표하고 있으므로 정답은 (A)이다.

2 Darrell Gibb은 시장이라고 했으므로 정답은 (A)이다.

패러프레이징 City Mayor → A city official

3 공사 시작일은 9월 10일이고, 6월 26일은 개관 기념식이 예정되어 있으므로 정답은 (C)이다.

● 음성을 듣고 질문에 알맞은 응답을 고르세요.

1 What is the purpose of the announcement?

(A) To announce a flight delay
(B) To confirm flight schedules
(C) To explain a gate change
(D) To issue a detailed itinerary

2 What has caused a problem?

(A) A missing luggage
(B) A scheduling conflict
(C) A mechanical problem
(D) Inclement weather

3 According to the announcement, who should speak with an airline representative?

(A) Anyone who wants to visit a duty-free shop
(B) People who experience jet lag
(C) Passengers with connecting flights
(D) Travelers who lost their passports

4 Where is the announcement being made?

(A) At a health clinic
(B) At a fitness center
(C) At a shoe store
(D) At a shopping mall

5 What can listeners find on the third floor?

(A) Nutritional supplements
(B) An exercise machine
(C) Refreshments
(D) Items on sale

6 What are listeners encouraged to do by July 20th?

(A) Renew the membership
(B) Purchase sports goods
(C) Join a gym
(D) Enter a contest

7 According to the speaker, what is impressive about the zoo?

(A) Animals live in natural habitats.

(B) It is sponsored by the government.

(C) It has been used as film locations.

(D) A wide variety of animals live together.

10 Where most likely is the announcement being made?

(A) On a tour bus

(B) On an airplane

(C) In a subway station

(D) In a factory

8 What are the listeners asked NOT to do?

(A) Making phone calls

(B) Taking photos of animals

(C) Giving food to animals

(D) Trying to touch animals

11 What does the speaker apologize for?

(A) A poor service

(B) A travel delay

(C) A lost luggage

(D) A gate change

9 According to the speaker, how can listeners receive more information?

(A) By watching the news

(B) By asking a trainer

(C) By visiting a zoo

(D) By purchasing a book

12 What do passengers going to Mexico City need to remember?

(A) A storm is approaching.

(B) Tickets should not be lost.

(C) Their luggage will be transferred.

(D) The shuttle bus will be offered.

▶ ▶ ▶ 정답 및 해설 p85

1   방송/보도의 종류

- 일기예보(Weather forecast) : 주로 악천후에 관한 내용으로 날씨를 보도
- 교통방송(Traffic report) : 교통체증, 도로공사(폐쇄) 등 안내
- 일반보도(News report) : 분야별 보도로서 경제, 환경, 개장 등을 다룸
- 토크쇼(Talk show) : 초대 손님 소개

2   출제 경향

■ **Part 4**는 문제에 힌트가 있다. 문제에서 **news, broadcast, report, traffic, weather, hear, next** 같은 단어가 들리면 방송/보도임을 예상하고 전개방식을 떠올려야 한다.

■ 초반부에서 주제 및 목적을 알 수 있다.

> And now for the Ruben community update. This weekend will be your last chance to visit the 10th annual **City Fair**. Come to our lake park to buy goods from local crafts people, try samples from restaurants and enjoy a variety of games for people of all ages.

Q What is the main topic of the report? 보도의 주제는 무엇인가?

A A community fair 지역 박람회

■ 중반부에서 걱정거리, 문제점 등을 알 수 있다.

> Jim Cooper welcome the news but acknowledge that some citizens have expressed concern about **increased traffic congestion** in the center city area. However mayor Cooper said that he believes when citizens see the final development plans for the place, that concerns will be put to rest.

Q Why are citizens concerned? 시민들은 왜 걱정하는가?

A Traffic congestion may increase. 아마도 교통체증이 늘어날 것이므로

> Unfortunately, the concert that is supposed to take place tomorrow will have to be rescheduled. The organizers hope to hold that concert next weekend. Please **check our Web site** for the completed concert schedule and for information about the orchestra's performing.

Q What does the speaker recommend the listeners do? 화자는 청자들에게 무엇을 추천하는가?

A Visit a Web site 웹사이트 방문하기

3 방송/보도 빈출 질문

■ 전체지문 관련 질문

- What is the main topic of the news report? 뉴스의 주제는 무엇인가?
- What is the purpose of the talk? 담화의 주제는 무엇인가?
- Who most likely is the speakers? 화자는 누구일 것 같은가?
- Who is the broadcast mainly intended for? 주로 누구를 위한 방송인가?

■ 세부사항 관련 질문

- How often is this report broadcast? 이 보도는 얼마나 자주 방송되는가?
- What's the weather forecast for Wednesday? 수요일 일기예보는 어떠한가?
- What will the listener probably hear next? 청자는 다음에 무엇을 들을 것인가?

1 뉴스 오프닝 멘트

I hope you're all having a good Friday morning. This is Kyle Grant, **reporting** 7 news at TBX Station.

모두 즐거운 금요일 아침을 맞이하시길 바랍니다. 저는 TBX 방송국 7번 채널 뉴스를 보도하는 Kyle Grant입니다.

2 방송 오프닝 멘트

You're listening to NCX908, the sports channel. I have an announcement about the upcoming world series at Yankee Stadium.

여러분은 NCX908의 스포츠 채널을 듣고 계십니다. Yankee 경기장에서 열릴 다가오는 월드 시리즈에 관해 안내드립니다.

3 화자(speaker) 언급

This is Whitney Piazza, your financial reporter for CFN News, reporting live this week from the 'Revive the Economy' Campaign.

저는 이번 주 '경제 살리기' 캠페인으로부터 라이브로 소식을 전하고 있는 CFN 뉴스의 경제 기자 Whitney Piazza입니다.

4 청자(listener) 언급

If **you're travelling to** Venice to catch a ferry, make sure you **take a detour** to the south.

만약 페리를 타기 위해 베니스로 이동하고 있다면, 남쪽으로 우회할 것을 명심하세요.

초반부
오프닝
주제/목적

관련 빈출 질문

1. Who is the report probably for?
이 보도는 누구를 위한 것인가?

2. Who is the most likely listening to the report?
이 보도를 주로 듣는 사람은 누구인가?

5 주제 및 목적

❶ The government recently **announced that** it will focus on creating jobs.
정부는 최근에 일자리 창출에 집중할 것이라고 발표했습니다.

❷ **Tonight**, we discuss the plan to create jobs and new economic development projects in Indonesia.
오늘 밤은 인도네시아의 일자리 창출 계획과 새로운 경제 발전 프로젝트에 관해 이야기하겠습니다.

❸ **In local news** today, two of the city's leading retailers are set to merge.
오늘 지역뉴스에서는 우리 시에서 선두적인 유통회사 중 두 곳이 합병될 예정이라고 합니다.

관련 빈출 질문

1. What is the main topic of the program?
프로그램의 주제는 무엇인가?

2. What does the report mainly concern?
보도가 주로 다루고 있는 것은 무엇인가?

3. What is the purpose of the broadcast?
방송의 목적이 무엇인가?

중반부
원인/배경
세부 정보

6 문제점(원인/결과)

❶ **As a result**, it will become our first eco-friendly theme park.
결과적으로, 우리에게 최초의 친환경 테마파크가 될 것입니다.

❷ **Due to** freezing temperatures, schools and the university will be closed until Thursday.
영하의 기온 때문에 학교와 대학교는 목요일까지 문을 닫습니다.

❸ **This has caused** such extensive damage that northern road has been closed to all traffic.
이것은 북쪽 도로에 차량통행이 전면 금지될 만큼 광범위한 피해를 야기했습니다.

관련 빈출 질문

1. According to the speaker, what will happen on Monday?
화자에 따르면, 월요일에 무슨 일이 일어날 것인가?

2. What is causing a delay?
무엇이 지연을 초래하고 있는가?

3. What event has been delayed?
어떤 행사가 지연되는가?

후반부
후속 일정
추가정보

7 지시 및 당부

❶ **Don't forget** that if you are one of the first 5 callers, we will deliver it to you at no cost.
당신이 처음에 전화한 5명 중에 든다면, 무료로 배송받는다는 사실을 잊지 마세요.

❷ Just **be aware of** some roads around the city hall may still be closed due to the heavy snow we had past few days.
시청 근처의 몇몇 도로는 며칠 동안 계속 내린 폭설 때문에 여전히 폐쇄되어 있음을 명심하세요.

8 후속 일정

❶ **After** a commercial break, we'll talk to Ms. O'Neil about the steps she took to secure her small business startup grant.
광고 후에, 우리는 O'Neil씨와 그녀가 창업 보조금을 얻어내기 위해 했던 조치에 대해 이야기를 나누겠습니다.

❷ So **be sure to** stay tuned for "The Director's Commentary" right after these news updates.
최신 뉴스 바로 뒤에 '감독의 논평' 시간이 이어지니 채널 고정해 주세요.

관련 빈출 질문

1. What are the listeners encouraged to do?
청자들은 무엇을 하라고 권장되는가?

2. What will listeners most likely hear next?
청자들은 다음에 무엇을 들을 것 같은가?

3. According to the speaker, what can listeners find on the Web site?
화자에 따르면, 청자들은 이 웹사이트에서 무엇을 찾을 수 있는가?

● 음성을 잘 듣고 빈칸을 채운 후 정답을 골라보세요.

1 Who gave a press conference yesterday?

    (A) A museum curator

    (B) A local contractor

    (C) A city employee

    (D) A company CEO

2 What was announced yesterday?

    (A) A shortcut to City Hall

    (B) A construction project

    (C) A formal approval

    (D) The flood damage

3 According to the councilman, what is the purpose of the meeting?

    (A) The road expansion

    (B) The traffic relief plan

    (C) Job creation

    (D) The complaints procedure

Good morning, everyone. This is Mark Goldman _____ you the local news on Channel 7. City councilman Ned Francis held a press conference yesterday to announce plans for _____ Angel street. The councilman said the project will start in three weeks, and Angel Boulevard from city hall to the museum will be closed _____ one week due to road construction. The councilman also announced that an emergency meeting would be called to discuss to _____ when the road work begins. We will be back in 5 minutes with the traffic update.

Good morning, everyone. This is Mark Goldman **bringing** you the local news on Channel 7. City councilman Ned Francis held a press conference yesterday to announce plans for **repairing and paving** Angel Street. The councilman said the project will start in three weeks, and Angel Boulevard from city hall to the museum will be closed **at least** one week due to road construction. The councilman also announced that an emergency meeting would be called to discuss to **alleviate traffic congestion** when the road work begins. We will be back in 5 minutes with the traffic update.

좋은 아침입니다. 저는 7번 채널에서 지역 뉴스를 전해드리는 Mark Goldman입니다. 시의회 의원 Ned Francis가 Angel가를 수리하고 포장하는 계획을 발표하기 위한 기자회견을 어제 열었습니다. 의원은 이 계획이 3주 후에 시작되고, 시청에서 박물관으로 가는 Angel가는 도로 공사 때문에 최소 1주간 폐쇄한다고 말했습니다. 의원은 또한 공사가 시작되면 교통 체증을 완화할 수 있는 방법을 논의하기 위한 긴급회의가 소집될 것이라고 발표했습니다. 5분 후에 최신 교통정보와 함께 돌아오겠습니다.

1 Who gave a press conference yesterday?

(A) A museum curator

(B) A local contractor

(C) A city employee

(D) A company CEO

누가 어제 기자회견을 열었는가?
(A) 박물관 관장
(B) 지역 업체
(C) 시 직원
(D) 회사 CEO

2 What was announced yesterday?

(A) A shortcut to City Hall

(B) A construction project

(C) A formal approval

(D) The flood damage

어제 무엇이 발표되었는가?
(A) 시청으로 가는 지름길
(B) 공사 계획
(C) 공식적인 승인
(D) 수해

3 According to the councilman, what is the purpose of the meeting?

(A) The road expansion

(B) The traffic relief plan

(C) Job creation

(D) The complaints procedure

의원에 따르면, 회의의 목적은 무엇인가?
(A) 도로 확장
(B) 교통 완화 정책
(C) 일자리 창출
(D) 불만 접수 절차

어휘 local news 지역 뉴스 | city councilman 시의회 의원 | press conference 기자회견 | pave (길 · 도로를) 포장하다 | Boulevard 도로 | road construction 도로 공사 | emergency meeting 긴급회의 | alleviate 완화하다, 경감시키다 | traffic congestion 교통 체증 | road work 도로 작업 | traffic update 최신 교통정보 | contractor 계약자 | shortcut 지름길 | formal 공식적인 | expansion 확장 | relief 안도 | procedure 절차, 수순

해설 **1** 시의회 의원이 어제 기자회견을 열었다고 했으므로 정답은 (C)이다.

패러프레이징 City councilman → A city employee

2 어제 도로를 수리하고 포장하려는 계획을 발표했으므로 정답은 (B)이다.

3 회의는 교통체증 완화를 논의하기 위한 것이므로 정답은 (B)이다.

패러프레이징 alleviate traffic congestion → The traffic relief plan

● 음성을 듣고 질문에 알맞은 응답을 고르세요.

1 What is the main topic of the broadcast?

(A) A collision
(B) The traffic update
(C) Road construction
(D) A city council

4 What is the topic of the radio program?

(A) Health care
(B) House cleaning
(C) Dietary habits
(D) Human relation skills

2 According to the speaker, what will begin today?

(A) A new highway
(B) A mass rally
(C) A sporting event
(D) The mayor's speech

5 According to the speaker, what did Ann Walsh recently do?

(A) She collected works of art.
(B) She published a book.
(C) She appeared on a TV program.
(D) She established a hospital.

3 What does the speaker suggest that the listeners do?

(A) Stay home all day
(B) Take an alternate route
(C) Watch the game on TV
(D) Use public transportation

6 What will probably happen next?

(A) Some advice will be given.
(B) A new album will be introduced.
(C) A commercial will be aired.
(D) The dial-in program will be provided.

7 What is the topic of the class?

(A) Business strategies
(B) Stage performances
(C) Writing skills
(D) Drama writing

10 What is the main topic of the report?

(A) Gift items
(B) A jazz festival
(C) All proceeds
(D) An art exhibition

8 What can participants do after the class?

(A) Receive a coupon
(B) Meet potential employers
(C) Purchase theater tickets
(D) Attend a wrap-up party

11 What problem does the speaker mention?

(A) Tickets are too expensive.
(B) Bad weather is expected.
(C) Children under 10 are not admitted.
(D) Performances have been canceled.

9 What does the speaker encourage the listeners to do?

(A) Invite a colleague
(B) Contact the agency
(C) Communicate with others
(D) Sing up for soon

12 What does the speaker ask the listeners to do?

(A) Bring additional money
(B) Purchase a booklet
(C) Share a car
(D) Wear a suit

▶ ▶ ▶ 정답 및 해설 p89

1 연설/발표의 종류

- 행사/강연/연설 : 기념식, 축하연설, 행사소개, 만찬 초대, 워크숍이나 교육 세션 등
- 인물 소개 : 인물의 경력이나 정체 소개

2 출제 경향

■ **Part 4**는 문제에 힌트가 있다. 문제에서 **speech, introduction, talk** 같은 단어가 들리면 연설/발표임을 예상하고 전개방식을 떠올려야 한다.

■ 초반부에서 화자의 신분을 알 수 있다.

> Welcome everyone. **I am Michael Willis from IT department and I'll be teaching you on our company's new software program.** To get started, I'd like you to fill out the required information which I'm passing out now.

Q Who most likely is the speaker? 화자는 누구인 것 같은가?

A A software instructor 소프트웨어 강사

■ 중반부에서 변경사항을 알 수 있다.

> Our specials for today are on the first page of your menu but we've run out of asparagus so **we're substituting slice celery or broccoli stems.** Also I should let you know that we offering a free dish of our green tea chiffon cake, in honor of our fifth anniversary. If you have any questions, please let me know.

Q What change does the speaker announce? 화자는 무엇이 바뀌었다고 알리고 있는가?

A A food item has been replaced. 음식 재료가 대체되었다.

Please fill out the survey and staff members will be around to collect it. After that there will be a short question and answer session when **I'll accept and respond to questions** from the audience. Again, thank you for coming tonight show.

Q What does the speaker say she will do later? 화자는 후에 무엇을 할 거라고 말하는가?

A Answer some questions 질문에 대답하기

3 연설/발표 빈출 질문

■ 전체지문 관련 질문

- What is the talk mainly about? 이 연설은 주로 무엇에 대한 것인가?
- What is the main purpose of this speech? 이 연설의 주요 목적은 무엇인가?
- Who most likely is the audience for the talk? 이 연설의 청중은 누구일 것 같은가?
- Where does the talk take place? 연설이 어디에서 이루어지고 있는가?
- Where is the speech taking place? 연설이 어디에서 이루어지고 있는가?

■ 세부사항 관련 질문

- What does the speaker say about Emily's work? 화자는 Emily의 일에 대해서 뭐라고 말하는가?
- What will probably happen next? 다음에 무슨 일이 일어날 것 같은가?
- What are listeners asked to do? 청자는 무엇을 하도록 요청받았나?

1 인사말

❶ **Thank you** all for helping us test our new heating system.
새로운 난방 시스템 시험을 도와주셔서 감사합니다.

❷ **Tonight** I have a privilege to present this year's Pictures of the Year International Award to Cathy Truman.
오늘 밤 저에게는 올해의 국제보도사진상을 Cathy Truman에게 수여할 특권이 있습니다.

2 화자

❶ **As the company president**, I'd like to welcome all of you to our annual awards banquet.
회사 사장으로서, 저는 연례 시상식에 오신 여러분 모두를 환영합니다.

❷ My name is Elizabeth Carter. **I'll be leading your tour** on behalf of Cherville Tour Co.
제 이름은 Elizabeth Carter입니다. 저는 Cherville 여행사를 대신해서 여러분의 투어를 안내할 것입니다.

3 장소

Good evening, Ladies and gentlemen. Welcome to the Detroit **art gallery**.
안녕하세요, 신사 숙녀 여러분. 디트로이트 미술관에 오신 것을 환영합니다.

4 청자

Before we end today's **staff meeting**, I have some information about tomorrow's special seminar.
오늘의 직원회의를 끝내기 전에 내일 특별 세미나에 대해 몇 가지 말씀드릴 정보가 있습니다.

관련 빈출 질문

1. Who is the speaker most likely addressing?
화자는 누구에게 말하고 있는가?

2. Where is this talk most likely taking place?
이 담화는 어디에서 일어나고 있는가?

3. Who is most likely the audience for this speech?
이 연설의 청중은 누구일 것 같은가?

초반부
청자/화자
주제/목적

5 주제 및 목적

❶ **Tonight**, we're going to focus on the publicity event we have underway.
오늘 밤에는 우리가 진행 중인 홍보 행사에 주목하려고 합니다.

❷ **Let me start** by giving you an overview of today's schedule.
오늘 일정을 개관하면서 시작하겠습니다.

관련 빈출 질문

1. What is the main goal of the organization?
조직의 주된 목적은 무엇인가?

2. Why is the woman giving the speech?
여자는 왜 연설을 하는가?

3. What problem does the speaker mention?
화자는 어떤 문제를 언급하는가?

6 세부 내용

중반부
배경 관련 정보

❶ So **beginning** on Wednesday, we'll provide a free shuttle bus between subway stations and car parks during rush hour.

수요일부터는 출퇴근 시간에 지하철역에서 주차장까지 다니는 무료 셔틀버스를 제공할 것입니다.

❷ **Unfortunately**, there's a problem with the computer in the conference room, so we will no longer be able to meet there.

안타깝게도, 회의실 컴퓨터에 문제가 있어 더 이상 그곳에서 만날 수 없습니다.

❸ **As a thank you**, our company president has decided to host a special celebration at the end of this month.

감사의 의미로, 우리 사장님께서 이번 달 말에 특별 축하 행사를 개최하기로 하셨습니다.

관련 빈출 질문

1. What caused the problem?
   무엇이 문제를 야기했는가?

2. Why should tourists visit the gift shop?
   여행객들은 왜 선물 가게에 방문해야 하는가?

3. When will the new Web site be available?
   새로운 웹사이트는 언제 이용 가능할 것인가?

4. According to the speaker, what will happen tonight?
   화자에 따르면, 오늘 밤 무슨 일이 일어날 것인가?

7 유의사항

후반부
유의사항
추가정보

❶ **Please make sure** to put your name on the waiting list before you leave tonight.

오늘 떠나기 전에 이름을 대기자명단에 꼭 올려놓으세요.

❷ **Remember** to pick up coupons for some of the restaurants in the accounting department.

회계부서에서 식당 쿠폰 가져오는 것을 기억해 주세요.

❸ **So**, I invite you all to consider the possibility of transferring to this fund.

그러니 여러분 모두 이 펀드로 옮길 가능성에 대해 고려해 보시길 바랍니다.

관련 빈출 질문

1. What are listeners advised to do?
   청자들은 무엇을 권고받는가?

2. What are listeners asked to provide?
   청자들은 무엇을 제공하라고 요청받는가?

3. What are the listeners told they can do?
   청자들은 무엇을 할 수 있다고 들었는가?

4. Why should Mr. Park go to the reception desk?
   Park씨는 왜 접수처로 가야 하는가?

● 음성을 잘 듣고 빈칸을 채운 후 정답을 골라보세요.

1 What is the purpose of the talk?

(A) To make a speech

(B) To announce the result

(C) To raise funds for children

(D) To introduce an award winner

2 According to the speaker, what did Tom Abbott do?

(A) He developed a product.

(B) He designed a piece of furniture.

(C) He invented a drug.

(D) He retired recently.

3 What will Tom do this weekend?

(A) Release a new album

(B) Appears on TV program

(C) Purchase a massage chair

(D) Attend a banquet

Ladies and Gentlemen, welcome to our annual _____ ceremony. I'll begin next speech by announcing the winner of this year's best employee award Tom Abbott. Tom has developed a massage chair that is _____ from daily stress. This item has a computer body scan technology that automatically decides which massage would be perfect for your body. Finally, it was _____ one of the most affordable and comfortable model in 2017. I believe he is very deserving of receiving this award. Actually, Tom is making a _____ on a home shopping channel to promote our massage chair this weekend. Please put your hands together for Tom Abbott.

Ladies and Gentlemen, welcome to our annual **prize-giving** ceremony. I'll begin next speech by announcing the winner of this year's best employee award Tom Abbott. Tom has developed a massage chair that is **relaxing and free** from daily stress. This item has a computer body scan technology that automatically decides which massage would be perfect for your body. Finally, it was **selected as** one of the most affordable and comfortable model in 2017. I believe he is very deserving of receiving this award. Actually, Tom is making a **guest appearance** on a home shopping channel to promote our massage chair this weekend. Please put your hands together for Tom Abbott.

신사 숙녀 여러분, 연례 시상식에 오신 것을 환영합니다. 저는 올해 최고 직원상의 수상자로 Tom Abbott을 발표하면서 다음 연설을 시작할까 합니다. Tom은 일상 스트레스로부터 벗어나 편안하게 쉴 수 있는 안마의자를 개발했습니다. 이 의자에는 어떤 마사지가 우리 신체에 적합한지 자동적으로 결정하는 컴퓨터 바디 스캔 기술이 있습니다. 결국 이 의자는 2017년도 가장 저렴하고 편안한 의자로 선정되었습니다. 저는 그가 이 상을 받을 만한 자격이 있다고 생각합니다. 사실 Tom은 이번 주말에 우리 의자를 홍보하기 위해 홈쇼핑에 출연할 계획입니다. Tom Abbott에게 박수를 부탁드립니다.

1 What is the purpose of the talk?

(A) To make a speech
(B) To announce the result
(C) To raise funds for children
(D) To introduce an award winner

이 담화의 목적은 무엇인가?
(A) 연설하기
(B) 결과 발표
(C) 아동을 위한 모금
(D) 수상자 소개

2 According to the speaker, what did Tom Abbott do?

(A) He developed a product.
(B) He designed a piece of furniture.
(C) He invented a drug.
(D) He retired recently.

화자에 따르면, Tom Abbott은 무엇을 했는가?
(A) 상품을 개발했다.
(B) 가구를 디자인했다.
(C) 약을 만들어냈다.
(D) 최근에 은퇴했다.

3 What will Tom do this weekend?

(A) Release a new album
(B) Appears on TV program
(C) Purchase a massage chair
(D) Attend a banquet

Tom은 이번 주말에 무엇을 할 것인가?
(A) 새 앨범 발표하기
(B) TV 프로그램에 출연하기
(C) 안마의자 구입하기
(D) 연회에 참여하기

어휘 prize-giving ceremony 시상식 | speech 연설 | best employee award 최고 직원상 | massage chair 안마의자 | relaxing 마음을 느긋하게 해 주는, 편한 | free from ~을 면한, ~의 염려가 없는 | daily 매일의 | automatically 자동적으로 | affordable (가격이) 적당한 | comfortable 편안한 | deserve of ~할 가치가 있다 | make a guest appearance 게스트로 출연하다 | promote 홍보하다 | retire 은퇴하다 | release 공개[발표]하다

해설 **1** 연례시상식에서 올해 최고의 직원 상의 수상자를 소개하고 있으므로 정답은 (D)이다.

2 Tom은 안마 의자를 개발했다고 하므로 정답은 (A)이다.

3 이번 주말에 의자를 홍보하기 위해 홈쇼핑에 출연한다고 했으므로 정답은 (B)이다.

● 음성을 듣고 질문에 알맞은 응답을 고르세요.

1 Who most likely are the listeners?

(A) Delivery workers
(B) Sales representatives
(C) Warehouse employees
(D) Cafeteria staff

4 What is the speaker about to do?

(A) Start a safety training
(B) Inspect some equipment
(C) Change a meeting agenda
(D) Introduce new workers

2 What will happen on Monday?

(A) A building will be renovated.
(B) A company will be closed.
(C) A shipment will arrive.
(D) An equipment will be switched off.

5 What are the listeners asked to provide?

(A) An identification card
(B) A password
(C) A company badge
(D) An employee number

3 What can listeners find in the cafeteria?

(A) Complimentary beverages
(B) A sign-up sheet
(C) New goggles
(D) Safety instructions

6 What will happen at the end of the session?

(A) Workers will meet a manager.
(B) A security pass will be distributed.
(C) A new schedule will be added.
(D) Participants will take a rest.

7 What has the speaker's company done over the past year?

(A) It has demolished a building.

(B) It has relocated to a new place.

(C) It has expanded its staff.

(D) It has acquired another company.

8 What problem does the speaker mention?

(A) Faulty construction

(B) A labor shortage

(C) A budget deficit

(D) Scarcity of parking space

9 What are listeners asked to do?

(A) Change a policy

(B) Wait for their turn

(C) Use temporary parking lot

(D) Get a parking permit

10 What event is taking place?

(A) An orientation

(B) A wedding banquet

(C) An award speech

(D) A retirement party

11 According to the speaker, what has been Brett Hales' greatest accomplishment?

(A) He signed a major contract.

(B) He expanded export markets.

(C) He granted a number of patent.

(D) He increased the number of customers.

12 What does the speaker ask Brett Hales to do?

(A) Accept a jewelry

(B) Give a speech

(C) Say farewell

(D) Introduce another speaker

▶ ▶ ▶ 정답 및 해설 p93

1　광고의 종류

- 물건을 파는 광고 : 물건의 특징과 가격, 할인 등을 제시
- 서비스를 제공하는 광고 : 음식 조달업체(catering), 생활용품점(home improvement store) 등 서비스 대행업체를 홍보

2　출제 경향

■ **Part 4는 문제에 힌트가 있다. 문제에서 advertisement, advertised, feature, sale 같은 단어가 들리면 광고임을 예상하고 전개방식을 떠올려야 한다.**

■ **초반부에서 장소를 알 수 있다.**

> Are you interested in getting a degree in computer but feel you don't have time? Then, come to the our **Computer School**. You'll receive personalized instruction from our cool energetic staff, and build valuable life and career skills. Our classes run in the evenings so that they don't interfere with your work schedule.

Q What is being advertised? 무엇이 광고되고 있는가?

A Computer school 컴퓨터 학교

■ **중반부에서 자세한 정보를 알 수 있다.**

> To enter, simply **upload a script** full of fresh ideas to our homepage and you could be selected as a candidate on the program. To be considered, be sure to complete the registration form with your name, your e-mail address and telephone number where you can be reached in the evening.

Q What are listeners asked to upload? 청자들은 무엇을 업로드하라고 요청되는가?

A A script 스크립트

■ 후반부에 제안 · 요청사항과 추가정보 등이 제시된다.

> One of our trained specialists will inspect your system and let you know exactly what has to be done. And **until the end of this week, there's a 20% discount** on any part you purchase from us. So call today!

Q What will happen at the end of the week? 주말에 무슨 일이 일어날 것인가?

A A special discount will end. 특별할인이 끝난다.

3 연설/발표 빈출 질문

■ 전체지문 관련 질문

- What is being advertised? 무엇이 광고되고 있는가?
- What type of business is being advertised? 어떤 종류의 사업이 광고되고 있는가?
- Who is the advertisement aimed at? 광고는 누구를 대상으로 하는가?
- Who is the advertisement intended for? 누구를 위한 광고인가?

■ 세부사항 관련 질문

- What is available for customers? 고객들은 무엇을 이용할 수 있는가?
- How can listeners receive a special offer? 청자들은 어떻게 특가를 받을 수 있는가?
- What's the feature of the product? 물건의 특징은 무엇인가?

1 주의 환기

❶ **If you've ever wished** for more time to enjoy good films, your wish has been granted.
좋은 영화를 즐길 더 많은 시간을 바랐다면, 당신의 소원은 이루어졌습니다.

❷ **Thank you for** watching this training video on how to use the new software.
새 소프트웨어 사용법에 관한 이 훈련 비디오를 시청해 주셔서 감사합니다.

❸ **Are you looking for** high quality organic products at reasonable prices?
합리적인 가격의 고품질 유기농 제품을 찾고 있나요?

관련 빈출 질문

1. What is the speaker's profession?
화자의 직업은 무엇인가?

2. Who is the intended audience of the advertisement?
광고의 대상은 누구인가?

3. What kind of business is being advertised?
어떤 종류의 비즈니스가 광고되고 있는가?

초반부

호기심 유발
상품 소개

2 제품 특징 & 장단점

❶ Our audio books let people **take advantage of** the time they spend commuting, at the gym, or strolling in the park.
통근할 때, 체육관이나 공원에서 산책할 때, 저희 오디오북으로 시간을 활용할 수 있습니다.

❷ This fun and free event **features** live music, food samples and tours of historical places.
이 재미있는 무료 행사는 라이브 음악, 시식용 음식 그리고 유적지 투어를 특징으로 합니다.

❸ We'll be **offering** one month of free guitar lessons for any guitar that you purchase.
어떤 기타를 구입하시든 무료 기타 수업을 한 달간 제공할 것입니다.

관련 빈출 질문

1. What is being offered only in August?
8월에 한해서 무엇이 제공되는가?

2. What is emphasized about the product?
제품에 대해서 무엇이 강조되는가?

3. According to the speaker, what is special about the product?
화자에 따르면, 이 제품은 무엇이 특별한가?

3 추가 혜택

중반부
광고 업체
광고 혜택

❶ Visit us at the Web site eBooks.com, where you can download one **free audio book** to get you started.
한 권의 무료 오디오 북을 다운받을 수 있는 웹사이트 eBooks.com에 방문하세요.

❷ If you sign up for a subscription, you can **receive 10% discount** on all of our publications.
구독을 신청하시면, 저희 모든 출판물에 대해 10% 할인을 받을 수 있습니다.

❸ And visitors who arrive between 8 A.M. and 9 A.M. will **receive a coupon** for free shipping.
오전 8시와 9시 사이에 방문하는 고객들은 무료 배송 쿠폰을 받을 것입니다.

❹ Call our hotline of 555-0189 to try **a complimentary trial membership**.
직통번호 555-0189번으로 전화해서 무료 회원권을 사용해 보세요.

❺ This weekend only, we'll **stay open late** for your shopping convenience.
이번 주말에만 당신의 쇼핑 편의를 위해서 늦게까지 문을 엽니다.

❻ All you have to do is call at 555-0194 and **mention this radio advertisement**.
555-0194번으로 전화해서 이 라디오 광고를 언급하시기만 하면 됩니다.

관련 빈출 질문

1. How can listeners get a discount?
청자들은 어떻게 할인받을 수 있는가?

2. What can customers receive this weekend?
손님들은 이번 주말에 무엇을 받을 수 있는가?

3. What information are listeners asked to supply?
청자들은 어떤 정보를 제공하라고 요청받는가?

4. According to the advertisement, what can be found on the company's Web site?
광고에 따르면, 회사 웹사이트에서 무엇을 발견할 수 있는가?

4 요청 & 당부

후반부
요청사항
추가정보

❶ All visitors will **be required** to wear protective gear inside the factory.
모든 방문객은 공장 내에서 보호 장비를 착용해야 합니다.

❷ We **look forward** to helping you try a new style at Candy's Hair Salon.
Candy 미용실에서 새로운 스타일을 시도할 수 있으시기를 바랍니다.

관련 빈출 질문

1. What are the listeners asked to do?
청자들에게 무엇이 요청되는가?

2. What does the speaker request?
화자는 무엇을 요청하는가?

● 음성을 잘 듣고 빈칸을 채운 후 정답을 골라보세요.

1   What is a feature of the museum?

(A) It is under new management.

(B) It has a series of performances.

(C) The spaces have been enlarged.

(D) A guest list has been expanded.

2   What is being offered this Saturday?

(A) Price reductions

(B) Free classes

(C) Overnight delivery

(D) Extended hours

3   According to the advertisement, what should people planning to attend the class do?

(A) Visit a Web site

(B) Submit an application

(C) Call the front desk

(D) Contact a representative

The Museum of Art History in Miami $20 million _____ is complete, and the facility is officially opening to the public on Monday. Our renovated museum _____ a variety of expanded spaces. So, we'll provide a wealth of _____ and some classes that are open every Saturday free of charge. This week's class will be the chance to acquire curatorial experience by curating an annual exhibition _____ museum staff. To schedule a class, contact Sarah Duncan, curatorial coordinator for art programs. Please allow two weeks' notice to arrange a visit.

The Museum of Art History in Miami $20 million **expansion and renovation** is complete, and the facility is officially opening to the public on Monday. Our renovated museum **now features** a variety of expanded spaces. So, we'll provide a wealth of **staff expertise** and some classes that are open every Saturday free of charge. This week's class will be the chance to acquire curatorial experience by curating an annual exhibition **under the guidance of** museum staff. To schedule a class, contact Sarah Duncan, curatorial coordinator for art programs. Please allow two weeks' notice to arrange a visit.

마이애미 미술 역사박물관의 2천만 달러 확장공사 및 개조공사가 끝나고, 월요일에 공식적으로 대중들에게 개방합니다. 개조된 박물관은 다양한 확장 공간을 특징으로 합니다. 그래서 우리는 풍부한 전문지식을 갖춘 직원과 매주 토요일에 개강하는 몇몇 강좌를 무료로 제공합니다. 이번 주 강좌는 박물관 직원의 지도 아래 연례 전시회를 관람함으로써 큐레이터의 경험을 습득할 수 있는 기회가 될 것입니다. 강좌 일정을 잡으려면, 예술 프로그램 큐레이터 부분의 책임자인 Sarah Duncan에게 연락하세요. 최소 방문 2주 전에 알려주시기 바랍니다.

1 What is a feature of the museum?

(A) It is under new management.

(B) It has a series of performances.

(C) **The spaces have been enlarged.**

(D) A guest list has been expanded.

박물관의 특징은 무엇인가?
(A) 경영진이 바뀌었다.
(B) 일련의 공연이 있다.
(C) 공간이 확장되었다.
(D) 손님 명단이 늘었다.

2 What is being offered this Saturday?

(A) Price reductions

(B) **Free classes**

(C) Overnight delivery

(D) Extended hours

토요일에 무엇이 제공되는가?
(A) 가격 인하
(B) 무료 수업
(C) 익일 배송
(D) 연장된 시간

3 According to the advertisement, what should people planning to attend the class do?

(A) Visit a Web site

(B) Submit an application

(C) Call the front desk

(D) **Contact a representative**

광고에 따르면, 수업에 참가하고자 하는 사람들은 어떻게 해야 하는가?
(A) 웹사이트에 방문하기
(B) 지원서를 제출하기
(C) 안내데스크에 전화하기
(D) 직원에게 연락하기

어휘 expansion 확장 | renovation 개조 | complete 완료된 | officially 공식적으로 | feature 특징으로 삼다 | a wealth of 풍부한 | expertise 전문지식 | free of charge 무료로 | acquire 배우다, 습득하다 | curatorial 큐레이터의 | curate (박물관 · 미술관 등)을 관장하다 | under the guidance of ~의 지도하에 | coordinator 진행자 | enlarge 확대하다

해설 **1** 박물관은 확장된 공간을 특징으로 한다고 했으므로 정답은 (C)이다.
패러프레이징 expanded → enlarged

2 토요일에 개강하는 강좌가 무료로 제공된다고 했으므로 정답은 (B)이다.

3 강좌의 일정을 정하려면 담당자인 Sarah Duncan에게 연락하라고 했으므로 정답은 (D)이다.

Part 1 Part 2 Part 3 Part 4

● 음성을 듣고 질문에 알맞은 응답을 고르세요.

1 What is Gomez Stationary celebrating?

(A) An anniversary
(B) A grand opening
(C) A national holiday
(D) A new year

2 What is mentioned about the sale?

(A) It is only for VIP members.
(B) It is only for a limited time.
(C) It is a monthly event at the shop.
(D) It is a grand opening celebration.

3 Why should listeners visit a Web site?

(A) To receive discount vouchers
(B) To register for a membership program
(C) To check out detailed pictures
(D) To enter in a prize lottery

4 What is near the apartments?

(A) A university
(B) An amusement park
(C) An international airport
(D) A shopping square

5 According to the speaker, what can listeners choose?

(A) The layout of the house
(B) The service charge and tax
(C) The size of the bathroom
(D) The contract length

6 How can listeners get a discount?

(A) By showing the leaflet
(B) By visiting the Web site
(C) By referring the advertisement
(D) By subscribing to a magazine

7 What product is being advertised?

(A) A mobile phone
(B) A digital camera
(C) A laptop computer
(D) A wireless adapter

8 What is emphasized about the product?

(A) It is long lasting.
(B) It is reasonable.
(C) It has enough storage.
(D) It has sophisticated design.

9 What can customers receive this weekend?

(A) A charger
(B) A briefcase
(C) An external hard disk drive
(D) A USB memory stick

10 What is the clothing store celebrating?

(A) A Halloween
(B) An anniversary
(C) Expansion of the store
(D) Opening a new location

11 What can customers receive with any purchase?

(A) A free basket
(B) An accessory
(C) A scarf
(D) A hat

12 When does the promotion end?

(A) On Wednesday
(B) On Friday
(C) On Saturday
(D) On Sunday

▶ ▶ ▶ 정답 및 해설 p97

● **화자의 의도파악 문제** : 주어진 문장을 해석해서 푸는 문제가 아니라, 담화의 흐름을 제대로 알아야 풀 수 있다. 미리 의도를 묻는 문제임을 알고 준비를 해서 노려들어야 한다. 문제에서 미리 해석이 안 되면 더욱 혼동될 수 있으므로, 정확한 어휘력은 필수이다.

1 Why is a special team being organized?

(A) To advertise a new product

(B) To attend a competition

(C) To request some contact information

(D) To arrange the annual meeting

4 What is the speaker planning ?

(A) A charity event

(B) Her company's 30th party

(C) An awards banquet

(D) A welcoming ceremony

New 2 Why does the speaker imply when he says "I won the second prize in a similar contest"?

(A) He is eligible for the team.

(B) He is not satisfied with the condition.

(C) He wants to recommend his work.

(D) He will submit the design separately.

New 5 What does the speaker imply when she says, "more than 100 people are expected to attend the party"?

(A) The company has been expanding larger.

(B) A catering service should be changed.

(C) The size of the place is inappropriate.

(D) The costs of hosting the event will be raised.

3 What does the speaker say he will do?

(A) Send documents by e-mail

(B) Share some ideas

(C) Consider changing his job

(D) Meet the team leader

6 What does the speaker ask the listener to do?

(A) Compare prices

(B) Compile the guest list

(C) Hire new staff

(D) Make some phone calls

• **시각 정보 연계 문제** : 문제지에 시각 정보가 주어지기 때문에 미리 파악이 가능하다. 집중력만 있다면 오히려 다른 문제보다 쉬울 수 있다. 시각정보 문제는 주로 단답형으로 주어지므로, 문장형으로 제시되는 추론성 보기보다 시간이 절약된다.

Twinkle Amusement Park Prices		
Category	Original Price	Membership Price
Admission	$50	$20
Parking	$5	$5
Ice Dancing	$25	$10
Dolphin Show	$50	$20
Night Party	$20	$5

Capetown Airlines

Seat
30A

To – Florida
Flight – C1077
Gate – 16B
Departure Time – 8:30 AM

7 Where is the announcement most likely being heard?

(A) At an art gallery
(B) At a swimming pool
(C) At an amusement park
(D) At a shopping center

8 What does the speaker say about the parking area?

(A) It is near the entrance.
(B) It will begin the repair work.
(C) It will reduce waiting times.
(D) It offers higher prices.

New ▶ **9** Look at the graphic. How much does a free pass holder owe for the dolphin show?

(A) $10
(B) $20
(C) $25
(D) $45

10 According to the speaker, why should listeners visit the airline service counter?

(A) To file a complaint
(B) To check extra luggage
(C) To get airsickness pills
(D) To volunteer for a next flight

New ▶ **11** Look at the graphic. Which information has changed?

(A) Florida
(B) C1077
(C) 16B
(D) 30A

12 According to the speaker, what is the reason for the change?

(A) Many planes are standing on the airstrip.
(B) A runway has been closed.
(C) The weather is severe.
(D) There's a patient in need of urgent care.

▶ ▶ ▶ 정답 및 해설 p101

● 음성을 듣고 질문에 알맞은 응답을 고르세요.

Queen's Yoga Evening Schedule					
Time	Mon	Tue	Wed	Thu	Fri
7:00 P.M.	Heal StudioA	Vinyasa StudioC	Heal StudioA	Vinyasa StudioC	Heal StudioA
8:00 P.M.	Pilates StudioB	Heal StudioA	Pilates StudioB	Heal StudioA	Pilates StudioB
9:00 P.M.	Heal StudioA	Hatha StudioC	Heal StudioA	Hatha StudioC	Heal StudioA

71 What is the purpose of the message?

(A) To learn public etiquette

(B) To recheck a reservation

(C) To announce available discounts

(D) To cancel a subscription

72 What does the caller recommend that Christina do?

(A) Add her name to the standby list

(B) Arrive at the studio early

(C) Show a studio pass at the front desk

(D) Fill out a registration form

New ▶ **73** Look at the graphic. Which class is Christina joining for the first time?

(A) Heal

(B) Vinyasa

(C) Pilates

(D) Hatha

74 Who most likely is the speaker?

(A) A tour guide

(B) A dancer

(C) A news reporter

(D) A film maker

75 What caused the delay?

(A) An equipment problem

(B) A traffic congestion

(C) A major car accident

(D) A release date

New ▶ **76** Why does the speaker say, "the actors who star in the movie will appear on the stage"?

(A) To advertise his another film

(B) To ask audience to prepare questions

(C) To advise people to stay afterward

(D) To explain a scheduling conflict

77 What is the purpose of the talk?

(A) To describe his leadership
(B) To declare his retirement
(C) To announce an award winner
(D) To request help on a campaign

78 What is mentioned about the program?

(A) It creates inclusive opportunities.
(B) It focuses on person-centered services.
(C) It'll be spread around the country.
(D) It provides specialized support.

79 What does Dr. Lamb plan to do?

(A) Raise funding for a campaign
(B) Donate money to an organization
(C) Assume the role of chairman
(D) Collaborate with the local community

80 What is the speaker mainly discussing?

(A) A revised policy
(B) New equipment
(C) Broken machinery
(D) A door-to-door sales

81 What are the listeners asked to do?

(A) Contact a production plant
(B) Inspect old machines
(C) Read about some items
(D) Send out a brochure

82 According to the speaker, what will occur this Friday?

(A) A bargain sale
(B) A grand opening
(C) An urgent meeting
(D) A demonstration

83 Who is Chuck Montgomery?

(A) A radio host
(B) A novelist
(C) A musician
(D) A weather forecaster

84 What has changed?

(A) The event venue
(B) Concert tour dates
(C) Ticket prices
(D) Band members

85 Why should listeners call the station?

(A) To get the singer's autograph
(B) To attend a fan meeting
(C) To win tickets
(D) To talk to a guest

86 What is the purpose of the call?

(A) To charge an extra amount
(B) To inform the completion of the work
(C) To promote an auto part
(D) To extend the warranty period

87 When is the customer asked to return?

(A) This morning
(B) This afternoon
(C) Tomorrow morning
(D) Tomorrow afternoon

88 What did the speaker notice?

(A) An estimate was wrong.
(B) A delivery was not allowed.
(C) A license was left in her car.
(D) A wiper was broken.

Customer Survey	
Price	★★★★☆
Food	★★★☆☆
Location	★★★★☆
Cleanliness	★★★★★
Service Quality	★★★★☆

89 Who is the message most likely for?

(A) A receptionist

(B) A consultant

(C) A hotel guest

(D) A service professional

90 What is attached to the e-mail?

(A) A discount voucher

(B) Driving directions

(C) Check-in time

(D) Brief comments

New **91** Look at the graphic. Which category does the speaker request more opinions about?

(A) Cleanliness

(B) Food

(C) Service Quality

(D) Price

92 What event is taking place?

(A) A talk show

(B) A festival

(C) A drawing

(D) A job fair

93 Why does the speaker apologize?

(A) A show will be canceled.

(B) Ticket prices have risen.

(C) Some information is incorrect.

(D) A speaker will not appear.

94 According to the speaker, what will all listeners receive tonight?

(A) A full refund

(B) A free meal

(C) A discount coupon

(D) Economic books

95 Who most likely are the listeners?

(A) Civil engineers

(B) Major clients

(C) Factory workers

(D) Store managers

96 What is the purpose of the meeting?

(A) To modify a new rule

(B) To inform a safety policy

(C) To introduce a packaging machine

(D) To replace some old equipment

97 Who is asked to visit the employee lounge?

(A) Workers using their own equipment

(B) Employees needing uniforms

(C) Engineers handling machines

(D) Non-smokers taking a break

98 What does Orion Motor make?

(A) Crystals

(B) Computers

(C) Automobiles

(D) Cosmetics

99 Who is said about Orion Motor?

(A) It is the oldest in the field.

(B) It has gained profits.

(C) It has been acquired.

(D) It has reduced employees.

100 What does the speaker mention about the tour?

(A) A certificate is required.

(B) Photography is not permitted.

(C) Making a noise is not allowed.

(D) Protective equipment is needed.

▶ ▶ ▶ 정답 및 해설 p105

실전모의고사

LISTENING TEST

In the Listening test, you will be asked to demonstrate how well you understand spoken English. The entire Listening test will last approximately 45 minutes. There are four parts, and directions are given for each part. You must mark your answers on the separate answer sheet. Do not write your answers in your test book.

PART 1

Directions: For each question in this part, you will hear four statements about a picture in your test book. When you hear the statements, you must select the one statement that best describes what you see in the picture. Then find the number of the question on your answer sheet and mark your answer. The statements will not be printed in your test book and will be spoken only one time.

Statement (C), "They're sitting at the table," is the best description of the picture, so you should select answer (C) and mark it on your answer sheet.

1

2

GO ON TO THE NEXT PAGE

3

4

5

6

GO ON TO THE NEXT PAGE

PART 2

Directions: You will hear a question or statement and three responses spoken in English. They will not be printed in your test book and will be spoken only one time. Select the best response to the question or statement and mark the letter (A), (B), or (C) on your answer sheet.

7 Mark your answer on your answer sheet.

8 Mark your answer on your answer sheet.

9 Mark your answer on your answer sheet.

10 Mark your answer on your answer sheet.

11 Mark your answer on your answer sheet.

12 Mark your answer on your answer sheet.

13 Mark your answer on your answer sheet.

14 Mark your answer on your answer sheet.

15 Mark your answer on your answer sheet.

16 Mark your answer on your answer sheet.

17 Mark your answer on your answer sheet.

18 Mark your answer on your answer sheet.

19 Mark your answer on your answer sheet.

20 Mark your answer on your answer sheet.

21 Mark your answer on your answer sheet.

22 Mark your answer on your answer sheet.

23 Mark your answer on your answer sheet.

24 Mark your answer on your answer sheet.

25 Mark your answer on your answer sheet.

26 Mark your answer on your answer sheet.

27 Mark your answer on your answer sheet.

28 Mark your answer on your answer sheet.

29 Mark your answer on your answer sheet.

30 Mark your answer on your answer sheet.

31 Mark your answer on your answer sheet.

PART 3

Directions: You will hear some conversations between two or more people. You will be asked to answer three questions about what the speakers say in each conversation. Select the best response to each question and mark the letter (A), (B), (C), or (D) on your answer sheet. The conversations will not be printed in your test book and will be spoken only one time.

32 What is the woman's complaint?

(A) Her room is too hot.

(B) Her bath tap does not work.

(C) Her keys are missing.

(D) Her bathroom door is locked.

33 What does the man offer the woman?

(A) A room upgrade

(B) A spa gift certificate

(C) A complementary shuttle bus

(D) A courtesy telephone

34 What does the woman ask the man to do?

(A) Vacate another room

(B) Access to free Wi-Fi

(C) Have someone carry her luggage

(D) Contact a maintenance crew

---

35 What type of position has been advertised?

(A) Marketing consultant

(B) City official

(C) Real estate agent

(D) Newspaper reporter

36 Where did the woman work most recently?

(A) In Ottawa

(B) In Detroit

(C) In Chicago

(D) In Melbourne

37 What does the man ask the woman to do?

(A) Send a résumé

(B) Apply for a position

(C) Submit a cover letter

(D) Arrange an interview

38 Where do the speakers work?

(A) At a factory

(B) At a hotel

(C) At a restaurant

(D) At a doctor's office

39 Why will the man be absent from work today?

(A) He is not in a good condition.

(B) He is meeting a client.

(C) He had a traffic accident.

(D) He is still on his vacation.

40 What do the speakers say about David Carrl?

(A) He is very punctual.

(B) He needs some extra training.

(C) He is late for work often.

(D) He has lots of experience.

GO ON TO THE NEXT PAGE

41 Who are the speakers expecting?

(A) Small business owners

(B) Event organizers

(C) Business clients

(D) Jewelry designers

42 What will the man do later this afternoon?

(A) Conduct a survey

(B) Host a fashion show

(C) Celebrate the opening

(D) Present a new line of merchandise

43 What does the woman say she needs to do?

(A) Provide a detailed solution

(B) Contact a caterer

(C) Set up a big screen

(D) Fill out a questionnaire

44 Why is the man at the Angle Creative's booth?

(A) To meet a graphic designer

(B) To get a reference letter

(C) To get information about a job

(D) To sign up for an event

45 What has the man recently done?

(A) Passed an exam

(B) Designed a game

(C) Entered a college

(D) Completed a degree

46 What does the woman want to know about?

(A) A present residential address

(B) Licenses or certifications

(C) His educational background

(D) Relevant job experience

47 What did the man write about?

(A) His sales experiences

(B) Successful marketing strategies

(C) Traveling around the world

(D) Leadership effectiveness

48 Why is the man pleased?

(A) His book will be published.

(B) His earned a lot of money.

(C) He bought an insurance company.

(D) He became a best-selling author.

49 Why does the woman want to meet with the man?

(A) To discuss a book design

(B) To extend the contract

(C) To conduct an interview

(D) To discuss an upcoming project

50 Who is the man?

(A) A chef

(B) A manager

(C) A food columnist

(D) A restaurant owner

51 What does the woman say she would like to do?

(A) Change the menu

(B) Get a recipe

(C) Interview a manager

(D) Order some dessert

52 What does the man say about the restaurant?

(A) It opened a new location.

(B) It only opened recently.

(C) It has improved its service.

(D) It features a nice atmosphere.

53 Where are the speakers going?

(A) To a trade show

(B) To a tourist office

(C) To a bus terminal

(D) To a convention center

54 What will begin in twenty minutes?

(A) A campaign

(B) A speech

(C) A contest

(D) An exhibition

55 Why does the woman suggest that she and the man walk?

(A) Walking is good for the health.

(B) Every bus is full of passengers.

(C) A road is closed for construction.

(D) They are near their destination.

---

56 What are the speakers mainly discussing?

(A) Preparing a contract

(B) Forming a sports team

(C) Selling tennis game tickets

(D) Participating in community volunteering

57 What does the man usually do after work?

(A) Exercise at a gym

(B) Learn a foreign language

(C) Jog in a park

(D) Offer volunteer medical services

58 What does the woman suggest?

(A) Gathering on the weekend

(B) Moving to a new location

(C) Finding a place to park

(D) Paying an additional charge

59 What does the woman say she is unsure about?

(A) Whether a message was received

(B) How to use the air purifier

(C) When the task is complete

(D) Which e-mail address she entered

60 Why does the man apologize?

(A) He was too busy to arrange a meeting.

(B) He has misplaced the document.

(C) He forgot the woman's phone number.

(D) He did not contact the woman yesterday.

61 What does the woman want to have for a meeting?

(A) Advertising posters

(B) A revised estimate

(C) A budget information

(D) An original document

---

62 Why is the man calling?

(A) To receive a discount

(B) To confirm a date

(C) To taste some samples

(D) To make a reservation

63 What problem does the woman mention?

(A) A business does not open.

(B) The booking line is always busy.

(C) The service has become worse.

(D) The owner priced up the food.

64 What does the woman say about the bistro's menu?

(A) It has recently revised.

(B) It is rather extensive.

(C) It contains a variety of desserts.

(D) It is not much different from the restaurant.

GO ON TO THE NEXT PAGE

Afternoon Delivery Schedule	
Royal Wedding Hall	2 P.M.
Oriental Art Gallery	3 P.M.
Pho Thai Restaurant	4 P.M.
MIU Global Law Firm	5 P.M.

WHITE PLUS HOTEL

Floor 1	Reception Lobby
Floor 2	Grand Ballroom
Floor 3	Guest Laundry
Floor 4	Swimming Pool
Floor 5-10	Guest Rooms

65 Where do the speakers most likely work?

(A) At a cake shop

(B) At a wedding hall

(C) At a delivery company

(D) At a cooking school

66 What did Kerr Research Institute call about?

(A) Decreasing menu items

(B) Changing the event venue

(C) Placing further orders

(D) Lowering the price

New **67** Look at the graphic. When will the Kerr Research Institute delivery most likely be made?

(A) At 2 P.M.

(B) At 3 P.M.

(C) At 4 P.M.

(D) At 5 P.M.

68 What most likely is the woman's job?

(A) A travel agent

(B) A telephone operator

(C) An information desk clerk

(D) A hotel bellboy

69 What does the man say he needs to do?

(A) Call a dry cleaner's

(B) Check the price

(C) Upgrade a room

(D) Wash his clothes

New **70** Look at the graphic. Which floor will the man go to next?

(A) Floor 1

(B) Floor 2

(C) Floor 3

(D) Floor 4

PART 4

Directions: You will hear some talks given by a single speaker. You will be asked to answer three questions about what the speaker says in each talk. Select the best response to each question and mark the letter (A), (B), (C), or (D) on your answer sheet. The talks will not be printed in your test book and will be spoken only one time.

71 What is the main purpose of the message?

(A) To inform an early closing
(B) To request some contact information
(C) To report an equipment problem
(D) To suggest some future repairs

72 What is expected to happen by the evening?

(A) A light bulb will burn out.
(B) Roads will be in bad condition.
(C) Light showers are expected to fall.
(D) The database will be set up.

73 What are listeners reminded to do?

(A) Shut the main gate
(B) Call a repairman
(C) Use public transportation
(D) Switch off some equipment

74 Where does the man most likely work?

(A) At a radio station
(B) At a magazine publisher
(C) At a university
(D) At a research laboratory

75 What has Helen Myers recently done?

(A) Demonstrated a theory
(B) Published her first book
(C) Obtained a doctor's degree
(D) Won the prize for her discovery

76 What are listeners encouraged to do?

(A) Register for a lecture
(B) Call with questions
(C) Write her a fan letter
(D) Attend a talk show

77 What is the talk mainly about?

(A) Home appliances
(B) Price decreases
(C) Company Sales
(D) A research project

78 Where does the speaker say the company currently advertises?

(A) In some newspapers
(B) On the television
(C) In the subway
(D) On the Internet

79 What will happen next?

(A) Present sales figures
(B) Distribute handouts
(C) Review some policies
(D) Promote a product

80 What kind of business does the speaker work in?

(A) A hotel
(B) An auto shop
(C) A moving company
(D) A technology company

81 According to the speaker, what advantage does the new location have?

(A) It offers complimentary snacks.
(B) It has longer break time.
(C) It has spacious employee lounge.
(D) It is easily accessible by public transit.

82 What policy change does the speaker mention?

(A) Working hours will be flexible.
(B) The new dress code will go into effect.
(C) Free parking is unavailable.
(D) Employees will have more incentives.

GO ON TO THE NEXT PAGE

83 What business is being advertised?

(A) A new shopping mall

(B) A stationery store

(C) A convention center

(D) An electronic store

84 What exceptional service is now available?

(A) Wireless Internet

(B) A catering service

(C) A cutting-edge technology

(D) Video conferences

85 How can listeners get a discount?

(A) By presenting a membership card

(B) By showing a coupon

(C) By referring the advertisement

(D) By downloading the app

86 Who most likely is the speaker?

(A) A laborer

(B) A courier

(C) A laundryman

(D) A technician

87 What problem does the speaker mention?

(A) The store is closing tomorrow.

(B) The machine is out of order.

(C) There is an error in the billing.

(D) A detergent is unavailable now.

88 What is the listener asked to do?

(A) Pick up a client

(B) Get a refund

(C) Confirm an order

(D) Drop by the store

89 Who most likely is the speaker?

(A) A receptionist

(B) A realtor

(C) A stockbroker

(D) A hotel owner

90 What is the purpose of the message?

(A) To announce a new plan

(B) To sign a contract

(C) To schedule a meeting

(D) To ask about the ad

91 What does the speaker ask the listener to do?

(A) Call off the meeting

(B) Inform the cost of the building

(C) Call her mobile phone

(D) Ask for directions

92 Where are the listeners attending?

(A) A dinner party

(B) A marketing seminar

(C) A world expo

(D) A cooking class

93 What does the speaker ask the listeners to do?

(A) Turn off mobiles phones

(B) Fill out a questionnaire

(C) Return cooking utensils

(D) Register for a next class

94 Why are listeners directed to the front of the studio?

(A) To get brochures

(B) To ask questions

(C) To try their cuisine

(D) To confirm a next reservation

TOUR SCHEDULE	
Grand Garden	9:00 A.M.
Central Plaza	10:30 A.M.
Lunch	11:30 A.M.
History Museum	1:00 P.M.

Friday Afternoon Schedule		
2:00	Job Interview	Room 708
2:30	Marketing Meeting	Room 908
3:30	New Hire Orientation Software Training	Auditorium
4:30	CEO's Speech	Lecture Hall

95 What does the speaker say about Grand Garden?

(A) It is located in the middle of the city.

(B) It is too huge to see in a day.

(C) It has recently been built by the city.

(D) It has the world's greatest diversity of plants.

New **96** Look at the graphic. What time is this talk most likely being given?

(A) At 9:00 A.M.

(B) At 10:00 A.M.

(C) At 11:30 A.M.

(D) At 1:00 P.M.

97 What will take place in the afternoon?

(A) A tour of historic sites

(B) A safari in a park

(C) A visit to a history museum

(D) A guided tour of a palace

98 What happened this morning?

(A) A leak has been found.

(B) The elevator suddenly broke down.

(C) Some computers did not work.

(D) Power supplies were shut off.

New **99** Look at the graphic. Which room does the speaker go to next?

(A) Room 708

(B) Room 908

(C) Auditorium

(D) Lecture Hall

100 According to the speaker, what will Ashley Kay do next?

(A) Get in touch with an expert

(B) Purchase a new computer

(C) Reschedule the meeting

(D) Answer the telephone

▶ ▶ ▶ 정답 및 해설 p115

www.global21.co.kr

- 토익 중급자들을 위한 기본서
- 신유형 완벽 분석 및 풀이 전략 제시
- mp3 파일 무료 제공

新 완전절친 토익 LC

정답 및 해설

천보라 지음

더원

新 완전절친 토익 LC

천보라 지음

정답 및 해설

The One 더원

기초다지기 🔊 P1-3

1 (D) **2** (B) **3** (A) **4** (A) **5** (A) **6** (D)

1
미국

(A) A man is cycling down the street.
(B) A man is pushing a stroller.
(C) A man is climbing the steps.
(D) A man is walking with a bike.

(A) 남자가 자전거를 타고 길을 내려가고 있다.
(B) 남자가 유모차를 밀고 있다.
(C) 남자가 계단을 오르고 있다.
(D) 남자가 자전거를 들고 걷고 있다.

어휘 cycle 자전거를 타다 | stroller 유모차 | step 계단

해설 (B)와 (C)는 사진에 없는 사물(stroller, steps)이 언급된 오답이다.

2
영국

(A) A woman is rolling up her sleeves.
(B) A woman is reaching for an item.
(C) A woman is talking to someone.
(D) A woman is putting some goods into the basket.

(A) 여자가 소매를 위로 걷고 있다.
(B) 여자가 물건 쪽으로 손을 뻗고 있다.
(C) 여자가 누군가와 이야기를 하고 있다.
(D) 여자가 바구니 안에 물건들을 넣고 있다.

어휘 roll up (소매 등을) 위로 걷다 | reach for ~쪽으로 손/팔을 뻗다 | goods 물건, 상품

해설 (C)는 사진에 다른 사람(someone)이 없으므로 오답이다.

3
호주

(A) He's operating a machine.
(B) He's trimming the bushes.
(C) He's using a sprinkler.
(D) He's taking leaves into piles.

(A) 그는 기계를 작동시키고 있다.
(B) 그는 덤불을 다듬고 있다.
(C) 그는 살수기를 사용하고 있다.
(D) 그는 나뭇잎들을 더미로 쌓고 있다.

어휘 operate 작동하다 | trim 다듬다, 손질하다 | bush 덤불 | sprinkler 살수기 | pile 쌓아 놓은 것

해설 (C)는 동작의 대상인 살수기(sprinkler)가 없으므로 오답이다.

4
미국

(A) She is playing an instrument.
(B) She is conducting a band.
(C) She is looking at the monitor.
(D) She is performing in front of an audience.

(A) 그녀는 악기를 연주하고 있다.
(B) 그녀는 밴드를 지휘하고 있다.
(C) 그녀는 모니터를 보고 있다.
(D) 그녀는 관객 앞에서 연주하고 있다.

어휘 instrument 악기 | conduct 지휘하다 | perform 연주하다

해설 (C)와 (D)는 사진에 없는 대상(monitor, audience)이 언급된 오답이다.

5
미국

(A) **The man is pulling his luggage.**
(B) The man is putting his luggage on the conveyor belt.
(C) The man is placing his luggage on the seat.
(D) The man is staring at his reflection in the mirror.

(A) 남자가 짐을 끌고 있다.
(B) 남자가 짐을 컨베이어 벨트 위에 올려놓고 있다.
(C) 남자가 짐을 좌석 위에 두고 있다.
(D) 남자가 거울에 비친 자신의 모습을 응시하고 있다.

어휘 luggage 짐 | conveyor belt 컨베이어 벨트 | place 두다 | stare at ~을 응시하다 | reflection (거울 등에 비친) 모습

해설 (C)는 잘못된 동작묘사이고, (B)와 (D)는 사진에 없는 사물(conveyor belt, mirror)이 언급된 오답이다.

6
영국

(A) She is sitting by the main entrance.
(B) She is talking to a stranger.
(C) She is plugging in a computer.
(D) **She is writing a note on her papers.**

(A) 여자가 정문 옆에 앉아 있다.
(B) 여자가 낯선 사람과 얘기하고 있다.
(C) 여자는 컴퓨터에 전원을 연결하고 있다.
(D) 여자가 종이 위에 메모를 하고 있다.

어휘 main entrance 정문 | stranger 낯선 사람. 이방인 | plug in 전원을 연결하다. ~에 플러그를 꽂다 | write a note 메모를 하다

해설 (A)는 사진상으로만 봤을 때 정문 옆인지 알 수 없고, (B)는 사진에 없는 사람(stranger)이 언급된 오답이다.

실전문제 ◁)) P1-4

1 (C)	2 (B)	3 (B)	4 (D)	5 (A)	6 (C)	7 (A)	8 (D)

1
호주

(A) He's lifting the broom.
(B) He's picking up some pie from the rack.
(C) **He's removing a loaf of bread from the oven.**
(D) He's putting food in the microwave.

(A) 그는 빗자루를 들어 올리고 있다.
(B) 그는 선반에서 파이를 집어 들고 있다.
(C) 그는 오븐에서 빵 한 덩어리를 옮기고 있다.
(D) 그는 전자레인지에 음식을 넣고 있다.

어휘 lift 들어 올리다 | broom 빗자루 | rack 선반, 걸이 | remove 옮기다. 제거하다 | a loaf of bread 빵 한 덩이 | microwave 전자레인지

해설 (A), (B), (D) 모두 사진에 없는 사물(broom, rack, microwave)이 언급된 오답이다.

2
미국

(A) She's selecting a ring from the shelf.
(B) **She's looking through a scarf on a rack.**
(C) She's trying on a new dress.
(D) She's tying her hair back with a scarf.

(A) 그녀는 선반에서 반지를 고르고 있다.
(B) 그녀는 걸이에 걸린 스카프를 살펴보고 있다.
(C) 그녀는 새 옷을 입어 보고 있다.
(D) 그녀는 스카프로 그녀의 머리를 뒤로 묶고 있다.

어휘 select 고르다. 선택하다 | look through 살펴보다 | tie 묶다

해설 (A)는 사진에 없는 사물(ring)을 언급한 오답이다.

3
미국

(A) The artist is arranging his pictures.
(B) **A photograph is being taken.**
(C) A camera is being purchased.
(D) A man is passing out leaflets on the street.

(A) 예술가가 자신의 그림들을 정리하고 있다.
(B) 사진이 찍히고 있다.
(C) 카메라가 구입되고 있다.
(D) 남자가 거리에서 전단지를 나누어주고 있다.

어휘 arrange 정리하다 | pass out 나누어주다 | leaflet 전단지
해설 (A)와 (D)는 동작의 대상(pictures, leaflets)이 사진에 없는 오답이다.

4
영국

(A) A woman is entering a pet shop.
(B) A woman is constructing the fence.
(C) A woman is riding the horse.
(D) **A woman is feeding the animal.**

(A) 여자가 애완동물 가게에 들어가고 있다.
(B) 여자가 울타리를 건설하고 있다.
(C) 여자가 말을 타고 있다.
(D) 여자가 동물에게 먹이를 주고 있다.

어휘 pet shop 애완동물 가게 | construct 건설하다 | fence 울타리 | ride a horse 말을 타다 | feed 먹이를 주다
해설 (A)는 사진에 없는 장소(pet shop)를 언급한 오답이다.

5
호주

(A) **She's leaning over the railing.**
(B) She's jumping into the sea.
(C) She's putting on a sleeveless dress.
(D) She's bending over to pick up something.

(A) 그녀는 난간 너머로 몸을 구부리고 있다.
(B) 그녀는 바다에 뛰어들고 있다.
(C) 그녀는 소매 없는 옷을 입는 중이다.
(D) 그녀는 무언가를 집으려고 몸을 굽히고 있다.

어휘 lean over (~ 너머로) 몸을 구부리다 | railing 난간 | put on ~을 입다 | sleeveless 소매가 없는 | bend over 몸을 굽히다
해설 (C)의 put on은 옷을 입고 있는 동작을 나타내므로 오답이다.

6
미국

(A) She's clearing the table.
(B) She's mopping the stairs.
(C) **She's cleaning the floor.**
(D) She's sweeping the living room.

(A) 그녀는 테이블을 치우고 있다.
(B) 그녀는 계단을 걸레질하고 있다.
(C) 그녀는 바닥을 청소하고 있다.
(D) 그녀는 거실을 빗자루로 쓸고 있다.

어휘 clear 치우다 | mop 걸레질하다 | stair 계단 | sweep (빗자루로) 쓸다
해설 (B)는 동작의 대상(stairs)이 사진에 없는 오답이다.

7
미국

(A) **The man is taking a measurement.**
(B) The man is wearing protective gloves.
(C) The man is sawing some wood.
(D) The man is sharpening a pencil.

(A) 남자는 측정을 하고 있다.
(B) 남자는 보호 장갑을 착용하고 있다.
(C) 남자는 나무를 톱질하고 있다.
(D) 남자는 연필을 깎고 있다.

어휘 take a measurement 측정하다 | protective gloves 보호 장갑 | saw 톱질하다 | sharpen 날카롭게 하다

해설 (B)는 동작의 대상(protective gloves)이 사진에 없는 오답이다.

8
영국

(A) The woman is fixing the engine of the car.
(B) The woman is getting out of the car.
(C) The woman is sitting on a stool.
(D) **The woman is behind the steering wheel.**

(A) 여자는 차의 엔진을 고치고 있다.
(B) 여자는 차에서 내리고 있다.
(C) 여자는 의자에 앉아 있다.
(D) 여자는 운전석에 앉아 있다.

어휘 get out of 내리다, 나가다 | stool (등받이 없는) 의자 | steering wheel 운전대

해설 (C)는 동작의 대상(stool)이 사진에 없는 오답이다.

Part 1 **Unit 02** 다인 사진

기초다지기

◁)) P1-7

1 (B) **2** (C) **3** (A) **4** (C) **5** (C) **6** (C)

1
호주

(A) The speaker is <u>pointing</u> at the graph.
(B) **The people are <u>turned</u> toward the presenter.**
(C) The speaker is <u>writing</u> notes on the board.
(D) The speaker is <u>standing</u> between the tables.

(A) 발표자가 그래프를 가리키고 있다.
(B) 사람들이 발표자를 향하고 있다.
(C) 발표자가 칠판에 필기를 하고 있다.
(D) 발표자가 테이블들 사이에 서 있다.

어휘 point at ~를 가리키다 | turn toward ~를 향해 돌다 | write notes 필기하다

해설 (A)와 (C)는 잘못된 동작묘사이고, (D)는 동작의 대상(between the tables)이 잘못 묘사된 오답이다.

2
미국

(A) A woman is wearing an <u>apron</u>.
(B) They're <u>leaning</u> against the wall.
(C) **They're working at a <u>counter</u>.**
(D) They're cooking <u>outdoors</u>.

(A) 여자는 앞치마를 하고 있다.
(B) 그들은 벽에 기대어 있다.
(C) 그들은 조리대에서 일하고 있다.
(D) 그들은 야외에서 요리하고 있다.

어휘 apron 앞치마 | lean against ~에 기대다 | outdoors 야외에서

해설 (D)는 장소(outdoors)가 잘못 묘사된 오답이다.

3
미국

(A) **They are looking at each other.**
(B) They are sitting on a couch.
(C) The man is buttoning up his shirt.
(D) The woman is putting her hand on his shoulder.

(A) 그들은 서로를 바라보고 있다.
(B) 그들은 소파에 앉아 있다.
(C) 남자는 셔츠의 단추를 채우고 있다.
(D) 여자는 남자의 어깨에 손을 올리고 있다.

어휘 couch 소파 | button up ~를 단추로 꽉 잠그다 | shoulder 어깨

해설 (B)는 동작의 대상(couch)이 잘못된 오답이다.

4
영국

(A) The man is pointing at the document.
(B) The man is wearing a safety helmet.
(C) **A woman is showing the blueprint to others.**
(D) A woman is picking up the binder from a chair.

(A) 남자는 서류를 가리키고 있다.
(B) 남자는 안전모를 착용하고 있다.
(C) 여자는 다른 사람들에게 청사진을 보여주고 있다.
(D) 여자는 의자에서 바인더를 집어들고 있다.

어휘 document 서류 | safety helmet 안전모 | blueprint 청사진 | binder 바인더, 제본한 것

해설 (A)와 (B)는 남자의 동작 및 상태가 아니라 여자들의 동작 및 상태를 묘사한 오답이며, (D)는 동작 및 대상(binder) 모두가 잘못 묘사된 오답이다.

5
호주

(A) Some people are posing for a photo.
(B) Two men are holding a press conference.
(C) **One of the men is being interviewed.**
(D) A woman is talking to a reporter at the studio.

(A) 몇몇 사람들이 사진을 찍으려고 포즈를 취하고 있다.
(B) 두 남자가 기자회견을 열고 있다.
(C) 남자 중 한 명이 인터뷰를 받고 있다.
(D) 여자는 스튜디오에서 기자에게 이야기하고 있다.

어휘 pose for a photo 포즈를 취하다 | hold a press conference 기자회견을 하다

해설 (D)는 장소(studio)가 잘못 묘사된 오답이다.

6
미국

(A) They're jogging in the opposite direction.
(B) They're running on a treadmill in the gym.
(C) **The leaves have fallen from the trees.**
(D) The narrow path runs through the forest.

(A) 그들은 반대 방향으로 조깅하고 있다.
(B) 그들은 체육관에서 러닝머신 위를 달리고 있다.
(C) 나뭇잎들이 나무에서 떨어져 있다.
(D) 좁은 오솔길이 숲 속으로 통하고 있다.

어휘 opposite direction 반대방향 | treadmill 러닝머신 | gym 체육관 | narrow 좁은 | path 오솔길 | run through ~로 통하다

해설 (A)는 그들이 같은 방향으로 뛰고 있어서 오답이고, (B)와 (D)는 동작의 대상(treadmill, narrow path)이 사진에 없는 오답이다.

1

미국

(A) A customer is taking a room key at the front desk.
(B) A customer is packing her suitcase in the lobby.
(C) A receptionist is working behind the counter.
(D) A receptionist is handing over a passport to a customer.

(A) 손님이 안내데스크에서 객실 열쇠를 받고 있다.
(B) 손님이 로비에서 짐을 싸고 있다.
(C) 접수원이 카운터 뒤에서 일하고 있다.
(D) 접수원이 손님에게 여권을 건네주고 있다.

어휘 pack (짐 등을) 싸다 | hand over 건네다 | passport 여권
해설 (A)와 (D)는 사진에 없는 사물(room key, passport)이 언급된 오답이다.

2

영국

(A) They're descending the stairs.
(B) They're setting up a display.
(C) They're helping each other carry something.
(D) They're moving a couch with a cart.

(A) 그들은 계단을 내려가고 있다.
(B) 그들은 진열을 하고 있다.
(C) 그들은 무언가를 옮기기 위해 서로를 돕고 있다.
(D) 그들은 카트로 소파를 옮기고 있다.

어휘 descend 내려가다 | set up a display 진열하다
해설 (A)와 (B)는 잘못된 동작묘사이고, (D)는 동작의 대상(cart)이 잘못 묘사된 오답이다.

3

호주

(A) The man is holding something with both hands.
(B) The man is opening the trunk of the car.
(C) The woman is packing a suitcase.
(D) The woman is checking the contents of the bag.

(A) 남자가 양손에 무언가를 들고 있다.
(B) 남자가 차의 트렁크를 열고 있다.
(C) 여자가 여행 가방을 싸고 있다.
(D) 여자는 가방의 내용물을 점검하고 있다.

어휘 check 점검하다, 검토하다 | content 내용물
해설 (C)는 사진에 없는 사물(suitcase)이 언급된 오답이다.

4

미국

(A) A woman is making a purchase.
(B) A man is placing the groceries in front of the cashier.
(C) People are standing in line at a bus stop.
(D) People are leaving the supermarket.

(A) 여자가 구매를 하고 있다.
(B) 남자가 계산원 앞에 식료품들을 놓고 있다.
(C) 사람들이 버스 정류장에 줄을 서 있다.
(D) 사람들이 슈퍼마켓을 나가고 있다.

어휘 make a purchase 구매하다 | grocery 식료품 | cashier 출납원 | leave 나가다, 떠나다
해설 (C)는 장소(bus stop)가 잘못 묘사된 오답이다.

5
미국

(A) People are exiting through the door.
(B) Passengers are getting on the airport bus.
(C) The subway is pulling into the station.
(D) Commuters are waiting for a train.

(A) 사람들이 문을 통해 나가고 있다.
(B) 승객들이 공항버스에 타고 있다.
(C) 지하철이 역에 들어오고 있다.
(D) 통근자들이 열차를 기다리고 있다.

어휘 exit 나가다, 떠나다 | passenger 승객 | get on ~에 타다 | pull into (열차가) 역에 들어오다 | commuter 통근자

해설 (B)는 사진에 없는 교통수단(airport bus)이 언급된 오답이다.

6
영국

(A) A man is trying on a hat.
(B) A man is assisting a customer in a store.
(C) They are sitting across from each other.
(D) Suits are on display in the shop window.

(A) 남자가 모자를 써 보고 있다.
(B) 남자는 가게에서 손님을 도와주고 있다.
(C) 그들은 서로 마주 보고 앉아 있다.
(D) 정장들이 쇼윈도에 진열되어 있다.

어휘 assist 돕다, 원조하다 | across from each other 마주 보고 | suit 정장 | shop window 쇼윈도

해설 (D)는 사진에 없는 사물(Suits)과 장소(shop window)가 언급된 오답이다.

7
호주

(A) They are seated next to each other.
(B) A man is bending to pick up a cup.
(C) A woman is working at a café.
(D) They're looking in the same direction.

(A) 그들은 나란히 앉아 있다.
(B) 남자가 컵을 집으려고 몸을 숙이고 있다.
(C) 여자는 카페에서 일하고 있다.
(D) 그들은 같은 방향을 바라보고 있다.

어휘 be seated 앉다 | next to each other 나란히 | bend 숙이다, 굽히다 | direction 방향

해설 (D)는 시선의 방향(same direction)이 잘못 묘사된 오답이다.

8
미국

(A) Repair work is being done indoors.
(B) Workers are wearing identical helmets.
(C) The road is being resurfaced.
(D) The road is closed in both directions.

(A) 실내에서 보수공사가 마무리되고 있다.
(B) 작업자들이 똑같은 헬멧을 쓰고 있다.
(C) 도로가 재포장되고 있다.
(D) 도로가 양방향으로 막혀 있다.

어휘 repair work 보수공사 | indoors 실내에서 | identical 똑같은 | resurface 재포장하다

해설 (A)는 장소가 실내가 아니고 (B)는 사람들 모두가 헬멧을 착용하고 있지 않으므로 오답이다. (D)는 도로가 차단되어 있는지 알 수 없으므로 오답이다.

기초다지기 🔊 P1-11

1 (B) **2** (D) **3** (A) **4** (C) **5** (B) **6** (B)

1
미국

(A) A vehicle is being fixed.
(B) Lots of motorcycles are parked along the pavement.
(C) The café is surrounded by some potted plants.
(D) People are gathered under the awning.

(A) 차량이 수리되고 있다.
(B) 오토바이 여러 대가 길을 따라 주차되어 있다.
(C) 카페는 몇몇 화분들로 둘러싸여 있다.
(D) 사람들이 차양 아래에 모여 있다.

어휘 vehicle 차량, 탈것 | pavement 인도, 보도 | surround 둘러싸다 | potted plant 화분 | awning 차양

해설 (A)는 사람의 동작을 나타내는 수동진행이 쓰였는데 사진에 사람이 없으므로 오답이고, (D)는 사진에 없는 사람들(People)이 언급된 오답이다.

2
영국

(A) People are running on a track.
(B) A narrow path leads to the cabin.
(C) All the leaves have fallen off the trees.
(D) Lines are painted in the middle of the road.

(A) 사람들이 트랙을 뛰고 있다.
(B) 좁은 오솔길이 오두막까지 이어진다.
(C) 모든 잎사귀들이 나무에서 떨어졌다.
(D) 도로 중앙에 선들이 그려져 있다.

어휘 narrow 좁은 | path 오솔길 | lead to ~로 이어지다

해설 (A)와 (B)는 사진에 없는 사람들과 오두막(People, cabin)이 언급된 오답이다.

3
호주

(A) A row of buildings stretches along the riverside.
(B) A resort is being constructed near the shore.
(C) The bike is parked on the riverbank.
(D) There is an island floating in the middle of the sea.

(A) 건물들이 강가를 따라 한 줄로 이어져 있다.
(B) 리조트가 해안 근처에서 건설되고 있다.
(C) 자전거가 강둑에 세워져 있다.
(D) 바다 가운데에 섬이 떠 있다.

어휘 a row of 한 줄로 | stretch 뻗어 있다 | riverside 강가 | construct 건설하다 | shore 해안 | riverbank 강둑 | float (물에) 뜨다

해설 (C)와 (D)는 사진에 없는 사물(bike, island)이 언급된 오답이다.

4
미국

(A) There is a cloth spread across the table.
(B) Lunch is being prepared in the kitchen.
(C) A floral centerpiece is on the table.
(D) Food has been placed on the table.

(A) 테이블에 식탁보가 펼쳐져 있다.
(B) 부엌에서 점심이 준비되고 있다.
(C) 꽃장식이 테이블 위에 있다.
(D) 테이블 위에 음식이 차려져 있다.

어휘 cloth 식탁보, 천, 직물 | spread 펼치다, 펴다 | floral centerpiece 꽃장식

해설 (A)는 사진에 없는 사물(cloth)이 언급된 오답이고, (B)는 사람이 없는 사진에 수동진행형(be + being + p.p)이 쓰인 오답이며, (D)는 사진에 없는 사물(Food)이 언급된 오답이다.

5
미국

(A) The lamp is hanging from the ceiling.
(B) Cushions are lying on the arm chair.
(C) Pillows are spread out on the floor.
(D) The painting is hanging over the desk.

(A) 전등이 천장에 매달려 있다.
(B) 쿠션들이 팔걸이의자에 놓여 있다.
(C) 베개들이 바닥에 흩어져 있다.
(D) 그림이 책상 위에 걸려 있다.

어휘 hang from the ceiling 천장에 매달리다 | cushion 쿠션 | lie 놓여 있다 | arm chair 팔걸이의자 | pillow 베게 | spread out 펼치다

해설 (C)와 (D)는 장소(on the floor, over the desk)가 잘못된 오답이다.

6
영국

(A) There is a pile of lumber at the construction site.
(B) The logs are stacked on top of each other.
(C) A fence is being put up along the driveway.
(D) The scaffolding has been set up around the house.

(A) 공사현장에 목재 더미가 있다.
(B) 통나무들이 차곡차곡 쌓여있다.
(C) 울타리가 진입로를 따라 세워지고 있다.
(D) 발판이 집 주위에 설치되어 있다.

어휘 lumber 목재 | construction site 공사현장 | log 통나무 | put up 세우다, 만들다 | driveway 진입로 | scaffolding 발판

해설 (A)는 장소가 공사현장이 아니기 때문에 오답이고, (C)는 울타리를 설치하는 사람이 없으므로 오답이다. (D)는 사진에 발판(scaffolding)이 보이지 않으므로 오답이다.

실전문제   ◁)) P1-12

| **1** (D) | **2** (D) | **3** (C) | **4** (A) | **5** (B) | **6** (C) | **7** (A) | **8** (B) |

1
호주

(A) Books are stacked neatly on the desk.
(B) There are lots of reading materials on the floor.
(C) Books are being taken from the bookcase.
(D) A lot of volumes are arranged on the bookshelves.

(A) 책상 위에 책들이 가지런히 쌓여 있다.
(B) 바닥에 많은 읽을거리들이 있다.
(C) 책들이 책장에서 꺼내지고 있다.
(D) 여러 권의 책들이 책장에 정리되어 있다.

어휘 neatly 가지런히 | reading material 읽을거리 | bookcase 책장 | volume 책 | arrange 정리하다 | bookshelf 책장

해설 (A)와 (B)는 장소(on the desk, on the floor)가 잘못 묘사된 오답이고, (C)는 사람이 없는 사진에서 수동진행형을 사용한 오답이다.

2
미국

(A) The chairs are not occupied.
(B) Musical instruments are being adjusted.
(C) Light fixtures are being installed on the ceiling.
(D) Microphones are set up on the stage.

(A) 의자들이 비어 있다.
(B) 악기들이 조율되고 있다.
(C) 조명기구들이 천장에 설치되고 있다.
(D) 마이크들이 무대에 설치되어 있다.

어휘 occupied (자리가) 차 있는 | musical instrument 악기 | adjust 조율하다 | light fixture 조명기구 | install 설치하다 | set up 설치하다
해설 (A)는 사진에 의자가 한 개만 보이기 때문에 오답이고, (B)와 (C)는 사람이 없는 사진에서 수동진행형을 사용한 오답이다.

3
미국

(A) The curtains have been closed shut.
(B) The big chandelier is suspended from the ceiling.
(C) The vase has been placed on the table.
(D) Paintings line the walls of the room.

(A) 커튼들이 쳐 있다.
(B) 큰 샹들리에가 천장에 걸려 있다.
(C) 꽃병이 테이블 위에 놓여 있다.
(D) 그림들이 방의 벽을 따라 늘어서 있다.

어휘 be closed shut 꽉 닫혀 있다 | chandelier 샹들리에 | suspend 걸다 | line ~을 따라 늘어서다
해설 (B)와 (D)는 사진에 없는 사물(chandelier, Paintings)이 언급된 오답이다.

4
영국

(A) There is a line of cars at the curb.
(B) The street is blocked for repair works.
(C) There are a row of trees along the shore.
(D) The vehicles are stopped for a traffic light.

(A) 연석에 차들이 일렬로 있다.
(B) 거리가 수리작업을 위해 막혀 있다.
(C) 해안을 따라 나무들이 일렬로 있다.
(D) 차량들이 교통신호 때문에 멈춰 있다.

어휘 curb 연석 | block 막다, 차단하다 | repair 수리하다 | shore 해안 | traffic light 교통신호
해설 (C)는 장소(shore)가 잘못 표현된 오답이다. (D)는 사진에 없는 사물(traffic light)이 언급된 오답이다.

5
호주

(A) The doorway is blocked by a big tree.
(B) Columns support the front of the house.
(C) The trees are shorter than the building.
(D) The house is surrounded by low fence.

(A) 출입구가 큰 나무에 의해 막혀 있다.
(B) 기둥들이 집 앞을 받치고 있다.
(C) 나무들이 건물보다 키가 작다.
(D) 집이 낮은 울타리로 둘러싸여 있다.

어휘 doorway 출입구 | column 기둥 | support 받치다, 지지하다
해설 (D)는 사진에 없는 사물(fence)이 언급된 오답이다.

6
미국

(A) Bushes are being planted along the river.
(B) The road leads to the top of the hill.
(C) The boat is resting between two trees.
(D) The sail on a boat is being raised.

(A) 덤불들이 강을 따라 심어지고 있다.
(B) 길이 언덕 꼭대기까지 이어져 있다.
(C) 배가 두 그루의 나무 사이에 정박해 있다.
(D) 배의 돛이 올려지고 있다.

어휘 bush 덤불 | lead to (길이) ~로 이어지다 | hill 언덕 | rest 위치하다, 걸려 있다 | sail 돛 | raise 올리다
해설 (A)와 (D)는 사람이 없는 사진에서 수동진행형이 사용된 오답이고, (B)는 사진에 없는 장소(hill)가 언급된 오답이다.

7
미국

(A) The window has been left open.
(B) Cushions are scattered all over the floor.
(C) The curtains have been closed to keep the light out.
(D) Plants are sitting on the window sill.

(A) 창문이 열린 채로 있다.
(B) 쿠션들이 온 바닥에 흩어져 있다.
(C) 커튼들이 빛을 막기 위해 닫혀 있다.
(D) 식물들이 창틀에 놓여 있다.

어휘 scatter 흩어지다, 뿌리다 | keep out ~이 들어가지 않게 하다 | sit 놓여 있다 | window sill 창틀

해설 (B)는 쿠션이 흩어진 장소(floor)가 잘못되었고, (D)는 사진에 없는 사물(Plants)이 언급된 오답이다.

8
영국

(A) The path winds along the coast.
(B) The road leads to the mountain peak.
(C) The river runs through the forest.
(D) Clouds hide the top of the mountain.

(A) 길이 해안을 따라 구불구불 나 있다.
(B) 길이 산꼭대기로 이어진다.
(C) 강이 숲을 관통해 흐른다.
(D) 구름들이 산꼭대기를 가리고 있다.

어휘 wind (길이) 구불구불하다 | coast 해안 | lead (길이) 이어지다, 뻗다 | peak 산꼭대기 | run (강이) 흐르다 | hide 숨기다

해설 (A)와 (C)는 사진에 없는 장소(coast, river, forest)가 언급된 오답이다.

Part 1 Unit 04 복합 사진

기초다지기 ◁)) P1-15

1 (A)	**2** (A)	**3** (A)	**4** (D)	**5** (C)	**6** (D)

1
호주

(A) Notices have been posted on the board.
(B) They are hanging a picture on the wall.
(C) They are standing with their arms crossed.
(D) Posters are stuck on the window.

(A) 공지들이 게시판에 게시되어 있다.
(B) 그들은 벽에 그림을 걸고 있다.
(C) 그들은 팔짱을 끼고 서 있다.
(D) 창문에 포스터들이 붙어 있다.

어휘 notice 공지 | post 게시하다 | board 게시판 | with one's arms crossed 팔짱을 끼고 | stick 붙이다

해설 (D)는 사진에 없는 사물(Posters, window)이 언급된 오답이다.

2
미국

(A) Produce is being sold at an outdoor market.
(B) People are browsing in the department store.
(C) A clerk is weighing some vegetables.
(D) Crops are being harvested in a field.

(A) 농산물이 야외 시장에서 팔리고 있다.
(B) 사람들이 백화점을 둘러보고 있다.
(C) 점원이 야채들의 무게를 달아보고 있다.
(D) 농작물이 밭에서 추수되어지고 있다.

어휘 produce 농산물 | browse 둘러보다 | clerk 점원 | weigh 무게를 달다 | crop 농작물 | harvest 추수하다 | field 밭

해설 (B)와 (D)는 장소(department store, field)를 잘못 묘사한 오답이다.

3
미국

(A) **The hall is filled with spectators.**
(B) The performers are leaving the stage.
(C) The orchestra is playing at the open-air stage.
(D) Students are taking music lessons in the auditorium.

(A) 홀은 관중들로 가득 차 있다.
(B) 연주자들이 무대를 떠나고 있다.
(C) 관현악단이 야외무대에서 연주하고 있다.
(D) 학생들이 강당에서 음악 수업을 듣고 있다.

어휘 spectator 관중, 관객 | stage 무대 | open-air 야외의 | auditorium 강당

해설 (C)는 장소(open-air stage)를 잘못 묘사한 오답이며, (D)는 주체 및 행위 모두가 잘못된 오답이다.

4
영국

(A) A worker is removing a safety gear.
(B) Some crates are being moved on a forklift.
(C) A worker is transporting boxes into a truck.
(D) **A worker's driving a vehicle.**

(A) 일꾼이 안전 장비를 벗고 있다.
(B) 몇몇 상자들이 지게차로 운반되고 있다.
(C) 일꾼이 트럭 안으로 상자들을 옮기고 있다.
(D) 일꾼이 차량을 운전하고 있다.

어휘 remove 벗다, 없애다 | safety gear 안전장치 | crate 상자 | forklift 지게차 | transport 옮기다, 수송하다

해설 (C)는 사진에 없는 교통수단(truck)이 언급된 오답이다.

5
호주

(A) A man is cutting the grass.
(B) A man is digging a hole around the fence.
(C) **Some plants are being sprayed with water.**
(D) Potted plants are being placed on a ledge.

(A) 남자가 잔디를 깎고 있다.
(B) 남자가 울타리 주위에 구멍을 파고 있다.
(C) 몇몇 식물들에 물이 뿌려지고 있다.
(D) 화분들이 선반 위에 놓여지고 있다.

어휘 dig 파다, 파내다 | spray 뿌리다 | ledge (창문 아래) 선반

해설 (D)는 사진에 없는 사물(Potted plants, ledge)이 언급된 오답이다.

6
미국

(A) Glasses are being cleared from the table.
(B) Copies of the agenda are being handed out.
(C) The speaker is standing in the middle of the stage.
(D) **A woman is conducting a meeting in the board room.**

(A) 유리잔들이 테이블에서 치워지고 있다.
(B) 안건의 사본들이 배포되고 있다.
(C) 발표자가 무대 중앙에 서 있다.
(D) 여자가 회의실에서 회의를 진행하고 있다.

어휘 clear 치우다, 제거하다 | copy 사본 | agenda 안건, 의제 | hand out 배포하다 | conduct a meeting 회의를 진행하다 | board room 회의실

해설 (A)는 유리잔들이 치워지는 행위가 보이지 않으므로 오답이고, (B)는 안건의 사본들을 배포하는 사람이 없으므로 오답이며, (C)는 발표자가 무대 중앙이 아니라 회의실 안에 있으므로 오답이다.

1 (C) **2** (D) **3** (B) **4** (A) **5** (B) **6** (A) **7** (B) **8** (C)

1
미국

(A) Pedestrians are strolling beside a riverbank.
(B) People are marching in a parade.
(C) The avenue is crowded with people.
(D) Construction is going on at the site.

(A) 보행자들이 강둑 옆을 거닐고 있다.
(B) 사람들이 퍼레이드에서 행진하고 있다.
(C) 거리가 사람들로 붐비고 있다.
(D) 현장에서 건설이 진행 중이다.

어휘 pedestrian 보행자 | stroll 거닐다 | march 행진하다 | parade 퍼레이드 | avenue 거리, 도로 | crowded 붐비는 | site 현장

해설 (A)는 사진에 없는 장소(riverbank)가 언급된 오답이며, (D)는 잘못된 상황(Construction) 묘사이다.

2
영국

(A) The traffic light is being installed.
(B) The street has been jammed with spectators.
(C) Some people are running out to board the bus.
(D) Some people are waiting to cross the street.

(A) 교통신호등이 설치되고 있다.
(B) 거리가 구경꾼들로 몹시 붐비고 있다.
(C) 몇몇 사람들이 버스에 탑승하려고 뛰고 있다.
(D) 몇몇 사람들이 길을 건너려고 기다리고 있다.

어휘 install 설치하다 | jammed 몹시 붐비는 | spectator 관중 | board 탑승하다

해설 (C)는 잘못된 동작 표현과 사진에 없는 교통수단(bus)이 언급된 오답이다.

3
호주

(A) A statue is being carved by an artist.
(B) Pottery has been arranged on the shelf.
(C) The artwork is being exhibited in the gallery.
(D) Desks have been pushed against the wall.

(A) 동상이 예술가에 의해 조각되고 있다.
(B) 도자기들이 선반에 정렬되어 있다.
(C) 예술품이 갤러리에 전시되고 있다.
(D) 책상들이 벽에 붙어 있다.

어휘 statue 동상, 조각상 | carve 조각하다 | pottery 도자기 | artwork 예술품 | exhibit 전시하다

해설 (A)와 (D)는 사진에 없는 사물(statue, Desks)이 언급된 오답이고, (C)는 장소(gallery)를 잘못 묘사했다.

4
미국

(A) Some people are walking across a bridge.
(B) Cars are being driven across a bridge.
(C) Some people are jumping into the sea.
(D) A bridge is being disassembled above the river.

(A) 몇몇 사람들이 다리를 건너고 있다.
(B) 차량들이 다리 위를 운행 중이다.
(C) 몇몇 사람들이 바다에 뛰어들고 있다.
(D) 강 위에서 다리가 분해되고 있다.

어휘 jump 뛰어들다 | disassemble 분해하다

해설 (B)는 사진에 없는 교통수단(Cars)이 언급된 오답이다.

5
미국

(A) The diners are facing the water.

(B) The people are sitting across from each other.

(C) The waitress is setting the table.

(D) Umbrellas have been unfolded to provide shade.

(A) 식사하는 사람들이 물 쪽을 향해 있다.

(B) 사람들이 서로 마주 보고 앉아 있다.

(C) 종업원이 테이블을 차리고 있다.

(D) 그늘을 제공하기 위해 파라솔이 펼쳐져 있다.

어휘 face ~를 향하다 | across from each other 마주 보고 | umbrella 파라솔 | unfold 펼치다 | provide 제공하다 | shade 그늘

해설 (C)는 사진에 없는 사람(waitress)이 언급된 오답이다.

6
영국

(A) Work is being carried out in the kitchen.

(B) Trays are being moved to the counter.

(C) Aprons are displayed on a rack.

(D) Dishes are being cleared from the table.

(A) 부엌에서 작업이 수행되고 있다.

(B) 쟁반들이 카운터로 옮겨지고 있다.

(C) 옷걸이에 앞치마들이 진열되어 있다.

(D) 그릇들이 테이블에서 치워지고 있다.

어휘 carry out 수행하다 | tray 쟁반 | apron 앞치마 | rack 옷걸이

해설 (B)와 (D)는 사진에 없는 사물(Trays, Dishes)이 언급된 오답이고, (C)는 잘못된 상태묘사이다.

7
호주

(A) The crowd is applauding the presenter.

(B) Not all of the seats are occupied.

(C) A man is distributing some coupons on the street.

(D) People are looking for their seats.

(A) 관중들이 발표자에게 박수를 보내고 있다.

(B) 모든 좌석들이 차 있지는 않다.

(C) 남자가 길에서 쿠폰을 나누어주고 있다.

(D) 사람들은 그들의 좌석을 찾고 있다.

어휘 crowd 관중 | applaud 박수치다 | occupied (자리가) 차 있는 | distribute 나누어주다

해설 (C)는 사진에 없는 사물(coupons)과 장소(street)가 언급된 오답이다.

8
미국

(A) Some rocks are casting shadows across the sidewalk.

(B) The plants are growing in a greenhouse.

(C) There is a lone walker on a country road.

(D) A hiker is walking with a backpack.

(A) 몇몇 바위들이 보도 위에 그림자를 드리우고 있다.

(B) 온실에서 식물들이 자라고 있다.

(C) 시골 길에 한 명의 보행자가 있다.

(D) 도보 여행자가 배낭을 메고 걷고 있다.

어휘 cast a shadow 그림자를 드리우다 | sidewalk 보도 | greenhouse 온실 | lone 혼자인 | backpack 배낭

해설 (A)는 사진에 바위들의 그림자가 보이지 않으므로 오답이고, (B)는 사진에 없는 장소(greenhouse)가 언급된 오답이다.

1 (A)	**2** (A)	**3** (C)	**4** (D)	**5** (B)	**6** (A)

1
미국

(A) He has a beard.
(B) He is cycling in a gym.
(C) He is packing up his backpack.
(D) He is putting sunglasses on his head.

(A) 그는 턱수염이 있다.
(B) 그는 체육관에서 자전거를 타고 있다.
(C) 그는 배낭을 싸고 있다.
(D) 그는 머리에 선글라스를 올려놓고 있다.

어휘 beard 턱수염 | cycle 자전거를 타다 | gym 체육관 | pack (짐을) 싸다 | backpack 배낭

해설 (B)는 동작과 장소 모두 잘못 묘사한 오답이고, (C)는 배낭을 싸고 있는 것이 아니라 메고 있기 때문에 오답이고, (D)는 선글라스를 쓰고 있기 때문에 오답이다.

2
영국

(A) They are carrying out an experiment.
(B) A woman is looking into a microscope.
(C) They are taking a nap in a lab.
(D) A man is holding up a test tube.

(A) 그들은 실험을 수행하고 있다.
(B) 여자가 현미경을 들여다보고 있다.
(C) 그들은 실험실에서 낮잠을 자고 있다.
(D) 남자가 시험관을 들어 올리고 있다.

어휘 carry out 수행하다 | experiment 실험 | microscope 현미경 | take a nap 낮잠을 자다 | test tube 시험관

해설 (B)는 여자가 현미경을 들여다보고 있지 않기 때문에 오답이고, (D)는 시험관을 들어 올리는 사람이 여자이므로 오답이다.

3
호주

(A) A table is placed between two wheelchairs.
(B) Passengers are facing an airplane.
(C) The departure lounge is deserted.
(D) The airplane is landing at the airport.

(A) 테이블이 두 휠체어 사이에 있다.
(B) 승객들이 비행기를 향하고 있다.
(C) 출발 라운지에 사람이 없다.
(D) 비행기가 공항에 착륙하고 있다.

어휘 place 놓다, 두다 | passenger 승객 | face ~을 향하다 | departure 출발 | deserted 사람이 없는, 한산한 | land 착륙하다

해설 (A)는 사진에 휠체어가 없고 소파가 있으므로 오답이고, (B)는 사진에 승객들이 없어서 오답이며, (D)는 비행기가 이미 착륙한 상태이기 때문에 오답이다.

4
미국

(A) The roof is supported by wide pillars.
(B) Shadows are being cast on the lawn.
(C) There is a cello in the corner of the room.
(D) A musical instrument is leaning against a column.

(A) 지붕이 넓은 기둥으로 받쳐지고 있다.
(B) 그림자가 잔디 위에 드리워지고 있다.
(C) 방 한구석에 첼로가 놓여 있다.
(D) 악기 하나가 기둥에 기대어 있다.

어휘 support 떠받치다 | pillar 기둥 | cast (그림자를) 드리우다 | lawn 잔디 | musical instrument 악기 | column 기둥

해설 (A)는 기둥이 한 개만 보이기 때문에 오답이고, (B)는 사진에 잔디밭이 보이지 않으며, (C)는 첼로가 놓여있는 위치가 다르므로 오답이다.

5
미국

(A) Shopping carts are lined up in a row.
(B) **Some televisions have been put on display.**
(C) Big screen TVs are hung on the wall.
(D) Merchandise is being removed from a shelf.

(A) 쇼핑카트들이 일렬로 늘어서 있다.
(B) 몇몇 텔레비전들이 진열되어 있다.
(C) 대형 스크린 TV들이 벽에 걸려 있다.
(D) 제품이 선반에서 치워지고 있다.

어휘 line ~을 따라 늘어서다 | in a row 일렬로 | be put on display 전시되다 | merchandise 제품

해설 (A)는 쇼핑카트들이 보이지 않아 오답이고, (C)는 TV들이 벽에 걸려있지 않아 오답이며, (D)는 제품이 치워지고 있지 않으므로 오답이다.

6
영국

(A) **A glass is being cleaned.**
(B) A car is being fixed.
(C) A brush is being cleared.
(D) A windshield is being replaced.

(A) 유리가 청소되고 있다.
(B) 차가 수리되고 있다.
(C) 솔이 치워지고 있다.
(D) 차 앞 유리가 교체되고 있다.

어휘 brush 솔 | clear 치우다 | windshield (차의) 앞 유리 | replace 교체하다

해설 (B)는 차가 수리되고 있지 않아 오답이고, (C)는 솔로 유리를 청소하고 있으므로 오답이며, (D)는 교체되고 있다는 부분에서 오답이다.

budget 예산 안에서

해설 새로운 사장이 될 사람을 묻는 질문에 간접·우회적으로 대답한 (B)가 정답이다. 의문사 의문문에 '잘 모르겠다', '결정하지 않았다' 등의 간접·우회적 표현은 거의 정답이라고 할 수 있다.

Part 2 Unit 01 Who의문문

기초다지기 ◁)) P2-2

1 (C)　　**2** (B)　　**3** (B)

연·습·문·제 ◁)) P2-4

1 (B)　　**2** (B)　　**3** (A)　　**4** (A)

1 Who takes the bus with you to the office?
미국 (A) I answered the phone all day.
미국 (B) Thanks, I can do it on my own.
　　(C) Andrea does.

사무실에 갈 때 누가 당신과 함께 버스를 타나요?
(A) 저는 하루 종일 전화를 받았어요.
(B) 고맙지만, 저 혼자 할 수 있어요.
(C) Andrea요.

어휘 take the bus 버스를 타다 | all day 하루 종일 | on one's own 혼자서, 단독으로

해설 버스를 함께 타고 가는 사람을 물어보고 있으므로 사람 이름으로 대답한 (C)가 정답이다. (A)는 무엇을 했는지 물어보는 What의문문에 대한 답변이고 (B)는 도와주겠다는 제안문에 어울리는 답변이다.

2 Who's sending out the Christmas cards to our
미국 clients?
미국 (A) To the advertising agency.
　　(B) I'll take care of it in the afternoon.
　　(C) By regular mail.

누가 우리 고객들에게 크리스마스 카드들을 보낼 건가요?
(A) 광고대행사로요.
(B) 오후에 제가 처리할게요.
(C) 일반 우편으로요.

어휘 send out 보내다, 발송하다 | client 고객 | advertising agency 광고대행사 | take care of ~을 처리하다 | regular mail 일반 우편, 보통 우편

해설 카드를 보낼 사람을 묻고 있으므로 인칭대명사 I로 대답한 (B)가 정답이다. (A)는 Where의문문에 대한 답변이고 (C)는 어떻게 보낼지 물어보는 How의문문에 대한 답변이다.

3 Who do you think will be the new president?
호주 (A) I'd be happy to meet him.
미국 (B) We'll have to wait and see.
　　(C) Probably within the budget.

누가 새로운 사장이 될 거라 생각하나요?
(A) 그를 만나 기쁩니다.
(B) 두고 봐야 할 것 같아요.
(C) 아마도 예산 안에서요.

어휘 president 사장, 회장 | wait and see 기다려보다 | within the

1 Who's going to chair the meeting for the whole
영국 staff?
미국 (A) Before 11 o'clock.
　　(B) Samantha is in charge.
　　(C) It met our expectations.

누가 전 직원을 위한 회의의 의장을 맡나요?
(A) 11시 전에요.
(B) Samantha가 담당해요.
(C) 그것은 우리의 기대에 부응했어요.

어휘 chair the meeting 회의의 의장을 맡다 | whole 전체의 | in charge 담당인, ~을 맡은 | meet one's expectation(s) 기대에 부응하다

해설 회의의 의장을 맡은 사람을 묻는 질문에 사람 이름으로 대답한 (B)가 정답이다. (A)는 When의문문에 대한 답변이고 (C)는 질문의 meeting에서 파생된 met을 사용한 오답이다.

2 Who approved the budget proposal?
호주 (A) That sounds like a good idea.
영국 (B) The committee did.
　　(C) Over 10,000 dollars.

누가 예산안을 승인했나요?
(A) 좋은 생각이네요.
(B) 위원회가요.
(C) 10,000달러 이상이요.

어휘 approve 승인하다 | proposal 제안(서) | committee 위원회

해설 예산안을 승인한 사람을 묻는 질문에 '위원회'라고 답한 (B)가 정답이다. (A)는 제안·요청문에 어울리는 응답이고 (C)는 가격을 묻는 질문에 어울리는 응답이다.

3 Who's responsible for hiring interns?
미국 (A) Carl, the Personnel director.
호주 (B) The day after tomorrow.
　　(C) He was hired last July.

누가 인턴사원을 고용하는 책임이 있나요?
(A) Carl 인사부장이요.
(B) 내일모레요.
(C) 그는 지난 7월에 고용되었어요.

어휘 responsible 책임이 있는 | hire 고용하다 | personnel director 인사부장

18

해설 인턴사원을 고용하는 책임자를 묻는 질문에 사람 이름과 직급을 함께 언급한 (A)가 정답이다. (B)는 의문사 When에 대한 답변이고 (C)는 질문의 hiring에서 파생된 hired를 이용한 오답이다.

4 Who <u>pinned</u> the note on the board?

미국 ⋯ 영국

(A) Maybe the <u>supervisor</u> did.
(B) It was posted in the aisle.
(C) Let's send him a thank-you note.

누가 메모를 게시판에 꽂아 두었나요?
(A) 아마도 관리자가 그랬을 거예요.
(B) 복도에 게시되어 있었어요.
(C) 그에게 감사 카드를 보냅시다.

어휘 pin the note 메모를 핀으로 고정시키다 | supervisor 관리자, 감독관 | post 게시하다, 공고하다 | aisle 복도 | thank-you note 감사 카드

해설 메모를 고정시킨 사람을 묻는 질문에 직급으로 대답한 (A)가 정답이다. (B)는 질문의 pin과 내용상 유사한 post를 사용한 오답이고 (C)는 질문에 언급되지 않은 3인칭 목적격 him을 사용한 오답이다.

Part 2 Unit 02 What의문문

기초다지기 🔊 P2-6

1 (A)	2 (C)	3 (B)

1 What did you buy at the museum?

영국 ⋯ 호주

(A) Just a gift card.
(B) Three days ago.
(C) I accepted the invitation.

박물관에서 무엇을 구매했나요?
(A) 그냥 상품권이요.
(B) 3일 전이요.
(C) 저는 초대를 받아들였어요.

어휘 gift card 상품권 | accept 받아들이다 | invitation 초대(장)

해설 박물관에서 구매한 물건을 묻고 있으므로 (A)가 정답이다. (B)는 의문사 When에 대한 답변이고 (C)는 질문과 연관성이 없는 오답이다.

2 What are you doing after work?

미국 ⋯ 미국

(A) I was busy.
(B) She had a drink with her colleagues.
(C) I'm going to see a movie.

퇴근 후에 무엇을 하실 건가요?
(A) 저는 바빴어요.
(B) 그녀는 동료들과 한잔했어요.
(C) 저는 영화를 보러 갈 거예요.

어휘 after work 퇴근 후에 | colleague 동료 | see a movie 영화를 보다

해설 퇴근 후 할 일을 묻는 질문에 영화를 보러 갈 거라고 대답한 (C)가 정답이다. (A)는 시제가 맞지 않고 (B)는 질문에 언급되지 않은 3인칭 주어 She가 언급된 오답이다.

3 What's your new president like?

영국 ⋯ 미국

(A) He's likely to win.
(B) He's open and humorous.
(C) It's not on this bus route.

당신의 새로운 사장은 어떤가요?
(A) 그는 승리할 것 같아요.
(B) 그는 솔직하고 유머러스해요.
(C) 그것은 이 버스 노선상에 있지 않아요.

어휘 be likely to ～할 것 같다 | open 솔직한 | humorous 유머러스한 | bus route 버스 노선

해설 사장의 성격을 묻는 질문에 그가 솔직하고 유머러스하다고 대답한 (B)가 정답이다. (A)는 질문의 like와 파생어 관계의 likely를 사용한 오답이고 (C)는 질문과 연관성이 없는 오답이다.

연 습 문 제 🔊 P2-8

1 (A)	2 (C)	3 (B)	4 (B)

1 What do you think the <u>article</u> about?

미국 ⋯ 영국

(A) I haven't read it yet.
(B) Write the first <u>draft</u> of a story.
(C) There's a series of interviews.

그 기사에 대해 어떻게 생각하나요?
(A) 아직 그것을 읽어본 적이 없어요.
(B) 이야기의 초안을 쓰세요.
(C) 인터뷰들이 연달아 있어요.

어휘 article 기사 | first draft 초고, 초안 | a series of 일련의

해설 기사에 대한 생각을 묻는 질문에 아직 읽어보지 않았다는 (A)가 정답이다. (B)는 article과 비슷한 뜻의 story를 사용한 오답이고 (C)도 article에서 연상할 수 있는 interview를 사용한 오답이다.

2
미국
미국

What do you think we should wear to the reception?

(A) The <u>invitation</u> to the welcome party.

(B) Luncheon will be served soon.

(C) <u>Formal clothing</u> is suggested.

우리가 환영회에서 무엇을 입어야 한다고 생각하시나요?
(A) 환영파티에 오라는 초대장이요.
(B) 오찬이 곧 제공될 것입니다.
(C) 정장이 권장됩니다.

어휘 reception 환영회 | luncheon 오찬 | formal clothing 격식을 차린 복장 | suggest 권장하다, 제안하다

해설 환영회에서 입을 의상을 물어보는 질문에 정장이 권장된다고 대답한 (C)가 정답이다. (A)는 질문의 reception과 같은 뜻의 welcome party를 사용한 오답이고 (B)도 환영회에서 연상될 수 있는 문장으로 오답이다.

3
호주
영국

What's the <u>charge</u> for dry-cleaning a shirt?

(A) Stop by the <u>laundry</u> shop.

(B) 10 dollars <u>per</u> shirt.

(C) After it finishes.

셔츠를 드라이클리닝하는 데 요금은 얼마인가요?
(A) 세탁소에 들르세요.
(B) 셔츠 한 장당 10달러예요.
(C) 그것이 마무리된 후에요.

어휘 charge 요금 | stop by ∼에 들르다 | laundry 세탁물 | per ∼마다

해설 드라이클리닝 요금을 묻는 질문에 정확한 요금으로 대답한 (B)가 정답이다. (A)는 드라이클리닝과 연관성 있는 laundry shop을 이용한 오답이고 (C)는 의문사 When에 대한 응답으로 어울린다.

4
미국
호주

What type of room should I <u>reserve</u> for you?

(A) Two nights and three days.

(B) One with an <u>ocean view</u>.

(C) It's more <u>economical</u>.

어떤 종류의 방을 예약해 드릴까요?
(A) 2박 3일이요.
(B) 바다가 보이는 방이요.
(C) 좀 더 경제적이에요.

어휘 type 종류, 형태 | reserve 예약하다 | ocean view 바다가 보이는 전망 | economical 경제적인

해설 방의 종류를 묻는 질문에 바다가 보이는 방을 달라고 한 (B)가 정답이다. (A)는 머무르는 기간을 물어볼 때 어울리는 대답이고 (C)는 가격을 흥정할 때 어울리는 표현이다.

| 실전문제 | | | | 🔊 P2-9 |

1 (A)	**2** (C)	**3** (A)	**4** (A)	**5** (C)
6 (B)	**7** (A)	**8** (A)	**9** (B)	**10** (A)

1
미국
미국

Who can I call for installing the program?

(A) Let me check.

(B) About three months ago.

(C) As soon as I finish the program.

프로그램 설치를 위해 누구에게 전화할 수 있죠?
(A) 확인해 볼게요.
(B) 약 3달 전에요.
(C) 내가 프로그램을 끝내자 마자요.

어휘 install 설치하다 | as soon as ∼하자마자

해설 프로그램을 설치하기 위해 전화할 사람을 묻는 질문에, 간접적·우회적으로 응답한 (A)가 정답이다. (B)와 (C)는 의문사 When에 대한 답변으로 어울린다. (C)는 질문의 단어 program을 반복 사용한 오답이다.

2
영국
호주

What would be a good place for a meal?

(A) Dinner is waiting for you.

(B) Please place your order early.

(C) Try the French restaurant down the street.

식사를 하기에 좋은 장소는 어디인가요?
(A) 당신을 위한 저녁식사가 준비되어 있어요.
(B) 일찍 주문해 주세요.
(C) 길 아래쪽의 프랑스 레스토랑에 가보세요.

어휘 meal 식사 | place an order 주문하다

해설 식사하기에 좋은 장소를 묻는 질문에 프랑스 레스토랑을 추천한 (C)가 정답이다. (A)는 질문의 meal에서 연상 가능한 Dinner를 사용한 오답이고 (B)는 식당에서 할 수 있는 표현이다.

3
미국
영국

Who is going to pick up the client from Brazil?

(A) I forgot his name.

(B) It's just a 20 minute walk.

(C) I picked this up at the grocery store.

브라질에서 온 고객을 누가 마중 나가나요?
(A) 그의 이름을 잊어버렸어요.
(B) 단지 걸어서 20분 거리예요.
(C) 저는 식료품점에서 이것을 샀어요.

어휘 pick up ∼를 태우러 가다 | grocery store 식료품점

해설 고객을 누가 마중 나가는지 묻는 질문에 (마중 나갈 사람의) 이름을 잊어버렸다고 간접적·우회적으로 응답한 (A)가 정답이다. (B)는 How long 의문사에 대한 답변으로 어울리고, (C)는 질문의 pick up을 반복 사용한 오답이다.

4 What's the problem with the printer?

영국 ··· 미국

(A) The ink cartridge is not working.
(B) The coffee maker is broken.
(C) Print your name.

프린터에 무슨 문제가 있나요?
(A) 잉크 카트리지가 작동하지 않아요.
(B) 커피메이커가 고장 났어요.
(C) 이름을 인쇄해 주세요.

어휘 work 작동하다 | broken 고장 난 | print 인쇄하다

해설 프린터의 문제를 묻는 질문에 잉크 카트리지가 고장 났다고 답한 (A)가 정답이다. (B)는 질문의 problem에서 연상할 수 있는 broken을 사용한 오답이고 (C)는 printer와 파생어 관계인 print를 사용한 오답이다.

5 Who's uploading our event schedule on the homepage?

호주 ··· 미국

(A) Right. It's updated often.
(B) Before midnight tonight.
(C) That task hasn't been passed out.

누가 홈페이지에 우리 행사 스케줄을 업로드하나요?
(A) 맞아요. 자주 업데이트됩니다.
(B) 오늘 밤 자정 전에요.
(C) 그 업무는 아직 나뉘지 않았어요.

어휘 upload 업로드하다 | update 업데이트하다 | midnight 자정 | task 일, 업무 | pass out 나누어 주다

해설 행사 스케줄을 업로드하는 사람을 묻는 질문에 간접적·우회적으로 응답한 (C)가 정답이다. (A)는 질문의 upload와 비슷한 update를 이용한 오답이고 (B)는 의문사 When에 대한 답변으로 어울린다.

6 Which building project should be sent to the city council?

미국 ··· 미국

(A) The chairman of the transit authority.
(B) The one for the new terminal.
(C) Not until next month.

어떤 건설 프로젝트가 시 의회로 보내졌나요?
(A) 교통 당국의 의장님이요.
(B) 새 터미널을 위한 프로젝트요.
(C) 다음 달이나 되면요.

어휘 city council 시 의회 | chairman 의장 | transit authority 교통 당국 | not until ~나 되어서야

해설 프로젝트의 종류를 물어보는 질문에 새 터미널을 위한 프로젝트라고 대답한 (B)가 정답이다. (A)는 Who의문문에 어울리는 응답이고 (C)는 의문사 When에 대한 답변이다.

7 Who's our most loyal customer?

호주 ··· 미국

(A) The Diamond Incorporated.
(B) It almost didn't happen.
(C) Yes, he is one of our clients.

우리의 가장 단골 고객은 누구죠?

(A) Diamond사요.
(B) 그것은 거의 일어나지 않았어요.
(C) 네, 그는 우리 고객들 중 한 명이에요.

어휘 loyal customer 단골 고객 | happen 일어나다, 발생하다

해설 단골 고객을 묻는 질문에 회사명으로 응답한 (A)가 정답이다. (B)는 연관성이 없는 답변이고 (C)는 customer와 비슷한 뜻인 client를 이용한 오답이다.

8 What's included in the price?

영국 ··· 호주

(A) Mashed potatoes and French fries.
(B) I'd like to pay in cash.
(C) We offer various options.

가격에 무엇이 포함되었죠?
(A) 으깬 감자와 감자튀김이요.
(B) 현금으로 계산할게요.
(C) 우리는 다양한 옵션들을 제공합니다.

어휘 include 포함시키다 | mashed potato 으깬 감자 | pay in cash 현금으로 지불하다 | various 다양한 | option 옵션

해설 가격에 포함된 것을 물어보는 질문에 포함된 음식의 종류로 응답한 (A)가 정답이다. (B)는 질문의 price와 연관성 있는 cash를 사용한 오답이고 (C)는 연관성 없는 답변이다.

9 Who should I send these forms to?

호주 ··· 영국

(A) At the theater across the street.
(B) Why don't you ask your manager?
(C) Around five o'clock in the afternoon.

이 양식들을 누구에게 보내야 하죠?
(A) 길 건너 극장에서요.
(B) 부장님께 물어보는 건 어때요?
(C) 오후 5시쯤이요.

어휘 form 양식 | theater 극장 | across the street 길 건너에

해설 양식을 누구에게 보낼지 물어보는 질문에 간접적·우회적인 응답을 한 (B)가 정답이다. (A)는 장소를 묻는 의문사 Where에 대한 응답이고 (C)는 When의문문에 대한 답변이다.

10 Which room are the extra chairs in?

미국 ··· 미국

(A) Conference room B.
(B) No, that's enough.
(C) Move the desks in the middle of the room.

어떤 방에 여분의 의자가 있죠?
(A) B 회의실이요.
(B) 아니요, 충분합니다.
(C) 방 중앙으로 책상들을 옮기세요.

어휘 extra 여분의 | conference room 회의실 | enough 충분한 | move 옮기다, 이동시키다 | in the middle of ~의 중앙에

해설 여분의 의자가 있는 방의 종류를 묻는 질문에 B 회의실이라고 답한 (A)가 정답이다. (B)는 의문사 의문문에 No로 응답했으므로 오답이고, (C)는 질문의 room을 반복한 오답이다.

When의문문

1 (B) 　 **2** (A) 　 **3** (C) 　 **4** (A)

기초다지기 　 🔊 P2-12

1 (B) 　 **2** (A) 　 **3** (A)

---

1 When will the seminar be over?

미국
...
영국

(A) Okay, I'll meet you there.

(B) In about an hour.

(C) At the convention center.

세미나는 언제 끝나나요?
(A) 좋아요, 거기서 만나요.
(B) 약 한 시간 후에요.
(C) 컨벤션 센터에서요.

어휘 be over 끝나다. 마치다 | convention 컨벤션. (대규모) 회의

해설 세미나가 끝나는 시간을 묻는 질문에 한 시간 후라고 대답한 (B)가 정답이다. (A)는 제안·요청의문문에 대한 답변이고 (C)는 Where의문문에 대한 답변이다.

---

2 When did the movie start?

미국
...
미국

(A) A few minutes ago.

(B) I don't think it was.

(C) Usually on a weekend.

영화가 언제 시작했나요?
(A) 몇 분 전에요.
(B) 그랬다고 생각하지 않아요.
(C) 보통 주말에요.

어휘 usually 보통. 대게

해설 영화가 시작된 시간을 묻는 질문에 몇 분 전이라고 대답한 (A)가 정답이다. (C)는 현재시제로 물어보는 질문에 어울리는 답변이다.

---

3 When do you expect to make a speech at the meeting?

호주
...
영국

(A) I haven't been notified.

(B) What a pleasant surprise!

(C) It's in Shanghai.

언제 회의에서 연설을 시작하시나요?
(A) 통지받지 못했어요.
(B) 정말로 놀랍네요!
(C) 상하이에 있어요.

어휘 expect 예상하다 | make a speech 연설하다 | notify 알리다 | pleasant 기분 좋은. 즐거운

해설 언제 연설을 시작하는지 묻는 질문에 간접적·우회적으로 응답한 (A)가 정답이다. (C)는 Where의문문에 대한 답변이다.

---

1 When will we start the construction of the new road?

미국
...
호주

(A) The building is under construction.

(B) As soon as approval is received.

(C) They're waiting for a taxi.

언제 새 도로를 건설하기 시작하죠?
(A) 그 건물은 공사 중이에요.
(B) 승인이 되는대로요.
(C) 그들은 택시를 기다리고 있어요.

어휘 under construction 공사중 | approval 승인

해설 도로의 건설을 언제 시작하는지 묻는 질문에 승인이 되면 한다고 대답한 (B)가 정답이다. (A)는 질문의 construction을 반복한 오답이고 (C)는 질문의 road와 연관성 있는 taxi를 사용한 오답이다.

---

2 When do you think the shipment is possible?

미국
...
영국

(A) I wish I knew.

(B) I sent them by express.

(C) To the new address.

당신은 언제 배송이 가능할 거라고 생각하시나요?
(A) 저도 알고 싶네요.
(B) 저는 속달로 보냈어요.
(C) 새 주소로요.

어휘 shipment 배송. 수송 | by express 속달로

해설 배송이 가능한 날짜를 묻는 질문에 '저도 알고 싶네요'라고 응답한 (A)가 정답이다. '모른다' 형태의 답변은 의문사 의문문의 절대 답변이다. (B)는 질문의 shipment와 연관성 있는 단어인 sent, express를 사용한 오답이다.

---

3 When does the company issue the paychecks?

영국
...
호주

(A) By the city bank.

(B) The recent issue of the journal.

(C) On the first day of the month.

회사는 언제 지불 수표를 발행하나요?
(A) 시 은행에 의해서요.
(B) 그 잡지의 최신호요.
(C) 해당 월의 첫째 날이요.

어휘 issue the paycheck 지불 수표를 발행하다 | recent 최근의 | issue 발행하다. (정기 간행물의) 호 | journal 잡지, 학술지

해설 수표를 언제 발행하느냐는 질문에 해당 월의 첫째 날이라고 대답한 (C)가 정답이다. (A)는 질문의 paycheck과 연관성 있는 bank를 사용한 오답이고 (B)는 질문의 단어 issue를 반복한 오답이다.

4 호주 … 미국 When is the shareholders' meeting in Amsterdam?

(A) At the beginning of next month.

(B) There's a meeting at the headquarters.

(C) Board of directors recommended him.

암스테르담에서의 주주 회의는 언제죠?

(A) 다음 달 초요.

(B) 본사에서 회의가 있어요.

(C) 이사회는 그를 추천했어요.

어휘 shareholder 주주 | headquarters 본사 | board of directors 이사회 | recommend 추천하다

해설 주주 회의가 언제 열리는지 물어보는 질문에 다음 달 초라고 대답한 (A)가 정답이다. (B)는 질문의 meeting을 반복 사용한 오답이고 (C)는 질문의 shareholder와 의미상 연관이 있는 Board of directors를 사용한 오답이다.

Part 2 Unit **04** **Where의문문**

기초다지기 ◁》P2-16

1 (C) **2** (B) **3** (C)

---

1 미국 … 호주 Where do you get your hair cut?

(A) Here's your change.

(B) Let's look at the calendar.

(C) At a place on Fifth Avenue.

당신은 어디에서 머리를 자르나요?

(A) 여기 거스름돈 있어요.

(B) 일정표를 봅시다.

(C) 5번가에 있는 장소요.

어휘 get one's hair cut 머리를 자르다 | change 거스름돈 | calendar 일정표, 달력 | avenue 길, 거리

해설 머리를 자르는 장소를 물어보는 질문에 5번가에 있는 장소라고 대답한 (C)가 정답이다. (A)는 계산을 끝낸 후에 나올 수 있는 답변이고 (B)는 간접·우회적 응답이지만 질문과는 어울리지 않는다.

2 미국 … 미국 Where can I check my bags?

(A) Are there any seats available?

(B) In the main lobby.

(C) Fill out this form.

어디에다 짐을 맡길 수 있나요?

(A) 이용할 수 있는 좌석이 있나요?

(B) 메인 로비에요.

(C) 이 양식을 작성하세요.

어휘 check 맡기다 | available 이용할 수 있는 | fill out 작성하다

해설 짐을 맡길 장소를 물어보는 질문에 메인 로비라고 대답한 (B)가 정답이다. (A)는 연관성이 없는 답변이고 (C)는 How의문문에 어울리는 응답이다.

3 영국 … 미국 Where can I catch the bus to the city hall?

(A) It takes about 30 minutes.

(B) Yes, I'll draw a map.

(C) There's a stop at the corner.

시청으로 가는 버스를 어디서 타나요?

(A) 30분 정도 걸립니다.

(B) 네, 저는 지도를 그릴 겁니다.

(C) 코너에 정류장이 있어요.

어휘 catch the bus (시간 맞춰) 버스를 타다 | city hall 시청 | draw a map 지도를 그리다 | stop 정류장, 정거장

해설 버스를 어디서 탈 수 있는지 묻는 질문에 코너에 있는 정류장이라고 대답한 (C)가 정답이다. (A)는 거리를 물어보는 질문에 대한 응답이고 (B)는 의문사 의문문에 Yes로 답했으므로 오답이다.

연 습 문 제 ◁》P2-18

1 (C) **2** (B) **3** (B) **4** (B)

---

1 호주 … 미국 Where can I find the today's newspaper?

(A) Yes, it was headline news.

(B) Display the table of contents.

(C) It won't arrive before 7 A.M.

오늘 신문 어디서 찾을 수 있을까요?

(A) 네, 그건 헤드라인 기사였어요.

(B) 목차를 표시하세요.

(C) 오전 7시나 되어야 도착합니다.

어휘 headline 헤드라인, 표제 | display 전시하다, 내보이다 | table of contents 목차 | arrive 도착하다

해설 신문을 어디서 찾을 수 있는지 묻는 질문에 오전 7시나 되어야 도착한다고 대답한 (C)가 정답이다. (A)는 의문사 의문문에 Yes로 대답한 오답이고 (B)는 신문을 둘 만한 장소로 table을 연상하도록 만든 오답이다. 여기서 table은 '표, 목록'의 뜻이다.

2 영국 … 호주 Where did you put the shipping invoice?

(A) It will be shipped next week.

(B) I left it in the top drawer.

(C) I left a voice mail message.

선적 송장을 어디에다 두었나요?

(A) 다음 주에 배송될 겁니다.

(B) 맨 위 서랍에 두었어요.

(C) 저는 음성 메일 메시지를 남겼어요.

어휘 shipping invoice 선적 송장 | ship 배송되다 | top drawer 맨

위 서랍 | voice mail message 음성 메일 메시지

해설 송장을 어디에 두었는지 묻는 질문에 맨 위 서랍에 두었다고 대답한 (B)가 정답이다. (A)는 When의문문에 대한 응답이고 (C)는 질문의 invoice와 발음이 유사한 voice를 사용한 오답이다.

3 Where do I register for a yoga class?

미국
...
호주

(A) From 9 A.M. to 6 P.M. on weekdays.

(B) You can sign up right there.

(C) You can save 15% of registration fee.

요가 수업을 어디에서 등록하죠?
(A) 평일 오전 9시에서 오후 6시까지예요.
(B) 저기에서 등록할 수 있어요.
(C) 등록비를 15% 할인받을 수 있어요.

어휘 register 등록하다, 신청하다 | weekday 평일 | sign up 등록하다 | save 절약하다, 아끼다 | registration fee 등록비

해설 요가 수업 등록하는 곳을 물어보는 질문에 저기서 등록하면 된다고 한 (B)가 정답이다. (A)는 When의문문에 대한 응답이고 (C)는 질문의 register와 파생어 관계인 registration을 사용한 오답이다.

4 Where's the copy papers I bought last week?

미국
...
미국

(A) What paper do you usually read?

(B) I guess we used them all up.

(C) It's 10 dollars and 50 cents a box.

지난주에 구입한 복사용지들은 어디에 있나요?
(A) 평소에 어떤 신문을 읽으시나요?
(B) 제 생각에는 우리가 벌써 다 써버렸나 봐요.
(C) 한 상자에 10달러 50센트예요.

어휘 copy paper 복사용지 | use up 다 써버리다

해설 복사 용지를 어디에 두었는지 묻는 질문에 벌써 다 썼다고 대답한 (B)가 정답이다. (A)는 질문의 papers를 반복한 오답이고 (C)는 가격을 물어보는 질문에 어울리는 응답이다.

실전문제 ◁) P2-19

1 (B)	2 (A)	3 (B)	4 (B)	5 (B)
6 (C)	7 (C)	8 (A)	9 (A)	10 (A)

---

1 When does the next train arrive?

영국
...
미국

(A) Commuters are waiting for a bus.

(B) It's been delayed.

(C) The train will depart from platform 10.

다음 열차는 몇 시에 도착하나요?
(A) 통근자들이 버스를 기다리고 있어요.
(B) 지연되고 있어요.
(C) 기차가 10번 플랫폼에서 출발할 겁니다.

어휘 commuter 통근자 | delay 지연시키다 | depart 출발하다, 떠나다

해설 열차가 도착하는 시간을 묻는 질문에 지연되고 있다고 대답한 (B)가 정답이다. (A)는 질문의 train과 연관된 bus를 사용한 오답이고 (C)는 질문의 train을 반복한 오답이다.

2 Where did the last year's environment EXPO take place?

호주
...
영국

(A) In Geneva, Switzerland.

(B) Admission is free.

(C) To open to the public.

작년 환경 엑스포는 어디서 열렸죠?
(A) 스위스 제네바에서요.
(B) 입장료는 무료예요.
(C) 대중들에게 개방하기 위해서요.

어휘 environment 환경 | take place 열리다, 개최되다 | admission 입장(료) | the public 대중들

해설 환경 엑스포가 열린 장소를 묻는 질문에 Geneva, Switzerland라고 대답한 (A)가 정답이다. (B)는 질문의 EXPO에서 연상할 수 있는 표현이고 (C)는 Why의문문에 어울리는 응답이다.

3 When's the antivirus program going to be installed?

미국
...
미국

(A) It hasn't been used for a long time.

(B) Next Friday at the earliest.

(C) To develop web applications.

언제 바이러스 백신 프로그램이 설치될 건가요?
(A) 그것은 오랫동안 사용되지 않았어요.
(B) 빨라야 다음 주 금요일이요.
(C) 웹 응용 프로그램을 개발하기 위해서요.

어휘 antivirus 바이러스 퇴치용인 | at the earliest 빨라도 | develop 개발하다 | application 응용 프로그램

해설 프로그램이 언제 설치될지 묻는 질문에 빨라야 다음 주 금요일이라고 대답한 (B)가 정답이다. (A)는 When의문문의 정답으로 여겨질 수 있게 long time이라는 표현을 넣은 오답이고 (C)는 Why의문문에 어울리는 응답이다.

4 Where have you been all day?

미국
...
영국

(A) Tomorrow is my day off.

(B) At the library.

(C) He stayed the night with friends.

하루 종일 어디에 있었나요?
(A) 내일은 제가 쉬는 날이에요.
(B) 도서관이에요.
(C) 그는 친구들과 밤을 샜어요.

어휘 all day 하루 종일 | day off 쉬는 날 | stay the night 밤을 새우다

해설 하루 종일 어디 있었는지 묻는 질문에 도서관에 있었다고 대답한 (B)가 정답이다. (A)는 질문의 day를 반복한 오답이고 (C)는 질문에 언급되지 않은 3인칭 대명사 He를 사용한 오답이다.

5 When is the store being remodeled?

미국 ··· 호주

(A) They need to renovate the facilities.

(B) It's not certain yet.

(C) Due to the rising prices.

이 가게는 언제 개조되나요?
(A) 그들은 그 시설을 개조할 필요가 있어요.
(B) 아직 확실치 않아요.
(C) 상승하는 가격 때문에요.

어휘 remodel 개조하다 | renovate 개조하다, 보수하다 | facility 시설 | certain 확실한 | due to ~ 때문에 | rising 오르는, 상승하는

해설 가게를 개조하는 시기를 묻는 질문에 아직 확실치 않다고 대답한 (B)가 정답이다. (A)는 질문의 remodel과 유사한 뜻의 renovate를 사용한 오답이고 (C)는 Why의문문에 대한 응답으로 어울린다.

6 Where do you plan to go for the holidays?

호주 ··· 영국

(A) Twice a week, usually.

(B) Various plans for vacation.

(C) It depends on how many days I get.

휴일에 어디로 갈 계획인가요?
(A) 보통 일주일에 두 번이요.
(B) 휴가를 위한 다양한 계획들이요.
(C) 휴가 일수에 따라 달라요.

어휘 plan 계획하다 | various 다양한 | depend on ~에 달려있다

해설 휴일에 어디로 갈지 물어보는 질문에 휴가 일수에 따라 다르다고 대답한 (C)가 정답이다. (A)는 How often의문문에 대한 응답이고 (B)는 질문의 holidays와 같은 뜻의 단어 vacation을 사용한 오답이다.

7 When will your passport expire?

영국 ··· 미국

(A) I won't renew my gym membership.

(B) Let me ask you something.

(C) It is good for next year.

당신의 여권은 언제 만료되나요?
(A) 나는 체육관 회원 자격을 갱신하지 않을 거예요.
(B) 뭐 좀 물어볼게요.
(C) 내년까지 유효합니다.

어휘 passport 여권 | expire 만료되다, 만기가 되다 | renew 갱신하다 | good 유효한

해설 여권이 만료되는 시기를 물어보는 질문에 내년까지 유효하다고 대답한 (C)가 정답이다. (A)는 질문의 expire와 반대의 뜻을 가지고 있는 renew를 사용한 오답이고 (B)는 연관성이 없는 응답이다.

8 Where can I use a car rental service around here?

미국 ··· 미국

(A) Try the agency next to the hotel.

(B) About $500 a week.

(C) Could you give me a discount?

자동차대여 서비스를 이 근처 어디에서 이용할 수 있나요?
(A) 호텔 옆에 있는 대리점에 가 보세요.
(B) 일주일에 500달러 정도요.
(C) 할인해 주실 수 있나요?

어휘 rental service 대여 서비스 | agency 대리점 | give a discount 할인해 주다

해설 자동차대여 서비스를 이용할 수 있는 장소를 물어보는 질문에 호텔 옆에 있는 대리점에 가보라고 대답한 (A)가 정답이다. (B)는 가격을 묻는 질문에 대한 응답이고 (C)는 가격을 흥정할 때 쓰는 문장으로 오답이다.

9 When are the advertising brochures sent out?

영국 ··· 호주

(A) Every other week.

(B) To the post office.

(C) They were sent by courier.

이 광고지들은 언제 발송되나요?
(A) 격주로요.
(B) 우체국 쪽으로요.
(C) 택배로 보내졌어요.

어휘 brochure 안내 책자 | every other week(= every two weeks) 격주로 | courier 택배

해설 광고지가 언제 발송되는지 물어보는 질문에 격주라고 대답한 (A)가 정답이다. (B)는 Where의문문에 대한 응답이고 (C)는 질문의 sent를 반복한 오답이다.

10 Where are you taking the applicants after the interview?

호주 ··· 미국

(A) To the cafeteria.

(B) For another couple of hours.

(C) They're waiting for the announcement.

면접이 끝나고 지원자들을 어디로 데리고 갈 건가요?
(A) 구내식당으로요.
(B) 몇 시간 더요.
(C) 그들은 발표를 기다리고 있어요.

어휘 applicant 지원자 | cafeteria 구내식당 | announcement 발표

해설 지원자들을 어디로 데리고 갈 건지 묻는 질문에 구내식당으로 데려간다고 대답한 (A)가 정답이다. (B)는 When의문문에 대한 응답이고 (C)는 질문과 연관성이 있어 보이는 내용이지만 오답이다.

관성이 있는 단어인 guest를 사용한 오답이고 (B)는 연관성이 없는 응답으로 오답이다.

기초다지기 ◁)) P2-22

1 (B)	**2** (C)	**3** (C)

연 · 습 · 문 · 제 ◁)) P2-24

1 (C)	**2** (A)	**3** (A)	**4** (B)

1 How long will you be staying in Tokyo?

영국 … 미국

(A) At the Galaxy Hotel.

(B) About two weeks.

(C) This has been a long flight.

도쿄에 얼마나 오래 머물 건가요?
(A) Galaxy 호텔에서요.
(B) 약 2주 동안요.
(C) 비행시간이 길었어요.

어휘 flight 비행

해설 도쿄에 머물 기간을 묻는 질문에 약 2주라고 대답한 (B)가 정답이다. (A)는 Where의문문에 대한 응답이고 (C)는 질문의 long을 반복한 오답이다.

2 How much will it cost to sign up for the class?

미국 … 미국

(A) It took less than a minute.

(B) A team of professionals.

(C) About five hundred dollars.

그 강좌에 등록하는 데 비용이 얼마나 드나요?
(A) 일 분이 채 안 걸려요.
(B) 전문가로 구성된 팀이요.
(C) 대략 5백 달러요.

어휘 cost (비용이) 들다 | sign up 등록하다 | less than ~보다 적은 | professional 전문가

해설 강좌에 등록하는 데 드는 비용을 묻는 질문에 대략 5백 달러라고 대답한 (C)가 정답이다. (A)는 걸리는 시간에 대한 응답으로 오답이고 (B)는 대상을 물어보는 Who의문문에 대한 답변으로 어울린다.

3 How do I reserve a banquet hall?

미국 … 호주

(A) Here is a list of the guests.

(B) It didn't help me at all.

(C) You can do it online.

연회장을 어떻게 예약하죠?
(A) 여기에 손님 명단이 있어요.
(B) 전혀 도움이 되지 않았어요.
(C) 온라인으로 할 수 있습니다.

어휘 banquet 연회 | not ~ at all 전혀 ~하지 않다

해설 연회장을 예약하는 방법을 물어보는 질문에 온라인으로 할 수 있다고 대답한 (C)가 정답이다. (A)는 질문의 banquet과 연

1 How will I recognize the person I'm meeting?

호주 … 영국

(A) It's an exciting opportunity.

(B) Yes, you're able to identify him.

(C) He'll be wearing a white uniform.

제가 만날 사람을 어떻게 알아보죠?
(A) 신나는 기회네요.
(B) 네, 당신은 그를 알아볼 수 있어요.
(C) 그는 흰색 유니폼을 입고 있을 거예요.

어휘 recognize 알아보다, 인식하다 | opportunity 기회 | identify (신원을) 알아보다, 확인하다

해설 사람을 어떻게 알아볼 수 있는지 물어보는 질문에 흰색 유니폼을 입고 있을 거라고 대답한 (C)가 정답이다. (A)는 연관성이 없는 응답이고 (B)는 의문사 의문문에 Yes로 응답했으므로 오답이다.

2 How do you like the new menu at the cafeteria?

미국 … 미국

(A) It's exactly what I wanted.

(B) Read the user's manual.

(C) Would you like anything to eat?

구내식당의 새 메뉴는 마음에 드나요?
(A) 정확히 제가 원하던 메뉴예요.
(B) 사용자 설명서를 읽으세요.
(C) 어떤 것을 드시고 싶으세요?

어휘 exactly 정확히, 바로 | user's manual 사용자 설명서

해설 새 메뉴가 마음에 드는지 묻는 질문에 원하던 메뉴라고 대답한 (A)가 정답이다. (B)는 질문의 menu와 발음이 유사한 manual을 사용한 오답이고 (C)는 식당에서 할 수 있는 대화지만 정답은 아니다.

3 How long have you been investigating the function?

미국 … 영국

(A) For almost 2 years.

(B) It took three hours to get there.

(C) The government sent the investigator.

그 기능을 얼마나 조사해 왔나요?
(A) 거의 2년 정도요.
(B) 거기 도착하는 데 3시간이 걸렸어요.
(C) 정부는 조사관을 보냈어요.

어휘 investigate 조사하다 | function 기능 | almost 거의 | government 정부 | investigator 조사관

해설 기능을 조사해 온 기간을 물어보는 질문에 2년 정도라고 대답

한 (A)가 정답이다. (B)는 소요 시간을 묻는 질문에 대한 응답이고 (C)는 질문의 investigating과 파생어 관계인 investigator를 사용한 오답이다.

4
영국
···
호주

How often do I need to update the contact information?

(A) I'm not sure where it is.

(B) It updates automatically.

(C) Click here to open it.

연락처를 얼마나 자주 갱신해야 하나요?
(A) 그곳이 어디인지 몰라요.
(B) 자동적으로 갱신됩니다.
(C) 열려면 여기를 클릭하세요.

어휘 contact information 연락처 | automatically 자동적으로

해설 연락처를 갱신하는 빈도를 물어보는 질문에 자동적으로 업데이트 된다고 대답한 (B)가 정답이다. (A)는 I'm not sure까지만 보면 정답 같지만 where it is부분에서 오답이고 (C)는 방법을 묻는 How의문문의 응답으로 어울린다.

Part 2	Unit 06	Why의문문

기초다지기 🔊 P2-26

1 (A) **2** (B) **3** (B)

1
호주
···
미국

Why is the city hall closed?

(A) It's a national holiday.

(B) Only for city officials.

(C) It's open until 9.

왜 시청은 문을 닫았나요?
(A) 국경일이라서요.
(B) 오직 시 공무원만요.
(C) 9시까지 문을 열어요.

어휘 national holiday 국경일 | city official 시 공무원

해설 시청이 문을 닫은 이유를 묻는 질문에 국경일이라서 닫았다고 대답한 (A)가 정답이다. (B)는 질문의 city를 반복한 오답이고 (C)는 질문의 closed와 반대 단어인 open을 사용한 오답이다.

2
미국
···
미국

Why didn't you go to the 4:30 motor show?

(A) That would be helpful.

(B) Because I was too busy.

(C) Can I go with you?

왜 4시 30분 모터쇼를 가지 않았나요?
(A) 도움이 될 것 같군요.

(B) 왜냐하면 매우 바빴어요.
(C) 당신과 함께 갈 수 있나요?

어휘 motor show 모터쇼, 자동차 전시 발표회 | helpful 도움이 되는

해설 모터쇼에 가지 않은 이유를 묻는 질문에 바빴다고 대답한 (B)가 정답이다. (A)는 How의문문에 대한 응답이고 (C)는 질문의 go를 반복한 오답이다.

3
호주
···
영국

Why were you late for the interview?

(A) It was nice to meet you.

(B) My car broke down.

(C) I'm looking for a job.

왜 인터뷰에 늦었나요?
(A) 만나서 반가웠습니다.
(B) 제 차가 고장 났어요.
(C) 저는 일자리를 찾고 있어요.

어휘 be late for ~에 늦다 | break down 고장 나다 | look for a job 일자리를 찾다

해설 인터뷰에 늦은 이유를 물어보는 질문에 차가 고장 나서라고 대답한 (B)가 정답이다. (A)는 사람을 만났을 때 하는 인사이며 (C)는 질문의 interview와 연관 있는 job을 사용한 오답이다.

연습문제 🔊 P2-28

1 (A) **2** (B) **3** (A) **4** (C)

1
미국
···
미국

Why was the board meeting postponed?

(A) There was a scheduling conflict.

(B) We just couldn't afford it.

(C) I'm supposed to attend the meeting.

이사회는 왜 연기되었나요?
(A) 일정이 겹쳤어요.
(B) 우리는 그것을 충당할 수가 없었어요.
(C) 저는 회의에 참석하기로 되어있어요.

어휘 board meeting 이사회 | postpone 연기하다 | scheduling conflict 일정이 겹침 | afford ~할 여유가 되다 | be supposed to ~하기로 되어 있다 | attend ~에 참석하다

해설 이사회가 연기된 이유를 물어보는 질문에 일정이 겹쳤다고 대답한 (A)가 정답이다. (B)는 연관성이 없는 답변이고 (C)는 질문의 meeting을 반복한 오답이다.

2
미국
···
미국

Why isn't the special offer posted on our Web site?

(A) Advertising is really necessary.

(B) The computer system was down all morning.

(C) Our catalog includes discount vouchers.

특가 판매가 왜 우리 웹사이트에 게시되어 있지 않나요?
(A) 광고는 정말 필요해요.
(B) 컴퓨터 시스템이 오전 내내 작동되지 않았어요.

(C) 우리 카탈로그에는 할인 쿠폰이 포함되어 있어요.

어휘 **special offer** 특가 판매 | **necessary** 필요한 | **down** 작동되지 않는 | **discount** 할인 | **voucher** 쿠폰, 할인권

해설 특가 판매가 웹사이트에 게시되지 않은 이유를 묻는 질문에 컴퓨터 시스템이 오전 내내 작동되지 않았다고 대답한 (B)가 정답이다. (A)는 질문의 special offer와 연관성 있는 advertising을 사용한 오답이고 (C)도 마찬가지로 질문의 special offer에서 연상할 수 있는 단어인 vouchers를 사용한 오답이다.

---

3 Why isn't professor Kwan teaching here anymore?

영국
···
미국

(A) He retired at the end of last year.

(B) Registration closed last week.

(C) No, probably not.

왜 Kwan 교수는 여기서 더 이상 가르치지 않나요?
(A) 그는 작년 말에 은퇴했습니다.
(B) 등록은 지난주에 끝났어요.
(C) 아니요, 아마도 아닐 겁니다.

어휘 **professor** 교수 | **retire** 은퇴하다 | **registration** 등록

해설 Kwan 교수가 왜 여기서 가르치지 않는지 물어보는 질문에 작년 말에 은퇴했다고 대답한 (A)가 정답이다. (B)는 질문의 상황과 연관성은 있지만 정답은 아니고 (C)는 의문사 의문문에 No로 응답했으므로 오답이다.

---

4 Why are you working at the reception desk today?

호주
···
영국

(A) Proceed to the check-in counter.

(B) Yes, but I'll stay until tomorrow.

(C) I'm filling in for Ms. Smith.

오늘 왜 접수처에서 일하세요?
(A) 체크인 카운터로 가세요.
(B) 네, 하지만 내일까지 머물 거예요.
(C) Smith씨를 대신해서요.

어휘 **reception desk** 접수처, 프런트 | **proceed to** ~로 나아가다 | **fill in for** ~을 대신하다

해설 접수처에서 일하는 이유를 묻는 질문에 Smith씨를 대신한다고 대답한 (C)가 정답이다. (A)는 질문의 desk와 연관성 있는 counter를 사용한 오답이고 (B) 의문사 의문문에 Yes로 응답했으므로 오답이다.

---

1 (A)	2 (B)	3 (B)	4 (A)	5 (C)
6 (C)	7 (A)	8 (C)	9 (C)	10 (A)

1 How did you get such a good price on the file cabinet?

미국
···
호주

(A) It was a discount on a volume purchase.

(B) The best place to get office supplies.

(C) It hasn't been used yet.

파일 캐비닛을 어떻게 그렇게 좋은 가격에 구입했나요?
(A) 대량으로 구매해서 할인을 받았어요.
(B) 사무용품을 구매하기에 최적의 장소예요.
(C) 아직 사용되지 않았어요.

어휘 **volume purchase** 대량 구매 | **office supplies** 사무용품

해설 파일 캐비닛을 저렴한 가격에 구매한 방법을 묻는 질문에 대량으로 구매했다고 대답한 (A)가 정답이다. (B)는 질문의 file cabinet과 연관성 있는 단어인 office supplies를 사용한 오답이고 (C)는 연관성이 없는 응답이다.

---

2 Why is the lobby entrance locked?

미국
···
영국

(A) Near the main entrance.

(B) It is an emergency.

(C) Did you check your bag?

왜 로비 출입문이 잠겼나요?
(A) 중앙 출입문 근처요.
(B) 긴급 상황이에요.
(C) 가방을 맡기셨나요?

어휘 **entrance** 입구 | **lock** 잠그다 | **emergency** 긴급 상황, 비상(사태) | **check** (소지품을) 맡기다

해설 출입문이 잠겨있는 이유를 묻는 질문에 긴급 상황이라고 대답한 (B)가 정답이다. (A)는 Where의문에 어울리는 응답이고 (C)는 질문의 lobby에서 유추할 수 있는 응답이지만 정답이 될 수 없다.

---

3 How long does it take to fly to Madrid?

영국
···
호주

(A) It's a wonderful place to visit.

(B) Six and a half hours.

(C) Three times a year.

마드리드까지 비행시간은 얼마나 걸리죠?
(A) 방문하기에 멋진 곳이에요.
(B) 6시간 30분이요.
(C) 일 년에 세 번이요.

어휘 **fly** (비행기를 타고) 날다

해설 마드리드까지 비행시간을 묻는 질문에 6시간 30분이라고 대답한 (B)가 정답이다. (A)는 질문의 마드리드에서 연상할 수 있는 표현이지만 오답이고 (C)는 How often의문에 대한 응답이다.

4 Why did you put on your jacket?

미국
···
미국

(A) It's pretty cold outside.

(B) A special fabric.

(C) Take off your shoes.

왜 재킷을 입었나요?
(A) 바깥이 꽤 추워서요.
(B) 특수 직물이에요.
(C) 신발을 벗으세요.

어휘 put on ~을 입다 | pretty 꽤, 아주 | fabric 직물, 천 | take off (옷 등을) 벗다

해설 재킷을 왜 입었는지 묻는 질문에 바깥이 추워서라고 대답한 (A)가 정답이다. (B)는 질문의 jacket과 연관성 있는 단어인 fabric을 사용한 오답이고 (C)는 질문의 put on과 반대 격인 Take off를 사용한 오답이다.

5 How many days of summer vacation do you have left?

영국
···
미국

(A) We're just here on a holiday.

(B) I have a few things.

(C) I have five more.

여름휴가가 며칠이나 남았나요?
(A) 저희는 휴일이라서 여기에 왔어요.
(B) 저에게 몇 개가 있어요.
(C) 5일이 더 남았어요.

어휘 leave 남기다 | a few 조금, 어느 정도

해설 여름휴가가 며칠 남았는지 물어보는 질문에 5일 정도 남았다고 대답한 (C)가 정답이다. (A)는 질문의 vacation과 같은 뜻의 단어인 holiday를 사용한 오답이고 (B)는 연관성 없는 응답으로 오답이다.

6 Why is the construction project behind schedule?

미국
···
미국

(A) I used the projector yesterday.

(B) About five days.

(C) We're still waiting for the building inspector's approval.

왜 건설 프로젝트가 일정보다 늦나요?
(A) 저는 어제 영사기를 사용했어요.
(B) 약 5일간요.
(C) 우리는 아직도 건물 검사관의 승인을 기다리고 있어요.

어휘 behind schedule 일정보다 늦게 | projector 영사기 | inspector 검사관, 감독관

해설 프로젝트가 일정보다 늦어지는 이유를 묻는 질문에 건물 검사관의 승인을 기다리고 있다고 대답한 (C)가 정답이다. (A)는 질문의 project와 파생어 관계인 projector를 사용한 오답이고 (B)는 How long의문문에 대한 응답이다.

7 How do you commute to work?

영국
···
호주

(A) A 20-minute walk from my house.

(B) At the train station.

(C) That would be the best.

어떻게 통근하시죠?
(A) 집에서부터 20분 정도 걸어서 가요.
(B) 기차역에서요.
(C) 그게 최선일 거예요.

어휘 commute to work 통근하다

해설 통근하는 방법을 묻는 질문에 걸어서 20분 정도라고 대답한 (A)가 정답이다. (B)는 Where의문문에 대한 응답이고 (C)는 의견을 물어보는 How의문문에 어울리는 응답으로 오답이다.

8 Why is this computer running so slowly?

호주
···
미국

(A) How quickly can you do it?

(B) When you finish installing software.

(C) Maybe many programs run in the background.

이 컴퓨터는 왜 이렇게 느리게 작동하죠?
(A) 얼마나 빨리 할 수 있나요?
(B) 소프트웨어 설치를 끝냈을 때요.
(C) 아마 많은 프로그램들이 백그라운드로 작동하고 있어요.

어휘 run 작동하다 | quickly 빨리 | background 뒤(쪽), 배경

해설 컴퓨터가 느린 이유를 묻는 질문에 많은 프로그램들이 백그라운드로 작동하고 있어서라고 대답한 (C)가 정답이다. (A)는 질문의 slowly와 반대말인 quickly를 사용한 오답이고 (B)는 질문의 computer에서 연상할 수 있는 software를 사용한 오답이다.

9 How did you manage to arrive so fast?

미국
···
미국

(A) I'll be back in 10 minutes.

(B) No, he spoke to management.

(C) I took a different route.

어떻게 그렇게 빨리 도착했나요?
(A) 10분 안에 올게요.
(B) 아니요, 그는 경영진에 말했어요.
(C) 저는 다른 경로를 이용했어요.

어휘 manage 해내다 | management 경영(진), 운영 | take a route 경로로 가다

해설 빨리 도착할 수 있었던 방법을 묻는 질문에 다른 경로를 이용했다고 대답한 (C)가 정답이다. (A)는 When의문문에 어울리는 응답이고 (B)는 의문사 의문문에 No로 대답했으므로 오답이다.

10 Why did you open an account at TK Savings Bank?

호주
···
미국

(A) Service fees are relatively reasonable.

(B) Please enter a valid credit card.

(C) I'd like to transfer money abroad.

왜 TK 저축은행에 계좌를 개설했나요?
(A) 수수료가 비교적 저렴해서요.

(B) 유효한 신용 카드를 넣으세요.

(C) 해외로 돈을 송금하고 싶어요.

어휘 open an account 계좌를 개설하다 | service fee 수수료 | relatively reasonable 상대적으로 저렴한 | valid 유효한 | transfer 송금하다 | abroad 해외로

해설 저축은행에 계좌를 개설한 이유를 묻는 질문에 수수료가 저렴해서라고 대답한 (A)가 정답이다. (B)는 질문의 bank와 연관성 있는 credit card를 사용한 오답이고 (C)도 bank에서 나올 만한 문장이지만 정답과는 거리가 있다.

Part 2 Unit 07 일반의문문

기초다지기 ◁)) P2-32

1 (C)　**2 (C)**　**3 (B)**

---

1 호주 … 미국

Annie, do you have time to check this report with me?

(A) About 15 pages long.

(B) You've submitted your report already.

(C) Could we go over it tomorrow?

Annie, 나와 함께 이 보고서를 검토할 시간이 있나요?
(A) 약 15페이지 분량이에요.
(B) 당신은 보고서를 벌써 제출했군요.
(C) 내일 검토할 수 있을까요?

어휘 submit 제출하다 | go over 검토하다

해설 보고서를 검토할 시간이 있냐고 묻는 질문에 내일 검토해도 되는지 되묻은 (C)가 정답이다. (A)는 질문의 report와 연관 있는 pages를 사용한 오답이고 (B)는 질문의 report를 반복 언급한 오답이다.

---

2 영국 … 미국

Will you help me carry this computer?

(A) Thanks for your suggestion.

(B) Because it is broken again.

(C) Sure, where shall I put this?

이 컴퓨터 옮기는 거 도와줄래요?
(A) 제안 감사합니다.
(B) 왜냐하면 또 고장 났기 때문이에요.
(C) 물론이죠. 어디다 둘까요?

어휘 carry 옮기다, 나르다 | suggestion 제안 | break 고장 나다

해설 컴퓨터 옮기는 것을 도와줄 것인지 묻는 질문에 물론이라고 대답한 (C)가 정답이다. (A)는 제안이나 권유에 대한 답변이고 (B)는 Why의문문에 대한 응답으로 오답이다.

---

3 미국 … 미국

Have you ever visited the marketing division?

(A) Let's divide it into two categories.

(B) I've been here 2 or 3 times.

(C) They are visiting from Greece.

마케팅 부서를 와 본 적이 있나요?
(A) 그것을 두 개의 범주로 나눕시다.
(B) 이곳에 두세 번 방문한 적이 있어요.
(C) 그들은 그리스에서 왔어요.

어휘 division (조직의) 부 | divide 나누다 | category 범주, 종류

해설 마케팅 부서를 방문한 적이 있는지 묻는 질문에 두세 번 방문한 적이 있다고 대답한 (B)가 정답이다. (A)는 질문의 division과 파생어 관계인 divide를 사용한 오답이고 (C)는 질문의 visited와 파생어 관계인 visiting을 사용한 오답이다.

연 · 습 · 문 · 제 ◁)) P2-34

1 (B)　**2 (B)**　**3 (C)**　**4 (A)**　**5 (C)**

---

1 미국 … 미국

Do you want me to set the alarm?

(A) When would you like the wake-up call?

(B) No, I'll do it myself.

(C) Yes, set them up right here.

알람을 설정해 드릴까요?
(A) 몇 시에 모닝콜을 해드릴까요?
(B) 아니요, 제가 할게요.
(C) 네, 바로 여기에 설치해 주세요.

어휘 set the alarm 시계를 맞추다 | wake-up call 모닝콜 | do it oneself 스스로 하다

해설 알람을 설정해 줄 것인지 묻는 질문에 스스로 하겠다고 대답한 (B)가 정답이다. (A)는 질문의 alarm과 연관성 있는 wake up call을 사용한 오답이고 (C)는 질문의 set을 반복 언급한 오답이다.

---

2 미국 … 영국

May I have your driver's license and car registration?

(A) You can use the car rental service.

(B) Oh, I forgot to bring it.

(C) Because it's due to expire soon.

운전면허증과 차량등록증을 볼 수 있을까요?
(A) 차량 대여 서비스를 이용하실 수 있어요.
(B) 아, 가져오는 것을 깜빡했어요.
(C) 곧 만료되기 때문이에요.

어휘 driver's license 운전면허증 | car registration 차량등록증 | rental service 대여 서비스 | due ~가 예정된 | expire 만료되다

해설 운전 면허증과 차량 등록증을 볼 수 있을지 물어보는 질문에 가져오는 것을 깜빡했다고 대답한 (B)가 정답이다. (A)는 질문의 car를 반복 언급했고 (C)는 Why의문문에 대한 응답이다.

3 Does anyone have an extra battery?

미국
호주

(A) Is there any additional charge?

(B) No, the shop is closed on Sundays.

(C) You can borrow mine.

여분의 배터리를 가진 사람 있나요?

(A) 추가 요금이 있나요?

(B) 아니요, 가게는 일요일마다 문을 닫아요.

(C) 내 것을 빌려 쓰세요.

어휘 extra 여분의 | additional 추가의, 여분의 | charge 요금 | borrow 빌리다

해설 여분의 배터리를 갖고 있는지 물어보는 질문에 본인 것을 빌려 쓰라고 대답한 (C)가 정답이다. (A)는 질문의 extra와 같은 뜻의 단어인 additional을 사용한 오답이고 (B)는 연관성이 없는 답변으로 오답이다.

4 Did you see the new curtain in the living room?

호주
영국

(A) Yes, it matches the color of the wall.

(B) No, it is not a piece of furniture.

(C) It depends on the price.

거실의 새 커튼 봤나요?

(A) 네, 벽 색깔과 잘 어울려요.

(B) 아니요, 그것은 가구가 아닙니다.

(C) 가격에 따라 달라요.

어휘 living room 거실 | match 어울리다 | depend on ∼에 달려있다

해설 새 커튼을 봤는지 물어보는 질문에 벽 색깔과 잘 어울린다고 대답한 (A)가 정답이다. (B)는 질문의 living room에서 연상할 수 있는 단어인 furniture를 사용한 오답이고 (C)는 적절치 않은 답변이다.

5 Will you be able to come to the sales seminar?

미국
미국

(A) Aren't you going to finish it?

(B) Yes, we met our sales goal in a month.

(C) Yes, I'm planning on it.

영업 세미나에 올 수 있나요?

(A) 그 일을 끝낼 생각이 없나요?

(B) 네, 우리는 한 달 안에 영업 목표를 달성했어요.

(C) 네, 그럴 계획이에요.

어휘 be able to ∼할 수 있다 | meet 충족시키다 | sales goal 영업 목표

해설 영업 세미나에 올 수 있는지 물어보는 질문에 그럴 계획이라고 대답한 (C)가 정답이다. (A)는 연관성이 없는 표현이고 (B)는 질문의 sales를 반복 언급한 오답이다.

Part 2 | Unit **08** | **부정의문문**

기초다지기 　　　　　 🔊 P2-36

1 (B)	**2** (B)	**3** (C)

1 Isn't there a car wash nearby?

미국
영국

(A) To change the engine oil.

(B) Yes, it's a few blocks away.

(C) No, it couldn't happen.

근처에 세차장이 있지 않나요?

(A) 엔진 오일을 교체하기 위해서요.

(B) 네, 몇 블록만 가면 있어요.

(C) 아니요, 그 일은 일어날 수 없어요.

어휘 car wash 세차장 | nearby 근처에 | happen 일어나다, 발생하다

해설 세차장이 근처에 있는지 묻는 질문에 몇 블록만 가면 있다고 대답한 (B)가 정답이다. (A)는 Why의문문에 대한 정답으로 어울리며 (C)는 적절치 않은 답변이다.

2 Hasn't the shipment arrived?

미국
미국

(A) Enter the date and arrival time.

(B) No, not yet.

(C) OK. I'll do that.

선적물이 도착하지 않았나요?

(A) 날짜와 도착 시간을 입력하세요.

(B) 아니요, 아직요.

(C) 좋아요, 그렇게 할게요.

어휘 shipment 선적물, 수송(품) | enter 입력하다 | arrival time 도착 시간

해설 선적물이 도착했는지 묻는 질문에 아직이라고 대답한 (B)가 정답이다. (A)는 질문의 arrived와 파생어 관계인 arrival을 사용한 오답이고 (C)는 제안이나 요청에 대한 답변이다.

3 Don't you think that flower shop is too expensive?

호주
영국

(A) I don't accept it at all.

(B) How much discount do you give?

(C) It's the cheapest in the area.

저 꽃집은 너무 비싼 것 같지 않나요?

(A) 절대 받아들일 수 없어요.

(B) 얼마나 할인이 되죠?

(C) 이 지역에서 그곳이 제일 저렴해요.

어휘 expensive 비싼 | accept 받아들이다 | discount 할인 | cheapest 가장 저렴한 | area 지역

해설 꽃집이 너무 비싸지 않냐고 묻는 질문에 이 지역에서 제일 저렴

하다고 대답한 (C)가 정답이다. (A)는 적절치 않은 답변이고 (B)는 질문의 expensive와 관련성 있는 discount를 언급한 오답이다.

연 습 문 제	◁)) P2-38

1 (C)	**2** (B)	**3** (B)	**4** (B)	**5** (B)

1 Doesn't Mr. Evans work here anymore?

미국
···
미국

(A) Yes, I'm tired of driving to work.

(B) No, I don't have his works.

(C) He was transferred to the head office.

Evans씨는 더 이상 여기서 일하지 않나요?
(A) 네, 저는 차로 출근하는 데 지쳤어요.
(B) 아니요, 저는 그의 작품들을 갖고 있지 않아요.
(C) 그는 본사로 전근 갔어요.

어휘 be tired of 지치다, 싫증 나다 | work 작품 | transfer 전근 가다 | head office 본사

해설 Evans씨가 더 이상 여기서 일하지 않는지 물어보는 질문에 본사로 전근 갔다고 대답한 (C)가 정답이다. (A)는 질문의 work를 반복 사용한 오답이고 (B)는 work가 질문과는 다른 뜻으로 사용되어 오답이다.

2 Shouldn't the advertising team be arriving soon?

영국
···
미국

(A) The association invited him to the reception.

(B) They're supposed to be here by 6.

(C) Yes, it's great for public relations.

광고팀이 곧 도착해야 하지 않을까요?
(A) 협회는 그를 환영회에 초대했어요.
(B) 그들은 여기에 6시까지 도착하기로 되어 있어요.
(C) 네, 홍보 활동에 매우 좋아요.

어휘 association 협회 | reception 환영회 | public relations 홍보 활동

해설 광고팀이 곧 도착해야 하지 않는지 묻는 질문에 6시까지 도착하기로 되어있다고 대답한 (B)가 정답이다. (A)는 적절치 않은 답변이고 (C)는 질문의 advertising과 비슷한 뜻의 public relations가 사용된 오답이다.

3 Weren't you notified about the policy change?

미국
···
미국

(A) Of course, that's the strategy.

(B) No one mentioned it.

(C) I don't know how to use it.

정책 변경에 대해 통지받지 않았나요?
(A) 물론이에요, 그게 전략이죠.
(B) 아무도 말하지 않았어요.
(C) 어떻게 사용하는지 모르겠어요.

어휘 notify 통지하다, 알리다 | policy 정책 | strategy 전략 | mention 언급하다

해설 정책 변경에 대해 통지를 받았는지 물어보는 질문에 아무도 언급하지 않았다고 대답한 (B)가 정답이다. (A)는 질문의 policy와 관련성 있는 strategy를 사용한 오답이고 (C)는 적절치 않은 답변이다.

4 Won't he be here for tonight's banquet?

호주
···
미국

(A) It will go on all night long.

(B) He is not feeling well.

(C) Yes, it's in the grand ballroom.

그는 오늘 연회에 오지 않을 건가요?
(A) 그것은 밤새도록 계속됩니다.
(B) 그는 몸이 좋지 않아요.
(C) 네, 대연장에서 열립니다.

어휘 banquet 연회 | all night long 밤새 | feel well 건강 상태가 좋다 | grand ballroom 대연회장

해설 남자가 연회에 오지 않는지 묻는 질문에 그가 몸이 좋지 않다고 대답한 (B)가 정답이다. (A)는 질문의 tonight과 부분적으로 비슷한 night을 사용한 오답이고 (C)는 질문의 banquet에서 연상이 가능한 grand ballroom을 언급한 오답이다.

5 Don't you think you should ask the boss for a promotion?

영국
···
호주

(A) No, I wouldn't talk about the source.

(B) I think it's better not to talk.

(C) The company just got a new boss.

상사에게 승진에 대해서 물어봐야 한다고 생각하지 않으세요?
(A) 아니요, 저는 그 출처에 대해 말하지 않을 겁니다.
(B) 얘기하지 않는 편이 나을 것 같아요.
(C) 회사는 막 새로운 사장을 맞이했어요.

어휘 promotion 승진 | source 출처, 근원

해설 상사에게 승진 여부에 대해 언급하는 게 좋을지 묻는 질문에 얘기하지 않는 편이 나을 것 같다고 대답한 (B)가 정답이다. (A)는 질문의 ask와 의미상 연관성 있는 talk를 사용한 오답이고 (C)는 질문의 boss를 반복 언급한 오답이다.

실전문제	◁)) P2-39

1 (A)	**2** (B)	**3** (C)	**4** (B)	**5** (B)
6 (B)	**7** (B)	**8** (C)	**9** (A)	**10** (C)

1 Do you want to go to a baseball game tomorrow?

미국
···
미국

(A) Sure, if the weather is nice.

(B) No, for a new stadium.

(C) Yes, I saw the players on the news.

내일 야구 경기 보러 갈래요?
(A) 물론이죠, 날씨가 좋다면요.
(B) 아니요, 새로운 경기장을 위해서요.

(C) 네, 저는 뉴스에서 선수들을 봤어요.

어휘 stadium 경기장

해설 야구 경기를 보러 갈 것인지 묻는 질문에 날씨가 좋다면 간다고 대답한 (A)가 정답이다. (B)는 질문의 baseball과 관련 있는 단어인 stadium을 사용한 오답이고 (C)는 baseball game을 듣고 연상할 수 있는 단어인 players를 언급한 오답이다.

2 Isn't the new system supposed to be installed today?

미국
…
영국

(A) Yes, I can choose the driver.

(B) No, it's behind schedule.

(C) From the computer laboratory.

새 시스템이 오늘 설치되기로 하지 않았나요?
(A) 네, 저는 드라이버를 선택할 수 있어요.
(B) 아니요, 일정이 늦어지고 있어요.
(C) 컴퓨터 실험실로부터요.

어휘 install 설치하다 | behind schedule 일정보다 늦게 | laboratory 실험실

해설 새 시스템이 오늘 설치될지 묻는 질문에 일정이 늦어지고 있다고 대답한 (B)가 정답이다. (A)는 질문의 system과 관련성 있는 driver를 사용한 오답이고 (C)는 질문의 내용과 관련 있는 장소지만 정답은 아니다.

3 Can you help me distribute the seminar handouts?

미국
…
호주

(A) Please hand in the report on time.

(B) I'm sorry, I can't join you.

(C) Yes, I've got a little extra time.

세미나 유인물을 나눠주는 것 좀 도와줄 수 있나요?
(A) 정시에 보고서를 제출해 주세요.
(B) 죄송하지만, 함께 갈 수 없어요.
(C) 네, 여분의 시간이 조금 있어요.

어휘 distribute 나누어주다, 배포하다 | handout 유인물 | hand in ~을 제출하다 | on time 정시에 | extra time 여분의 시간

해설 세미나 유인물을 나눠주는 것을 도와줄 수 있는지 묻는 질문에 시간이 좀 있다고 대답한 (C)가 정답이다. (A)는 질문의 handouts와 부분적으로 같은 단어인 hand를 언급한 오답이고 (B)는 적절치 않은 응답이다.

4 Isn't that store closed yet?

미국
…
영국

(A) To see some clients.

(B) The hours have been extended recently.

(C) When does the shop open?

가게는 아직 문을 닫지 않았나요?
(A) 몇 명의 고객을 만나기 위해서요.
(B) 영업시간이 최근 연장되었어요.
(C) 가게는 언제 문을 열죠?

어휘 hours 영업시간 | extend 연장하다 | recently 최근에

해설 가게가 아직 문을 닫지 않았는지 묻는 질문에 영업시간이 최근 연장되었다고 대답한 (B)가 정답이다. (A)는 Why의문문에

대한 응답이고 (C)는 질문의 store와 같은 뜻의 shop을 언급한 오답이다.

5 Are you organizing the upcoming trade show?

영국
…
호주

(A) Sure, here it is.

(B) I'm in charge.

(C) Various events are being held.

다가오는 무역 쇼를 준비하고 계시나요?
(A) 물론이죠, 여기 있어요.
(B) 제가 담당합니다.
(C) 다양한 행사가 열리고 있어요.

어휘 organize 준비하다 | upcoming 다가오는 | in charge 담당하는 | various 다양한 | hold 열다, 개최하다

해설 무역 쇼를 준비하고 있는지 묻는 질문에 본인이 담당한다고 대답한 (B)가 정답이다. (A)는 적절치 않은 응답이고 (C)는 질문의 내용과 연관성이 있어 보이지만 정답은 아니다.

6 Don't we need to order some more equipment?

호주
…
미국

(A) I need to check your device.

(B) I already did it.

(C) He called an engineer.

더 많은 장비를 주문해야 하지 않을까요?
(A) 당신의 장치를 점검해야 해요.
(B) 벌써 했어요.
(C) 그가 기술자를 불렀어요.

어휘 equipment 장비, 용품 | device 장치, 고안물

해설 더 많은 장비를 준비해야 하지 않을지 물어보는 질문에 벌써 했다고 대답한 (B)가 정답이다. (A)는 질문의 equipment와 비슷한 뜻의 device를 언급한 오답이고 (C)는 관련 없는 3인칭 주어 He를 언급한 주어 불일치 오답이다.

7 Did you hear about the new dress code?

미국
…
호주

(A) No, I don't have any vacation plans.

(B) No, what is it?

(C) How about having a party tonight?

새로운 복장 규정에 대해 들었나요?
(A) 아니요, 저는 어떤 휴가 계획도 없어요.
(B) 아니요, 그게 뭐죠?
(C) 오늘 밤 파티를 여는 게 어때요?

어휘 dress code 복장 규정 | vacation plan 휴가 계획

해설 새 복장 규정에 대해 들어본 적 있는지 물어보는 질문에 그게 뭐냐고 되물은 (B)가 정답이다. (A)는 적절치 않은 답변이고 (C)는 질문의 dress code를 듣고 연상할 수 있는 party를 언급한 오답이다.

8

미국 … 미국

Shouldn't you see a dentist about your toothache?

(A) No, it's not a toothbrush.

(B) Yes, I've got the prescription.

(C) I'm going to see him tomorrow.

치통 때문에 치과 진료를 받아야 하지 않나요?

(A) 아니요, 그것은 칫솔이 아니에요.

(B) 네, 저는 처방전을 받았어요.

(C) 내일 진료를 받으러 갈 거예요.

어휘 dentist 치과의사 | toothache 치통 | toothbrush 칫솔 | prescription 처방전

해설 치과의사를 만나야 하는 게 아닌지 묻는 질문에 내일 만나러 갈 거라고 대답한 (C)가 정답이다. (A)는 질문의 toothache 와 발음이 부분적으로 같은 toothbrush를 언급한 오답이고 (B)는 dentist와 관련 있는 prescription을 사용한 오답이다.

9

미국 … 호주

Does the front desk know that new interns are coming soon?

(A) You'd better call them.

(B) Look at the top drawer.

(C) They work in Human Resources.

안내데스크에서 새 인턴사원들이 곧 온다는 사실을 알고 있나요?

(A) 그들에게 전화하는 편이 좋을 거예요.

(B) 맨 위 서랍을 보세요.

(C) 그들은 인사부에서 일해요.

어휘 front desk 안내 데스크 | intern 인턴사원 | drawer 서랍 | Human Resources 인사부

해설 안내데스크에서 인턴사원이 온다는 사실을 알고 있냐는 질문에 그들에게 전화하는 편이 좋을 거라고 대답한 (A)가 정답이다. (B)는 질문의 desk와 연관 있는 단어인 drawer를 언급한 오답이고 (C)는 적절치 않은 답변이다.

10

미국 … 영국

Wouldn't it be better to book a table in advance?

(A) Yes, I'm expecting a call from him.

(B) We'd like to go inside the restaurant.

(C) No, it's first come first serve.

미리 테이블을 예약하는 것이 좋지 않을까요?

(A) 네, 저는 그의 전화를 기다리고 있어요.

(B) 우리는 레스토랑 안으로 들어가고 싶어요.

(C) 아니요, 선착순이에요.

어휘 book 예약하다 | in advance 미리 | expect 기다리다, 기대하다 | first come first serve 선착순인

해설 테이블을 미리 예약해야 하지 않을지 물어보는 질문에 선착순이라고 대답한 (C)가 정답이다. (A)는 질문에서 언급되지 않은 3인칭 목적어 him을 언급한 오답이고 (B)는 질문의 book a table을 듣고 연상할 수 있는 장소인 restaurant을 언급한 오답이다.

기초다지기　◁)） P2-42

1 (B)　　**2** (B)　　**3** (A)

1

영국 … 호주

Is it better to travel to Montreal by car or by train?

(A) You'd better hurry.

(B) I'd prefer traveling by air.

(C) It's my first trip across Canada.

몬트리올로 여행할 때 차로 여행하는 게 좋을까요, 아니면 기차가 좋을까요?

(A) 서두르는 편이 좋아요.

(B) 저는 비행기로 여행하는 것을 선호해요.

(C) 캐나다 전역을 여행하는 건 처음이에요.

어휘 prefer 선호하다 | by air 비행기로 | across 전역에서, ~을 가로질러서

해설 여행할 때 차로 여행할지 기차로 여행할지 묻는 질문에 비행기를 선호한다고 대답한 (B)가 정답이다. (A)는 질문의 better를 반복 사용한 오답이고 (C)는 질문의 travel과 같은 뜻인 trip을 언급한 오답이다.

2

미국 … 미국

Would you prefer to meet after work, or another time?

(A) Let's have lunch together.

(B) Well, I think I'll pass tonight.

(C) It was delicious, thank you.

퇴근하고 만나는 게 좋을까요, 아니면 다음번이 좋을까요?

(A) 함께 점심식사 해요.

(B) 오늘 밤은 안 될 것 같아요.

(C) 음식이 맛있었어요, 감사해요.

어휘 pass 넘어가다 | delicious 맛있는

해설 퇴근 후에 만날지 아니면 다음번에 만날지 묻는 질문에 오늘은 안 될 것 같다고 대답한 (B)가 정답이다. (A)는 적절치 않은 답변이고 (C)는 레스토랑에서 할 수 있는 표현으로 오답이다.

3

영국 … 미국

Would you like to drink a glass of orange juice or a glass of lemonade?

(A) Either is fine.

(B) Yes, I like it, too.

(C) A great café around the corner.

오렌지 주스와 레모네이드 중에서 무엇을 마실 건가요?

(A) 어느 쪽이든 괜찮아요.

(B) 네, 저도 그걸 좋아해요.

(C) 코너에 멋진 카페요.

어휘 either (둘 중) 어느 쪽, 양쪽의

해설 오렌지 주스와 레모네이드 중에서 무엇을 마실지 묻는 질문에 어떤 것도 괜찮다고 대답한 (A)가 정답이다. (B)는 질문의 like를 반복 사용한 오답이고 (C)는 질문의 내용과 연관성 있는 café를 언급한 오답이다.

연 · 습 · 문 · 제   🔊 P2-44

1 (C)   **2** (C)   **3** (C)   **4** (B)   **5** (B)

1
미국
...
미국

Has the fax machine been repaired or is still being worked on?

(A) By the end of the day.
(B) We're considering two options.
(C) It was fixed this morning.

팩스기가 수리되었나요, 아니면 여전히 수리 중인가요?
(A) 오늘 저녁까지요.
(B) 우리는 두 가지 사항을 고려 중이에요.
(C) 오늘 아침에 수리되었어요.

어휘 repair 수리하다 | consider 고려하다 | option 선택(권) | fix 고치다

해설 팩스기가 수리되었는지 아직 수리 중인지 물어보는 질문에 오늘 아침에 수리되었다고 대답한 (C)가 정답이다. (A)는 When 의문문에 대한 응답이고 (B)는 fax machine과 연관성 있는 option을 사용한 오답이다.

2
미국
...
미국

Do you think the book cover looks better in yellow or in green?

(A) It is written on the sheet.
(B) It was made by the publishing company.
(C) The green one's more suitable.

책 표지로 노란색과 초록색 중에 어느 것이 더 낫다고 생각하나요?
(A) 종이 위에 적혀 있어요.
(B) 출판사에 의해 만들어졌어요.
(C) 초록색이 더 적합할 것 같아요.

어휘 book cover 책 표지 | sheet (종이) 한 장 | publishing company 출판사 | suitable 적합한

해설 책 표지로 노란색과 초록색 중에 어느 것이 나을지 물어보는 질문에 초록색이 적합할 것 같다고 대답한 (C)가 정답이다. (A)는 질문의 book과 연관 있는 written을 언급한 오답이고 (B)도 book과 관련 있는 publishing을 사용한 오답이다.

3
호주
...
영국

Could you help me proofread the manuscript now or are you busy?

(A) I'd like to buy some newspapers.
(B) It was favorably reviewed.
(C) I'll be free after lunch.

지금 원고를 교정보는 걸 도와줄 수 있나요, 아니면 지금 바쁜가요?
(A) 저는 신문을 사고 싶어요.

(B) 그것은 호평을 받았어요.
(C) 점심식사 후에 시간이 있어요.

어휘 proofread 교정보다 | manuscript 원고 | favorably reviewed 호평받는

해설 원고 교정보는 것을 도와줄 수 있는지 아니면 바쁜지 물어보는 질문에 점심식사 후에 시간이 있다고 대답한 (C)가 정답이다. (A)는 적절치 않은 답변이고 (B)는 영화나 책에 대해 호평했다는 뜻으로 오답이다.

4
영국
...
미국

Do you pay the utilities separately or by automatic withdrawal?

(A) You can use cash machines to withdraw money.
(B) Actually, all the bills are included in the rent.
(C) I will help to the best of my abilities.

공과금을 별도로 내시나요, 아니면 자동이체하시나요?
(A) 돈을 인출하려면 현금 인출기를 이용할 수 있어요.
(B) 사실 모든 요금은 임대료에 포함되어 있어요.
(C) 성심성의껏 도와드리겠습니다.

어휘 utilities 공과금 | separately 별도로 | automatic withdrawal 자동이체 | withdraw 인출하다 | bill 요금 | include 포함하다 | rent 임대료 | to the best of one's ability 능력이 미치는 한

해설 공과금을 따로 내는지 아니면 자동이체하는지 물어보는 질문에 모든 요금이 임대료에 포함되어 있다고 대답한 (B)가 정답이다. (A)는 질문의 withdrawal과 파생어 관계인 withdraw를 사용한 오답이고 (C)는 적절치 않은 답변이다.

5
미국
...
영국

Will you be at the job fair or should I send someone there?

(A) I have to complete this application form.
(B) You had better look for someone else.
(C) I'll drop by your office sometime.

당신이 취업박람회에 있을 건가요, 아니면 제가 누군가를 보내야 하나요?
(A) 이 지원서를 작성해야 해요.
(B) 다른 누군가를 찾아보시는 게 좋을 거예요.
(C) 조만간 당신 사무실에 들를게요.

어휘 job fair 취업박람회 | complete 작성하다, 완료하다 | application form 지원서 | had better ~하는 것이 좋다 | drop by 들르다

해설 취업박람회에 있을 건지 아니면 취업박람회에 사람을 보내야 할지 물어보는 질문에 다른 누군가를 찾아보는 게 좋을 거라고 대답한 (B)가 정답이다. (A)는 질문의 job과 연관성 있는 application을 사용한 오답이고 (C)는 적절치 않은 답변이다.

제안 · 요청 의문문

기초다지기　　　◁)) P2-46

1 (C)	2 (B)	3 (C)

1
미국
···
호주

Would you mind if I close the window?

(A) The store opens at 9 A.M.

(B) All the doors are shut.

(C) Not at all.

제가 창문을 닫는 것을 꺼리시나요? (= 창문을 닫아도 될까요?)

(A) 가게는 오전 9시에 문을 엽니다.

(B) 모든 문이 닫혔어요.

(C) 괜찮습니다.

어휘 mind 꺼리다, 신경 쓰다 | shut 닫다

해설 창문을 닫아도 될지 묻는 질문에 괜찮다고 대답한 (C)가 정답이다. (A)는 질문의 close와 반대 단어인 open을 사용한 오답이고 (B)는 질문의 close와 같은 뜻인 shut을 언급한 오답이다.

2
미국
···
미국

Why don't we spend our winter vacation in Maldives?

(A) No, they left half an hour ago.

(B) That's really a great idea.

(C) They're taking a trip to Cape Town.

겨울 휴가를 몰디브에서 보내는 건 어때요?

(A) 아니요, 그들은 30분 전에 떠났어요.

(B) 좋은 생각이에요.

(C) 그들은 케이프타운으로 여행을 하고 있어요.

어휘 spend (시간, 돈 등을) 소비하다 | take a trip 여행하다

해설 겨울 휴가를 몰디브에서 보낼지 제안하는 질문에 좋은 생각이라고 대답한 (B)가 정답이다. (A)는 주어가 불일치하는 오답이고 (C)는 질문의 vacation과 관련 있는 trip을 언급한 오답이다.

3
영국
···
미국

Would you like to have dinner with us tomorrow?

(A) Actually, she made the reservation.

(B) I had such a great time.

(C) I'd love to but I have other plans.

내일 우리와 함께 저녁식사 할래요?

(A) 사실 그녀가 예약을 했어요.

(B) 즐거운 시간이었어요.

(C) 그러고 싶지만 다른 계획이 있어요.

어휘 make a reservation 예약하다

해설 내일 저녁식사를 함께할 것인지 묻는 질문에 그러고 싶지만 다

른 계획들이 있다고 대답한 (C)가 정답이다. (A)는 주어 불일치 오답이고 (B)는 내용과 시제가 맞지 않는 오답이다.

연·습·문·제　　　◁)) P2-48

1 (C)	2 (B)	3 (A)	4 (B)	5 (B)

1
호주
···
영국

Would you like me to mail the renewal information?

(A) Can I renew my license?

(B) Yes, I already uploaded new information.

(C) No, thanks. I can handle it.

제가 갱신 정보를 우편으로 보내기를 원하시나요?

(A) 면허증을 갱신할 수 있을까요?

(B) 네, 저는 벌써 새 정보를 업로드했어요.

(C) 괜찮아요, 제가 처리하죠.

어휘 mail 우편으로 보내다 | renewal 갱신, 연장 | renew 갱신하다 | license 면허, 인가 | upload 업로드하다 | handle 처리하다

해설 갱신 정보를 우편으로 보낼 건지 물어보는 질문에 본인이 처리한다고 대답한 (C)가 정답이다. (A)는 질문의 renewal과 파생어 관계인 renew를 사용한 오답이고 (B)는 질문의 information을 반복 언급한 오답이다.

2
미국
···
미국

Let's investigate getting a new payroll system.

(A) It's hard to live on this salary.

(B) Okay, it deserves much consideration.

(C) No, there's one more.

새 급여시스템을 도입하는 것에 대해 조사합시다.

(A) 이 월급으로 살기 힘들어요.

(B) 좋아요, 고려해 볼 만한 가치가 있어요.

(C) 아니요, 하나 더 있어요.

어휘 investigate 조사하다 | payroll 급여, 지불 급료 총액 | live on ~으로 먹고 살다 | salary 급여, 월급 | deserve ~할 가치가 있다, ~을 받을 만하다 | consideration 고려, 숙고

해설 새 급여시스템을 도입하는 것에 대해 조사하자는 제안에 고려해 볼만한 가치가 있다고 대답한 (B)가 정답이다. (A)는 질문의 payroll과 유사한 뜻의 salary를 사용한 오답이고 (C)는 적절치 않은 답변이다.

3
미국
···
영국

Why don't I post a notice for you?

(A) I'd appreciate that.

(B) To promote our design.

(C) Stacey put up the picture on our Web site.

제가 공지사항을 게시할까요?

(A) 감사합니다.

(B) 우리 디자인을 홍보하기 위해서요.

(C) Stacey가 우리 웹사이트에 사진을 올렸어요.

어휘 post 게시하다 | notice 공고문 | appreciate 고마워하다 | promote 홍보하다, 승진시키다 | put up 올리다, 게시하다

해설 공지사항을 게시해 주겠다는 제안에 감사하다고 대답한 (A)가 정답이다. (B)는 의문사 Why에 대한 응답이고 (C)는 질문의 post와 유사한 뜻의 put up을 사용한 오답이다.

4 Why don't you tell your boss you're planning to leave the company?

미국 ··· 미국

(A) OK. I'll see you there.

(B) I think I will.

(C) No, I was hired last September.

상사에게 당신이 회사를 그만둘 거라고 얘기하지 그래요?
(A) 좋아요. 거기서 봅시다.
(B) 네, 그래야 할 것 같아요.
(C) 아니요, 저는 지난 9월에 고용되었어요.

어휘 leave the company 회사를 그만두다 | hire 채용하다. 고용하다

해설 상사에게 회사를 그만둘 거라고 말하라는 제안에 그래야 할 것 같다고 대답한 (B)가 정답이다. (A)는 적절치 않은 답변이고 (C)는 질문의 leave the company와 반대 뜻을 가진 단어인 hired를 사용한 오답이다.

5 Let's check these articles once more before publication.

호주 ··· 미국

(A) I guess he does.

(B) Good idea. We must be well prepared.

(C) No one has contacted me.

이 기사들을 발행 전에 한 번 더 검토합시다.
(A) 그가 한다고 생각해요.
(B) 좋은 생각이에요. 우리는 잘 준비해야 해요.
(C) 아무도 저에게 연락하지 않았어요.

어휘 article 기사, 글 | publication 발행. 출판 | well prepared 잘 준비된 | contact 연락하다

해설 기사를 발행 전에 한 번 더 검토하자는 제안에 좋은 생각이라고 대답한 (B)가 정답이다. (A)는 질문에서 언급되지 않은 3인칭 주어인 he를 사용한 오답이고 (C)는 적절치 않은 답변이다.

실전문제 ◁)) P2-49

| 1 (B) | 2 (A) | 3 (A) | 4 (A) | 5 (C) |
| 6 (B) | 7 (A) | 8 (C) | 9 (B) | 10 (B) |

---

1 Is this year's international forum going to be in Copenhagen, or Frankfurt?

영국 ··· 호주

(A) I've never been to Austria before.

(B) That hasn't been decided yet.

(C) It was a huge success worldwide.

올해 국제포럼은 코펜하겐에서 열리나요, 아니면 프랑크푸르트에서 열리나요?
(A) 저는 오스트리아에 가본 적이 없어요.
(B) 아직 결정되지 않았어요.
(C) 전 세계적으로 큰 성공이었어요.

어휘 international forum 국제포럼 | huge success worldwide 전 세계적으로 큰 성공

해설 국제포럼이 코펜하겐에서 열리는지 프랑크푸르트에서 열리는지 묻는 질문에 아직 결정되지 않았다고 대답한 (B)가 정답이다. (A)는 적절치 않은 답변이고 (C)는 질문의 international과 의미상 유사한 worldwide를 언급한 오답이다.

2 Let's not make plans until the last minute.

미국 ··· 미국

(A) We'll probably need some time to consider.

(B) No, the meeting has been canceled.

(C) I don't know how to make that.

마지막 순간까지 계획을 세우지 맙시다.
(A) 우리는 아마도 고려해야 할 시간이 더 필요해요.
(B) 아니요, 회의는 취소되었어요.
(C) 저는 그것을 어떻게 만드는지 몰라요.

어휘 make plans 계획을 세우다 | last minute 마지막 순간 | probably 아마도 | consider 고려하다 | cancel 취소하다

해설 마지막까지 계획을 세우지 말자는 제안에 고려해야 할 시간이 더 필요하다고 대답한 (A)가 정답이다. (B)는 적절치 않은 답변이고 (C)는 질문의 make를 반복 사용한 오답이다.

3 Are you finished with the feature article or do you need more time?

미국 ··· 호주

(A) Just give me a few more hours.

(B) I heard it was the headline news.

(C) It has been a long time since we met.

특집 기사를 끝냈나요, 아니면 시간이 더 필요한가요?
(A) 몇 시간만 더 주세요.
(B) 헤드라인 뉴스라고 들었어요.
(C) 우리가 만난 지 오래되었네요.

어휘 feature article 특집 기사 | headline 헤드라인

해설 특집 기사를 끝냈는지 아니면 시간이 더 필요한지 묻는 질문에 시간이 더 필요하다고 대답한 (A)가 정답이다. (B)는 질문의 article과 관련 있는 headline을 언급한 오답이고 (C)는 적절치 않은 답변이다.

4 Can you send me a copy of the report by the end of the day?

호주 ··· 영국

(A) Can I do it tomorrow morning?

(B) Yes, you don't need to do anything else.

(C) I sent him the original document.

오늘 저녁까지 보고서 사본을 보내줄래요?
(A) 내일 아침에 해도 될까요?
(B) 네, 다른 것을 할 필요가 없어요.
(C) 그에게 원본 서류를 보냈어요.

어휘 else (그 밖의) 또 | original 원본의

해설 저녁까지 보고서 사본을 보내달라는 요청에 내일 아침에 보내도 되는지 되묻은 (A)가 정답이다. (B)는 적절치 않은 답변이고 (C)는 질문의 send의 과거형 sent를 사용한 오답이다.

5

미국 … 미국

Can you help me prepare for the job interview now or later?

(A) I think it will start in an hour.

(B) Yes, the reporter wants to interview him.

(C) Sorry, but I'm tied up at the moment.

저 취업 면접 준비하는 걸 지금 도와줄 수 있나요, 아니면 나중에 도와줄 수 있나요?

(A) 제 생각에 그것은 한 시간 안에 시작할 거예요.

(B) 네, 기자가 그를 인터뷰하고 싶어 해요.

(C) 죄송하지만, 제가 지금 바빠요.

어휘 now or later 지금 아니면 나중에 | be tied up 바쁘다

해설 면접 준비를 지금 도와줄 수 있는지 묻는 질문에 지금 바쁘다고 대답한 (C)가 정답이다. (A)는 적절치 않은 답변이고 (B)는 질문의 interview를 반복한 오답이다.

6

미국 … 영국

How would you like to go to a special exhibition of Chagall's work?

(A) That's too far to travel.

(B) That would be fantastic.

(C) It's almost 4 hours long.

샤갈의 특별 전시회를 가는 건 어때요?

(A) 이동하기에 너무 멀어요.

(B) 아주 좋아요.

(C) 거의 4시간짜리예요.

어휘 exhibition 전시회 | far 먼 | fantastic 환상적인, 멋진

해설 특별 전시회를 가는 게 어떨지 의견을 물어보는 질문에 아주 좋다고 대답한 (B)가 정답이다. (A)는 적절치 않은 답변이고 (C)는 걸리는 시간을 물어볼 때 하는 답변으로 오답이다.

7

미국 … 호주

Would you rather continue our discussion or finish it here?

(A) I hope it'll go on.

(B) It ended up finally.

(C) Whichever is cheaper.

토론을 계속할까요, 아니면 여기서 끝낼까요?

(A) 계속하면 좋겠어요.

(B) 결국 끝났어요.

(C) 어느 것이든 저렴하다면요.

어휘 continue 계속하다 | discussion 토론 | go on 계속하다 | end up 끝나다 | finally 결국 | whichever 어느 것이든 | cheaper 더 저렴한

해설 토론을 계속할지, 여기서 끝낼지 물어보는 질문에 계속하길 원한다고 대답한 (A)가 정답이다. (B)는 질문의 continue와 반대 뜻인 end를 사용한 오답이다.

8

미국 … 영국

Would you like to help organizing the event?

(A) It was quite helpful.

(B) No, it wasn't well organized.

(C) Sorry, but I'm going to a business trip.

그 행사 준비하는 것을 도와줄래요?

(A) 매우 유익했어요.

(B) 아니요, 그것은 체계적이지 못했어요.

(C) 미안하지만, 저는 출장을 갈 예정이에요.

어휘 organize 준비하다, 계획하다 | quite 매우, 꽤 | helpful 유익한, 도움이 되는 | well organized 체계적인 | go to a business trip 출장을 가다

해설 행사 준비를 도와달라는 요청에 출장갈 예정이라고 대답한 (C)가 정답이다. (A)는 질문의 help와 부분적으로 유사한 helpful을 사용한 오답이고 (B)는 질문의 organizing과 파생어 관계인 organized를 언급한 오답이다.

9

영국 … 호주

Would you like me to keep the inventory list or leave it in the drawer?

(A) You can fix them in the storeroom.

(B) You'd better hold on to it.

(C) It was invented by accident.

재고 목록을 제가 보관할까요, 아니면 서랍에 둘까요?

(A) 저장실에서 그것들을 고칠 수 있어요.

(B) 당신이 가지고 있는 편이 좋을 거예요.

(C) 우연히 발명되었어요.

어휘 inventory 재고 | storeroom 저장실 | hold on to 계속 유지하다 | invent 발명하다 | by accident 우연히

해설 목록을 보관할지 서랍에 둘지 묻는 질문에 가지고 있는 편이 좋을 것 같다고 대답한 (B)가 정답이다. (A)는 질문의 keep과 관련 있는 storeroom을 언급한 오답이고, (C)는 질문의 inventory와 일부 유사한 invented를 사용한 오답이다.

10

호주 … 미국

Why don't we visit the museum next Saturday?

(A) Yes, we go there together every Saturday.

(B) Good idea, but let me check my schedule first.

(C) I'm sorry to hear that.

다음 주 토요일에 박물관에 가는 건 어떨까요?

(A) 네, 우리는 매주 토요일 함께 거기에 갑니다.

(B) 좋은 생각이에요, 하지만 제 일정을 먼저 확인할게요.

(C) 그랬다니 유감이에요.

어휘 museum 박물관

해설 박물관에 가는 게 어떨지 제안하는 질문에 일정을 확인하겠다고 대답한 (B)가 정답이다. (A)는 Saturday를 반복 사용한 오답이고 (C)는 적절치 않은 답변이다.

기초다지기 P2-52

1 (C) **2** (B) **3** (C)

1 I'll save the seat for Freddie.

영국
...
미국

(A) The information has not been saved.

(B) He's sitting on a couch over there.

(C) Actually, he's not coming.

제가 Freddie를 위해 좌석을 맡아둘게요.
(A) 그 정보는 저장되지 않았어요.
(B) 그는 저기 소파 위에 앉아 있어요.
(C) 사실 그는 오지 않을 거예요.

어휘 save a seat 자리를 맡다 | couch 소파

해설 Freddie를 위해 자리를 맡아두자는 제안에 그가 오지 않는다고 대답한 (C)가 정답이다. (A)는 질문의 save를 반복 사용한 오답이고 (B)는 질문의 seat에서 연상할 수 있는 단어인 sitting을 언급한 오답이다.

2 Ms. Smith will be filling in for me at the hospital.

호주
...
영국

(A) You need to locate a patient record.

(B) Alright, I'll update the schedule.

(C) I'm ready to end my shift.

Smith씨가 병원에서 저를 대신해줄 거예요.
(A) 환자 기록을 찾으셔야 해요.
(B) 네, 제가 스케줄을 업데이트하죠.
(C) 교대근무를 끝낼 준비가 되었어요.

어휘 fill in for ~을 대신하다, 교대하다 | locate 찾아내다 | patient record 환자 기록 | shift 교대(근무)

해설 Smith씨가 병원에서 화자를 대신해줄 거라는 말에 스케줄을 업데이트하겠다고 대답한 (B)가 정답이다. (A)는 질문의 hospital과 연관성 있는 patient를 사용한 오답이고 (C)는 질문의 fill in for와 의미상 관련 있는 shift를 언급한 오답이다.

3 This map is really very complicated.

미국
...
미국

(A) I'm not familiar with the area.

(B) Turn left in front of the station.

(C) Where are you trying to go?

이 지도는 너무 복잡해요.
(A) 저는 이 지역이 익숙하지 않아요.
(B) 역 앞에서 좌회전하세요.
(C) 어디에 가려고 하세요?

어휘 complicated 복잡한 | be familiar with ~에 익숙하다 | area 지역 | turn 돌다

해설 지도가 너무 복잡하다는 말에 어디에 가려고 하는지 되묻는 (C)가 정답이다. (A)는 길을 물어볼 때 나올 수 있는 표현이고 (B)도 누군가 장소를 물어볼 때 응답할 수 있지만 정답은 아니다.

연습문제 P2-54

1 (B) **2** (C) **3** (A) **4** (C) **5** (B)

1 We'll get a decision to build a bridge in this area today.

미국
...
영국

(A) The building was designed by famous architect.

(B) I hope it'll be approved.

(C) No, I haven't decided.

오늘 이 지역에 다리를 건설하기 위한 결정을 할 겁니다.
(A) 그 건물은 유명한 건축가에 의해 설계되었어요.
(B) 저는 그것이 승인되기를 바랍니다.
(C) 아니요, 저는 결정하지 않았어요.

어휘 decision 결정 | design 설계하다. 디자인하다 | architect 건축가 | approve 승인하다

해설 다리를 건설하기 위한 결정을 할 거라는 말에 승인되기를 바란다고 대답한 (B)가 정답이다. (A)는 질문의 build와 파생어 관계인 building을 사용한 오답이고 (C)도 질문의 decision과 파생어 관계인 decided를 언급한 오답이다.

2 Your proposal should be at least 4 pages in length.

영국
...
호주

(A) Doesn't it matter to you at all?

(B) I guess that's the wrong page.

(C) I've written more than that.

당신의 제안서는 적어도 네 쪽은 되어야 합니다.
(A) 전혀 상관없으신 거죠?
(B) 제 생각에 그건 잘못된 페이지 같습니다.
(C) 저는 그것보다 더 많이 작성했습니다.

어휘 proposal 제안(서) | at least 적어도 | length 길이 | matter 중요하다. 문제가 되다

해설 제안서가 적어도 네 쪽은 되어야 한다는 언급에 그것보다 더 많이 작성했다고 대답한 (C)가 정답이다. (A)는 적절치 않은 응답이고 (B)는 질문의 page를 반복 사용한 오답이다.

3 We should buy some more chairs for the boardroom.

호주
...
미국

(A) Do we have enough money in the budget?

(B) I'd like a table near the window.

(C) I'll go ahead and set them up.

회의실에 의자 몇 개를 더 구입해야 해요.
(A) 예산이 충분히 있나요?
(B) 저는 창가 쪽 테이블을 원해요.

(C) 제가 가서 설치할게요.

어휘 boardroom 회의실 | budget 예산 | go ahead 앞으로 나아가다

해설 회의실에 의자를 몇 개 더 구입해야 한다는 주장에 예산이 충분히 있는지 되묻는 (A)가 정답이다. (B)는 질문의 chair와 연관성 있는 table을 사용한 오답이고 (C)는 적절치 않은 답변이다.

4 I think this conveyor belt is slowing down.

미국
(A) I've never been to the factory before.

미국
(B) Within the manufacturing facility.

(C) It seems normal to me.

컨베이어 벨트가 느려진 것 같아요.
(A) 저는 그 공장에 가 본 적이 없어요.
(B) 제조 시설 안에서요.
(C) 제가 보기엔 평상시와 같아요.

어휘 conveyor belt 컨베이어 벨트 | manufacturing facility 제조 시설 | normal 보통의, 평상시의

해설 컨베이어 벨트의 속도가 느려진 것 같다는 말에 평상시와 같은 것 같다고 대답한 (C)가 정답이다. (A)는 conveyor belt와 연관성 있는 장소인 factory를 언급한 오답이고 (B)도 factory와 같은 뜻의 manufacturing facility를 언급한 오답이다.

5 They've asked to postpone the demonstration until tomorrow.

미국
영국
(A) No, the inspection has been completed.

(B) I wonder why they do that.

(C) She will now demonstrate the machine.

그들은 시연회를 내일까지 미루라고 요청하고 있어요.
(A) 아니요, 검사는 완료되었어요.
(B) 저들이 왜 그러는지 궁금하네요.
(C) 그녀는 지금 그 기계를 시연하려고 합니다.

어휘 postpone 연기하다 | demonstration 시연회 | inspection 검사 | wonder 궁금하다 | demonstrate 시연하다

해설 시연회를 내일까지 미루라고 요청하고 있다는 말에 그들이 왜 그러는지 궁금하다고 대답한 (B)가 적절한 답변이다. (A)는 적절치 않은 답변이고 (C)는 질문의 demonstration과 파생어 관계인 demonstrate를 언급한 오답이다.

Part 2 Unit **12** **부가의문문**

기초다지기 🔊 P2-56

1 (C) 2 (B) 3 (A)

1 You've hired a new secretary, haven't you?

미국
(A) No, he is a new employee.

미국
(B) You should have a pass.

(C) Yes, she started last week.

당신은 새 비서를 고용했죠, 그렇지 않나요?
(A) 아니요, 그는 신입사원이에요.
(B) 당신은 통행증을 갖고 있어야 해요.
(C) 네, 그녀는 지난주에 시작했어요.

어휘 secretary 비서 | pass 통행증

해설 비서를 고용했는지 묻는 질문에 비서가 지난주에 시작했다고 대답한 (C)가 정답이다. (A)는 질문의 new를 반복 사용했고 (B)는 적절치 않은 답변이다.

2 You ordered some office supplies, didn't you?

호주
(A) No, I don't need a file cabinet.

영국
(B) Yes, they will be delivered tomorrow.

(C) Sure, I can finish it.

당신은 사무용품을 주문했죠, 그렇지 않나요?
(A) 아니요, 저는 파일 캐비닛이 필요하지 않아요.
(B) 네, 내일 물건이 배달될 거예요.
(C) 물론, 저는 그것을 끝낼 수 있어요.

어휘 office supplies 사무용품 | file cabinet 파일 캐비닛 | deliver 배달하다

해설 사무용품을 주문했는지 물어보는 질문에 내일 물건이 배달될 것이라고 대답한 (B)가 정답이다. (A)는 질문의 office supplies와 연관성 있는 file cabinet을 사용한 오답이고 (C)는 적절치 않은 응답이다.

3 You've just finished the monthly budget report, haven't you?

영국
(A) Yes, I have to turn this in tomorrow.

미국
(B) It should be here then.

(C) A few more copies.

지금 막 월 예산 보고서를 끝냈죠, 그렇지 않나요?
(A) 네, 저는 내일 이것을 제출해야 해요.
(B) 그때쯤이면 그것이 여기 있을 거예요.
(C) 사본 몇 장 더요.

어휘 monthly 한 달에 한 번의, 매월의 | turn in ~을 제출하다 | copy 사본

해설 예산 보고서를 끝냈는지 물어보는 질문에 내일 제출할 거라고

대답한 (A)가 정답이다. (B)는 적절치 않은 답변이고 (C)는 report와 연관성 있는 copies를 사용한 오답이다.

연·습·문·제　　　　🔊 P2-58

| 1 (C) | 2 (B) | 3 (A) | 4 (B) | 5 (B) |

1
호주
…
미국

This cooling system isn't very efficient, is it?

(A) Oh, what's in it?

(B) Yes, it's an official request.

(C) Do you have any ideas to improve it?

이 냉각 시스템은 효율적이지 않아요, 그렇죠?
(A) 아, 이 안에 뭐가 들어 있죠?
(B) 네, 그것은 공식 요청이에요.
(C) 그것을 개선할 방안을 갖고 있나요?

어휘 cooling system 냉동 시스템 | efficient 효율적인 | official request 공식 요청 | improve 개선하다

해설 냉동 시스템이 효율적인지 아닌지 묻는 질문에 개선할 방안이 있냐고 되묻는 (C)가 정답이다. (A)는 질문의 it을 반복한 오답이고 (B)는 연관성이 없는 오답이다.

2
미국
…
미국

He was supposed to wrap up the project this week, wasn't he?

(A) Yes, we closed the deal.

(B) No, it's not due yet.

(C) I signed the contract.

그는 이번 주에 프로젝트를 마무리하기로 되어 있었어요, 그렇지 않았나요?
(A) 네, 저희는 거래를 매듭지었어요.
(B) 아니요, 아직 마감이 아니에요.
(C) 저는 그 계약서에 서명했어요.

어휘 wrap up 마무리 짓다 | contract 계약서

해설 이번 주에 프로젝트를 마무리할 예정인지 물어보는 질문에 아직 마감이 아니라고 대답한 (B)가 정답이다. (A)는 질문의 wrap up과 비슷한 뜻의 close를 사용한 오답이고 (C)는 적절치 않은 응답이다.

3
미국
…
영국

The gym is accessible by public transportation, isn't it?

(A) Yes, it's close to the subway station.

(B) I generally take the bus to work.

(C) Personal trainers will help you work out.

체육관이 대중교통으로 접근하기 쉽죠, 그렇지 않나요?
(A) 네, 지하철역과 가까워요.
(B) 저는 일반적으로 버스를 타고 직장에 다녀요.
(C) 개인 트레이너들이 운동을 도와줄 겁니다.

어휘 gym 체육관 | accessible 접근하기 쉬운 | public transportation 대중교통 | generally 일반적으로 | personal trainer 개인 트레이너 | work out 운동하다

해설 체육관이 대중교통으로 접근하기 쉬운지 묻는 질문에 지하철 역과 가깝다고 대답한 (A)가 정답이다. (B)는 질문의 public transportation과 관계있는 bus를 사용한 오답이고 (C)는 질문의 gym과 연관성 있는 work out을 언급한 오답이다.

4
미국
…
미국

You're going to the Friday's staff meeting, aren't you?

(A) He's tied up in a session.

(B) It's mandatory, isn't it?

(C) Maybe we'll miss the train.

금요일 직원회의에 참석할 예정이죠, 그렇지 않나요?
(A) 그는 세션 동안 바빠요.
(B) 그것은 의무적이죠, 그렇지 않나요?
(C) 아마도 우리는 기차를 놓칠 겁니다.

어휘 mandatory 의무적인 | miss 놓치다

해설 직원회의에 참석할 것인지 물어보는 질문에 의무적이지 않냐고 되물어본 (B)가 정답이다. (A)는 meeting과 연관성 있는 단어인 session을 사용한 오답이고 (C)는 질문과 관련이 없는 오답이다.

5
호주
…
영국

Mr. Holly is in charge of the Maintenance Department, isn't he?

(A) No, I only manage the facility.

(B) Yes, he was employed last month.

(C) Didn't he transfer to another department?

Holly씨는 시설관리 부서를 담당하죠, 그렇지 않나요?
(A) 아니요, 저는 단지 그 시설을 운영합니다.
(B) 네, 그는 지난달에 고용됐어요.
(C) 그는 다른 부서로 이동하지 않았나요?

어휘 be in charge of ~을 담당하다 | Maintenance Department 시설관리부 | manage 운영하다 | facility 시설 | employ 고용하다 | transfer 이동하다

해설 Holly씨가 시설관리 부서를 담당하는지 묻는 질문에 지난달에 고용됐다고 대답한 (B)가 정답이다. (A)는 질문의 maintenance에서 연상이 가능한 facility를 사용한 오답이고 (C)는 질문의 department를 반복 언급한 오답이다.

실전문제　　　　🔊 P2-59

| 1 (B) | 2 (C) | 3 (B) | 4 (B) | 5 (A) |
| 6 (A) | 7 (A) | 8 (B) | 9 (C) | 10 (A) |

1
미국
…
호주

I'm cleaning up unnecessary files on my computer.

(A) No, they're not that important.

(B) It'll help improve its performance.

(C) I'd rather not remove battery.

저는 컴퓨터에서 필요 없는 파일을 지우고 있어요.
(A) 아니요, 그것들은 그렇게 중요하지 않아요.
(B) 그게 컴퓨터 성능을 향상시키는 데 도움을 줄 겁니다.

(C) 배터리를 제거하지 않는 게 나을 것 같아요.

어휘 clean up 치우다, 청소하다 | unnecessary 불필요한 | improve 향상시키다 | performance 성능 | remove 제거하다

해설 컴퓨터에 깔린 불필요한 파일을 지우고 있다는 언급에 컴퓨터 성능을 향상시키는 데 도움을 줄 거라고 대답한 (B)가 적절한 답변이다. (A)는 적절치 않은 응답이고 (C)는 질문의 clean up과 의미상 비슷한 remove를 사용한 오답이다.

2 This is your first company workshop, isn't it?

호주
···
미국

(A) To get tickets for the career fair.
(B) Yes, I know her well.
(C) No, I went last year.

이번이 당신의 첫 회사 워크숍이죠, 그렇지 않나요?
(A) 취업 박람회의 티켓을 얻기 위해서요.
(B) 네, 전 그녀를 잘 알고 있어요.
(C) 아니요, 저는 작년에 참석했어요.

어휘 career fair 취업 박람회

해설 이번이 첫 워크숍이 아니냐는 질문에 작년에 참석했다고 대답한 (C)가 정답이다. (A)는 질문의 workshop과 관련 있어 보이는 단어인 fair를 사용한 오답이고 (B)는 질문에서 언급되지 않은 3인칭 her가 언급되었으므로 오답이다.

3 We need to revise the contract before signing it.

미국
···
미국

(A) I corrected his wrong pronunciation.
(B) I can take care of that.
(C) To present the result of our investment.

우리는 서명하기 전에 계약서를 수정해야 합니다.
(A) 나는 그의 잘못된 발음을 고쳐주었어요.
(B) 제가 그것을 처리할 수 있어요.
(C) 우리 투자 결과를 발표하기 위해서요.

어휘 revise 수정하다 | correct 고치다 | pronunciation 발음 | take care of ~을 처리하다 | present 발표하다 | investment 투자

해설 계약서를 수정해야 한다는 언급에 본인이 처리할 수 있다고 대답한 (B)가 정답이다. (A)는 질문의 revise와 의미상 비슷한 correct를 사용한 오답이고 (C)는 적절치 않은 답변이다.

4 Mr. Todd is still on vacation, isn't he?

미국
···
영국

(A) I've visited a few places.
(B) Yes, but he'll be back on Monday.
(C) Once a year.

Todd씨는 여전히 휴가 중이죠, 그렇지 않나요?
(A) 저는 몇몇 장소를 방문했어요.
(B) 네, 하지만 월요일에 돌아올 거예요.
(C) 일 년에 한 번이요.

어휘 still 여전히 | once 한 번

해설 Todd씨가 휴가 중인지 묻는 질문에 월요일에 돌아온다고 대답한 (B)가 정답이다. (A)는 주어가 일치하지 않고 (C)는 How often의문문에 대한 응답이다.

5 We deliver to anywhere for free if you buy before February 1.

미국
···
미국

(A) That's a good offer.
(B) We can't give you a discount.
(C) Free shipping will be available.

만약 2월 1일 전에 구매하신다면 어디로든 배송이 무료입니다.
(A) 그거 좋은 제안이군요.
(B) 우리는 할인해 드릴 수 없습니다.
(C) 무료배송이 이용 가능해요.

어휘 offer 제안 | free shipping 무료배송 | available 이용 가능한

해설 2월 1일 전에 구매한다면 어디로든 배송이 무료라는 언급에 좋은 제안이라고 대답한 (A)가 정답이다. (B)는 질문의 buy와 의미상 관련 있는 discount를 사용한 오답이고 (C)는 free를 반복한 오답이다.

6 Documents are piled on the desk, aren't they?

호주
···
영국

(A) No, Troy took them with him.
(B) He needs seven files by Wednesday.
(C) Yes, she's in the meeting.

서류가 책상 위에 쌓여 있죠, 그렇지 않나요?
(A) 아니요, Troy가 가져갔어요.
(B) 그는 수요일까지 파일 7개가 필요해요.
(C) 네, 그녀는 회의 중이에요.

어휘 pile 쌓다

해설 서류가 책상 위에 쌓여있냐는 질문에 Troy가 가져갔다고 대답한 (A)가 정답이다. (B)는 질문에서 언급되지 않은 3인칭 주어 He가 쓰인 오답이며 (C) 또한 3인칭 주어 she가 적절치 않으므로 오답이다.

7 I think the executive director should suggest solutions.

영국
···
미국

(A) But she asked us to.
(B) What do you recommend?
(C) We couldn't solve this problem.

저는 이사가 해결책을 제시해야 한다고 생각합니다.
(A) 하지만 그녀는 우리에게 요청했어요.
(B) 추천해 주실 만한 게 있나요?
(C) 우리는 이 문제를 해결할 수 없었어요.

어휘 executive director 이사 | suggest 제시하다 | solution 해결책 | recommend 추천하다 | solve 해결하다

해설 이사가 해결책을 제시해야 한다는 말에 이사가 우리에게 제시하도록 요청했다고 대답한 (A)가 정답이다. (B)는 질문의 suggest와 유사한 뜻의 recommend를 사용한 오답이고 (C)는 질문의 solution과 파생어 관계인 solve를 언급한 오답이다.

8 Children under 12 must be accompanied by an adult, aren't they?

호주
···
미국

(A) I saw your written company policy.
(B) Yes, there's no exception.

(C) Roller coasters or other thrill rides.

12살 미만 어린이는 반드시 어른과 동행해야 해요, 그렇지 않나요?
(A) 당신이 쓴 회사 정책을 봤어요.
(B) 네, 예외는 없습니다.
(C) 롤러코스터 또는 다른 스릴 있는 놀이기구들이요.

어휘 under 아래 | be accompanied by ~를 동행하다 | policy 정책 | exception 예외 | thrill ride 스릴 있는 놀이기구

해설 12살 미만 어린이는 반드시 성인과 동반해야 하는지 묻는 질문에 예외는 없다고 대답한 (B)가 정답이다. (A)는 질문의 accompanied와 발음이 부분적으로 유사한 company를 사용한 오답이고 (C)는 놀이공원 안의 기구를 언급한 것으로 적절치 않은 답변이다.

9 Mr. Diamond was promoted team leader in just two years.
미국
미국 (A) He'll attend various promotional events.
(B) We're looking for new members.
(C) He deserves the recognition.

Diamond씨는 단 2년 만에 팀장으로 승진됐어요.
(A) 그는 다양한 홍보행사에 참가할 거예요.
(B) 우리는 새로운 구성원을 찾고 있어요.
(C) 그는 인정받을 만 해요.

어휘 promote 승진하다 | various 다양한 | promotional 홍보의 | deserve 자격이 있다 | recognition 인정

해설 Diamond씨가 팀장으로 승진됐다는 언급에 그는 인정받을 만한 자격이 있다고 대답한 (C)가 정답이다. (A)는 질문의 promoted와 파생어 관계인 promotional을 사용한 오답이고 (B)는 적절치 않은 답변이다.

10 Maintenance costs will go up soon, won't they?
미국
영국 **(A) That's probably true.**
(B) This is a retail price.
(C) They're coming next month.

시설관리비가 곧 오르겠죠, 그렇지 않나요?
(A) 아마도 사실일 겁니다.
(B) 이것은 소매가격입니다.
(C) 다음 달에 출시됩니다.

어휘 maintenance 시설관리 | retail 소매

해설 시설관리비가 곧 오르게 되지 않냐는 질문에 아마도 사실일 거라고 대답한 (A)가 정답이다. (B)는 질문의 cost와 같은 뜻의 price를 사용한 오답이고 (C)는 질문의 go와 반대 뜻인 come을 언급한 오답이다.

		Part Test		◁)) P2-61
7 (B)	**8** (C)	**9** (A)	**10** (C)	**11** (A)
12 (B)	**13** (C)	**14** (B)	**15** (C)	**16** (C)
17 (C)	**18** (A)	**19** (C)	**20** (C)	**21** (A)
22 (B)	**23** (B)	**24** (A)	**25** (A)	**26** (A)
27 (A)	**28** (B)	**29** (C)	**30** (C)	**31** (A)

7 Who does this suitcase belong to?
미국
··· (A) It won't be very long.
미국 **(B) Is there a name tag on it?**
(C) I like the brown one.

이 여행 가방은 누구의 것인가요?
(A) 오래 걸리지 않을 거예요.
(B) 이름표가 붙어 있나요?
(C) 저는 갈색 가방을 좋아해요.

어휘 suitcase 여행 가방 | belong to ~에 속하다 | name tag 이름표

해설 여행 가방의 주인을 묻는 질문에 이름표가 붙어 있냐고 되물은 (B)가 정답이다. (A)는 질문의 belong과 발음이 유사한 long을 사용한 오답이고, (C)는 연관성이 없는 오답이다.

8 Where should I put this earphone when I finish the audio guide?
미국
··· (A) Put on a headset and listen carefully.
영국 (B) The tour will begin in a few minutes.
(C) Go and ask the staff here.

오디오 가이드가 끝나면 이 이어폰을 어디에 두어야 하죠?
(A) 헤드셋을 착용하고 주의 깊게 들으세요.
(B) 투어는 몇 분 후에 시작해요.
(C) 가서 여기 직원에게 물어보세요.

어휘 audio guide 오디오 가이드 | put on ~을 착용하다 | carefully 주의 깊게

해설 이어폰을 두어야 할 장소를 묻는 질문에 직원에게 물어보라고 우회적으로 응답한 (C)가 정답이다. (A)는 earphone과 연관성 있는 단어인 headset을 사용한 오답이고 (B)는 질문의 내용을 통해 연상할 수 있는 문장이지만 직접적인 관련이 없는 오답이다.

9 Could you submit latest marketing material from the morning session?
미국
··· **(A) I'll print you a copy.**
호주 (B) They're both about the same.
(C) Which sections of a paper do you like?

오전 회의의 최신 마케팅 자료를 제출해 주실래요?
(A) 한 부를 복사해 드릴게요.
(B) 둘 다 거의 같아요.
(C) 신문의 어떤 부분을 좋아하나요?

어휘 submit 제출하다 | latest 최신의 | material 자료 | session 기간, 회의 | section 부분

해설 자료를 제출해달라는 질문에 한 부를 복사해 주겠다고 한 (A)가 정답이다. (B)는 both가 지칭하는 대상이 질문에 없어 오답이고 (C)는 질문의 session과 유사발음의 section을 이용한 오답이다.

10

미국
···
미국

It's supposed to rain tonight, isn't it?

(A) No, I haven't seen it.

(B) We had lots of snow last Friday.

(C) That's what I heard.

오늘 비가 내리겠죠, 그렇지 않나요?
(A) 아니요, 저는 본 적이 없어요.
(B) 지난 금요일에 눈이 많이 내렸어요.
(C) 그렇게 들었어요.

어휘 be supposed to ~하기로 되어 있다

해설 오늘 비가 내릴 것 같다는 언급에 그렇게 들었다고 동의한 (C)가 정답이다. (A)는 관련이 없는 오답이며 (B)는 질문의 rain과 연관성 있는 snow를 사용한 오답이다.

11

영국
···
미국

How soon can you get me a quote?

(A) It'll be done within an hour.

(B) Quotations from newspapers and magazines.

(C) We'll be happy to give you free estimates.

견적을 얼마나 빨리 받아 볼 수 있을까요?
(A) 한 시간 내로 끝날 거예요.
(B) 신문과 잡지에서 뽑은 인용문이에요.
(C) 무료 견적을 제공하게 되어 기쁩니다.

어휘 quote 견적서 | be done 끝나다 | within ~이내에 | quotation 인용문 | estimate 견적(서)

해설 견적서를 언제 받아 볼 수 있느냐는 질문에 한 시간 내로 끝날 거라고 응답한 (A)가 정답이다. (B)는 quote의 파생어인 quotation을 사용한 오답이고 (C)는 질문의 quote와 의미가 같은 단어인 estimates를 사용한 오답이다.

12

호주
···
미국

What kind of ice cream would you like to order?

(A) The dinner includes dessert and coffee.

(B) Vanilla flavor, please.

(C) At the Italian restaurant.

어떤 종류의 아이스크림을 주문하시겠어요?
(A) 저녁식사는 디저트와 커피를 포함합니다.
(B) 바닐라 맛으로 부탁드려요.
(C) 이탈리아 레스토랑에서요.

어휘 include 포함하다 | flavor 맛

해설 어떤 종류의 아이스크림을 주문할 것인지 묻는 질문에 바닐라 맛으로 달라고 한 (B)가 정답이다. (A)는 아이스크림에서 연상할 수 있는 단어인 dessert와 coffee를 이용한 오답이고 (C)는 장소로 응답했기 때문에 의문사 Where에 대한 대답이라고 볼 수 있다.

13

영국
···
호주

We are pleased to be able to offer you a position.

(A) Two weeks from now.

(B) Click on our job openings on our Web site first.

(C) I'll consider it an honor to join your organization.

당신에게 일자리를 줄 수 있어 기쁘네요.
(A) 지금부터 2주 동안요.
(B) 웹사이트의 채용모집을 클릭해 주세요.
(C) 이 조직에 입사하게 된 것이 영광이라고 생각합니다.

어휘 pleased 기쁜 | job opening 구인 | consider 여기다, 고려하다 organization 조직

해설 일자리를 제안하는 멘트에 입사하게 된 것이 영광이라고 생각한다고 한 (C)가 정답이다. (A)는 취업 인터뷰에서 물어볼 수 있는 기간을 이용한 오답이고 (B)는 질문의 position에서 연상할 수 있는 job openings를 이용한 오답이다.

14

미국
···
미국

Is the museum worth a visit or should we stop by the restaurant first?

(A) His works are on display at the square.

(B) Whichever you prefer.

(C) Yes, you're right.

그 박물관을 방문할 가치가 있을까요, 아니면 우리가 레스토랑에 먼저 들러야 할까요?
(A) 그의 작품들이 광장에 전시되어 있어요.
(B) 당신이 선호하는 것 아무거나요.
(C) 네, 당신이 맞아요.

어휘 worth ~의 가치가 있는 | work 작품 | on display 전시된

해설 박물관을 방문할 가치가 있을지 아니면 레스토랑을 먼저 들를지 묻는 선택의문문에 상대가 선호하는 것 아무거나 괜찮다고 대답한 (B)가 정답이다. (A)는 질문의 museum과 연관성 있는 works, on display를 이용한 오답이고 (C)는 관련이 없는 오답이다.

15

영국
···
미국

Have you seen the play at the Continental Theater?

(A) You can pay with a credit card.

(B) You're right about that.

(C) Yes, I went on Saturday night.

Continental 극장에서 연극을 본 적이 있나요?
(A) 당신은 신용카드로 지불할 수 있어요.
(B) 그것에 대해 당신 말이 맞아요.
(C) 네, 토요일 밤에 갔었어요.

어휘 play 연극 | theater 극장

해설 특정 극장에서 연극을 본 적이 있는지 물어보는 질문에 토요일 밤에 갔었다고 응답한 (C)가 정답이다. (A)는 티켓을 구매할 때 쓸 수 있는 표현이고 (B)는 동의할 때 쓰는 표현으로 오답이다.

16
호주
...
영국

Who would like to summarize our conclusions for Mr. Cho?

(A) It feels like summer outside.

(B) Yes, I'd like one, too.

(C) Shouldn't the project manager do that?

누가 Cho씨에게 결론을 요약해 주나요?
(A) 바깥이 여름처럼 느껴져요.
(B) 네, 저도 역시 하나 주세요.
(C) 프로젝트 관리자가 해야 하지 않나요?

어휘 summarize 요약하다 | conclusion 결론

해설 결론을 요약할 사람이 누구인지 물어보는 질문에 프로젝트 매니저가 해야 한다고 응답한 (C)가 정답이다. (A)는 summarize와 summer의 유사발음 오답이고 (B)는 의문사 의문문에 Yes로 대답했으므로 오답이다.

17
미국
...
미국

Has the supervisor announced the relocation project?

(A) It proceeded under his supervision.

(B) My boss isn't an announcer.

(C) No, he might do it tomorrow.

감독관이 이전 계획을 발표했나요?
(A) 그의 감독 아래 진행되었어요.
(B) 우리 사장님은 아나운서가 아니에요.
(C) 아니요, 그가 내일 할 것이에요.

어휘 supervisor 감독관 | relocation 이전, 재배치 | proceed 진행하다 | supervision 감독

해설 감독관이 이전 계획을 발표했냐고 묻는 질문에 내일 할 것이라고 응답한 (C)가 정답이다. (A)는 supervisor와 supervision의 파생어 오답이고 (B)도 announced와 announcer의 파생어 오답이다.

18
미국
...
영국

How much time do you need to finish the marketing campaign?

(A) We'll need at least a few weeks.

(B) At twelve o'clock sharp.

(C) It's time to complete the report.

마케팅 캠페인을 끝내려면 얼마의 시간이 필요한가요?
(A) 적어도 몇 주는 필요합니다.
(B) 12시 정각이요.
(C) 보고서를 완성할 시간입니다.

어휘 at least 적어도, 최소한 | sharp 정각에 | complete 완성하다

해설 캠페인을 끝내는 데 걸리는 시간을 묻는 질문에 몇 주 필요하다고 응답한 (A)가 정답이다. (B)는 현재 시간을 물어볼 때 할 수 있는 답변이고 (C)는 질문의 time을 반복한 오답이다.

19
영국
...
호주

Didn't the new tenant sign the lease?

(A) Sign at the bottom, please.

(B) I'd like to move right now.

(C) No, he'll sign it tomorrow.

새로운 세입자가 임대계약서에 서명하지 않았나요?
(A) 아래쪽에 서명해 주세요.
(B) 지금 당장 이사하고 싶어요.
(C) 아니요, 그는 내일 서명할 것입니다.

어휘 tenant 세입자 | lease 임대 | bottom 맨 아래

해설 새로운 세입자가 임대계약서에 서명하지 않았냐고 물어보는 질문에 내일 할 것이라고 응답한 (C)가 정답이다. (A)는 질문의 sign을 반복한 오답이고 (B)는 내용적으로 관련 있는 move를 사용한 오답이다.

20
미국
...
미국

When will the products be on the market?

(A) It is being marketed now.

(B) The price went up in August.

(C) After the division head approves it.

언제 제품들이 출시될 예정인가요?
(A) 그것은 현재 판매 중이에요.
(B) 가격이 8월에 올랐어요.
(C) 부서장이 승인하고 나서요.

어휘 be on the market 판매하고 있다 | market (상품을) 내놓다 | division head 부서장 | approve 승인하다

해설 언제 제품이 출시되는지 묻는 질문에 부서장이 승인하고 나서라고 응답한 (C)가 정답이다. (A)는 market을 반복한 오답이고 (B) 전체적인 내용과 연관성이 있어 보이지만 오답이다.

21
미국
...
미국

Did you go to Busan for the interview or had it online?

(A) They offered me a round ticket for the day.

(B) You are in a video call.

(C) The résumé should be updated.

인터뷰를 위해 부산에 내려갔나요, 아니면 온라인으로 했나요?
(A) 그들은 그날을 위해 내게 왕복 티켓을 제공했어요.
(B) 당신은 화상 통화 중이에요.
(C) 이력서는 업데이트되어야 해요.

어휘 offer 제공하다 | round ticket 왕복 티켓 | video call 화상 통화

해설 인터뷰를 위해 부산을 갔는지 아니면 온라인으로 했는지 묻는 질문에 왕복 티켓을 제공받았다고 응답한 (A)가 정답이다. (B)는 인터뷰를 하는 방법을 언급했지만 오답이고 (C)는 인터뷰와 연관 있는 résumé를 사용한 오답이다.

22
미국
...
영국

Did you register for the language course or any other computer courses?

(A) I didn't see you in the class this morning.

(B) I haven't signed up yet.

(C) Enrollment fees could be waived.

언어 강좌에 등록했나요, 아니면 다른 컴퓨터 강좌에 등록했나요?
(A) 오늘 오전 수업에서 당신을 못 봤어요.
(B) 아직 등록하지 않았어요.
(C) 등록금은 면제받을 수 있을 거예요.

어휘 register 등록하다 | sign up 등록하다 | enrollment fee 등록금

| waive 면제받다

해설 (A)는 질문의 course와 유사한 단어 class를 이용한 오답이고 (C)는 질문의 동사 register와 같은 의미의 뜻인 enrollment 를 이용한 오답이다.

23 Why were our expenses over budget last quarter?

미국
호주

(A) I'll show you the most expensive type.

(B) We invested a lot of money on marketing.

(C) The firm is expected to turn a profit.

지난 분기에 왜 예산이 초과되었나요?
(A) 제일 비싼 유형으로 보여드릴게요.
(B) 우리는 마케팅에 너무 많은 돈을 투자했어요.
(C) 회사는 이윤을 낼 것으로 기대됩니다.

어휘 expense 비용 | over budget 예산을 초과한 | quarter 분기 | invest 투자하다 | firm 회사 | turn a profit 이윤을 내다

해설 예산이 초과된 이유를 묻는 질문에 마케팅에 너무 많은 돈을 투자 했다고 응답한 (B)가 정답 이다. (A)는 expense와 expensive의 파생어 오답이고 (C)는 질문과 상반되는 내용으 로 응답한 오답이다.

24 Which hotel would you pick for the reception?

호주
영국

(A) The same one we used last time.

(B) I think good interior is important.

(C) It varies depending on the place.

환영회를 위해 어느 호텔을 고를 건가요?
(A) 지난번에 우리가 이용했던 곳이요.
(B) 저는 좋은 인테리어가 중요하다고 생각해요.
(C) 장소에 따라 달라져요.

어휘 reception 환영회 | vary 다양하게 하다 | depend on ~에 달려있다

해설 환영회를 어떤 호텔에서 할 것인지 묻는 질문에 지난번에 이용 했던 곳이라고 응답한 (A)가 정답이다. (B)와 (C)는 직접적인 연관성이 없는 오답이다.

25 I haven't finished my proposal yet.

미국
미국

(A) Be sure to do it soon.

(B) Monday at the latest.

(C) Actually, I've already paid.

아직 제 제안서를 끝내지 못했어요.
(A) 조만간 반드시 끝내세요.
(B) 늦어도 월요일요.
(C) 사실, 벌써 지불했어요.

어휘 be sure to 반드시 ~을 하다 | at the latest 늦어도

해설 제안서를 끝내지 못했다는 언급에 조만간 끝내라고 한 (A)가 정답이다. (B)는 의문사 When의 응답으로 어울리며 (C)는 관 련이 없는 오답이다.

26 How about letting your landlord know that you disagree with a higher rent?

미국
영국

(A) Yes, I think I'll do that.

(B) It's going to be $120 per month.

(C) A short term lease.

집주인에게 월세를 올리는 것에 동의하지 않는다는 것을 알리는 게 어때요?
(A) 네, 그래야겠어요.
(B) 월 120달러가 될 거예요.
(C) 단기 임대요.

어휘 landlord 집주인 | disagree 동의하지 않다 | rent 월세 | short term lease 단기 임대

해설 집주인에게 월세 올리는 것에 동의하지 않는다고 알리라는 제 안에 그래야겠다고 응답한 (A)가 정답이다. (B)는 구체적인 금액으로 응답했지만 질문과 연관성이 없고 (C)도 내용상 비 슷한 단어로 나열한 오답이다.

27 Haven't you taken an initial course at headquarters?

미국
미국

(A) I haven't been notified.

(B) No, it wasn't a training course.

(C) Yes, I'm now based at headquarters.

본사에서 기초 교육을 받지 않았나요?
(A) 통지받지 못했어요.
(B) 아니요, 그것은 훈련과정이 아니었어요.
(C) 네, 지금 본사에서 근무해요.

어휘 initial course 기초 교육 | headquarters 본사 | notify 통지하다 | be based 기반을 두다

해설 본사에서 기초 교육을 받았는지 물어보는 질문에 통지받지 못 했다고 응답한 (A)가 정답이다. (B)는 질문의 course를 반복 사용한 오답이고 (C)는 headquarters를 반복한 오답이다.

28 Let's see if the discount coupon is valid here.

호주
미국

(A) Sure, it's worth checking.

(B) Sorry, I bought them at another store.

(C) How about window shopping downtown?

여기서 할인쿠폰이 유효한지 봅시다.
(A) 물론이죠, 확인해 볼 가치가 있어요.
(B) 죄송해요, 다른 가게에서 구입했어요.
(C) 시내에 윈도 쇼핑 가는 건 어때요?

어휘 valid 유효한 | worth ~의 가치가 있는

해설 할인쿠폰이 유효한지 알아보자는 질문에 그럴 가치가 있다고 대답한 (A)가 정답이다. (B)와 (C)는 내용상 관련성이 있어 보 이지만 오답이다.

29 Do we have enough staples or should we order some more?

영국
호주

(A) You don't need to write it down.

(B) Store them in a safe place.

46

(C) We still have plenty.

우리는 충분한 스테이플러 침이 있나요, 아니면 조금 더 주문해야
하나요?
(A) 받아 적을 필요는 없어요.
(B) 안전한 곳에 보관하세요.
(C) 아직 많이 있어요.

어휘 **write down** 받아 적다 | **store** 보관하다, 저장하다 | **plenty** 많음,
가득

해설 스테이플러 침을 충분히 갖고 있는지 아니면 더 주문해야 하는
지 묻는 질문에 아직 많이 있다고 응답한 (C)가 정답이다. (A)
와 (B)는 내용상 관련성이 있어 보이지만 오답이다.

30 The last session of the training starts at 3.

미국 **(A) Yes, it was useful.**
...
미국 **(B) Don't wait until the last minute.**

(C) I might be a little late.

교육의 마지막 세션은 3시에 시작합니다.
(A) 네, 그것은 유용했어요.
(B) 마지막 순간까지 기다리지 마세요.
(C) 저는 조금 늦을 것 같아요.

어휘 **last minute** 마지막 순간

해설 마지막 교육 세션이 3시에 시작한다는 언급에 조금 늦을 것 같
다고 응답한 (C)가 정답이다. (A)는 내용상 관련 없는 오답이
고 (B)는 질문의 last를 반복한 오답이다.

31 This room is too hot.

호주 **(A) Why don't you turn off the heater?**
...
영국 **(B) I think you should wear a jacket.**

(C) There's no room for mistakes.

이 방은 너무 덥네요.
(A) 히터를 끄는 건 어때요?
(B) 당신이 재킷을 입어야 한다고 생각해요.
(C) 실수에 대한 여지가 없어요.

어휘 **turn off** 끄다 | **room** 여지, 여유

해설 방이 덥다는 언급에 히터를 끄는 것이 어떻겠냐고 되물은 (A)
가 정답이다. (B)는 방이 춥다고 할 때 할 수 있는 응답이고
(C)는 질문의 room을 반복한 오답이다.

주제/목적을 묻는 문제

실전문제

◁⑴ P3-3

1 (D)	**2** (C)	**3** (B)	**4** (B)	**5** (B)	**6** (D)	**7** (C)	**8** (C)	**9** (D)	**10** (A)	**11** (D)	**12** (C)

New **Questions 1-3 refer to the following conversation.**

미국 – 미국

W: ¹⁾ I just heard you're also going to the IT symposium in Washington. I haven't decided how I'm getting there yet. Are you going to drive?

M: I was planning to, but ²⁾ my car broke down and it has been in the service center all week. Do you have any specific idea?

W: Um, I think we can take the express train. It only takes two hours and runs every thirty minutes.

M: Oh, really? We won't have to put up with traffic.

W: Sure. ³⁾ Why don't I book our tickets right away? All our travel expenses will be charged to the company anyway.

여: 워싱턴에서 열리는 IT 심포지엄에 당신도 간다고 들었어요. 저는 어떻게 갈지 아직 결정하지 못했는데요. 직접 운전하시나요?

남: 그럴 계획이었는데, 제 차가 고장이 나서 일주일 내내 정비소에 있어요. 어떤 좋은 생각 있나요?

여: 음, 고속열차를 타는 것도 괜찮다고 생각해요. 2시간밖에 안 걸리고 30분마다 운행해요.

남: 아, 정말요? 교통체증을 참을 필요가 없겠군요.

여: 물론이죠. 제가 당장 티켓을 예약하는 게 어떨까요? 어쨌든 우리 출장 경비는 모두 회사에서 부담할 거니까요.

---

1 What is the main topic of the conversation?

(A) Car repairs

(B) Traffic situations

(C) Presentation materials

(D) Travel arrangements

이 대화의 주제는 무엇인가?
(A) 자동차 수리
(B) 교통 상황
(C) 발표 자료
(D) 여행 준비

2 According to the man, what is the problem?

(A) He is invited to be chairman.

(B) There is a lot of rain in the forecast.

(C) His vehicle is not currently working.

(D) The traffic is bumper to bumper on the road.

남자에 따르면, 무엇이 문제인가?
(A) 그는 의장직을 권유받았다.
(B) 많은 비가 내린다는 예보가 있다.
(C) 그의 차량이 현재 작동하지 않는다.
(D) 도로에 차가 꼬리를 물고 서 있다.

3 What does the woman say she will do?

(A) Proofread a draft

(B) Book a trip

(C) Contact the car rental agency

(D) Drop by a service center

여자는 무엇을 할 것이라고 말하는가?
(A) 초안 교정보기
(B) 여행 예약하기
(C) 차 대여점에 연락하기
(D) 수리점에 들르기

어휘 symposium 심포지엄 | break down 고장 나다 | service center (자동차) 정비소, 수리점 | specific 특정한, 명확한 | express train 고속열차 | put up with ~을 참다 | right away 즉시 | travel expense 여행경비 | charge (비용을) 청구하다 | arrangement 준비 | bumper to bumper 차가 꽉 들어찬 | proofread 교정보다 | rental agency 대여점

해설 **1** 주제를 묻는 질문은 대화의 첫 부분에서 힌트가 나오지만, 만약 놓쳤다면 대화를 끝까지 듣고 정리하면 된다. 남자와 여자는 워싱턴에서 열리는 심포지엄에 갈 준비를 하고 있으므로 정답은 (D)이다.

2 남자의 차가 고장 나서 수리점에 있다고 했기 때문에 정답은 (C)이다.

패러프레이징 broke down → not currently working

3 여자가 당장 고속열차의 티켓을 구입하겠다고 했으므로 정답은 (B)이다.

Questions 4-6 refer to the following conversation.

W: Hi, Thomas. I just called the airline and they told me that [4)] my flight has been canceled due to the weather.

M: Oh, that's a problem. Will you be back in time for the department head meeting tomorrow? [5)] You're supposed to present the main agenda.

W: I'm afraid I can't. [6)] Could you do me a favor and fill in for me? If it's OK with you, I can just e-mail you the materials to prepare for the presentation.

M: All right, then. I'd be happy to take care of that.

여: 안녕하세요, Thomas. 제가 막 항공사에 전화했는데 비행기가 날씨 때문에 취소되었다고 하네요.

남: 아, 문제네요. 내일 열리는 부서장 회의에는 시간 맞춰 돌아올 건가요? 당신이 주요 안건을 발표하기로 되어 있잖아요.

여: 유감이지만 안 될 것 같아요. 부탁이 있는데, 저를 대신해 줄 수 있을까요? 당신이 괜찮다면, 발표를 준비할 수 있는 자료들을 이메일로 보내줄게요.

남: 그렇다면 좋아요. 기꺼이 처리해 드릴게요.

4 Why is the woman calling?

(A) She is stuck in traffic.

(B) Her flight has been canceled.

(C) She has missed the flight.

(D) The meeting was adjourned.

여자는 왜 전화하는가?
(A) 그녀는 교통 체증에 걸려 있다.
(B) 그녀의 항공편이 취소되었다.
(C) 그녀는 비행편을 놓쳤다.
(D) 회의가 연기되었다.

5 What does the man remind the woman to do tomorrow?

(A) Hold a reception

(B) Make a presentation

(C) Join a teleconference

(D) Lead a training course

남자는 여자가 내일 무엇을 해야 한다고 상기시키는가?
(A) 환영회 열기
(B) 발표하기
(C) 화상회의에 참여하기
(D) 교육과정 이끌기

6 What does the woman ask the man to do?

(A) Contact a client's office

(B) Hand out some materials

(C) Speak with her supervisor

(D) Attend a meeting on behalf of her

여자는 남자에게 무엇을 하라고 요청하는가?
(A) 고객 사무실에 연락하기
(B) 자료 나누어주기
(C) 그녀의 상사와 얘기하기
(D) 그녀를 대신해 회의에 참석하기

어휘 airline 항공사 | cancel 취소하다 | due to ~ 때문에 | department head 부서장 | agenda 안건 | fill in for ~의 일을 대신하다 | material 자료 | stuck in traffic 교통체증에 막힌 | adjourn (회의를) 연기하다 | teleconference 화상회의 | supervisor 상사 | on behalf of ~를 대신하여

해설 **4** 여자의 항공편이 날씨 때문에 취소되었다. 보기를 대충 보면 혼동할 수 있으므로 정확하게 보고 판단해야 한다.

5 여자는 내일 회의에 참가하여 발표를 해야 하므로, 정답은 (B)이다. (C)를 택하지 않도록 주의해야 한다.

6 여자가 대신 회의에 참가해 달라고 부탁했으므로 정답은 (D)이다.

패러프레이징 fill in for → on behalf of

Questions 7-9 refer to the following conversation.

W: Kevin, I'm really concerned. We've just hired some temporary workers to meet the deadline, but 7) there's no workspace for them on the sixth floor.

M: They should work with the accounting department, so we'll need to move the other employees. You know we have empty spaces on the fourth floor.

W: That's right. 8) Why don't we ask Charlie and Jake to move downstairs? There's no particular reason for them to work on the sixth floor.

M: You have a point. 9) They spend most of their time repairing and checking the facilities in the building.

여: Kevin, 저는 정말 걱정돼요. 마감일을 맞추려고 이제 막 임시 직원들을 고용했는데, 6층에는 그들이 일할 공간이 없어요.

남: 그들은 회계부와 함께 일해야 하니까, 우리는 다른 직원들을 이동시켜야 할 것 같아요. 알다시피 4층에 빈 공간이 있으니까요.

여: 맞아요. Charlie와 Jake에게 아래층으로 옮겨달라고 하면 어떨까요? 그들이 6층에서 일해야 할 특별할 이유가 없을 텐데요.

남: 일리가 있네요. 그들은 대부분의 시간을 건물 내의 시설을 수리하고 점검하는 데 보내요.

7 Why is the woman concerned?
(A) She has to work extended hours.
(B) There was an accident downstairs.
(C) There was insufficient space on a floor.
(D) She has to educate part-time workers.

여자가 걱정하는 이유는 무엇인가?
(A) 그녀는 초과근무를 해야 한다.
(B) 아래층에서 사고가 있었다.
(C) 한 층에 공간이 불충분하다.
(D) 그녀는 임시 직원들을 교육해야 한다.

8 What does the woman suggest?
(A) Talking to a manager
(B) Fixing the equipment
(C) Relocating a portion of a team
(D) Minimizing the office space

여자는 무엇을 제안하는가?
(A) 관리자에게 얘기하기
(B) 기기 고치기
(C) 팀의 일부 재배치하기
(D) 사무실 공간 축소하기

9 Which department do Charlie and Jake work in?
(A) Accounting department
(B) Financial department
(C) Personnel department
(D) Maintenance department

Charlie와 Jake는 어떤 부서에 일할 것 같은가?
(A) 회계부
(B) 재무부
(C) 인사부
(D) 시설관리부

어휘 concerned 걱정되는 | hire 고용하다 | temporary worker 임시 직원 | meet the deadline 마감일을 맞추다 | workspace 작업 공간 | accounting 회계 | move 이동시키다 | particular 특별한 | facility 시설 | extended 연장된 | insufficient 불충분한 | relocate 재배치하다 | portion 부분, 일부 | minimize 축소하다

해설 **7** 여자가 6층에 임시 직원이 일할 공간이 없다고 했으므로 정답은 (C)이다.
패러프레이징 no workspace → insufficient space

8 여자는 Charlie와 Jake에게 아래층으로 옮겨달라고 하면 어떨지 제안하고 있으므로, 이를 잘 표현한 (C)가 정답이다.
패러프레이징 move downstairs → Relocating a portion of a team

9 남자의 마지막 말에 힌트가 있다. 건물 내의 시설을 수리하고 점검하는 사람들이 일할 만한 부서로 가장 적절한 (D)를 골라야 한다.

M: Hello, Melissa. I think ¹⁰⁾ we should start advertising our new line of men's cosmetic sets on television. There's a rumor that one of our competitors will bring out a product before us just like ours.	남: 안녕하세요, Melissa. 우리가 새로 나온 남성용 화장품 세트 라인의 TV 광고를 시작해야 한다고 생각해요. 경쟁사 중의 한 곳이 우리 제품과 비슷한 제품을 우리보다 먼저 내놓을 거라는 소문이 있어요.
W: That's what I heard. But there's not enough in the budget to promote our brand. ¹¹⁾ Why don't you send me the accounting documents? I'll look over them and see if I convince the high-powered executives.	여: 저도 그렇게 들었어요. 하지만 우리 브랜드를 홍보하기에 예산이 충분치가 않아요. 회계서류들을 저에게 보내줄래요? 제가 검토해 보고 영향력 있는 임원들을 설득할 수 있는지 볼게요.
M: Sure, I'll send you the documents right away. If cost is an issue, we could consider new media as an alternative. Starting this Wednesday, one of the famous fashion magazine, ¹²⁾ *Vintage* is offering a big discount to small business like us. I think this might be a great opportunity for us.	남: 좋아요, 지금 당장 서류들을 보낼게요. 만약 금액이 문제라면, 새로운 미디어를 대안으로 고려해 볼 수 있어요. 이번 주 수요일부터 유명한 패션 잡지인 Vintage가 우리 같은 중소기업에게 할인 혜택을 제공해요. 아마 우리에게 좋은 기회일 거예요.

10 What are they mainly discussing?

(A) Advertising on TV

(B) Planning the event together

(C) Reducing the budget

(D) Hiring part time workers

그들은 주로 무엇에 관해 논의하고 있는가?
(A) TV에 광고하기
(B) 함께 행사 기획하기
(C) 예산 줄이기
(D) 임시 직원 고용하기

11 What does the woman ask the man to do?

(A) Look for another supplier

(B) Cut expenses

(C) Attend a launch event

(D) Present the documents

여자는 남자에게 무엇을 하라고 요청하는가?
(A) 다른 공급업체 찾기
(B) 비용 줄이기
(C) 출시 행사에 참석하기
(D) 서류 제출하기

12 What does the man say will start on Wednesday?

(A) Executives meeting

(B) An accounting project

(C) A promotional offer

(D) A motor show

남자는 수요일부터 무엇이 시작된다고 말하는가?
(A) 중역 회의
(B) 회계 프로젝트
(C) 판촉 할인
(D) 모터쇼

어휘 cosmetic 화장품 | rumor 소문 | competitor 경쟁사 | bring out 내놓다 | budget 예산 | promote 홍보하다 | look over 검토하다 | convince 설득하다 | high-powered 영향력이 큰 | executive 임원, 중역 | alternative 대안, 대책 | opportunity 기회 | reduce 줄이다 | supplier 공급업체 | launch event 출시 행사

해설 **10** 남자가 대화의 첫 부분에서 TV로 광고를 하는 게 좋겠다는 의견을 제시하고 있으므로 정답은 (A)이다.

11 여자는 TV 광고에 앞서 예산을 검토해 보겠다며 회계서류들을 달라고 요청하고 있다. 따라서 정답은 (D)이다.

패러프레이징 send me the accounting documents → Present the documents

12 패션잡지 Vintage가 중소기업에게 할인을 제공한다고 했으므로 정답은 (C)이다.

패러프레이징 a big discount → A promotional offer

화자/장소를 묻는 문제

실전문제	◁)) P3-6

| 1 (C) | 2 (C) | 3 (A) | 4 (A) | 5 (C) | 6 (C) | 7 (D) | 8 (B) | 9 (A) | 10 (B) | 11 (A) | 12 (A) |

Questions 1-3 refer to the following conversation.

영국 – 호주

W: Excuse me, I'd like to go to the Worthington Hotel on Main Street. ¹⁾ Do you happen to know when bus number 201 is scheduled to stop here?

M: The number 201 bus goes western outskirts of the city. You'll have to either take the number 101 or 102 bus. But ²⁾ both buses are behind schedule this afternoon.

W: Oh, no. I need to be there before 3 o'clock for my parent's anniversary party. My family's been planning it for months.

M: Look, ³⁾ the 102 bus is coming now. Why don't you jump on board?

여: 실례합니다. 저는 Main가에 있는 Worthington 호텔에 가려고 합니다. 201번 버스가 언제 여기에 정차하는지 혹시 아시나요?

남: 201번 버스는 도시의 서쪽 외곽으로 가요. 101번이나 102번 버스를 타셔야 합니다. 하지만 오늘 오후에 두 버스 모두 일정보다 늦네요.

여: 아, 안 돼요. 부모님의 기념 파티를 위해 3시 전에는 가야 해요. 우리 가족이 몇 달 동안 계획했거든요.

남: 저기 보세요. 102번 버스가 지금 오고 있네요. 얼른 타는 게 어때요?

1 Where does this conversation probably take place?

(A) At a hotel lobby

(B) At a box office

(C) At a bus stop

(D) At an intersection

이 대화는 어디서 일어나고 있는가?

(A) 호텔 로비

(B) 매표소

(C) 버스 정류장

(D) 교차로

2 Why is the woman concerned?

(A) She might miss the bus.

(B) The destination is too far away.

(C) The bus has not arrived yet.

(D) She can't come to the party.

여자가 걱정하는 이유는 무엇인가?

(A) 버스를 놓칠지도 몰라서

(B) 종착지가 너무 멀어서

(C) 버스가 아직 도착하지 않아서

(D) 파티에 갈 수 없어서

3 What does the man recommend?

(A) Taking a different bus

(B) Making a detour

(C) Reconfirming the schedule

(D) Waiting for the next bus

남자는 무엇을 추천하는가?

(A) 다른 버스 타기

(B) 우회하기

(C) 일정 재확인하기

(D) 다음 버스 기다리기

어휘 be scheduled to ~할 예정이다 | outskirt 외곽, 교외 | either A or B 양자택일의 | behind the schedule 일정보다 늦게 | anniversary party 기념 파티 | on board 탑승한 | intersection 교차로 | make a detour 우회하다 | reconfirm 재확인하다

해설
1 201번 버스가 언제 정차하는지 묻고 있으므로 정답은 (C)이다.

2 남자가 여자에게 올바른 버스를 추천하면서, 오늘 두 버스가 예정보다 늦다고 표현했으므로 정답은 (C)이다.
패러프레이징 behind schedule → The bus has not arrived yet.

3 102번 버스가 들어오고 있고, 남자는 이 버스를 타라고 추천하고 있으므로 정답은 (A)이다.

W: Connor, do you know who maintains our Web site? I need to put some images on the Web site and I wasn't sure who to contact. **M:** ⁴⁾ I helped launch the Web site so I can make any updates you need. What needs to be changed? **W:** ⁵⁾ We released an extensive range of costumes last week, but its pictures weren't uploaded yet. It would be great ⁶⁾ if you could post them on the main page so customers see them well.	여: Connor, 누가 우리 웹사이트를 관리하는지 아세요? 제가 웹사이트에 몇몇 이미지들을 올려야 하는데 누구에게 연락해야 할지 몰랐어요. 남: 제가 웹사이트 출시를 도왔기 때문에 당신이 필요한 업데이트를 해드릴 수 있어요. 무엇이 고쳐져야 하죠? 여: 우리는 지난주에 다양한 의상들을 출시했는데, 아직 사진들이 업로드되어 있지 않아요. 고객들이 잘 볼 수 있도록 메인 페이지에 그 사진들을 올려주시면 좋겠어요.

4 What most likely is the man's job?

(A) Web designer
(B) Magazine editor
(C) Fashion merchandiser
(D) Computer programmer

남자의 직업은 무엇이겠는가?
(A) 웹 디자이너
(B) 잡지 편집자
(C) 패션 판매 담당자
(D) 컴퓨터 프로그래머

5 According to the woman, what happened last week?

(A) A product test was conducted.
(B) The directory was updated.
(C) New products were introduced.
(D) The company went public.

여자에 따르면, 지난주에 무슨 일이 일어났는가?
(A) 제품 테스트가 시행되었다.
(B) 디렉터리가 업데이트되었다.
(C) 신상품들이 출시되었다.
(D) 회사가 주식에 상장되었다.

6 What does the woman ask the man to do?

(A) Revise a document
(B) Meet some staff members
(C) Add new information on the site
(D) Focus on the advertising campaign

여자는 남자에게 무엇을 하라고 요청하는가?
(A) 문서 수정하기
(B) 몇몇 직원들을 만나보기
(C) 사이트에 새 정보 추가하기
(D) 광고 캠페인에 집중하기

어휘 maintain 관리하다, 유지하다 | contact 연락하다 | launch 출시하다 | release 출시하다 | extensive 광범위한, 폭넓은 | a range of 다양한 | costume 의상 | post 게시하다 | editor 편집자 | merchandiser 판매 담당자 | conduct 시행하다 | go public 주식을 상장하다 | revise 수정하다

해설 **4** 남자가 웹사이트 출시를 도왔다는 부분에서 남자의 직업을 추측할 수 있다. 정답은 (A)이다.

5 지난주에 다양한 의상들을 출시했다고 했으므로 정답은 (C)이다.
패러프레이징 released → introduced

6 웹사이트 메인페이지에 사진을 올려달라고 요청했으므로, 정답은 (C)이다.

M: Excuse me. ⁷⁾I'm looking for a book titled *Africa, The Land of Hope* but I can't seem to find it.

W: Let me check that for you. According to our database, it was published last month and Ronald K. Fisher is the author of the book. But unfortunately, ⁸⁾we don't have it in stock here in the store.

M: Too bad. ⁷⁾I wanted to give this book to my brother as a present. His birthday is a week away.

W: Don't worry. I can put you on the waiting list and contact you the moment the book is restocked. ⁹⁾Would you like to leave your number?

남: 실례합니다. 저는 〈아프리카, 희망의 땅〉이라는 제목의 책을 찾고 있는데요, 찾을 수가 없습니다.

여: 제가 체크해 볼게요. 데이터베이스를 보니, 그 책은 지난달에 출판되었고 작가는 Ronald K. Fisher군요. 하지만 안타깝게도 우리 매장에는 현재 재고가 없습니다.

남: 유감이네요. 남동생에게 선물로 이 책을 주고 싶었거든요. 생일이 일주일 남아 있어서요.

여: 걱정하지 마세요. 제가 당신을 대기 명단에 올려드리고 책이 재입고 되면 바로 연락드릴게요. 번호 좀 남겨주실래요?

7 Where does this conversation take place?

(A) At a city library
(B) At a print shop
(C) At a publishing company
(D) At a book store

이 대화가 일어나는 장소는 어디인가?
(A) 시립 도서관
(B) 복사 가게
(C) 출판사
(D) 서점

8 What does the woman say about the book?

(A) It is no longer in print.
(B) It is unavailable now.
(C) It is currently on sale.
(D) It has not published yet.

여자는 그 책에 관해 무엇이라고 말하는가?
(A) 절판되었다.
(B) 지금 구입할 수 없다.
(C) 현재 세일 중이다.
(D) 아직 출판되지 않았다.

9 What will probably happen next?

(A) The man will provide his contact information.
(B) The man will look for another book.
(C) A book will be delivered to his house.
(D) The woman will call the warehouse.

다음에 무슨 일이 일어날 것인가?
(A) 남자가 그의 연락정보를 줄 것이다.
(B) 남자가 다른 책을 찾을 것이다.
(C) 책이 그의 집으로 배송될 것이다.
(D) 여자가 창고에 전화할 것이다.

어휘 title 제목을 붙이다 | according to ~에 따르면 | publish 출판하다 | author 작가 | unfortunately 안타깝게도 | in stock 재고의 | waiting list 대기 명단 | restock 다시 채우다 | leave 남기다, 두고 가다 | in print 출간되는 | unavailable 손에 넣을 수 없는 | warehouse 창고

해설 **7** 남자가 특정 책을 찾고 있고, 이를 구매하고 싶어 하므로 정답은 (D)이다.

8 남자가 원하는 책은 출판되어 있지만, 이 서점에서는 재고가 없어 구입이 불가능하다. 따라서 정답은 (B)이다.
패러프레이징 don't have it in stock → unavailable

9 전화번호를 남기면 책이 재입고 되었을 때 연락을 준다고 했으므로 정답은 (A)이다.
패러프레이징 leave your number → provide his contact information

Questions 10-12 refer to the following conversation.

M: Hello. ¹⁰⁾ I'd like to open a payroll account at this bank. Could you tell me what I should do first?	남: 안녕하세요. 이 은행에서 급여통장을 개설하고 싶습니다. 먼저 무엇을 해야 할까요?

M: Hello. 10) I'd like to open a payroll account at this bank. Could you tell me what I should do first?

W: Sure. We need a form of identification card with an attached photo and brief details about your company.

M: I think I left my wallet containing the ID card and driver's license at home. But 11) I'm sure my passport is in my bag because I just got back from a trip. Is this acceptable?

W: No problem. Please 12) fill out this application form while I make a copy of your passport.

남: 안녕하세요. 이 은행에서 급여통장을 개설하고 싶습니다. 먼저 무엇을 해야 할까요?

여: 물론입니다. 사진이 부착된 신분증과 직장에 관한 간단한 정보가 필요합니다.

남: 신분증과 운전 면허증이 들어 있는 지갑을 집에 두고 온 것 같네요. 하지만 여행에서 막 돌아왔기 때문에 여권이 가방에 있어요. 괜찮나요?

여: 문제 없습니다. 제가 여권을 복사하는 동안 이 신청서를 작성해 주세요.

10 What does the man want to do?

(A) Wire some money

(B) Open a bank account

(C) Have a photo taken

(D) Go on a vacation

남자는 무엇을 하고 싶어 하는가?
(A) 송금하기
(B) 은행 계좌 개설하기
(C) 사진 찍기
(D) 휴가 가기

11 What does the man show the woman?

(A) A passport

(B) An ID card

(C) A driver's license

(D) His company address

남자는 여자에게 무엇을 보여주는가?
(A) 여권
(B) 신분증
(C) 운전면허증
(D) 그의 회사 주소

12 What is the man going to do next?

(A) Complete a form

(B) Apply for a loan

(C) Close an account

(D) Evaluate the credibility

남자는 다음에 무엇을 할 것인가?
(A) 양식 작성하기
(B) 대출 신청하기
(C) 계좌 해지하기
(D) 신용 평가하기

어휘 payroll account 급여 통장 | identification card 신분증 | attached 부착된 | brief 간단한 | detail 세부정보 | contain 포함하다 | driver's license 운전 면허증 | passport 여권 | acceptable 받아들일 수 있는 | fill out 작성하다 | application form 신청서 | wire 송금하다 | loan 대출 | credibility 신용

해설 **10** 남자가 이 은행에서 급여통장을 개설하고 싶다고 말하고 있으므로 정답은 (B)이다.

11 남자는 여행에서 막 돌아와 여권만 가지고 있다고 말하고 있으므로 정답은 (A)이다.

12 여자가 여권을 복사하는 동안 남자에게 신청서를 작성하라고 했기 때문에 정답은 (A)이다.

패러프레이징 fill out → Complete

세부사항 관련 문제

Questions 1-3 refer to the following conversation.

미국 – 미국

W: Mr. Jenkins, it's Zena Davis from Lucas Architecture & Partners. I'm calling to let you know that I was very impressed by your interview last week. ¹⁾I'd like to offer you the architectural designer position. You seemed the most qualified for this position.

M: I'm so glad that I'll be a part of yours. I've always wanted to work for this company.

W: As you may know, ²⁾we don't pay a lot for new employees. But it is negotiable depending on that applicant's qualifications. Ah, I almost forgot to tell you. ³⁾You'll be able to receive paid leave of absences as a new advantage.

여: Jenkins씨, 저는 Lucas 건설회사의 Zena Davis입니다. 지난주 당신의 인터뷰가 매우 인상적이었다는 것을 알려드리려고 전화했습니다. 저는 당신에게 건축 설계사 자리를 제안하려고 합니다. 당신이 이 자리에 가장 적격인 것 같군요.

남: 당신 회사의 일원이 될 수 있다니 너무 기쁘네요. 이 회사에서 꼭 일하고 싶었거든요.

여: 알고 있을지 모르겠지만, 우리는 신입사원에게 많은 급여를 주지 않습니다. 하지만 지원자의 능력에 따라 협상이 가능합니다. 아, 당신에게 말해주는 것을 깜빡할 뻔했네요. 당신은 새롭게 도입된 혜택으로 유급휴가를 받을 수 있을 겁니다.

1 What type of position did the man apply for?

(A) Accountant

(B) Engineer

(C) Financial advisor

(D) Architectural designer

남자는 어떤 직종에 지원했는가?

(A) 회계사

(B) 기술자

(C) 재정전문가

(D) 건축 설계사

2 What part of the job is the man willing to negotiate?

(A) The seating

(B) The overtime pay

(C) The salary

(D) The travel expenses

남자는 직업의 어떤 부분을 협상하려 할 것인가?

(A) 좌석 배치

(B) 초과 수당

(C) 월급

(D) 출장 경비

3 What benefit does the woman mention?

(A) Free lunches

(B) Regular bonuses

(C) Medical insurance

(D) Holidays with pay

여자는 어떤 혜택을 언급하는가?

(A) 무료 점심식사

(B) 정기적인 보너스

(C) 의료 보험

(D) 유급 휴가

어휘 architecture 건축 | architectural designer 건축 설계사 | qualified 자격 있는, 적임의 | negotiable 협상할 수 있는 | depending on ~에 따라 | qualification 능력, 자격 | paid leave of absence 유급 휴가 | advantage 이익, 혜택 | overtime pay 초과 수당 | medical insurance 의료 보험

해설 **1** 여자가 남자에게 건축 설계사 자리를 제안하려고 전화한다고 했으므로 정답은 (D)이다.

2 신입사원에게 월급을 많이 주지 않지만, 능력에 따라 협상 가능하다고 했으므로 정답은 (C)이다.

3 새롭게 도입된 혜택으로 유급휴가가 있다고 했으므로 정답은 (D)이다.

패러프레이징 advantage → benefit / paid leave of absences → Holidays with pay

W: Mr. Hill, I just got a call from one of our customers asking if we carry two-door refrigerators. 4)We don't have enough in stock, do we?

M: I think so. We should've prepared enough inventory to fill orders on time.

W: Supplies cannot keep up with rising demand. Thanks to the TV commercials, 5)we're selling a lot more refrigerators than last year. Do you know when we'll get our next shipment? I'd like to call the customer back and let her know.

M: Let me check the list. 6)It looks like we'll receive them on July 26th.

여: Hill씨, 저는 우리 고객 중 한 분에게서 우리가 양문형 냉장고를 취급하는지 문의하는 전화를 받았어요. 우리는 재고가 충분치 않죠, 그렇죠?

남: 그렇게 생각해요. 제때 주문을 채우려면 미리 충분한 재고를 준비했어야 했는데.

여: 공급이 늘어나는 수요를 따라잡을 수 없죠. TV 광고 덕분에 우리는 작년보다 훨씬 더 많은 냉장고를 팔고 있어요. 다음 배송은 언제 받을 수 있는지 아세요? 고객에게 다시 전화해서 알려줘야 해서요.

남: 리스트를 확인해 볼게요. 7월 26일 정도에 받을 수 있을 것으로 보여요.

4 What problem does the woman mention?

(A) Environment pollution is getting serious.

(B) Customers complain about the service.

(C) The stocks have been exhausted.

(D) The advertising is ineffective.

여자는 어떤 문제를 언급하는가?
(A) 환경오염이 심각해지고 있다.
(B) 고객들이 서비스에 대해 불평한다.
(C) 재고가 바닥났다.
(D) 광고가 효과적이지 않다.

5 What is different between this year and last year?

(A) The number of customers

(B) The publicity

(C) The profitability

(D) The quality of goods

작년과 올해 사이에 무엇이 다른가?
(A) 고객들의 수
(B) 언론의 관심
(C) 수익성
(D) 물건의 품질

6 According to the man, what will happen on July 26th?

(A) The price will go up.

(B) A delivery will be made.

(C) A customer will visit the store.

(D) A system will be changed.

남자에 따르면, 7월 26일에 무슨 일이 있을 것인가?
(A) 가격이 오를 것이다.
(B) 배송이 올 것이다.
(C) 고객이 매장을 방문할 것이다.
(D) 시스템이 바뀔 것이다.

어휘 refrigerator 냉장고 | inventory 재고 | keep up with 따라잡다 | rising demand 증가하는 수요 | commercial 광고 | shipment 배송, 선적 | environment pollution 환경오염 | exhausted 고갈된 | ineffective 효과 없는 | publicity 언론의 관심, 주목 | profitability 수익성

해설 **4** 고객에게 문의받은 양문형 냉장고의 재고가 부족하다고 했으므로 정답은 (C)이다.

패러프레이징 We don't have enough in stock → The stocks have been exhausted.

5 작년보다 더 많은 냉장고를 팔고 있다고 했기 때문에, 작년과 올해 사이 다른 점은 수익성이다. 정답은 (C)이다.

6 7월 26일에 다음 배송이 이루어질 것이라고 했기 때문에 정답은 (B)이다.

패러프레이징 shipment → delivery

Questions 7-9 refer to the following conversation.

W: ⁷⁾ Deep & Shine Marketing. How can I help you?

M: Hi, this is Lewis Wright from *Fortune Economist*, the monthly business magazine. I'm writing an article on the local economy, so I want to interview Ms. Ramirez about all sorts of topics.

W: I'm sorry. ⁸⁾ She's not in the office because she's in the middle of a meeting with a supplier. I have no idea what time the meeting is over.

M: ⁹⁾ I need to finish writing a story by no later than this week. My number is listed on this business card and let me know if Ms. Ramirez allows me to interview her.

여: Deep & Shine 마케팅 회사입니다. 뭘 도와드릴까요?

남: 안녕하세요, 저는 월간 경제 잡지 Fortune Economist에서 일하는 Lewis Wright라고 합니다. 제가 지역 경제에 관한 기사를 쓰고 있어서 다양한 주제들에 관해 Ramirez씨를 인터뷰하고 싶습니다.

여: 죄송합니다. 그녀는 지금 공급업체와 회의 중이라서 사무실에 없습니다. 몇 시에 회의가 끝나는지는 저도 모르겠어요.

남: 제가 늦어도 이번 주까지 기사를 마무리해야 합니다. 여기 제 명함에 전화번호가 있으니, 만약 Ramirez씨가 인터뷰를 허락하면 알려주세요.

7 Who most likely is the man speaking to?

(A) A receptionist
(B) A supplier
(C) A reporter
(D) A writer

남자는 누구에게 이야기하고 있는가?
(A) 접수원
(B) 공급업자
(C) 기자
(D) 작가

8 According to the woman, why is Ms. Ramirez unavailable right now?

(A) She is in a meeting.
(B) She is on her way to a meeting.
(C) She is chairing a meeting.
(D) She is on the telephone.

여자에 따르면, Ramirez씨는 현재 왜 시간이 없는가?
(A) 회의를 하고 있기 때문에
(B) 회의에 참석하러 가는 길이기 때문에
(C) 회의 의장직을 맡고 있기 때문에
(D) 전화 통화를 하고 있기 때문에

9 Why is the man concerned?

(A) He has not signed the contract.
(B) He is unclear about his article.
(C) He has a deadline.
(D) He cannot call the publisher.

남자가 걱정하는 이유는 무엇인가?
(A) 계약서에 서명하지 않아서
(B) 자기가 쓴 기사를 완전히 이해하지 못해서
(C) 마감기한이 있어서
(D) 출판사에 전화할 수 없어서

어휘 article 기사 | local economy 지역 경제 | all sorts of 모든 종류의 | no later than 늦어도 ~까지 | business card 명함 | allow 허락하다, 허가하다 | chair 의장을 맡다 | unclear 완전히 이해하지 못하는, 불분명한

해설 **7** 여자는 남자가 인터뷰 약속을 잡는 일을 도와주고 있으므로 정답은 (A)이다.

8 Ramirez씨는 공급업체와 회의중이라 사무실에 없다고 했으므로 정답은 (A)이다.

9 남자는 이번 주까지 기사를 끝내야 한다고 강조하고 있으므로 정답은 (C)이다.
패러프레이징 by no later than this week → deadline

Questions 10-12 refer to the following conversation.

W: Long time no see, Harris. ¹⁰⁾How's Taipei? Do you like your new job there?

M: My new life in this wonderful city is pretty exciting. I get along well with my colleagues and the office is much larger than the old one. Sometimes I miss New York but not right now.

W: That's good to hear. ¹¹⁾I thought it would be challenging to switch from the Marketing to Sales Department.

M: The work was hard at first, but I got used to it now. The only problem is that ¹²⁾Internet has not been accessible for over a month. If I lived here in New York, I couldn't imagine even a day without the Internet.

여: 오랜만이에요, Harris. 타이베이는 어때요? 그곳에서의 새로운 일은 마음에 드나요?

남: 이 멋진 도시의 새로운 삶은 아주 신나요. 저는 동료들과도 잘 지내고, 사무실도 예전보다 훨씬 넓어요. 가끔 뉴욕이 그립지만 지금은 아니에요.

여: 반가운 소식이에요. 마케팅 부서에서 영업 부서로 옮기는 일은 힘들다고 생각했어요.

남: 일이 처음에는 힘들었지만 이제 익숙해졌어요. 유일한 문제는 한 달이 넘게 인터넷에 접속할 수 없다는 점이에요. 뉴욕에 살았다면 인터넷이 없는 하루는 상상도 할 수 없었을 거예요.

10 Where does the man work now?

(A) In Hongkong

(B) In Taipei

(C) In Prague

(D) In New York

남자는 지금 어디에서 일하는가?

(A) 홍콩

(B) 다이베이

(C) 프라하

(D) 뉴욕

11 What did the man recently do?

(A) He traveled to New York.

(B) He joined the sales team.

(C) He bought a Wi-Fi router.

(D) He started a new project.

남자는 최근에 무엇을 했는가?

(A) 뉴욕을 여행했다.

(B) 영업팀에 합류했다.

(C) 무선 공유기를 구입했다.

(D) 새 프로젝트를 시작했다.

12 How long has the man been waiting for Internet access?

(A) Over a week

(B) Over two weeks

(C) Over three weeks

(D) Over four weeks

남자는 얼마나 오랫동안 인터넷 접속을 기다렸는가?

(A) 1주 이상

(B) 2주 이상

(C) 3주 이상

(D) 4주 이상

어휘 get along with ~와 잘 지내다 | colleague 동료 | miss 그리워하다 | challenging 힘든, 도전적인 | switch 바꾸다, 교환하다 | get used to ~에 익숙해지다 | access (컴퓨터에) 접속하다

해설 **10** 여자가 남자에게 Taipei에서의 생활이 어떠냐고 묻고 있으므로 정답은 (B)이다.

11 남자는 최근에 마케팅팀에서 영업팀으로 옮겼다고 했으므로 정답은 (B)이다.

12 남자의 한 가지 문제는 한 달 동안 인터넷 접속이 불가능했다는 것이므로 정답은 (D)이다.

패러프레이징 over a month → over four weeks

실전문제   ◁)) P3-12

1 (C)	**2** (C)	**3** (A)	**4** (A)	**5** (C)	**6** (B)	**7** (B)	**8** (D)	**9** (A)	**10** (B)	**11** (A)	**12** (B)

Questions 1-3 refer to the following conversation.   미국 – 영국

M: Sophia, did you make a call to the Maintenance Department? <u>¹⁾ The copier's broken again and we cannot use it.</u>

W: <u>²⁾ Oscar called them this morning</u> but they said they're short-handed because some engineers are on vacation. So they can't send an engineer until 4 P.M.

M: How about calling the repair shop? I need to copy these handouts before the meeting. It is in less than two hours.

W: We don't have time for that. I'll just run down to the copy place nearby and <u>³⁾ use their machine.</u>

남: Sophia, 시설관리부서에 전화해 봤나요? 복사기가 또 고장이 나서 사용할 수 없어요.

여: Oscar가 오늘 아침에 전화했는데, 부서의 기술자 몇 명이 휴가 중이라서 일손이 부족하다고 말했어요. 그래서 오후 4시나 되어야 사람을 보내줄 수 있대요.

남: 수리점에 연락해 보는 건 어떨까요? 회의 전에 이 자료를 복사해야 해서요. 2시간도 안 남았어요.

여: 시간이 없어요. 제가 근처 복사가게에 뛰어가서 그곳 복사기를 사용해야겠어요.

1   What problem are the speakers discussing?

(A) A repair shop was closed.

(B) The meeting was called off.

(C) The copy machine is not working.

(D) Some workers left the company.

화자들은 어떤 문제를 논의하고 있는가?

(A) 수리점이 문을 닫았다.

(B) 회의가 취소되었다.

(C) 복사기가 작동하지 않는다.

(D) 몇몇 직원들이 회사를 그만두었다.

2   Who called the maintenance department?

(A) An engineer

(B) Sophia

(C) Oscar

(D) Sophia's assistant

누가 시설관리부서에 전화했는가?

(A) 기술자

(B) Sophia

(C) Oscar

(D) Sophia의 조수

3   What will the woman do next?

(A) Use different copier

(B) Read the instruction

(C) Find another technician

(D) Visit the department

여자는 다음에 무엇을 할 것인가?

(A) 다른 복사기를 이용한다.

(B) 설명서를 읽는다.

(C) 다른 기술자를 찾는다.

(D) 부서를 찾아간다.

어휘 maintenance 관리, 보수 | copier 복사기 | broken 고장 난, 부서진 | short-handed 일손이 부족한 | repair shop 수리점 | less than ~보다 적은 | copy place 복사 가게 | nearby 근처에 | leave the company 회사를 그만두다 | instruction 설명서

해설 **1** 남자가 복사기가 또 고장이 나서 사용할 수 없다고 했으므로 정답은 (C)이다.

    패러프레이징 broken → not working

2 여자가 Oscar가 오늘 아침에 시설관리부서에 전화했었다고 했으므로 정답은 (C)이다.

3 여자가 시간이 없다며 근처 복사가게에서 복사를 하겠다고 했으므로 정답은 (A)이다.

W: Thank you for calling *Cultural Trends Issue*. How can I help you?

M: This is Levi Stewart. 4)I'd like to subscribe to your newspaper 5)but I wonder if you offer online version. It would be more convenient because my job requires frequent business trips abroad.

W: Of course, we do offer Internet version. Now 6)new subscribers receive a free 30-day trial. It's never too late to sign up for a subscription later.

여: Cultural Trends Issue에 전화해 주셔서 고맙습니다. 무엇을 도와드릴까요?

남: Levi Stewart라고 합니다. 저는 귀하의 신문을 구독하고 싶은데, 온라인 버전을 제공하는지 궁금합니다. 제 직업상 자주 해외 출장을 가기 때문에 그게 더 편리해서요.

여: 물론 인터넷으로 볼 수 있는 버전을 제공합니다. 지금 신규 구독자들은 30일 무료 체험을 받아 보세요. 나중에 구독 신청을 해도 결코 늦지 않습니다.

4 Where most likely does the woman work?

(A) At a newspaper company
(B) At an online market
(C) At a book café
(D) At an advertising agency

여자는 어디에서 일하는 것 같은가?
(A) 신문사
(B) 온라인 상점
(C) 책 카페
(D) 광고 대행사

5 Why is the man calling?

(A) To discontinue a subscription
(B) To pay a late fee
(C) To ask about a subscription
(D) To report a problem

남자가 전화한 이유는 무엇인가?
(A) 구독을 중지하기 위해
(B) 연체료를 내기 위해
(C) 구독에 관해 문의하기 위해
(D) 문제점을 보고하기 위해

6 What does the woman offer?

(A) A gift certificate
(B) A free trial
(C) A discount coupon
(D) A subscription renewal

여자는 무엇을 제공하는가?
(A) 상품권
(B) 무료 체험
(C) 할인 쿠폰
(D) 구독 갱신

어휘 subscribe 구독하다 | convenient 편리한 | require 요구하다, 필요로 하다 | frequent 빈번한 | abroad 해외로 | subscriber 구독자, 가입자 | free trial 무료 체험 | sign up 신청하다 | discontinue 중지하다 | subscription 구독 | late fee 연체료 | renewal 갱신

해설 4 남자가 신문을 구독하고 싶다고 했으므로 정답은 (A)이다.

5 남자가 신문을 구독하고 싶다고 했고, 온라인 버전도 제공하는지 문의하고 있으므로 정답은 (C)이다.

6 여자는 신규 구독자에게 30일 무료 체험을 제공한다고 말하고 있으므로 정답은 (B)이다.

Questions 7-9 refer to the following conversation.

영국 – 미국

W: Dylan, [7] have you seen the résumés we received last week? I think I left those on my desk, but I can't find them. I need to review the applicants for the sales assistant position before they get here soon.

M: You should ask Helen. I remember she took them because she has an interview this morning.

W: She won't be back in the office today. I heard [8] she's leading the mandatory training for the new employees at headquarters.

M: Wait a second. All the candidates sent their résumés by e-mail. If you give me a few minutes, [9] I'll print them out for you.

여: Dylan, 우리가 지난주에 받은 이력서들을 보았나요? 책상 위에 둔 것 같은데, 찾을 수가 없어요. 영업 조수 자리에 지원한 지원자들에 대해 그들이 오기 전에 검토해야 해요.

남: Helen에게 물어보세요. 그녀가 오늘 아침에 인터뷰가 있어서 그 이력서를 가지고 간 것을 기억해요.

여: 그녀는 오늘 사무실에 복귀하지 않을 거예요. 그녀가 본사에서 신입직원들을 위한 의무 교육을 진행한다고 들었어요.

남: 잠시만요. 모든 지원자들이 이력서를 이메일로 보냈어요. 몇 분만 주시면 이력서를 프린트해 드릴게요.

7 What is the woman looking for?

(A) A photocopier
(B) Résumés
(C) Computer files
(D) An application form

여자는 무엇을 찾고 있는가?
(A) 복사기
(B) 이력서
(C) 컴퓨터 파일
(D) 신청서

8 According to the woman, why is Helen out of the office?

(A) She is meeting with some interns.
(B) She is interviewing some applicants.
(C) She is attending a retirement party.
(D) She is responsible for a training.

여자에 따르면, Helen은 왜 사무실에 없는가?
(A) 그녀는 몇몇 인턴사원들과 만나고 있다.
(B) 그녀는 몇몇 지원자들을 인터뷰하고 있다.
(C) 그녀는 은퇴파티에 참석하고 있다.
(D) 그녀는 교육을 맡고 있다.

9 What will the woman most likely do next?

(A) Review the résumés
(B) Postpone a meeting
(C) Interview an applicant
(D) Send an e-mail

여자는 다음에 무엇을 할 것 같은가?
(A) 이력서를 검토한다.
(B) 회의를 연기한다.
(C) 지원자를 인터뷰한다.
(D) 이메일을 보낸다.

어휘 mandatory 의무적인 | candidate 지원자 | photocopier 복사기 | retirement party 은퇴 파티 | be responsible for ~에 책임이 있다 | postpone 연기하다

해설 **7** 여자가 지난주에 받은 이력서를 찾고 있으므로 정답은 (B)이다.

8 Helen은 본사에서 의무 교육을 진행한다고 했으므로 정답은 교육에 책임이 있다고 한 (D)이다.
　　패러프레이징 she's leading the mandatory training → She is responsible for a training.

9 남자가 여자에게 이력서를 프린트해 주겠다고 했으므로, 여자는 그것을 받아 지원자들이 오기 전에 검토할 것이므로 정답은 (A)이다.

W: This is Aileen calling from Concord Hotel. You were supposed to hold the executive luncheon at our open-air restaurant, but 10) we have to cancel your appointment with us. Because of the snowstorm, we experienced serious damage, so we're closing the restaurant for a while to handle it.

M: Well, we already arranged our schedules and 11) it won't be easy for us to get together any time soon. So could you recommend someplace else that's available on that day?

W: Let me ask our manager first and then he will call you right back. We apologize for your inconvenience and 12) offer you a 50% discount on your next event by way of compensation.

여: 저는 Concord 호텔에서 전화드리는 Aileen입니다. 당신은 중역 오찬을 우리 호텔의 야외 레스토랑에서 하기로 되어 있으셨는데요, 예약을 취소해야 할 것 같습니다. 폭설 때문에 저희는 심각한 피해를 겪었고, 이 문제를 처리하기 위해 당분간 레스토랑의 문을 닫습니다.

남: 글쎄요, 우리는 벌써 일정을 정했고 곧 다시 만날 시간을 잡는 게 쉽지 않을 것 같습니다. 그날에 갈 수 있는 다른 장소를 추천해 주실 수 있나요?

여: 매니저에게 먼저 물어보겠습니다. 그러면 그가 당신에게 바로 전화할 것입니다. 불편함에 사과드리며 보상의 일환으로 다음 행사를 하실 때는 50%를 할인해 드리겠습니다.

10 Why is the woman calling the man?

(A) To reschedule the appointment

(B) To notify him about a cancellation

(C) To describe the severe damage

(D) To change the selected menu

여자는 왜 남자에게 전화하는가?

(A) 예약을 다시 잡기 위해

(B) 취소에 대해 알리기 위해

(C) 격심한 피해를 묘사하기 위해

(D) 선택된 메뉴를 변경하기 위해

11 What does the man say about the schedule?

(A) It is hard to change.

(B) It is flexible.

(C) It is really tight.

(D) It is posted on the web.

남자는 일정에 관해 무엇이라고 말하는가?

(A) 변경하기 어렵다.

(B) 변경이 가능하다.

(C) 아주 빡빡하다.

(D) 웹상에 게시되어 있다.

12 What does the woman suggest?

(A) Opening a bank account

(B) Providing a discount

(C) Preparing for a party

(D) Watching the weather forecast

여자는 무엇을 제안하는가?

(A) 은행 계좌 개설

(B) 할인 제공

(C) 파티 준비

(D) 일기예보 시청

어휘 executive luncheon 중역 오찬 | open-air restaurant 야외 레스토랑 | snowstorm 폭설 | handle 처리하다 | arrange 마련하다 | inconvenience 불편함 | by way of ～의 형태로 | compensation 보상 | cancellation 취소 | describe 묘사하다 | severe 심각한 | flexible 융통성이 있는

해설 **10** 여자는 남자에게 폭설 때문에 레스토랑에 피해가 있어, 예약을 취소해야 한다는 사실을 전하고 있으므로 정답은 (B)이다.

패러프레이징 we have to cancel your appointment with us. → To notify him about a cancellation

11 남자는 벌써 일정을 정했고, 다시 정하는 일이 쉽지 않다고 했으므로 정답은 (A)이다.

패러프레이징 it won't be easy for us to get together any time soon. → It is hard to change.

12 여자가 보상의 일환으로 50% 할인을 제공한다고 했으므로 정답은 (B)이다.

화자의 의도 파악/시각정보 연계/3인 대화 문제

실전문제 ◁)) P3-15

1 (B)	**2** (C)	**3** (C)	**4** (C)	**5** (A)	**6** (B)	**7** (C)	**8** (A)	**9** (D)	**10** (D)	**11** (D)	**12** (C)

New ▶ **Questions 1-3 refer to the following conversation.**   영국 – 호주

W: Hello, sir. Thanks for shopping at Lush Green Supermarket.
¹⁾ <u>Do you have a membership point card?</u>

M: Yes, but I forgot to bring it today.

W: Well, I can't look up your phone number because ²⁾ <u>our computer server was down.</u> So, I can't give you a discount today.

M: Never mind. Oh, and I took this bottle of grape seed oil from the shelf, but I don't want to buy it now.

W: That's fine. ³⁾ <u>I know where it was placed.</u> Now, will you be paying with cash or credit?

여: 안녕하세요, 손님. Lush Green 슈퍼마켓에서 쇼핑해 주셔서 감사합니다. 회원 적립 카드를 가지고 계신가요?
남: 네, 그런데 오늘 가지고 오는 것을 잊어버렸네요.
여: 음, 저희 컴퓨터 서버가 다운되었기 때문에 전화번호를 조회해 드릴 수가 없네요. 그래서 오늘은 할인을 해드릴 수 없어요.
남: 괜찮아요. 아, 그리고 제가 포도씨유 한 병을 선반에서 가져왔는데, 이제 사고 싶지 않아요.
여: 알겠습니다. 어디에 있었는지 알고 있어요. 자, 현금으로 계산하시나요, 카드로 계산하시나요?

1 What has the man forgotten to bring?
(A) Some coupons
(B) A membership card
(C) A receipt for an item
(D) Some eco bags

남자는 무엇을 가져오는 것을 깜빡했는가?
(A) 몇몇 쿠폰들
(B) 회원 카드
(C) 물건에 대한 영수증
(D) 몇몇 친환경 가방들

2 What problem does the woman mention?
(A) A clerk gave up suddenly.
(B) A product is not in stock.
(C) A computer system is not working.
(D) The floor is slippery.

여자는 어떤 문제를 언급하는가?
(A) 한 점원이 갑자기 그만두었다.
(B) 어떤 물건이 재고가 없다.
(C) 컴퓨터 시스템이 작동하지 않는다.
(D) 바닥이 미끄럽다.

New ▶ **3** What does the woman imply when she says, "I know where it was placed"?
(A) An item is not available.
(B) She has the man put it back.
(C) She will return the item to the correct location.
(D) The item has been placed the wrong position.

여자가 "저는 그게 어디 있었는지 알고 있어요"라고 말할 때, 그 의미는 무엇인가?
(A) 한 물건은 구입이 불가능하다.
(B) 그녀는 남자에게 물건을 가져다 놓으라고 시킬 것이다.
(C) 그녀는 올바른 위치에 물건을 갖다 놓을 것이다.
(D) 물건이 잘못된 위치에 놓여 있었다.

어휘 membership point card 회원 적립 카드 | look up ~을 조회하다 | never mind 신경 쓰지 마세요, 괜찮아요 | grape seed oil 포도씨유 | slippery 미끄러운

해설 **1** 남자는 회원 적립 카드를 갖고 있으나, 오늘 가져오는 것을 깜빡했다고 했으므로 정답은 (B)이다.

2 컴퓨터 서버가 다운되어서 남자의 전화번호를 조회할 수가 없다고 했으므로 정답은 (C)이다.
패러프레이징 our computer server was down → A computer system is not working.

3 남자가 계산하기 직전에 포도씨유 한 병을 구입하고 싶지 않다고 했고, 매장 직원이 포도씨유의 위치를 알고 있다고 하는 부분에서 유추할 수 있는 정답은 (C)이다.

M: Hey, Cindy. ⁴⁾ I'm so excited about going to see the musical *Hamlet* tomorrow. Sergei Reed, who plays the leading role is a famous star on Broadway. I can't wait to see how he performs.

W: What a coincidence! Mike and I are going there, too. We already booked the tickets and ⁵⁾ Mike has a wagon.

M: That sounds great. How about having dinner together after the performance, then?

W: We have a reservation at Garlic Steak, which is a restaurant next to the art hall. ⁶⁾ I'll just call the restaurant and tell them one more person will be joining us. I'm sure it won't be a problem.

남: 안녕하세요, Cindy. 저는 내일 뮤지컬 Hamlet을 보러 가는데 너무 흥분돼요. 주연을 맡은 Sergei Reed는 브로드웨이에서 유명한 스타잖아요. 그가 어떻게 공연할지!

여: 이런 우연이! Mike와 나도 거기에 가요. 우리는 벌써 티켓 예매도 했고, Mike가 승합차를 갖고 있어요.

남: 좋은데요. 그럼 공연이 끝나고 함께 저녁 먹는 건 어떨까요?

여: 우리는 예술 회관 옆에 있는 Garlic Steak에 예약을 했어요. 제가 전화해서 한 명이 더 합류할 거라고 할게요. 문제없을 거예요.

4 What are the speakers mainly discussing?

(A) A hotel reservation
(B) A magic show
(C) A performance
(D) A restaurant location

화자들은 무엇에 관해 논의하고 있는가?
(A) 호텔 예약
(B) 마술 쇼
(C) 공연
(D) 식당 위치

New ▶ **5** Why does the woman say, "Mike has a wagon"?

(A) To offer the man a ride
(B) To emphasize the functions
(C) To reserve the parking space
(D) To show off his new car

여자는 왜 "Mike가 승합차를 갖고 있어요."라고 말하는가?
(A) 남자에게 차편을 제공해주기 위해
(B) 기능을 강조하기 위해
(C) 주차공간을 확보하기 위해
(D) 그의 새 차를 자랑하기 위해

6 What does the woman say she will do?

(A) Purchase discount tickets
(B) Update a reservation
(C) Pay their bills separately
(D) Look for a map

여자는 무엇을 할 것이라고 말하는가?
(A) 할인 티켓 구입
(B) 예약 갱신
(C) 각자 계산하기
(D) 지도 찾아보기

어휘 leading role 주연 | perform 공연하다 | coincidence 우연의 일치 | wagon 승합차 | performance 공연 | offer a ride 차로 태워주다 | emphasize 강조하다 | function 기능 | show off 자랑하다 | separately 별도로

해설 **4** 뮤지컬 Hamlet 공연을 보러 가는 일에 대해 대화하고 있으므로 정답은 (C)이다.

5 동료들끼리 우연히 같이 가기로 했는데, 한 명이 승합차를 갖고 있다는 말은 '태워준다'고 해석할 수 있다.

6 여자와 Mike는 이미 레스토랑을 예약했기 때문에, 예약 명단에 남자를 추가하여 예약을 갱신하겠다는 (B)가 정답이다.

패러프레이징 one more person will be joining us → Update a reservation

W: Welcome to the Elizabeth Art Museum. Can I help you?

M: 7) I'm supposed to meet my sister in the ancient Greek painting gallery. Can you tell me where it's located?

W: Look at this pamphlet. There's a map of the museum in it with information for finding our exhibition. Do you need anything else?

M: Yes, 8) I heard there's the book signing event in the main lobby.

W: Yes, you can wait in line if you'd like.

M: Thanks but not right now. My sister is waiting for me.

W: Of course. Oh, and 9) I recommend taking the stairs instead of taking the elevators. There are so many people waiting to use the elevators.

여: Elizabeth 미술관에 오신 것을 환영합니다. 무엇을 도와 드릴까요?

남: 저는 고대 그리스 미술 작품관에서 제 여동생을 만나야 해요 그게 어디에 위치하는지 알려주실래요?

여: 이 팸플릿을 보세요. 이 안에는 박물관 지도가 있는데, 전시회를 찾기 위한 정보가 그 안에 들어 있어요. 또 다른 필요한 건 없나요?

남: 네, 중앙 로비에서 책 사인회가 열린다고 들었어요.

여: 네, 당신이 원한다면 거기에 줄을 서면 됩니다.

남: 감사합니다만 지금은 안 돼요. 여동생이 저를 기다리고 있어요.

여: 물론입니다. 아, 저는 엘리베이터를 타기보다 계단을 이용할 것을 추천합니다. 엘리베이터를 타려고 기다리는 사람들이 너무 많아요.

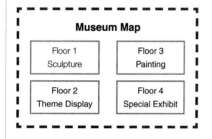

New ▶ 7 Look at the graphic. On which floor will the man meet his sister?

(A) Floor 1
(B) Floor 2
(C) Floor 3
(D) Floor 4

시각정보를 보시오. 남자는 여동생을 몇 층에서 만날 것인가?
(A) 1층
(B) 2층
(C) 3층
(D) 4층

8 What will happen in the main lobby?

(A) An autograph event will be held.
(B) A special exhibit will open.
(C) A video will be shown.
(D) Some elevators will be repaired.

중앙 로비에서 무슨 일이 있을 것인가?
(A) 사인 행사가 열릴 것이다.
(B) 특별전시가 열릴 것이다.
(C) 비디오가 상영될 것이다.
(D) 몇몇 엘리베이터들이 수리될 것이다.

9 Why does the woman suggest using the stairs instead of taking the elevators?

(A) They are nearby.
(B) They are relatively safe.
(C) They are productive.
(D) They are not crowded.

여자는 왜 엘리베이터 대신에 계단을 이용하라고 제안하는가?
(A) 계단이 더 가깝다.
(B) 계단이 상대적으로 안전하다.
(C) 계단이 생산적이다.
(D) 계단이 혼잡하지 않다.

어휘 ancient 고대의 | exhibition 전시회 | signing event 사인 행사 | sculpture 조각(품) | autograph 사인 | relatively 상대적으로, 비교적 | productive 생산적인

해설 **7** 남자는 여동생을 고대 그리스 미술 작품관에서 만난다고 했으므로, 정답은 (C)이다.

8 중앙로비에서 책 사인회가 있다고 했으므로 정답은 (A)이다.

패러프레이징 the book signing event → An autograph event

9 여자가 많은 사람들이 엘리베이터를 기다리고 있으니, 계단을 이용하라고 제안하고 있으므로 정답은 (D)이다.

W: Hi, Peter. ¹⁰⁾ Have you picked the caterer for the 10th anniversary party? We want everything to go smoothly.

M: I've got quotes from a few caterers with a good reputation. But our budget's pretty tight. So, I'm leaning towards Diamond restaurant. They offer many different foods at the lowest prices.

W: You know, I had problems with Diamond Restaurant. I hired them to cater a meal for an executive committee meeting last month and ¹¹⁾ they delivered the food an hour late. I just don't want a delay like that to happen during this party. You can spend a little more money if you need to.

M: Oh, thanks for letting me know. Then, ¹²⁾ let's go with Red Tomato.

Catering Company	Cost
Mediterranean	$1,500
Black Noodles	$2,100
Red Tomato	$1,250
Diamond Restaurant	$980

여: 안녕하세요, Peter. 10주년 기념 파티를 위한 출장요리업체를 골랐나요? 우리는 모든 일이 순조롭게 진행되기를 원하고 있어요.

남: 평판이 좋은 몇몇 업체로부터 견적서를 받았어요. 하지만 예산이 빠듯해요. 그래서 Diamond 식당으로 마음이 기우네요. 그들은 다양한 음식을 가장 저렴한 가격에 제공하고 있어요.

여: 음, 저는 Diamond 식당과 문제가 있었어요. 제가 지난달 임원위원회 회의에서 그 식당이 음식을 공급하도록 고용했는데, 그들은 한 시간이나 늦게 음식을 배달했어요. 이번 파티에서 그런 일이 일어나서 지연되는 것을 원하지 않아요. 필요하다면 돈을 조금 더 써도.

남: 아, 알려줘서 고마워요. 그러면 Red Tomato로 하죠.

출장요리업체	가격
Mediterranean	1,500달러
Black Noodles	2,100달러
Red Tomato	1,250달러
Diamond Restaurant	980달러

10 What type of event are the speakers discussing?

(A) A shareholders' meeting
(B) A client luncheon
(C) A career fair
(D) An anniversary party

화자들이 어떤 형태의 행사를 논의하고 있는가?

(A) 주주 회의
(B) 고객 오찬회
(C) 취업박람회
(D) 기념 파티

11 What problem did the woman experience with one of the restaurants?

(A) An unfriendly staff
(B) Some spoiled food
(C) An error in calculation
(D) A delivery delay

여자는 레스토랑 중 한 곳에서 어떤 문제를 겪었는가?

(A) 불친절한 직원
(B) 상한 음식
(C) 계산 착오
(D) 배송 지연

New **12** Look at the graphic. How much will the dinner most likely cost?

(A) $2,100
(B) $1,500
(C) $1,250
(D) $ 980

시각정보를 보시오. 저녁 식사는 얼마일 것 같은가?

(A) 2,100달러
(B) 1,500달러
(C) 1,250달러
(D) 980달러

어휘 caterer 출장연회업자 | smoothly 순조롭게 | quote 견적서 | with a good reputation 평판이 좋은 | tight 여유가 없는 | lean toward (마음이) 기울다 | shareholder 주주 | unfriendly 불친절한 | spoiled 상한 | calculation 계산

해설 **10** 회사의 10주년 기념 파티를 준비하고 있으므로 정답은 (D)이다.

11 여자는 지난달에 고용했던 출장요리업체가 시간을 지키지 못했다는 사실을 말하고 있으므로 정답은 (D)이다.

12 남자가 대화의 마지막에서 Red Tomato 레스토랑으로 하자고 했으므로 정답은 (C)이다.

32 (C)	**33** (A)	**34** (B)	**35** (D)	**36** (A)	**37** (B)	**38** (A)	**39** (C)	**40** (C)	**41** (D)	**42** (B)	**43** (A)
44 (C)	**45** (A)	**46** (D)	**47** (A)	**48** (B)	**49** (D)	**50** (B)	**51** (A)	**52** (B)	**53** (B)	**54** (A)	**55** (A)
56 (D)	**57** (C)	**58** (D)	**59** (D)	**60** (C)	**61** (B)	**62** (D)	**63** (B)	**64** (D)	**65** (A)	**66** (A)	**67** (A)
68 (B)	**69** (A)	**70** (A)									

Questions 32-34 refer to the following conversation.

미국 – 미국

W: Good morning, Jake. I just received a fax about the employee orientation at lunch time tomorrow. But, I have to meet a reporter from the *Fortune Times* at that time.

M: Oh, that's right. ³²⁾ I totally forgot that you had a magazine interview. How long do you think it'll take?

W: It will take over an hour because I have to take photos after the interview. ³³⁾ Is there any way we can reschedule for sometime next week?

M: Unfortunately, the schedule cannot be altered. But if it's OK with you, ³⁴⁾ I can just e-mail you the orientation documents to go over on your own. Call me any time if you have questions.

여: 안녕하세요, Jake. 방금 내일 점심시간에 있을 직원 오리엔테이션에 관한 팩스를 받았는데요. 저는 그 시간에 Fortune Times의 기자를 만나야만 해요.

남: 아, 그렇군요. 당신이 잡지 인터뷰가 있다는 걸 깜빡했네요. 시간이 얼마나 걸릴까요?

여: 인터뷰 후에 사진을 찍어야 해서 아마 한 시간 이상 걸릴 거예요. 일정을 다음 주 중으로 변경할 수 있는 방법이 있을까요?

남: 아쉽게도, 일정은 변경될 수 없어요. 당신만 괜찮다면 혼자서 검토할 수 있게 오리엔테이션 서류를 이메일로 보내줄게요. 질문 있으면 언제든지 전화해 주세요.

32 What is the problem?

(A) Some interns have not turned up.

(B) The deadline has been moved up.

(C) There is a scheduling conflict.

(D) Camera devices cannot be used.

무엇이 문제인가?

(A) 몇몇 인턴이 나타나지 않았다.

(B) 마감일이 앞당겨졌다.

(C) 일정이 맞지 않는다.

(D) 카메라 장비가 사용될 수 없다.

33 What does the woman inquire about?

(A) Changing the schedule at a later time

(B) Halting her interview

(C) Calling a staff meeting

(D) Distributing some brochures

여자는 무엇을 문의하는가?

(A) 일정을 나중으로 바꾸기

(B) 인터뷰 중단하기

(C) 직원회의 소집하기

(D) 브로셔 나누어주기

34 What does the man say he will do?

(A) Review an article

(B) Send some materials

(C) Organize a conference

(D) Print out an agenda

남자는 무엇을 할 것이라고 말하는가?

(A) 기사 검토

(B) 자료 보내기

(C) 회의 소집

(D) 안건 프린트

어휘 totally 완전히, 전적으로 | take (얼마의 시간이) 걸리다 | reschedule 스케줄을 다시 잡다 | alter 변경하다 | go over 검토하다 | on one's own 혼자서 | turn up 나타나다 | conflict 갈등 | device 장비 | halt 중단하다 | distribute 나누어 주다

해설 **32** 오리엔테이션과 잡지 인터뷰 일정이 겹치므로 정답은 (C)이다.

33 일정을 다음 주 중으로 바꾸자고 하고 있으므로 정답은 (A)이다.

패러프레이징 reschedule for sometime next week → Changing the schedule at a later time

34 남자가 오리엔테이션 서류를 이메일로 보내겠다고 했으므로 정답은 (B)이다.

패러프레이징 e-mail you the orientation documents → Send some materials

Questions 35-37 refer to the following conversation.

W: Hello, Mr. Carter. ³⁵⁾ I see your routine check-up appointment with Dr. O'Brien was scheduled for 11: 30 A.M. but it has already been 50 minutes. Unfortunately, Dr. O'Brien is in the operating room now.

M: That's a big trouble. I'm on my lunch break and ³⁶⁾ I have to get back to the office by 1 o'clock.

W: I apologize for the inconvenience. There's a patient who needed urgent treatment. If you don't want to wait, I'll be happy to reschedule your appointment.

M: Umm, I think I'd rather wait here and see Dr. O'Brien today. ³⁷⁾ I'll call the office to tell them I'll be late.

여: 안녕하세요, Carter씨. O'Brien 박사님과 오전 11시 30분에 정기 검진이었는데, 시간이 벌써 50분이나 지났어요. 유감스럽게도 O'Brien 박사님이 현재 수술실에 계십니다.

남: 큰일이네요. 저는 지금 점심시간이라 오후 1시까지 사무실로 돌아가야 해요.

여: 불편을 끼쳐 죄송합니다. 긴급 치료가 필요한 환자가 있어서요. 기다리고 싶지 않으시다면 약속을 재조정해 드리겠습니다.

남: 음, 기다렸다가 오늘 O'Brien 박사님을 만나고 가는 편이 낫겠어요. 사무실에 전화해서 늦는다고 말해야겠네요.

---

35 Where are the speakers?

(A) At a pharmacy

(B) At a laboratory

(C) At a cafeteria

(D) At a medical clinic

화자들은 어디에 있는가?

(A) 약국

(B) 실험실

(C) 구내식당

(D) 병원

36 Why does the woman apologize?

(A) The man has to wait.

(B) The man's prescription is wrong.

(C) The man's insurance card is missing.

(D) The man should come back tomorrow.

여자는 왜 사과하는가?

(A) 남자가 기다려야 해서

(B) 남자의 처방전이 잘못되어서

(C) 남자의 의료보험증이 분실되어서

(D) 남자가 내일 다시 와야 해서

37 What will the man most likely do next?

(A) Go back to work

(B) Contact an office

(C) Consult his doctor

(D) Apply for a permit

남자는 다음에 무엇을 할 것 같은가?

(A) 회사로 돌아간다.

(B) 사무실에 연락한다.

(C) 의사와 상담한다.

(D) 허가증을 신청한다.

어휘 routine check-up 정기 검진 | appointment 예약 | operating room 수술실 | inconvenience 불편함 | urgent 긴급한 | treatment 치료 | pharmacy 약국 | laboratory 실험실 | prescription 처방전 | insurance 보험 | apply for ~을 신청하다 | permit 허가증

해설 **35** 정기 검진이 있다고 했고 또 의사를 만나겠다는 것으로 보아 정답은 (D)이다.

36 남자가 점심시간을 이용해서 검진을 받으려고 했지만, 의사의 일정으로 인해 남자가 기다리는 상황이므로 정답은 (A)이다.

37 사무실에 전화해서 늦는다고 말하겠다고 했으므로 정답은 (B)이다.

패러프레이징 call → Contact

W: Here is the receipt for your new washing machine, Mr. Hopkins.

M: OK. ³⁸⁾How soon can you deliver? ³⁹⁾The only day I'll be home is Wednesday, so I guess it'll have to be there.

W: We make deliveries Monday through Friday from 9 A.M. to 8 P.M.. So you'll get it by the requested date.

M: Great. Will there be an additional cost?

W: No. The shipping and handling are free. But ⁴⁰⁾if you want your old washing machine removed, you have to pay 30 dollars.

여: Hopkins씨, 여기 새 세탁기의 영수증이요.

남: 네. 얼마나 빨리 배달해 주실 수 있나요? 제가 유일하게 집에 있는 날이 수요일이라서, 그날 받아봤으면 합니다.

여: 저희는 월요일부터 금요일까지 오전 9시부터 오후 8시까지 배송을 합니다. 그러니 요청하신 날짜에 받을 수 있습니다.

남: 좋습니다. 추가 요금이 있나요?

여: 아니요. 운송 및 취급 비용은 무료입니다. 하지만 오래된 세탁기를 치우시려면 30달러의 비용이 추가됩니다.

---

38 What are the speakers mainly discussing?

(A) **Arranging a delivery**

(B) Claiming a refund

(C) Having an appliance fixed

(D) Holding off on new purchases

화자들은 무엇에 관해 논의하고 있는가?

(A) 배송을 준비하는 것

(B) 환불을 청구하는 것

(C) 가전제품을 수리하는 것

(D) 신규 구입을 미루는 것

39 What day will the man be available?

(A) Monday

(B) Tuesday

(C) **Wednesday**

(D) Friday

남자는 무슨 요일이 가능한가?

(A) 월요일

(B) 화요일

(C) 수요일

(D) 금요일

40 According to the woman, what requires an extra fee?

(A) Additional staff

(B) Over the weight limit

(C) **Removal of a used item**

(D) A certificate reissue

여자에 따르면, 무엇에 추가 요금이 부과되는가?

(A) 추가 직원

(B) 무게 제한 초과

(C) 헌 물건 옮기기

(D) 인증서 재발급

어휘 receipt 영수증 | requested date 요청된 날짜 | additional cost 추가 요금 | remove 치우다 | claim a refund 환불을 청구하다 | appliance 가전제품 | hold off on 미루다, 연기하다 | extra fee 추가 요금 | weight limit 무게 제한 | certificate 인증서 | reissue 재발급

해설 **38** 남자는 세탁기가 언제 배달이 되는지 묻고, 가능한 요일에 관해서 이야기하고 있으므로 정답은 (A)이다.

39 남자가 유일하게 집에 있는 요일이 수요일이라고 했으므로 정답은 (C)이다.

40 오래된 세탁기를 옮기는데 30달러의 추가비용이 발생한다고 했으므로, 정답은 (C)이다.

패러프레이징 your old washing machine → a used item

Questions 41-43 refer to the following conversation.

W: Good afternoon. Would you like to check out now?

M: Actually, no. ⁴¹⁾ I'm here for an award ceremony. I gave a welcoming speech in your banquet room last night and I think I left my laptop inside the room. I got up this morning to check the room but ⁴²⁾ it's locked now. Could someone help me with that?

W: That's not a problem. ⁴³⁾ If you don't mind having a seat in the lounge, I'll call someone from maintenance to unlock that room for you. It'll only take a few minutes.

여: 안녕하세요, 지금 체크아웃하시겠습니까?
남: 사실 그건 아니고요, 시상식 때문에 왔습니다. 저는 어젯밤 호텔 연회실에서 환영 연설을 했는데, 그때 연회실 안에 제 노트북 컴퓨터를 두고 나온 것 같습니다. 오늘 아침에 연회실에 가보니 잠겨 있더라고요. 누군가 도와줄 사람 있을까요?
여: 문제없습니다. 라운지에서 잠시 기다리시면, 제가 연회실을 열어줄 시설관리부 직원을 부르겠습니다. 몇 분 정도밖에 안 걸릴 겁니다.

41 What is the purpose of the man's visit to the hotel?
(A) To pick up a client
(B) To lead a training session
(C) To conduct an interview
(D) To address a ceremony

남자가 호텔에 방문한 목적은 무엇인가?
(A) 고객을 픽업하려고
(B) 교육 세션을 진행하려고
(C) 인터뷰를 진행하려고
(D) 시상식에서 연설하려고

42 What does the man need help with?
(A) Scheduling a wake-up call
(B) Unlocking a door
(C) Upgrading his computer
(D) Arranging floral centerpieces

남자는 어떤 도움을 필요로 하는가?
(A) 모닝콜 신청
(B) 문을 여는 것
(C) 컴퓨터를 업그레이드하는 것
(D) 꽃장식을 준비하는 것

43 What does the woman ask the man to do?
(A) Wait in the lounge
(B) Join the membership
(C) Reserve a different room
(D) Talk to a manager

여자는 남자에게 무엇을 하라고 요청하는가?
(A) 라운지에서 기다리기
(B) 회원 가입하기
(C) 다른 방을 예약하기
(D) 매니저에게 이야기하기

어휘 award ceremony 시상식 | welcoming speech 환영사 | banquet room 연회실 | maintenance 유지, 보수 | unlock (문 따위의) 자물쇠를 열다 | conduct 진행하다 | address 연설하다 | floral centerpiece 꽃장식

해설 41 남자는 시상식 때문에 왔고, 시상식에서 환영사를 했다고 했으므로 정답은 (D)이다.
패러프레이징 gave a welcoming speech → address

42 노트북을 두고 온 연회실의 문을 열어달라고 요청하고 있으므로 정답은 (B)이다.

43 시설관리부 직원을 부를 동안 라운지에 앉아서 기다려 달라고 했으므로 정답은 (A)이다.

M: Hi, Rose. Thanks for meeting me on such short notice.

W: No problem. Please have a seat. <u>44) You said you wanted to talk about changing your shift schedule.</u>

M: Actually, I would like to work evening shift on Tuesday. My son's graduation is scheduled for Tuesday morning and <u>45) I want to attend the graduation ceremony to congratulate him.</u>

W: I think that'd be all right. But remember that <u>46) evening shift is at least 1 hour longer than morning shift.</u>

남: 안녕하세요, Rose. 급하게 얘기했는데 만나주셔서 감사드립니다.

여: 괜찮아요. 앉으세요. 교대근무 일정을 바꾸는 것에 대해 이야기하고 싶다고 했죠.

남: 실은 화요일에 저녁 근무로 하고 싶은데요. 아들의 졸업식이 화요일 아침이라서 축하차 참석하고 싶어서요.

여: 괜찮을 것 같은데요. 하지만 저녁 근무는 오전 근무보다 최소 1시간 정도 근무시간이 길다는 것을 명심하세요.

44 What does the man want to do?

(A) Join the wedding ceremony

(B) Receive housing benefit

(C) Change his working hours

(D) Come up with plans

남자는 무엇을 하고 싶어 하는가?

(A) 결혼식에 참가하기

(B) 주택 수당 받기

(C) 근무시간 바꾸기

(D) 계획 세우기

45 What does the man say he has to do in the Tuesday morning?

(A) Attend his son's graduation

(B) Eat breakfast with his coworker

(C) Drive his son to a library

(D) Complete their given tasks

남자는 화요일 아침에 무엇을 해야 한다고 말하는가?

(A) 아들의 졸업식에 참가하기

(B) 동료와 함께 아침 식사를 하기

(C) 아들을 도서관에 데려다주기

(D) 주어진 업무를 끝내기

46 What does the woman remind the man to do?

(A) Get to work on time

(B) Contact his supervisor

(C) Leave earlier than usual

(D) Work extended hours

여자는 남자에게 무엇을 상기시키는가?

(A) 제시간에 출근하기

(B) 그의 상사에게 연락하기

(C) 평소보다 일찍 퇴근하기

(D) 연장 근무하기

어휘 short notice 촉박한 통보 | shift schedule 교대 일정 | evening shift 저녁 근무 | graduation ceremony 졸업식 | congratulate 축하하다 | at least 적어도, 최소한 | housing benefit 주택 수당 | come up with ~을 생각해내다 | supervisor 상사 | extended hours 연장 근무

해설 **44** 남자는 교대근무 일정을 바꾸고 싶다고 하고 있으므로 정답은 (C)이다.

패러프레이징 changing your shift schedule → Change his working hours

45 남자는 아들의 졸업식에 참가해서 축하해주고 싶다고 하고 있으므로 정답은 (A)이다.

46 저녁 근무가 오전 근무보다 1시간이 더 길다고 했으므로 정답은 (D)이다.

패러프레이징 evening shift is at least 1 hour longer than morning shift → Work extended hours

Questions 47-49 refer to the following conversation.

미국 – 미국

W: Excuse me, ⁴⁷⁾what stop should I get off at for the Montgomery General Hospital?

M: The best stop is Central Park. There's a free shuttle bus between Central Park and the hospital every thirty minutes. ⁴⁸⁾I'll be making stop there about five minutes.

W: Oh good. Can you let me know when we get to Central Park? I am new to the town. So I am not familiar with this area well.

M: Of course, when we get there, ⁴⁹⁾I'll call out the name of the stop in a loud voice. If so, you won't miss it.

여: 실례합니다, Montgomery 종합병원을 가려면 어느 정거장에서 내려야 하나요?

남: 가장 좋은 정거장은 Central Park입니다. 거기서는 Central Park와 병원 사이의 무료 셔틀버스가 30분마다 다녀요. 한 5분이면 거기에 도착합니다.

여: 잘됐네요. 우리가 언제 Central Park에 도착하는지 알려 주실 수 있나요? 저는 이 도시가 처음이라 아직 익숙하지 않아서요.

남: 물론이죠. 제가 도착하면 정거장 이름을 큰 소리로 불러 드릴게요. 그러면 놓치지 않으실 겁니다.

47 Where does the woman want to go?

(A) To a general hospital
(B) To a theme park
(C) To a science museum
(D) To a department store

여자는 어디를 가고 싶어 하는가?

(A) 종합병원
(B) 테마파크
(C) 과학박물관
(D) 백화점

48 Who most likely is the man?

(A) A tour guide
(B) A bus driver
(C) A ticket agent
(D) A hospital worker

남자는 누구일 것 같은가?

(A) 관광 가이드
(B) 버스 운전기사
(C) 매표소 직원
(D) 병원 직원

49 How does the man say he will help the woman?

(A) By going over the directions
(B) By dropping her off anywhere
(C) By accompanying her all day
(D) By shouting out the stop

남자는 어떻게 여자를 도울 것이라고 말하는가?

(A) 약도를 검토함으로
(B) 아무 데나 내려줌으로써
(C) 하루 종일 동행함으로써
(D) 정거장을 큰소리로 외침으로써

어휘 stop 정거장 | get off (차에서) 내리다 | general hospital 종합 병원 | make stop 멈추다 | in a loud voice 큰 소리로 | drop off 내려주다 | accompany 동행하다

해설 47 여자는 Montgomery 종합병원에 갈 수 있는 정거장을 묻고 있으므로 정답은 (A)이다.

48 남자가 5분 후에 예상되는 정거장에 도착할 것이라고 말하고 있으므로 정답은 (B)이다.

49 남자는 정거장 이름을 큰소리로 외쳐서 여자에게 알려주겠다고 했으므로 정답은 (D)이다.

패러프레이징 call out the name of the stop in a loud voice → By shouting out the stop

W: Hello, I bought a beam projector from your store last month. But whenever I turn it on, the picture is flickering. ⁵⁰⁾ <u>Can you repair it for me?</u>

M: Sure it is. We're providing the free repair service ⁵¹⁾ <u>if you have the original receipt.</u>

W: It's right here in my wallet.

M: Mr. Tailor is in charge of all our projector repairs. But he is unavailable for personal reasons today. When he comes back tomorrow he'll be able to work on it.

W: Well, ⁵²⁾ <u>I'm giving a big presentation the day after tomorrow.</u> Do you think it'll be ready before then?

M: Don't worry. It's under guarantee so we'll fix it for free until tomorrow.

여: 안녕하세요. 저는 지난달 매장에서 빔 프로젝터를 구입했어요. 그런데 켤 때마다 화면이 깜빡거려서요. 고쳐주실 수 있나요?

남: 물론입니다. 원본 영수증을 갖고 계시면 무료 수리 서비스를 제공합니다.

여: 여기 제 지갑에 있어요.

남: Tailor씨가 모든 프로젝터 수리를 담당하는데 오늘 개인적인 이유로 결근했어요. 내일 그가 출근하면 수리가 가능합니다.

여: 음, 저는 모레 중요한 발표가 있어요. 그때까지 고칠 수 있을까요?

남: 걱정하지 마세요. 보증기간 중이라 내일까지 무료로 고쳐드리겠습니다.

---

50 What is the purpose of the woman's visit?

(A) To purchase office supplies

(B) To get an equipment fixed

(C) To complain about the service

(D) To inquire about the return policy

여자가 방문한 목적은 무엇인가?
(A) 사무용품을 구입하려고
(B) 기기를 수리하려고
(C) 서비스에 대해 불평하려고
(D) 반품 규정을 문의하려고

51 What does the man request?

(A) A receipt

(B) A voucher

(C) A contract

(D) A warranty

남자는 무엇을 요청하는가?
(A) 영수증
(B) 쿠폰
(C) 계약서
(D) 보증서

52 What does the woman say she will do two days later?

(A) Retrieve a product

(B) Give a presentation

(C) Hire an engineer

(D) Send some information

여자는 이틀 후에 무엇을 할 것이라고 말하는가?
(A) 물건을 되찾아온다.
(B) 발표를 한다.
(C) 기술자를 고용한다.
(D) 정보를 보낸다.

어휘 flicker 빛이 깜빡임 | original receipt 원본 영수증 | personal 개인적인 | the day after tomorrow 모레 | under guarantee 보증기간 중인 | inquire 문의하다 | return policy 반품 규정 | voucher 쿠폰 | warranty 보증서

해설 **50** 빔 프로젝터를 수리할 수 있는지 묻고 있으므로 정답은 (B)이다.
　　 패러프레이징 repair it → get an equipment fixed

　　 51 원본 영수증이 있다면 수리가 가능하다고 하고 있으므로 정답은 (A)이다.

　　 52 여자는 모레 중요한 프레젠테이션을 한다고 했으므로 정답은 (B)이다.
　　 패러프레이징 the day after tomorrow → two days later

W: Hi, Osmond. Did you hear the publication ceremony tomorrow? There also will be an author's lecture of Dr. Donald Fletcher's new book.

M: Yes. 53) I know he is a world-famous American investor and entrepreneur. Unfortunately, 54) I have to finalize the contract by tomorrow.

W: I'm sorry to hear that. I'll tell you all about it after the lecture.

M: You don't need to that. I'd just read his latest book on investment strategies. It was well worth reading.

W: I haven't read that one yet. I'll go to the bookstore to pick up a copy later.

M: 55) You can borrow mine if you want. I just finished it and I put it on the bookshelf in my office.

W: That's good news. I will drop by your office during the afternoon.

여: 안녕하세요, Osmond. 내일 출판 기념회에 대해 들었나요? Donald Fletcher 박사의 새 책을 기념하는 작가 강연회도 있다고 하더라고요.

남: 네. 저는 그가 미국의 유명한 투자가이자 사업가라고 알고 있어요. 유감스럽지만, 저는 내일까지 계약서를 마무리해야 해요.

여: 안됐군요. 강연이 끝나고 나서 제가 강연에 대해 다 얘기해 줄게요.

남: 그럴 필요까지 없어요. 저는 투자 전략에 관한 그의 최신 책을 읽었어요. 읽을 만한 가치가 있더라고요.

여: 저는 아직 못 읽었어요. 나중에 서점에 가서 하나 구입해야겠네요.

남: 원하신다면 제 것을 빌려드릴게요. 얼마 전에 다 읽어서 아직 사무실에 책장에 꽂혀있어요.

여: 잘됐네요. 오후 중에 당신의 사무실에 들를게요.

53 What is Dr. Donald Fletcher known for?

(A) Critic
(B) Investor
(C) Pharmacist
(D) Scientist

Donald Fletcher 박사는 무엇으로 알려져 있는가?

(A) 비평가
(B) 투자자
(C) 약사
(D) 과학자

New ▶ **54** What does the man mean when he says, "I have to finalize the contract by tomorrow."?

(A) He can't make it to an event.
(B) He will be fired sooner or later.
(C) He is satisfied with the result.
(D) He doesn't have enough time to get it done.

남자가 말하는 "저는 내일까지 계약서를 마무리해야 해요"는 어떤 의미인가?

(A) 행사에 참석할 수 없다.
(B) 조만간 해고당할 것이다.
(C) 결과에 만족하고 있다.
(D) 일을 끝내기에 충분한 시간이 없다.

55 What will the man probably do next?

(A) Lend a book
(B) Attend the ceremony
(C) Review the documents
(D) Send an invitation

남자는 다음에 무엇을 할 것 같은가?

(A) 책을 빌려준다.
(B) 기념식에 참가한다.
(C) 서류를 검토한다.
(D) 초대장을 보낸다.

어휘 publication ceremony 출판 기념회 | author 작가 | lecture 강연 | investor 투자자 | entrepreneur 사업가, 기업가 | finalize 마무리하다 | investment strategy 투자 전략 | worth 가치가 있는 | pick up ~을 구입하다 | bookshelf 책꽂이 | drop by 들르다 | critic 비평가 | pharmacist 약사 | make it 참석하다 | be fired 해고당하다 | sooner or later 조만간 | get ~ done ~을 끝내다 | lend 빌려주다

해설 **53** Donald Fletcher 박사는 유명한 투자가이자 사업가라고 했으므로 정답은 (B)이다.

54 남자가 내일까지 계약서를 마무리해야 된다고 말한 이유는, 여자가 언급한 강연회에 참가할 수 없기 때문이므로 정답은 (A)이다. 전반적인 맥락을 통해 알 수 있다.

55 남자가 책을 빌려가라고 했으므로 정답은 (A)이다.

W: Hello, I patronize this place quite often and I'd like to ask something. You know I always ordered the same cheese cake whenever I come. 56) But it tasted different recently. Did you change your recipe?

M: Actually, all of our cheese is supplied by a local farm. 57) It stopped making ricotta cheese that we'd used. That's why we switched to cottage cheese instead.

W: Oh, I see. This cheese cake is not bad, but I like the other one better.

M: We're looking for a new supplier of ricotta cheese, so please wait for us. 58) We'd like to provide complimentary beverages including alcohol as an apology today. Thank you for your feedback, and thanks again for being our regular customer.

여: 안녕하세요, 저는 여기 자주 오는 단골손님인데 물어볼 게 있어서요. 저는 여기 올 때마다 같은 치즈 케이크를 주문했었는데요. 최근에 맛이 달라진 것 같아요. 혹시 조리법을 바꿨나요?

남: 실은 저희 식당은 모든 치즈를 지역 농장을 통해 공급받고 있는데요. 농장에서 더 이상 우리가 사용해 온 리코타 치즈를 만들지 않아요. 그래서 대신 코티지 치즈로 바꾸게 되었답니다.

여: 아, 그렇군요. 이 치즈 케이크도 나쁘지 않지만, 이전 케이크가 더 좋아요.

남: 리코타 치즈를 만드는 새 공급업체를 찾고 있으니 조금만 기다려 주세요. 사과의 표시로 오늘 술을 포함한 음료를 무료로 제공해 드리겠습니다. 의견에 감사드리며 단골손님이 되어 주셔서 정말 감사드립니다.

56 What does the woman point out?

(A) The restaurant is understaffed.

(B) The oven is not currently working.

(C) The food doesn't taste as good as it looks.

(D) A flavor has changed lately.

여자는 무엇을 지적하는가?
(A) 레스토랑에 직원이 부족하다.
(B) 오븐이 현재 작동하지 않는다.
(C) 음식이 보기보다 맛이 없다.
(D) 최근에 맛이 변했다.

57 What explanation does the man give?

(A) An assistant chef takes care of dessert.

(B) The kitchen has been remodeled.

(C) A supplier has discontinued a product.

(D) There isn't a substitute for ricotta cheese.

남자는 어떤 설명을 해주는가?
(A) 보조 요리사가 디저트를 담당한다.
(B) 부엌이 리모델링되었다.
(C) 공급업체가 어떤 물건의 생산을 중단했다.
(D) 리코타 치즈 대용이 없다.

58 What does the man offer to do for the woman?

(A) Issue discount coupons

(B) Refund the full amount

(C) Notify the main chef

(D) Offer her a free drink

남자는 여자를 위해 어떻게 하겠다고 제안하는가?
(A) 할인 쿠폰 발급하기
(B) 전액 환불하기
(C) 주 요리사에게 알리기
(D) 무료로 음료 제공하기

어휘 patronize ~의 단골손님이 되다 | recipe 조리법 | supply 공급하다 | local 지역의, 현지의 | switch 바꾸다 | instead 대신에 | supplier 공급업체 | complimentary 무료의 | beverage 음료 | feedback 의견 | regular customer 단골손님 | understaff 직원이 부족한 | flavor 맛 | remodel 리모델링 | discontinue 생산을 중단하다 | substitute 대용 | issue 발급하다 | full amount 전액

해설 **56** 여자가 매번 주문하던 치즈 케이크의 맛이 최근에 달라졌다고 했으므로 정답은 (D)이다.

패러프레이징 it tasted different recently → A flavor has changed lately.

57 공급업체가 리코타 치즈 생산을 중단했다고 했으므로 정답은 (C)이다.

패러프레이징 It stopped making ricotta cheese → A supplier has discontinued a product.

58 사과의 표시로 음료를 무료로 제공하겠다고 했으므로 정답은 (D)이다.

패러프레이징 provide complimentary beverages → Offer her a free drink

M: Excuse me, [59)] I'd like to change the wallpaper in my living room. I really like all of the trail and leaf pattern you have here, but I don't know which brand to choose.

W: Well, it depends on what's the most important to you. Vinyl wallpaper is relatively cheap and extremely durable. Liquid wallpaper, on the other hand, is expensive but it is ecological and easy to use.

M: Oh, I like that. [60)] I prefer using environmentally friendly natural product. So I better go with Liquid wallpaper.

W: All right. [61)] Would you like to take some home with you to see if they look nice in your living room?

남: 실례합니다. 저는 거실의 벽지를 바꾸고 싶은데요, 여기 있는 오솔길과 나뭇잎 무늬가 정말 마음에 드는데 어떤 브랜드를 선택해야 할지 모르겠어요.

여: 무엇이 고객님께 가장 중요한지에 달려 있어요. 비닐 벽지는 상대적으로 저렴하고 내구성이 매우 좋아요. 반면에 수성 벽지는 비싸지만 환경친화적이고 사용하기 쉽습니다.

남: 아, 좋아요. 저는 환경친화적인 자연 제품을 선호합니다. 저는 수성 벽지로 하겠어요.

여: 알겠습니다. 거실에 어떤 게 어울리는지 몇 개 가져가 보실래요?

59 What is the man planning to do?

(A) Paint a wall

(B) Renovate his kitchen

(C) Look for a specific brand

(D) Replace some wallpaper

남자는 무엇을 할 계획인가?

(A) 벽에 페인트칠하기

(B) 부엌 개조하기

(C) 특정한 브랜드 찾기

(D) 벽지 교체하기

60 What does the man like about the product?

(A) Its low cost

(B) Its durability

(C) Its eco-friendly material

(D) Its simple design

남자는 물건에 대해서 무엇이 좋다고 하는가?

(A) 저렴한 가격

(B) 내구성

(C) 친환경적인 재료

(D) 꾸밈없는 디자인

61 What does the woman offer the man?

(A) A discount

(B) Some samples

(C) Store credit

(D) Free delivery

여자는 남자에게 무엇을 제공하는가?

(A) 할인

(B) 몇몇 견본

(C) 매장 적립금

(D) 무료 배송

어휘 wallpaper 벽지 | living room 거실 | trail 오솔길 | pattern 무늬 | vinyl 비닐 | liquid 액상의 | relatively 상대적으로 | extremely durable 매우 내구성이 있는 | on the other hand 반면에 | ecological 환경 친화적인 | environmentally friendly 환경 친화적인 | renovate 개조하다 | specific 특정한 | eco-friendly 친환경적 | store credit 매장 적립금

해설 **59** 남자가 거실의 벽지를 바꾸고 싶다고 했으므로 정답은 (D)이다.

패러프레이징 change the wallpaper → Replace some wallpaper

60 남자는 환경 친화적인 자연 제품을 선호한다고 했으므로 정답은 (C)이다.

패러프레이징 environmentally friendly natural product → eco-friendly material

61 거실에 어울리는지 보기 위해 몇 개를 가져가 보겠냐고 하는 마지막 문장을 통해 정답이 (B)임을 알 수 있다.

Questions 62-64 refer to the following conversation.

미국 – 미국

W: Hello, my name is Muriel Parker. ⁶²⁾ I'm here for a job interview with Mr. Owen. I know he is the director of personnel. Could you let him know I'm here?

M: Unfortunately, ⁶³⁾ he went out an hour ago when the president called him. I'm afraid I don't know when he will come. Would it be possible to reschedule the interview anytime tomorrow?

W: I'm sorry but I can't. My schedule is all booked up tomorrow.

M: Ms. Page, the head of the personnel often takes care of his interviews while he's away. ⁶⁴⁾ Let me check if she's available to see you now.

여: 안녕하세요, 제 이름은 Muriel Parker입니다. Owen씨와 취업 면접을 보러 왔어요. 그가 인사부장인 것으로 알고 있는데, 제가 여기 왔다고 전해 주시겠어요?

남: 안타깝게도, Owen씨는 사장님이 찾으셔서 한 시간 전에 나갔습니다. 언제 돌아올지는 몰라요. 면접을 내일 중으로 재조정 해드려도 될까요?

여: 죄송하지만 안 됩니다. 내일은 제 일정이 꽉 차 있어요.

남: 인사팀장인 Page씨가 Owen씨가 없을 때 자주 면접을 담당해요. 지금 그녀에게 면접을 할 시간이 있는지 확인해 볼게요.

62 Why is the woman at Mr. Owen's office?

(A) To cancel an appointment
(B) To make a payment
(C) To attend a meeting
(D) **To get a job interview**

여자는 왜 Owen씨의 사무실에 있는가?
(A) 약속을 취소하려고
(B) 결제하기 위해서
(C) 회의에 참가하려고
(D) 취업 면접을 보려고

63 Why is Mr. Owen unable to meet with the woman?

(A) He called in sick this morning.
(B) **He is out of the office.**
(C) He is meeting a client.
(D) He suddenly quit his job.

Owen씨는 왜 여자를 만날 수 없는가?
(A) 오늘 아침에 병가를 내서
(B) 사무실에 없어서
(C) 고객을 만나고 있어서
(D) 갑자기 일을 그만두어서

64 What will the man probably do next?

(A) Reschedule an appointment
(B) Go over the candidate's résumé
(C) Tell the woman Mr. Owen's address
(D) **Contact Mr. Owen's coworker**

남자는 아마도 다음에 무엇을 할 것인가?
(A) 약속을 재조정한다.
(B) 지원자의 이력서를 검토한다.
(C) Owen씨의 주소를 여자에게 가르쳐준다.
(D) Owen씨의 동료에게 연락한다.

어휘 director of personnel 인사부장 | be booked up 일정이 차 있다, 예약이 끝나다 | be away 부재중이다 | call in sick 병가를 내다 | quit a job 일을 그만두다 | candidate 지원자

해설 **62** 여자는 취업 면접 때문에 방문했다고 했으므로 정답은 (D)이다.

63 남자는 Owen씨가 사장님의 전화를 받고 나가서 언제 돌아올지 모른다고 하고 있으므로 정답은 (B)이다.

64 남자는 Owen씨의 동료인 인사부 직원에게 인터뷰를 부탁해 보겠다고 했으므로 정답은 (D)이다.

패러프레이징 Let me check if she's available to see you now. → Contact Mr. Owen's coworker

W: Welcome to the information and help desk. What can I do for you, sir?

M: 65)I have a booth here at the job fair. I'm the owner of Evergreen Advertising. When I visited the space this morning and noticed that there were not enough tables and chairs set up. I'd like you to add 5 tables with 4 chairs each since we're planning to recruit more employees than it had originally intended to hire.

W: Of course. 66)Let me give our Facilities Department a call. But 67)it's almost time for lunch so someone should be able to take care of that after lunch break. Maybe about an hour?

M: OK, I can wait that long.

Phone Directory	
Department	**Extension**
Facilities	7002
Advertising	7012
Maintenance	7022
Human Resources	7032

여: 안내 데스크에 오신 것을 환영합니다. 무엇을 도와드릴까요?

남: 저는 여기 취업박람회에 부스가 있습니다. Evergreen 광고회사의 소유주인데요. 오늘 아침에 부스 공간을 방문해보니 테이블과 의자가 충분히 설치되어 있지 않더라고요. 우리는 원래 고용하기로 했던 것보다 많은 직원을 뽑을 예정이라 테이블 5개와 테이블마다 각각 4개의 의자를 추가하고 싶어요.

여: 물론입니다. 시설부서에 전화할게요. 하지만 지금은 거의 점심시간이 다 되었기 때문에, 점심시간이 끝나고 나서 처리해야 할 겁니다. 아마 한 시간쯤이요?

남: 좋습니다. 그 정도는 기다릴 수 있어요.

전화번호부	
부서	**내선 번호**
시설관리부	7002
광고부	7012
유지보수부	7022
인사부	7032

65 Who most likely is the man?

(A) A potential employer
(B) A call center worker
(C) An event coordinator
(D) A building janitor

남자는 누구인 것 같은가?
(A) 잠재적 고용주
(B) 콜센터 직원
(C) 행사 담당자
(D) 건물 관리인

New ▶ **66** Look at the graphic. Which extension number will the woman have to dial?

(A) 7002
(B) 7012
(C) 7022
(D) 7032

시각정보를 보시오. 여자는 어떤 내선 번호로 전화해야 하는가?
(A) 7002번
(B) 7012번
(C) 7022번
(D) 7032번

67 Why does the woman say some staff may be delayed?

(A) They are taking a lunch break.
(B) They are repairing some chairs.
(C) They are at a training session.
(D) They are exercising at the gym.

여자는 몇몇 직원이 왜 늦어질 수도 있다고 말하는가?
(A) 점심시간이기 때문에
(B) 몇몇 의자를 수리하고 있기 때문에
(C) 교육과정 중이기 때문에
(D) 체육관에서 운동하고 있기 때문에

어휘 booth 부스 | job fair 취업 박람회 | notice 알아차리다 | recruit 고용하다 | originally 원래 | intend to ~할 작정이다 | Facilities Department 시설관리부 | potential 잠재적 | coordinator 담당자 | janitor 관리인

해설 **65** 남자는 회사 소유주이고 취업박람회에 참가하고 있기 때문에 정답은 (A)라고 할 수 있다.

66 여자는 시설부서에 전화하겠다고 했으므로 정답은 (A)이다.

67 거의 점심시간이라 점심시간이 끝나고 나서 남자의 요청을 들어주겠다고 하고 있으므로 정답은 (A)이다.

W: Hello, I'm here to buy a ticket for the Cape Town International Jazz Festival. I wanted to purchase it online but [68] your Web site was inaccessible every time I tried.

M: We apologize for any inconvenience caused and I can help you with that. Will you be attending whole weekend of the festival?

W: No. [69] I'm just interested in the first day. And I already joined your membership program.

M: All right. So [70] if you show me your membership ID card, we can offer you the 10% discount.

W: OK. Will you excuse me please while I get my membership card?

Cape Town International Jazz Festival		
Saturday Only	Members	$72
	Non-members	$80
Sunday Only	Members	$81
	Non-members	$90
Both Days	Members	$135
	Non-members	$150

여: 안녕하세요, 저는 케이프타운 국제 재즈 축제의 티켓을 구매하려고 왔습니다. 인터넷으로 구매하고 싶었지만, 홈페이지가 매번 접속이 불가능해서요.

남: 불편을 초래해서 죄송하고 구매는 제가 도와드릴 수 있습니다. 주말 내내 축제에 참가하실 건가요?

여: 아니요, 저는 첫 번째 날에 관심이 있습니다. 그리고 이미 회원 프로그램에 가입했습니다.

남: 알겠습니다. 회원 카드를 보여주시면 10% 할인을 해드리겠습니다.

여: 좋아요. 회원 카드를 준비하는 동안 잠깐 실례해도 될까요?

케이프타운 국제 재즈 축제		
토요일 1일	회원	72달러
	비회원	80달러
일요일 1일	회원	81달러
	비회원	90달러
토요일과 일요일	회원	135달러
	비회원	150달러

68 What problem does the woman mention?

(A) The venue is too small.

(B) A Web site has been disabled.

(C) All tickets are sold out.

(D) A band has canceled the schedule.

여자는 어떤 문제를 언급하는가?

(A) 장소가 너무 좁다.

(B) 웹사이트가 접속 불가하다.

(C) 티켓이 전부 매진이다.

(D) 어떤 밴드가 일정을 취소했다.

New ▶ **69** Look at the graphic. How much will the woman most likely pay?

(A) $72

(B) $80

(C) $90

(D) $135

시각정보를 보시오. 여자는 얼마를 지불할 것인가?

(A) 72달러

(B) 80달러

(C) 90달러

(D) 135달러

70 What does the man ask the woman to present?

(A) A membership card

(B) A latest photo

(C) A cell phone number

(D) An Internet certificate

남자는 여자에게 무엇을 제시하라고 하는가?

(A) 회원 카드

(B) 최근 사진

(C) 휴대폰 번호

(D) 인터넷 인증서

어휘 International 국제의 | inaccessible 접속할 수 없는 | every time ~할 때마다 | whole 전부의, 모든 | membership 회원 자격 | venue 장소 | disable 손상시키다 | certificate 인증서

해설 **68** 홈페이지가 접속 불가라서 표를 예매할 수 없다고 했으므로 정답은 (B)이다.

패러프레이징 your Web site was inaccessible → A Web site has been disabled.

69 여자는 첫째 날에만 관심이 있고, 이미 회원이라고 했으므로 정답은 (A)이다.

70 회원 카드를 보여주면 할인을 해주겠다고 했으므로 정답은 (A)이다.

실전문제

◁) P4-3

1 (B)	2 (C)	3 (A)	4 (A)	5 (B)	6 (B)	7 (A)	8 (D)	9 (D)	10 (A)	11 (A)	12 (D)

Questions 1-3 refer to the following telephone message.

미국

Hello, 1) This is Martin from the Accounting Department. I'm calling to let you know that we have not yet received all receipts from your recent trip. In order to get reimbursed, you'll need to fill out a travel expense report, and submit all your receipts. As a reminder, 2) the due date is the first day of next month and it is now March 27th. 3) I appreciate it if you could fax me before the deadline. I know this is your first business trip as a market researcher, so if you have any trouble, please contact me at any time. Thanks.

안녕하세요, 저는 회계부서의 Martin입니다. 귀하께서 최근 출장에서 쓴 모든 영수증을 아직 받지 못했다는 것을 알리기 위해서 전화드립니다. 금액을 상환받으시려면, 여행경비 보고서를 작성해서 영수증과 함께 제출해 주세요. 알려드릴 점은, 마감 기한은 다음 달 첫째 날이며 오늘은 3월 27일입니다. 마감일 전에 팩스로 보내주시면 감사하겠습니다. 저는 이것이 시장 연구원으로서 당신의 첫 출장임을 알고 있으며, 이 때문에 곤란한 점이 있으시면 언제든지 연락해주세요. 감사합니다.

1 What area does the speaker work in?

(A) Human Resources department

(B) Accounting department

(C) Finance department

(D) Information Technology department

화자는 어느 분야에 근무하는가?

(A) 인사부

(B) 회계부

(C) 재무부

(D) IT 부서

2 What is the last date the submissions will be accepted?

(A) March 27th

(B) March 31st

(C) April 1st

(D) April 31st

제출물이 받아들여지는 마지막 날짜는 언제인가?

(A) 3월 27일

(B) 3월 31일

(C) 4월 1일

(D) 4월 31일

3 What does the speaker ask the listener to do?

(A) Send a fax

(B) Provide an e-mail address

(C) Purchase an office equipment

(D) Mail a package

화자는 청자에게 무엇을 하라고 요청하는가?

(A) 팩스 보내기

(B) 이메일 주소 알려주기

(C) 사무기기 구입하기

(D) 소포 보내기

어휘 accounting department 회계부 | receipt 영수증 | reimburse 상환하다 | fill out 작성하다 | expense report 경비 보고서 | submit 제출하다 | reminder 주의사항 | due date 마감 날짜 | deadline 마감기한

해설 **1** 남자가 자기 신분을 밝히면서 회계부서에서 일한다고 했으므로 정답은 (B)이다.

2 마감일이 다음 달 1일이라고 했고 오늘이 3월 27일이므로 정답은 4월 1일이 된다.

3 화자는 마감일을 알려주면서 그 전에 팩스로 보내달라고 요청하고 있으므로 정답은 (A)이다.

Questions 4-6 refer to the following telephone message.

Hello. This is a message for Irene Page. Ms. Page, this is Kim Morrison. 4) We met briefly at the Frankfurt International Book Fair a week ago. At that time, we spoke about an available position at your company. 5) If that position is still open, I'll be very interested in speaking more with you about it. As we discussed, I've been working as a freelancer graphic designer based in Milan for the past three years. I'd love to talk with you further about this, so please give me a call at your convenience. My telephone number is 555-7052. In the meantime, 6) I'll download the application form from your company's Web site and fill it out carefully this morning. I'll look forward to speaking with you soon.

안녕하세요. 이 메시지는 Irene Page를 위한 것입니다. Page씨, 저는 Kim Morrison입니다. 우리는 일주일 전에 프랑크푸르트에서 열린 국제 도서 박람회에서 잠시 만났었죠. 그때 당신의 회사의 공석에 대해 얘기를 했었는데요. 만약 아직도 공석이라면, 저는 당신과 더 이야기를 나누고 싶어요. 저번에 얘기했듯이, 저는 지난 3년 동안 프리랜서 그래픽 디자이너로 밀라노에서 일을 해오고 있어요. 저는 이 부분에 대해 더 얘기하고 싶으니, 당신이 편할 때 전화해주세요. 제 전화번호는 555-7052입니다. 그사이에 저는 당신 회사의 웹사이트에서 지원서를 다운로드해서 오늘 아침에 주의 깊게 작성하겠습니다. 당신과 곧 얘기할 수 있기를 바랍니다.

4 Where did the caller meet Ms. Page?

(A) At a book fair
(B) At a conference
(C) At a company
(D) At a party

전화 건 사람은 어디서 Page씨를 만났는가?
(A) 도서박람회
(B) 회의
(C) 회사
(D) 파티

5 What is the caller interested in discussing?

(A) A book cover
(B) A job vacancy
(C) An interview
(D) A grand opening

전화 건 사람은 무엇을 논의하는 데 흥미가 있는가?
(A) 책 표지
(B) 공석
(C) 인터뷰
(D) 개장

6 What will the caller probably do this morning?

(A) Review the résumé
(B) Complete a form
(C) Upload a file
(D) Send an e-mail

전화 건 사람은 오늘 아침에 무엇을 하겠는가?
(A) 이력서 검토
(B) 양식 작성
(C) 파일 업로드
(D) 이메일 보내기

어휘 briefly 잠시 | book fair 도서 박람회 | past 지난 | based in ~에 기반을 둔 | further 추가의 | meantime 그 동안 | job vacancy (일자리) 공석

해설 **4** 두 사람은 프랑크푸르트에서 열린 국제 도서 박람회에서 만났으므로 정답은 (A)이다.

5 전화 건 사람은 공석에 대해 궁금해 하고 있으므로 정답은 (B)이다.
패러프레이징 that position is still open → A job vacancy

6 지원서를 다운로드해서 꼼꼼하게 작성하겠다고 했으므로 정답은 (B)이다.
패러프레이징 fill out → complete

Questions 7-9 refer to the following telephone message.

미국

Hello. This is Nikki Dixon from the Riverside Apartment complex. ⁷⁾ You called our office the other day to inquire about an apartment. I know you're focused on a 2 bathroom apartment. I'm afraid we only have one bathroom apartments available as of now. However, there's a 2 bathroom apartment being renovated right now and ⁸⁾ it will be available in two months if you can wait. If you want to take a look at it, ⁹⁾ I can show you an occupied apartment with a same layout. So, give me a call if you'd like to see the room.

안녕하세요. 저는 Riverside 아파트 단지의 Nikki Dixon입니다. 저번에 저희 사무실에 아파트에 대해 문의하는 전화를 주셨지요. 욕실이 2개인 아파트에 관심이 있으신 걸로 알고 있습니다. 죄송하지만 현재는 욕실 1개인 아파트밖에 없네요. 하지만 현재 수리 중인 욕실 2개짜리 아파트가 있는데요, 기다릴 수 있으시면 두 달 내로 가능합니다. 방을 보고 싶으시면, 다른 사람이 살고 있는 같은 구조의 아파트를 보여드릴 수 있습니다. 방을 보고 싶으시다면 전화 주십시오.

7 What is the speaker calling to discuss?

(A) A recent inquiry
(B) A policy change
(C) A bathroom work
(D) A rental fee

화자는 무엇을 논의하려고 전화하는가?

(A) 최근의 문의
(B) 정책 변경
(C) 욕실 공사
(D) 임대료

8 What does the speaker suggest the listener do?

(A) Refurbish a room
(B) Renew the lease
(C) Call a different agency
(D) Consider waiting to rent an apartment

화자는 청자에게 무엇을 요청하는가?

(A) 방을 재단장하기
(B) 임대계약 갱신하기
(C) 다른 부동산에 전화하기
(D) 아파트 임대를 위해 기다리기

9 What does the speaker offer to do?

(A) Print a rental agreement
(B) Provide contact information
(C) Show the size of a bathroom
(D) Give a tour of an apartment

화자는 무엇을 하겠다고 제안하는가?

(A) 임대계약서 프린트하기
(B) 연락처 제공하기
(C) 욕실 사이즈 보여주기
(D) 아파트 구경시켜 주기

어휘 complex 복합 단지 | inquire 문의하다 | focus on ~에 초점을 맞추다 | as of now 현재로서는 | renovate 개조하다 | occupied 사용 중인 | layout 배치도 | rental fee 임대료 | refurbish 재단장하다 | renew 갱신하다 | agreement 합의서 | give a tour 구경을 시켜 주다

해설 **7** 최근에 아파트에 대해서 문의를 한 일에 대한 답변이므로 정답은 (A)이다.

8 청자가 원하는 아파트는 2달 정도 기다려야 이용할 수 있다고 했기 때문에 정답은 (D)이다.

9 현재 다른 사람이 거주하고 있는 아파트를 보여주겠다고 했으므로 정답은 (D)이다.

패러프레이징 I can show you an occupied apartment → Give a tour of an apartment

Questions 10-12 refer to the following telephone message.

Hello, Mr. Elliot. ¹⁰⁾This is Dana from Green Office Furniture. I'm calling about the new supply cabinet that you ordered for your office last Thursday. Unfortunately, ¹¹⁾that model is out of stock right now and the manufacturing facility isn't sure when more will be available. But, we do have a few other cabinets within your price point that you could think purchasing instead. ¹²⁾I'll send one of our staff to your office to show you the catalog of these other cabinets. Just give me a call and let me know when it's convenient for you. I'm sure we can find one you'll be happy with.

안녕하세요, Elliot씨. 저는 Green 사무가구점의 Dana입니다. 지난 목요일에 사무실에 놓으려고 주문하신 새 소모품 캐비닛 때문에 전화 드립니다. 안타깝게도, 그 모델은 지금 재고가 없으며 제조 공장에서도 언제 재입고되는지 확신을 못하고 있습니다. 하지만 저희는 귀하가 구입할 수 있는 가격대에 맞는 캐비닛 몇 대를 보유하고 있습니다. 제가 저희 직원을 보내서 다른 캐비닛의 카탈로그를 보여주라고 하겠습니다. 언제가 편한 시간인지 전화로 알려주세요. 귀하가 만족할 수 있는 물건을 찾아드리겠습니다.

10 Where does the woman work?

(A) A furniture store
(B) A convenience store
(C) A real estate agency
(D) A bookstore

여자는 어디에서 일하는가?
(A) 가구점
(B) 편의점
(C) 부동산
(D) 서점

11 What problem does the woman mention?

(A) An item is not currently in stock.
(B) A project is stopped.
(C) The price has increased.
(D) A cabinet is damaged.

여자는 어떤 문제점을 언급하는가?
(A) 물품이 현재 재고가 없다.
(B) 기획이 중단되었다.
(C) 가격이 올랐다.
(D) 캐비닛이 손상되었다.

12 What has the woman offered to do for the man?

(A) Provide the lowest prices
(B) Recommend another brand
(C) Exchange the used products
(D) Dispatch an employee to give him details

여자는 남자에게 무엇을 해주겠다고 제안했는가?
(A) 가장 저렴한 가격을 제공해 준다.
(B) 다른 브랜드를 추천한다.
(C) 중고물품을 교환한다.
(D) 정보를 주기 위해 직원을 파견한다.

어휘 | out of stock 재고가 없는 | manufacturing facility 생산 시설 | price point 가격대 | real estate 부동산 | currently 현재 | damaged 손상된 | exchange 교환 | used 중고 | dispatch 파견하다

해설 | **10** 일하는 장소는 거의 첫 문장에서 알 수 있다. 여자는 사무가구점에서 일한다고 했으므로 정답은 (A)이다.

11 그 모델은 지금 당장 재고가 없다고 했기 때문에 정답은 (A)이다.
패러프레이징 that model is out of stock right now → An item is not currently in stock.

12 직원을 보내 다른 캐비닛의 카탈로그를 보여주겠다고 제안하고 있으므로 정답은 (D)이다.
패러프레이징 send one of our staff → Dispatch an employee, the catalog of these other cabinets. → details

실전문제

◁)) P4-6

1 (A)	2 (D)	3 (C)	4 (D)	5 (D)	6 (D)	7 (A)	8 (C)	9 (D)	10 (B)	11 (B)	12 (C)

Questions 1-3 refer to the following announcement.

호주

Attention all passengers waiting to board International Airline flight 207 to New York. ¹⁾ Your plane was delayed in Philadelphia due to snowstorm. Flight 207 will not begin boarding until 6:30 P.M. here at gate 10 ²⁾ due to severe weather. ³⁾ Any passengers who have connecting flights in New York should speak with the International Airline representative before the plane leaves. I repeat. Departure of flight 207 leaving from gate 10 will begin boarding at 6:30 P.M. We hope you enjoy your flight and we apologize for the inconvenience this has caused.

> 뉴욕행 국제 항공 207편에 탑승하기를 기다리시는 모든 승객분들께 안내 말씀드립니다. 폭설로 비행기가 필라델피아에서 지연되었습니다. 악천후로 인해 207편 비행기는 6시 30분이 되어서야 여기 10번 게이트에서 탑승이 시작될 것입니다. New York에서 연결 항공편을 타시는 승객분들은 비행기가 출발하기 전에 국제 항공사 직원에게 말씀을 해주시기 바랍니다. 다시 한번 말씀드립니다. 10번 게이트에서 출발하는 207편 비행기는 6시 30분에 탑승을 시작합니다. 즐거운 비행이 되기를 바라며 이 일로 불편함을 끼쳐 죄송합니다.

1 What is the purpose of the announcement?

(A) To announce a flight delay
(B) To confirm flight schedules
(C) To explain a gate change
(D) To issue a detailed itinerary

이 공지의 목적은 무엇인가?
(A) 항공편 지연을 알리기 위해
(B) 항공편 일정을 확인하기 위해
(C) 게이트 변경을 설명하기 위해
(D) 상세한 여행일정을 발표하기 위해

2 What has caused a problem?

(A) A missing luggage
(B) A scheduling conflict
(C) A mechanical problem
(D) Inclement weather

무엇이 문제를 야기했는가?
(A) 분실된 짐
(B) 일정 충돌
(C) 기계적인 결함
(D) 악천후

3 According to the announcement, who should speak with an airline representative?

(A) Anyone who wants to visit a duty-free shop
(B) People who experience jet lag
(C) Passengers with connecting flights
(D) Travelers who lost their passports

공지에 따르면, 누가 항공사 직원과 이야기를 해야 하는가?
(A) 면세점을 이용하고 싶어 하는 어떤 사람
(B) 시차 피로를 경험하는 사람들
(C) 연결 항공편을 타야 하는 승객들
(D) 여권을 잃어버린 여행객들

어휘 board 탑승하다 | delay 지연되다 | snowstorm 폭설 | severe weather 악천후 | connecting flight 연결 항공편 | representative 직원 | repeat 반복하다 | departure 출발 | cause 야기하다 | confirm 확인하다 | itinerary 여행 일정 | luggage 짐 | inclement 궂은, 험한 | jet lag 시차 피로

해설 **1** 항공편이 폭설 때문에 지연되고 있으므로 정답은 (A)이다.

2 처음 힌트로 폭설이 언급되었고 두 번째 힌트로 악천후가 언급되었으므로 정답은 (D)이다.

> **패러프레이징** severe weather → Inclement weather

3 뉴욕에서 연결 항공편을 타는 승객들이 항공사 직원에게 얘기를 해야 하므로 정답은 (C)이다.

Questions 4-6 refer to the following announcement.

Attention shoppers. 5)Today is the first day of our summer sales event. This is being held on the third floor. All sports goods are now on sale for 20% off the regular price. We've got great deals on golf attire, exercise balls, athletic shoes and more. Also, 6)from now until July 20th, we are accepting applications for 'Fight a fat challenge' contest. This is a great opportunity for motivating people to improve their body and fitness. Please visit the information desk for details. 4)Thank you for shopping with us at Hopkins Mall.

쇼핑객 여러분, 주목해 주십시오. 오늘은 여름 세일 행사의 첫 번째 날입니다. 이 행사는 3층에서 열리고 있습니다. 현재 모든 스포츠 용품은 정가에서 20% 할인되고 있습니다. 우리는 골프 의류, 짐볼, 운동화 그리고 더 많은 물건을 보유하고 있습니다. 또한, 지금부터 7월 20일까지 '도전, 살과의 전쟁' 콘테스트의 지원서를 받고 있습니다. 신체와 건강을 증진하기 위해 동기부여를 할 수 있는 좋은 기회입니다. 자세한 사항은 안내데스크를 방문하세요. Hopkins 몰에서 쇼핑하고 계신 여러분 감사드립니다.

4 Where is the announcement being made?
(A) At a health clinic
(B) At a fitness center
(C) At a shoe store
(D) At a shopping mall

이 공지는 어디에서 나오고 있는가?
(A) 건강 클리닉
(B) 헬스클럽
(C) 신발 매장
(D) 쇼핑몰

5 What can listeners find on the third floor?
(A) Nutritional supplements
(B) An exercise machine
(C) Refreshments
(D) Items on sale

청자들은 3층에서 무엇을 발견할 수 있는가?
(A) 영양제
(B) 운동 기구
(C) 다과
(D) 세일 제품

6 What are listeners encouraged to do by July 20th?
(A) Renew the membership
(B) Purchase sports goods
(C) Join a gym
(D) Enter a contest

청자들은 7월 20일까지 무엇을 하라고 권장 받는가?
(A) 회원권을 갱신하기
(B) 스포츠용품 구입하기
(C) 체육관에 다니기
(D) 콘테스트에 응모하기

어휘 | sports goods 스포츠 용품 | regular price 정가 | attire 의복 | exercise ball 짐볼 | athletic 운동의, 체육의 | accept 받아들이다 | fat 지방 | motivate 동기를 주다 | improve 개선하다 | fitness 건강 | nutritional supplement 영양제 | refreshments 다과 | renew 갱신하다

해설 **4** 행사는 3층에서 열리고 있다고 했고, 마지막 부분에 쇼핑몰의 이름(Hopkins Mall)이 언급되므로 정답은 (D)이다.

5 여름 세일 행사가 3층에서 열린다고 했기 때문에 정답은 (D)이다.

6 7월 20일까지 '도전, 살과의 전쟁' 콘테스트의 지원서를 받고 있다고 했으므로 정답은 (D)이다.

My name is Jake and I'll be your guide on today's tour. The first planned stop is a visit to the zoo. We will be seeing many wild animals like bears and lions. We can watch them splash around in the shallow water or enjoy their meals in the wild. 7) I'm sure you'll be impressed with the natural habitats tailored to their species for zoo animals to live in. 8) I advise you to refrain from feeding any of the animals here at the zoo. You're able to take pictures of them but just be careful. After the tour, 9) you can purchase a book in the gift shop that includes beautiful pictures of the animals you'll see today. 9) It also provides more detailed information explaining animals.

제 이름은 Jake이고 저는 오늘 투어의 가이드입니다. 처음 계획된 장소는 동물원입니다. 우리는 곰과 사자 같은 많은 야생동물을 볼 수 있습니다. 우리는 동물들이 얕은 개울에서 물을 튀기는 모습과 야생에서 먹이를 먹는 모습을 볼 수 있습니다. 여러분은 동물들이 그들의 종에 맞춰 살 수 있도록 만든 자연 서식지에 깊은 인상을 받을 것입니다. 저는 이곳 동물원에 있는 어떤 동물에게도 먹이를 주는 일을 삼가길 부탁드립니다. 사진은 찍어도 되지만 조심하세요. 투어가 끝난 후에, 오늘 볼 동물들의 아름다운 사진이 담긴 책을 선물 가게에서 구입할 수 있습니다. 그 책에는 또한 동물에 관한 자세한 정보를 담고 있습니다.

7 According to the speaker, what is impressive about the zoo?

(A) Animals live in natural habitats.
(B) It is sponsored by the government.
(C) It has been used as film locations.
(D) A wide variety of animals live together.

화자에 따르면, 동물원의 어떤 점이 인상적인가?
(A) 동물들이 자연 서식지에 살고 있다.
(B) 정부의 후원을 받는다.
(C) 영화 촬영장소로 사용되었다.
(D) 다양한 종류의 동물이 함께 살고 있다.

8 What are the listeners asked NOT to do?

(A) Making phone calls
(B) Taking photos of animals
(C) Giving food to animals
(D) Trying to touch animals

청자들은 무엇을 하지 말라고 요청받는가?
(A) 전화 걸기
(B) 동물 사진 찍기
(C) 동물에게 먹이를 주기
(D) 동물을 만지려고 하기

9 According to the speaker, how can listeners receive more information?

(A) By watching the news
(B) By asking a trainer
(C) By visiting a zoo
(D) By purchasing a book

화자에 따르면, 청자들은 어떻게 더 많은 정보를 얻을 수 있는가?
(A) 뉴스를 시청함으로써
(B) 트레이너에게 물어봄으로써
(C) 동물원을 방문함으로써
(D) 책을 구입함으로써

어휘 splash around (물 · 흙탕물)을 튀기다 | shallow 얕은 | impressed 인상 깊은 | natural habitat 자연 서식지 | tailor to ~에 맞게 하다 | species 종(種) | advise 권하다 | refrain from ~을 삼가다 | feed 먹이를 주다 | include 포함하다 | detailed 상세한, 자세한 | sponsor 후원하다

해설 **7** 화자가 자연 서식지처럼 만들어진 환경에 깊은 인상을 받을 것이라고 했으므로, 정답은 (A)이다.

8 동물원에서 먹이 주는 것은 삼가라고 했으므로 정답은 (C)이다.

패러프레이징 feeding any of the animals → Giving food to animals

9 선물 가게에서 동물에 관한 정보를 담은 책을 구입할 수 있다고 했으므로 정답은 (D)이다.

Questions 10-12 refer to the following the announcement.

¹⁰⁾ Attention, United Airlines passengers. We'll be landing in Atlanta in about half an hour behind schedule. Remember to keep all your personal items safely secured since we'll be slowing down once we start to descend for landing. ¹¹⁾We apologize again for the delay we experienced before take-off. Passengers making the 3:45 connection to Mexico City, please meet the representative immediately waiting at the gate. ¹²⁾ Be sure that your luggage will be transferred to that plane before it takes off. Again, thank you for flying with United Airlines.

United 항공 승객 여러분, 주목해 주십시오. 우리 비행기는 일정보다 늦은 30분 후에 애틀란타에 착륙합니다. 착륙을 위해 하강하기 시작하면 속도를 늦출 것이므로 개인 소지품을 잘 챙겨주시길 바랍니다. 이륙하기 전에 겪은 지체에 대해 다시 한번 사과드립니다. 3시 45분에 멕시코시티로 가는 연결 편을 이용하는 승객들은 게이트에서 기다리는 직원을 즉시 만나기 바랍니다. 여러분의 짐은 이륙하기 전에 연결 항공편으로 즉시 이동될 것입니다. 다시 한번 United 항공편을 이용해 주셔서 감사합니다.

10 Where most likely is the announcement being made?

(A) On a tour bus

(B) On an airplane

(C) In a subway station

(D) In a factory

이 공지는 어디에서 나오고 있는가?
(A) 관광버스 안
(B) 비행기 안
(C) 지하철역 안
(D) 공장 안

11 What does the speaker apologize for?

(A) A poor service

(B) A travel delay

(C) A lost luggage

(D) A gate change

화자는 무엇에 대해 사과하는가?
(A) 형편없는 서비스
(B) 여행 지연
(C) 분실된 짐
(D) 게이트 변경

12 What do passengers going to Mexico City need to remember?

(A) A storm is approaching.

(B) Tickets should not be lost.

(C) Their luggage will be transferred.

(D) The shuttle bus will be offered.

멕시코시티로 가는 승객들은 무엇을 명심해야 하는가?
(A) 폭풍우가 몰려온다는 점
(B) 티켓을 잃어버리면 안 된다는 점
(C) 그들의 짐이 이동될 것이라는 점
(D) 셔틀버스가 제공될 것이라는 점

어휘 airline 항공사 | land 착륙하다 | behind schedule 일정보다 늦게 | personal items 개인 소지품 | secure 안전하게 하다 | once 일단 ~하면 | descend 내려가다 | take-off 이륙 | connection 연결 | immediately 즉시, 당장 | transfer 이동시키다 | approach 다가오다

해설 **10** 기내의 승객들에게 하는 공지이므로 정답은 (B)이다.

11 비행이 지연된 일에 대해 사과하고 있으므로 정답은 (B)이다.

12 멕시코시티로 가는 승객들은 그들의 짐이 연결편 비행기로 옮겨진다고 했으므로 정답은 (C)이다.

실전문제 ◁) P4-9

1 (B)	2 (C)	3 (D)	4 (A)	5 (B)	6 (A)	7 (B)	8 (B)	9 (D)	10 (D)	11 (B)	12 (A)

Questions 1-3 refer to the following traffic report.　　　　미국

Good evening, listeners. ¹⁾I'm Todd Harvey bringing you a special traffic report. For anyone travelling near the city center, there are 30 to 40 minutes delays entering the city. And traffic is backed up on the highways. As you know, ²⁾our city is hosting the World Cup qualifying match this week. It begins this afternoon in the stadium. And attendance is expected to reach around 10,000. So if you're heading downtown later today, ³⁾we strongly encourage you to take the bus or the train.

안녕하세요, 청취자 여러분. 여러분께 특집 교통 정보를 드리는 Todd Harvey입니다. 시내 중심가로 이동하는 분들은, 시내로 진입하는 데 30분에서 40분 정도 지체될 것입니다. 교통이 고속도로에서 막혀 있습니다. 아시다시피, 우리 시에서는 이번 주에 월드컵 예선전을 개최합니다. 예선전은 오늘 오후에 경기장에서 시작될 것입니다. 입장은 1만 명에 이를 것으로 예상됩니다. 따라서 오늘 늦은 시간에 시내로 향하는 분들은 버스나 기차를 이용할 것을 강력하게 추천합니다.

1 What is the main topic of the broadcast?

(A) A collision
(B) The traffic update
(C) Road construction
(D) A city council

방송의 주요 주제는 무엇인가?
(A) 충돌사고
(B) 최신 교통정보
(C) 도로 공사
(D) 시 의회

2 According to the speaker, what will begin today?

(A) A new highway
(B) A mass rally
(C) A sporting event
(D) The mayor's speech

화자에 따르면, 오늘 무엇이 시작될 것인가?
(A) 새 고속도로
(B) 대중 집회
(C) 스포츠 경기
(D) 시장의 연설

3 What does the speaker suggest that the listeners do?

(A) Stay home all day
(B) Take an alternate route
(C) Watch the game on TV
(D) Use public transportation

화자는 청자들에게 무엇을 하라고 제안하는가?
(A) 온종일 집에 있기
(B) 우회도로 이용하기
(C) TV로 경기 시청하기
(D) 대중교통을 이용하기

어휘 traffic report 교통 정보 | be backed up ~로 밀려있다, ~로 꽉 막히다 | host 열다, 개최하다 | qualifying match 예선전 | attendance 참석 | reach ~에 도달하다 | head 향하다 | strongly 강력하게 | collision 충돌 | mass rally 대중 집회 | alternate route 우회도로

해설 **1** 라디오의 특집 교통 정보 시간이므로 정답은 (B)이다.
　　패러프레이징 traffic report → traffic update

　　2 월드컵 예선전이 오늘 시작된다고 했으므로 정답은 (C)이다.
　　패러프레이징 World Cup qualifying match → A sporting event

　　3 월드컵 경기 때문에 혼잡할 것으로 예상되니, 버스나 기차를 타라고 권장하고 있으므로 정답은 (D)이다.
　　패러프레이징 encourage you to take the bus or the train → Use public transportation

Hello listeners and welcome to the weekly edition of *Let's Live Long* on KFM radio. I'm your host, Rex Hudson. 4) Every week on the program we offer useful tips for improving and maintaining your health. Today we're fortunate to have Ann Walsh with us. 5) She is the author of a new book called *The Secrets of Weight Loss*. In the book, Ann emphasized why you've never been able to lose weight, and how that can change now. 6) We're looking forward to some more great tips from her now.

안녕하세요, 청취자 여러분, KFM 라디오의 주간방송 〈장수합시다〉에 오신 것을 환영합니다. 저는 진행자 Rex Hudson입니다. 우리 방송은 매주 프로그램에서 건강을 증진하고 유지하는 유용한 방법을 알려드리고 있습니다. 오늘은 운이 좋게도 Ann Walsh가 우리와 함께합니다. 그녀는 〈체중 감량의 비결〉이라는 신간의 작가입니다. 책에서 Ann은 왜 당신이 체중이 줄어들지 않는지, 그리고 어떻게 변화시킬 수 있는지를 강조합니다. 우리는 그녀에게 더 좋은 조언을 얻기를 기대합니다.

4 What is the topic of the radio program?

(A) Health care
(B) House cleaning
(C) Dietary habits
(D) Human relation skills

라디오 프로그램의 주제는 무언인가?
(A) 건강관리
(B) 집 안 청소
(C) 식습관
(D) 인간관계 기술

5 According to the speaker, what did Ann Walsh recently do?

(A) She collected works of art.
(B) She published a book.
(C) She appeared on a TV program.
(D) She established a hospital.

화자에 따르면, Ann Walsh는 최근 무엇을 했는가?
(A) 예술 작품을 수집했다.
(B) 책을 출판했다.
(C) TV 프로그램에 출연했다.
(D) 병원을 설립했다.

6 What will probably happen next?

(A) Some advice will be given.
(B) A new album will be introduced.
(C) A commercial will be aired.
(D) The dial-in program will be provided.

다음에 무슨 일이 일어날 것인가?
(A) 조언이 주어질 것이다.
(B) 새 앨범이 소개될 것이다.
(C) 광고가 방송될 것이다.
(D) 전화 참여 프로그램이 마련될 것이다.

어휘 edition (방송물의 특정) 회 | host 진행자 | improve 증진하다 | maintain 유지하다 | fortunate 운이 좋은 | loss 감량 | emphasize 강조하다 | lose weight 살이 빠지다, 체중이 줄어들다 | dietary 식이요법의 | habit 습관 | relation 관계 | collect 수집하다 | appear 출연하다 | establish 설립하다 | dial-in (방송에서) 시청자 전화 받기

해설 **4** 오늘 라디오 방송의 주제는 건강을 증진하고 유지하는 법이라고 했으므로 정답은 (A)이다.
패러프레이징 improving and maintaining your health → Health care

5 Ann Walsh는 신간 도서의 저자라고 언급하고 있으므로 정답은 (B)이다.
패러프레이징 She is the author of a new book. → She published a book.

6 이 프로그램에서는 건강에 관련된 유용한 정보를 제공하고 있다. 따라서 다음에는 정보가 소개될 것이므로 정답은 (A)이다.
패러프레이징 tips → advice

Questions 7-9 refer to the following broadcast.

And now, we have a radio 92 public service announcement. Next Saturday morning, 7) the Rosebud community center is holding free classes for people who are interested in acting on the stage. The class will help develop your acting and public speaking skills and teach how to communicate effectively on stage. 8) Participants are also invited to stay afterwards for a networking event with local theater productions to get opportunities to audition. 9) Registration is required and the space is limited so be sure to register right away. You can sign up by calling the center at 555-0147 or going to their Web site at www.rosebud.org.

이제 라디오 92의 공익 광고입니다. 다음 주 토요일 아침 Rosebud 문화회관에서 무대 연기에 관심이 있는 사람들을 위한 무료 강좌를 엽니다. 강좌는 당신의 연기와 말하는 기술을 발전시키고 무대 위에서 효과적으로 의사소통하는 법을 배우도록 도와줄 것입니다. 지역 극단 제작자들과의 연계행사로 참가자들은 수업 후 남아서 오디션을 볼 기회가 있습니다. 등록은 필수이며 자리가 제한되어 있으니 지금 등록하길 바랍니다. 555-0147로 센터에 전화하거나 웹사이트 www.rosebud.org에서 등록할 수 있습니다.

7 What is the topic of the class?

(A) Business strategies
(B) Stage performances
(C) Writing skills
(D) Drama writing

강좌의 주제는 무엇인가?
(A) 경영 전략
(B) 무대 연기
(C) 글 쓰는 기술
(D) 극본 쓰기

8 What can participants do after the class?

(A) Receive a coupon
(B) Meet potential employers
(C) Purchase theater tickets
(D) Attend a wrap-up party

수업이 끝나고 참가자들은 무엇을 할 수 있는가?
(A) 쿠폰을 받을 수 있다.
(B) 잠재 고용주를 만날 수 있다.
(C) 연극 티켓을 구입할 수 있다.
(D) 뒤풀이에 참가할 수 있다.

9 What does the speaker encourage the listeners to do?

(A) Invite a colleague
(B) Contact the agency
(C) Communicate with others
(D) Sing up for soon

화자는 청자들에게 무엇을 권장하는가?
(A) 동료 초대하기
(B) 회사에 연락하기
(C) 다른 사람들과 의사소통하기
(D) 빠른 시일에 등록하기

어휘 be interested in ~에 흥미가 있다 | effectively 효과적으로 | participant 참가자 | invite 권유하다 | afterwards 나중에, 그 뒤에 | networking event 연계 행사 | opportunity 기회 | audition 오디션을 보다 | registration 등록 | require 필요로 하다 | limited 제한된 | strategy 전략 | wrap-up party 뒤풀이

해설 **7** 무료 강좌는 무대에서 연기하는 데 흥미가 있는 사람을 모집하고 있으므로 정답은 (B)이다.

8 수업이 끝나면 지역 극단 제작업체들과 오디션 볼 기회를 얻을 수 있는 행사가 있다고 했으므로, 결국 이를 다시 표현하면 잠재 고용주를 만나는 것이라고 볼 수 있다.

9 자리가 제한되어 있으니 빨리 등록하라고 요청하고 있으므로 정답은 (D)이다.

패러프레이징 register right away → Sign up for soon

Questions 10-12 refer to the news report.

And now for the latest in local news, we're MBS. 10) This weekend will be your last chance to visit the 10th annual Art Exhibition. Come to Bishop Museum of Art to see various types of paintings, sculptures and photographs by artists from around the world. 11) The possibility of heavy rain is in a forecast for Saturday, but Sunday should be fine. Whichever day you choose, 12) I suggest you to take some extra cash or credit cards. Admission to the museum is free but you may want to buy something from the gift shop. The good news, all proceeds from gift shop sales will be donated to children's charities

최신 지역 뉴스를 전해 드리는, 여기는 MBS 방송국입니다. 이번 주는 당신이 10주년 연례 미술 전시회를 갈 수 있는 마지막 기회가 될 것입니다. 전 세계 예술가들의 다양한 회화와 조각, 사진을 보기 위해 Bishop 미술관에 오세요. 토요일에 폭우가 내릴 가능성이 있지만, 일요일은 괜찮다고 합니다. 어느 날을 선택하건 여분의 현금이나 신용카드를 가지고 가시기 바랍니다. 박물관 입장은 무료지만, 선물 가게에서 무언가를 사고 싶을 것입니다. 좋은 소식은, 모든 선물 가게 판매 수익금은 아동 자선단체에 기부된다는 것입니다.

10 What is the main topic of the report?

(A) Gift items

(B) A jazz festival

(C) All proceeds

(D) An art exhibition

보도의 주요 화제는 무엇인가?
(A) 선물
(B) 재즈 축제
(C) 수익금 전액
(D) 미술 전시회

11 What problem does the speaker mention?

(A) Tickets are too expensive.

(B) Bad weather is expected.

(C) Children under 10 are not admitted.

(D) Performances have been canceled.

화자는 어떤 문제를 언급하는가?
(A) 티켓이 너무 비싸다.
(B) 악천후가 예상된다.
(C) 10세 이하 어린이는 입장이 안 된다.
(D) 공연이 취소되었다.

12 What does the speaker ask the listeners to do?

(A) Bring additional money

(B) Purchase a booklet

(C) Share a car

(D) Wear a suit

화자는 청자에게 무엇을 요청하는가?
(A) 여분의 돈을 가지고 오기
(B) 책자 구입하기
(C) 차 공유하기
(D) 정장 입기

어휘 latest 최신의 | annual 연례의 | art exhibition 미술 전시회 | various types of 다양한 유형의 | sculpture 조각품 | possibility 가능성 | heavy rain 폭우 | forecast 예상, 예측 | cash 현금 | admission 입장 | proceeds 수익금 | donate 기부하다 | charity 자선단체 | admit 입장하다 | share 공유하다

해설 **10** 연례 미술 전시회에 대해 보도하고 있으므로 정답은 (D)이다.

11 토요일에 폭우가 내릴 가능성이 있다고 했으므로 정답은 (B)이다.

패러프레이징 The possibility of heavy rain is in a forecast → Bad weather is expected.

12 선물 가게에서 무언가를 사고 싶을 수도 있으니 현금이나 신용카드를 가져오라고 하고 있으므로 정답은 (A)이다.

패러프레이징 take some extra cash or credit cards → Bring additional money

Unit 04 연설/발표

실전문제 ◁)) P4-12

| 1 (C) | 2 (C) | 3 (B) | 4 (A) | 5 (D) | 6 (A) | 7 (C) | 8 (D) | 9 (C) | 10 (D) | 11 (D) | 12 (A) |

Questions 1-3 refer to the following excerpt from a meeting. 호주

I have one last point on today's meeting agenda. We're anticipating a very busy time here at the basement storage room. 2)On Monday, we'll be receiving a large shipment of dishwashers. 1)We need a lot of help to stock them in the warehouse. So there are additional work hours available that day and this includes overtime pay. If you're interested, 3)please sign up on the sheet that's on the counter in the cafeteria.

오늘 회의 안건 중 마지막입니다. 우리는 여기 지하 저장 공간에서 매우 바쁜 시간을 예상하고 있습니다. 월요일에 식기세척기가 대량 들어올 예정이지요. 그것들을 창고에 저장하는데 많은 도움이 필요합니다. 그래서 그날에는 추가 작업 시간이 있을 수 있고 이것은 초과근무 수당을 포함합니다. 관심이 있으시다면, 구내식당 카운터 위에 있는 종이에 서명해 주십시오.

1 Who most likely are the listeners?

(A) Delivery workers
(B) Sales representatives
(C) Warehouse employees
(D) Cafeteria staff

청자들은 누구인 것 같은가?
(A) 배달 직원들
(B) 영업사원들
(C) 창고 직원들
(D) 구내식당 직원들

2 What will happen on Monday?

(A) A building will be renovated.
(B) A company will be closed.
(C) A shipment will arrive.
(D) An equipment will be switched off.

월요일에 무슨 일이 일어날 것인가?
(A) 건물이 수리될 것이다.
(B) 회사가 문을 닫을 것이다.
(C) 선적물이 도착할 것이다.
(D) 장비의 스위치가 꺼질 것이다.

3 What can listeners find in the cafeteria?

(A) Complimentary beverages
(B) A sign-up sheet
(C) New goggles
(D) Safety instructions

청자들은 구내식당에서 무엇을 발견할 수 있는가?
(A) 무료 음료
(B) 참가 신청서
(C) 새로운 고글
(D) 안전 지침서

어휘 agenda 안건 | anticipate 예상하다 | basement 지하 | storage 저장 | shipment 선적 | dishwasher 식기세척기 | stock 저장하다. 채우다 | warehouse 창고 | renovate 수리하다 | switch off 스위치를 끄다 | complimentary 무료의 | goggles 고글 | instructions 지침서

해설 **1** 창고에 식기세척기를 채울 직원이 필요하다고 하고 있으므로 정답은 (C)이다.

2 월요일에 식기세척기가 대량 들어올 예정이라고 했으므로 정답은 (C)이다.

3 구내식당 카운터에서 신청서를 찾을 수 있고, 관심 있는 사람은 서명할 수 있다고 했으므로 정답은 (B)이다.

패러프레이징 sign up on the sheet → A sign-up sheet

Questions 4-6 refer to the following talk.

OK. So, in just a few minutes, ⁴⁾ we'll begin our safety training for all the equipment and facilities at our factory. An attendance sheet is being distributed. ⁵⁾ Please sign the sheet and write down your employee number, so we know that you participated in this training. If you don't remember your number, you can find it on the bulletin board at the back of the room. When we move on to the factory floor, I'll take you around to the new assembly lines. When the training is finished, ⁶⁾ you'll meet the floor manager who's in charge of organizing the training. If you need anything, don't hesitate to ask him.

좋습니다. 몇 분 후, 우리는 공장에서 모든 장비와 시설에 대해 안전 훈련을 시작할 것입니다. 출석부가 배부되고 있습니다. 훈련에 참가했다는 것을 알 수 있도록 표에 서명을 하고 직원 번호를 적으세요. 번호가 기억나지 않는다면, 방 뒤쪽에 있는 게시판에서 찾을 수 있습니다. 생산 현장으로 장소를 옮겨서 여러분을 새로운 조립라인으로 안내하겠습니다. 훈련이 끝나면 훈련을 준비하는 책임을 맡고 있는 현장 감독관을 만날 것입니다. 필요한 것이 있다면 주저하지 말고 그분께 물어보세요.

4 What is the speaker about to do?

(A) Start a safety training
(B) Inspect some equipment
(C) Change a meeting agenda
(D) Introduce new workers

화자는 무엇을 하려고 하는가?
(A) 안전 훈련 시작하기
(B) 장비 검사하기
(C) 회의 안건 바꾸기
(D) 새로운 직원을 소개하기

5 What are the listeners asked to provide?

(A) An identification card
(B) A password
(C) A company badge
(D) An employee number

청자들은 무엇을 제공하기를 요청받는가?
(A) 신분증
(B) 비밀번호
(C) 회사 배지
(D) 직원 번호

6 What will happen at the end of the session?

(A) Workers will meet a manager.
(B) A security pass will be distributed.
(C) A new schedule will be added.
(D) Participants will take a rest.

교육 끝에는 무슨 일이 일어날 것인가?
(A) 근로자들이 관리자를 만날 것이다.
(B) 보안출입증을 나누어 줄 것이다.
(C) 새로운 일정이 추가될 것이다.
(D) 참가자들이 휴식을 취할 것이다.

어휘 safety training 안전 훈련 | facility 시설 | attendance sheet 출석부 | distribute 나누어주다 | participate in ~에 참가하다 | bulletin board 게시판 | factory floor 생산 현장 | assembly line 생산 조립라인 | organize 준비하다, 조직하다 | hesitate to ~하는 것을 망설이다 | inspect 검사하다

해설 **4** 화자는 공장 설비와 시설에 대해 안전 훈련을 실시하겠다고 말하고 있으므로 정답은 (A)이다.

5 출석표에다가 누가 참석했는지 알 수 있도록 직원 번호를 적으라고 하고 있으므로 정답은 (D)이다.

6 교육이 끝나면 현장 감독관을 만날 수 있다고 했으므로 정답은 (A)이다.

Questions 7-9 refer to the following excerpt from a meeting.

I'd like to start off our meeting with an update on the parking situation. Since opening a year ago, 7)the company has increased its staff by twenty percent. As a result, our parking area fills up around 7:00 or 7:30 A.M., and 8)many people can't find a parking spot in a packed lot. In order to solve this problem, we plan to expand the parking facilities to accommodate more vehicles. While the construction is underway, 9)you'll have to park across the street in the community center lots. Thank you for your understanding in this matter.

주차 문제에 관한 최근 소식과 함께 오늘 회의를 시작하려고 합니다. 1년 전 회사를 개업한 이후로 우리 직원이 20%까지 증원되었습니다. 그 결과, 주차공간이 오전 7시에서 7시 30분이면 꽉 차게 되어 많은 사람들이 빽빽한 공간에서 주차자리를 찾을 수가 없습니다. 이 문제를 해결하기 위해서 우리는 더 많은 차량을 수용할 주차시설을 확장하려고 합니다. 공사가 진행되는 동안, 길 건너편에 있는 지역회관에 차를 주차해야 합니다. 이 사안에 대해 이해해주셔서 감사드립니다.

7 What has the speaker's company done over the past year?

(A) It has demolished a building.
(B) It has relocated to a new place.
(C) It has expanded its staff.
(D) It has acquired another company.

화자의 회사는 지난 1년 동안 무엇을 했는가?
(A) 건물을 철거했다.
(B) 새로운 곳으로 이전했다.
(C) 직원을 증원했다.
(D) 다른 회사를 인수했다.

8 What problem does the speaker mention?

(A) Faulty construction
(B) A labor shortage
(C) A budget deficit
(D) Scarcity of parking space

화자가 언급하는 문제는 무엇인가?
(A) 부실 공사
(B) 인력 부족
(C) 예산 부족
(D) 주차공간의 부족

9 What are listeners asked to do?

(A) Change a policy
(B) Wait for their turn
(C) Use temporary parking lot
(D) Get a parking permit

청자는 무엇을 하도록 요청받는가?
(A) 정책 바꾸기
(B) 차례 기다리기
(C) 임시주차장 사용하기
(D) 주차허가증 받기

어휘 update 최신 정보 | increase 증가시키다 | as a result 그 결과 | fill up ~로 가득 차다 | parking spot 주차 공간 | packed lot 빽빽한 공간 | solve 해결하다 | expand 확장하다 | accommodate 수용하다 | vehicle 차량 | underway 진행 중인 | matter 사안 | demolish 철거하다 | relocate 이전하다 | acquire 인수하다 | faulty 결함이 있는 | labor 인력 | shortage 부족 | deficit 부족 | scarcity 부족 | permit 허가증

해설 **7** 1년 동안 직원이 20%가 증원되었으므로 정답은 (C)이다.
　　　패러프레이징 increase → expand

8 많은 사람들이 주차공간을 찾을 수 없다고 하고 있으므로 정답은 (D)이다.
　　　패러프레이징 many people can't find a parking spot in a packed lot → Scarcity of parking space

9 공사가 진행되는 동안 지역회관 주차장을 사용하라고 요청하고 있으므로 정답은 (C)이다.

10) Thank you all for coming tonight to celebrate Brett Hales' last day at the company before his retirement. Brett has been a reliable and highly regarded employee for more than 25 years. As you may know, there has been a dramatic increase in the number of customers because of Brett's hard work and dedication. Such an incredible growth in recent years could not have happened without him. 11) Gathering plenty of clients within only five years is definitely one of his remarkable accomplishments. With thank you Brett, I'd like to present you with a small token of our appreciation. 12) So please come on up here to take this solid gold bracelet. Would you please give him a big hand?

오늘 Brett Hales씨가 은퇴하기 전 마지막 날을 축하하기 위해 와 주신 여러분 감사드립니다. Brett은 25년이 넘는 기간 동안 믿음직스럽고 고평가되는 직원이었습니다. 아시다시피, Brett의 노고와 헌신 덕분에 고객 수가 급격하게 증가해 왔습니다. 최근의 이런 성장은 그가 없었다면 있을 수 없었을 것입니다. 단 5년 만에 수많은 고객을 모으는 일은 확실히 그의 놀라운 업적 중 하나입니다. Brett에게 감사하며, 저는 작은 감사의 표시를 할까 합니다. 여기로 오셔서 순금 팔찌를 받아주세요. Brett에게 큰 박수를 보내주세요.

10 What event is taking place?

(A) An orientation

(B) A wedding banquet

(C) An award speech

(D) A retirement party

어떤 행사가 일어나고 있는가?

(A) 오리엔테이션

(B) 피로연

(C) 수상소감

(D) 은퇴식

11 According to the speaker, what has been Brett Hales' greatest accomplishment?

(A) He signed a major contract.

(B) He expanded export markets.

(C) He granted a number of patent.

(D) He increased the number of customers.

화자에 따르면, Brett Hales의 가장 큰 업적은 무엇인가?

(A) 중요한 계약을 맺었다.

(B) 수출시장을 확대했다.

(C) 다수의 특허를 냈다.

(D) 고객 수를 증가시켰다.

12 What does the speaker ask Brett Hales to do?

(A) Accept a jewelry

(B) Give a speech

(C) Say farewell

(D) Introduce another speaker

화자는 Brett Hales에게 무엇을 하라고 요청하는가?

(A) 보석 받기

(B) 연설 하기

(C) 작별인사 하기

(D) 다른 연사 소개하기

어휘 celebrate 축하하다 | retirement 퇴직, 퇴임 | reliable 믿음직스러운 | highly regarded 매우 높이 평가 되는 | dramatic 극적인 | dedication 헌신 | incredible 믿을 수 없는 | growth 성장 | recent 최근의 | definitely 확실히 | remarkable 놀라운 | accomplishment 업적 | present 수여하다 | a token of ~의 표시로 | solid gold 순금의 | bracelet 팔찌 | export 수출 | grant 승인하다 | patent 특허 | farewell 작별인사

해설 **10** 은퇴하기 전 마지막 날을 기념하기 위해 모였으므로 정답은 (D)이다.

11 수많은 고객을 모으는 일이 그의 가장 놀라운 업적이라고 했으므로 정답은 (D)이다.

패러프레이징 remarkable accomplishments → greatest accomplishment

Gathering plenty of clients → increased the number of customers

12 감사의 표시로 순금 팔찌를 수여하겠다고 말하고 있으므로 정답은 (A)이다.

패러프레이징 take this solid gold bracelet → Accept a jewelry

실전문제
◁)) P4-15

1 (A) **2** (B) **3** (B) **4** (D) **5** (D) **6** (C) **7** (C) **8** (A) **9** (A) **10** (D) **11** (C) **12** (C)

Questions 1-3 refer to the following announcement and advertisement. 호주

Attention, shoppers. We are proud to offer a 25% discount on our entire line of pens and pencils ¹⁾ in commemoration of Gomez Stationery's 10 years in business. There's 10% off on all arts and crafts. Also you can get 20% off on all stationery accessories including calculators, pencil cases and desk organizers. ²⁾ Remember, this sale is on for this weekend only, so don't miss it. And for even more savings, ³⁾ visit our Web site to become a member of our VIP Shopper Program. There, you'll find all the information you need to sign up and start saving.

쇼핑객 여러분. 주목해 주십시오. Gomez 문구점의 10주년 기념을 맞아 펜과 연필의 모든 제품에 대해 25% 할인을 제공하게 되어 자랑스럽습니다. 모든 공예품은 10% 할인됩니다. 또한, 계산기, 필통 및 책상 정리함을 포함한 모든 문구 액세서리가 20% 할인됩니다. 기억하십시오. 이 세일은 오직 이번 주만이니 놓치지 마세요. 그리고 더 절약하시려면, 저희 웹사이트에 방문해서 VIP 쇼핑객 프로그램의 회원이 되세요. 그곳에서 등록이 필요한 정보를 찾으시고, 절약을 시작하세요.

1 What is Gomez Stationary celebrating?

(A) An anniversary
(B) A grand opening
(C) A national holiday
(D) A new year

Gomez 문구점은 무엇을 축하하고 있는가?
(A) 기념일
(B) 개장
(C) 국경일
(D) 새해

2 What is mentioned about the sale?

(A) It is only for VIP members.
(B) It is only for a limited time.
(C) It is a monthly event at the shop.
(D) It is a grand opening celebration.

세일에 관해 무엇이 언급되는가?
(A) 오직 VIP 회원을 위한 것이다.
(B) 제한된 시간 동안에만 한다.
(C) 매장의 월간 행사이다.
(D) 개장 축하행사이다.

3 Why should listeners visit a Web site?

(A) To receive discount vouchers
(B) To register for a membership program
(C) To check out detailed pictures
(D) To enter in a prize lottery

청자들은 왜 웹사이트에 방문해야 하는가?
(A) 할인쿠폰을 받으려고
(B) 회원 프로그램에 등록하려고
(C) 자세한 사진을 확인하려고
(D) 경품행사에 참가하려고

어휘 entire 전체의 | in commemoration of ~을 기념하여 | stationery 문구점 | arts and crafts 공예품 | calculator 계산기 | desk organizer 책상 정리함 | saving 절약, 저축 | discount voucher 할인쿠폰 | enter in ~에 참가하다 | prize lottery 경품 추첨

해설 **1** 문구점의 10주년 기념을 맞아 할인행사를 진행하고 있으므로 정답은 (A)이다.
　　　패러프레이징 in commemoration of → An anniversary

　　2 세일은 이번 주만 가능하다고 하므로 정답은 (B)이다.
　　　패러프레이징 this weekend only → for a limited time

　　3 웹사이트에 방문해서 VIP 쇼핑객 프로그램의 회원이 되라고 했으므로 정답은 (B)이다.

Come experience the best of the city living at Starry Night apartment. Located in the very heart of walkable downtown, 4) we provide the convenience and lifestyle of downtown apartment living with restaurants, shops and entertainment right at your doorstep, just moments from market square. Rents are currently available and we offer several types of lease agreements that suit your needs. 5) You can choose among a three month, six month, or one year contract. Feel free to visit us at any time. 6) If you say this radio advertisement, you'll get 10 percent off your first month rent.

Starry Night 아파트에서 최고의 도시 생활을 경험해 보세요. 아파트는 걸어갈 수 있는 시내 중심부에 위치하여 시장 광장으로부터 잠깐의 거리에 집 가까이에서 레스토랑, 상점 그리고 유흥을 즐길 수 있는 도심의 생활방식과 편리함을 제공합니다. 현재 임대가 가능하고 여러분의 요구에 맞는 다양한 형태의 임대 계약을 제공합니다. 3개월, 6개월, 1년 중에서 원하는 기간을 선택할 수 있습니다. 언제든지 방문하세요. 이 라디오 광고를 언급한다면, 이번 달 임대료에서 10%를 할인받을 수 있습니다.

4 What is near the apartments?

(A) A university

(B) An amusement park

(C) An international airport

(D) **A shopping square**

아파트 근처에는 무엇이 있는가?

(A) 대학교

(B) 놀이 공원

(C) 국제공항

(D) 쇼핑 광장

5 According to the speaker, what can listeners choose?

(A) The layout of the house

(B) The service charge and tax

(C) The size of the bathroom

(D) **The contract length**

화자에 따르면, 청자들은 무엇을 선택할 수 있는가?

(A) 집의 배치

(B) 서비스료와 세금

(C) 욕실 크기

(D) 계약 기간

6 How can listeners get a discount?

(A) By showing the leaflet

(B) By visiting the Web site

(C) **By referring the advertisement**

(D) By subscribing to a magazine

청자들은 어떻게 할인받을 수 있는가?

(A) 전단지를 보여주어서

(B) 웹사이트를 방문해서

(C) 광고를 언급해서

(D) 잡지를 구독해서

어휘 | in the heart of ~의 한가운데에 | walkable 걸어서 갈 수 있는 | at your doorstep 집 가까이에 | market square 시장 광장 | rent 임대료 | currently 현재 | lease agreement 임대 계약 | suit ~에 잘 맞다 | need 요구 | layout 배치 | length 기간 | leaflet 전단지 | refer 언급하다 | subscribe 구독하다

해설 | **4** 아파트가 시내 중심가에 있어 도시 생활을 누릴 수 있다는 내용인데, 가까운 거리에 시장 광장이 있다고 했으므로 정답은 (D)이다.

패러프레이징 market square → A shopping square

5 임대 계약은 3개월, 6개월, 1년 중에서 선택할 수 있다고 했으므로 정답은 (D)이다.

6 광고를 언급하면 할인해 주겠다고 했으므로 정답은 (C)이다.

Whether they're commuting for an hour on the train every day or making a trip across the country three times a month, business travelers are always looking for ways to be more productive and comfortable on the road. [7)] [8)] Our long lasting laptop, Brain-X is perfect for your business travel. No matter how stacked its specs are, a laptop is useless if it can't hold a charge. Brain-X's lightweight laptop proves that you don't have to spend a lot of money to get truly epic battery life. It is light enough to carry anywhere and, with over 13 hours of endurance, you can leave the plug at home. This weekend only, when you order the Brain-X online, [9)] you'll receive a free laptop chargers that will give you a full 12 hours of computing power. So go to www.brain-x.com to order your Brain-X today.

매일 기차로 한 시간 동안 통근하든, 한 달에 3번 이상 전국을 돌아다니든, 출장을 다니는 분이라면 항상 길 위에서 생산적이고 편안한 방법을 찾고 있습니다. 저희의 오래 가는 노트북 컴퓨터인 Brain-X는 당신의 출장에 완벽합니다. 노트북 컴퓨터가 성능이 얼마나 좋든 간에 충전이 오래 가지 않는다면 무용지물입니다. Brain-X의 초경량 컴퓨터는 엄청난 배터리 수명을 위해 큰돈을 쓸 필요가 없다는 것을 증명합니다. 이것은 어디든지 가지고 다닐 만큼 가벼우며, 13시간 이상 지속성이 있기 때문에, 플러그는 집에 두셔도 됩니다. 오직 이번 주에만 온라인으로 Brain-X를 구입하시면, 12시간을 온전히 컴퓨터를 쓸 수 있는 무료 노트북 컴퓨터 충전기를 드립니다. 오늘 www.brain-x.com에서 Brain-X를 주문하세요.

7 What product is being advertised?

(A) A mobile phone

(B) A digital camera

(C) A laptop computer

(D) A wireless adapter

어떤 제품이 광고되고 있는가?
(A) 휴대폰
(B) 디지털카메라
(C) 노트북 컴퓨터
(D) 무선 어댑터

8 What is emphasized about the product?

(A) It is long lasting.

(B) It is reasonable.

(C) It has enough storage.

(D) It has sophisticated design.

제품의 무엇이 강조되는가?
(A) 오래 지속된다.
(B) 가격이 적정하다.
(C) 저장 공간이 충분하다.
(D) 디자인이 세련되었다.

9 What can customers receive this weekend?

(A) A charger

(B) A briefcase

(C) An external hard disk drive

(D) A USB memory stick

고객들은 이번 주에 무엇을 받을 수 있는가?
(A) 충전기
(B) 서류 가방
(C) 외장 하드
(D) USB 메모리 스틱

어휘 commute 통근하다 | productive 생산적인 | long lasting 오래 지속되는 | no matter how 아무리 ~하더라도 | stack 쌓다, 쌓이다 | spec 성능 | hold a charge 충전하다 | lightweight 경량의 | epic 엄청난 | life 수명 | carry 휴대하다 | endurance 내구성 | charger 충전기 | computing power 컴퓨팅 성능 | wireless 무선의 | reasonable (가격이) 적정한 | storage 저장 공간 | sophisticated 세련된 | external 외부의

해설 **7** 노트북 컴퓨터 Brain-X를 광고하고 있으므로 정답은 (C)이다.

8 광고의 주요 내용이 노트북 컴퓨터가 충전하지 않아도 오래 간다는 것이므로 정답은 (A)이다.

9 오직 이번 주에만 충전기를 증정하겠다고 했으므로 정답은 (A)이다.

¹⁰⁾Lala clothing store is celebrating the opening of its new location in Milburn. You can now find limited-edition prints in dresses, skirts, leggings, shirts, and sweaters in various sizes in the center of town. From now until Saturday, ¹¹⁾we are giving away a beautiful scarf absolutely free for the purchase of any clothing item. So whether it's for a birthday or a holiday or just because you love our trendy fashion styles, come to Lala clothing store's new location. ¹²⁾Remember our special celebration offer only lasts until Saturday, so come in today!

Lala 옷 가게가 Milburn의 새 지점 개장을 축하하고 있습니다. 이제 시내 중심가에서 다양한 사이즈의 한정판 무늬가 있는 드레스, 치마, 레깅스, 셔츠, 스웨터를 찾으실 수 있습니다. 오늘부터 토요일까지 어떤 옷을 사시더라도 아름다운 스카프를 무료로 증정합니다. 생일 또는 기념일 아니면 저희의 최신유행 패션 스타일을 즐기든 간에, 새로운 곳에서 개장한 Lala 옷 가게로 오세요. 특별 행사는 토요일까지입니다. 그러니 오늘 오세요!

10 What is the clothing store celebrating?

(A) A Halloween
(B) An anniversary
(C) Expansion of the store
(D) Opening a new location

옷 가게에서 무엇을 축하하는가?
(A) 핼러윈
(B) 기념일
(C) 가게 확장
(D) 새 지점 개장

11 What can customers receive with any purchase?

(A) A free basket
(B) An accessory
(C) A scarf
(D) A hat

고객들은 구매할 때 무엇을 받을 수 있는가?
(A) 무료 바구니
(B) 액세서리
(C) 스카프
(D) 모자

12 When does the promotion end?

(A) On Wednesday
(B) On Friday
(C) On Saturday
(D) On Sunday

행사는 언제 끝나는가?
(A) 수요일
(B) 금요일
(C) 토요일
(D) 일요일

어휘 clothing store 옷 가게 | location 위치, 장소 | limited-edition 한정판의 | print 무늬 | give away ~을 선물로 주다 | absolutely 무조건 | last 지속되다 | expansion 확장

해설 **10** Lala 옷 가게가 새 지점 개장을 알리고 있으므로 정답은 (D)이다.

11 옷 가게의 어떤 물건을 구입하더라도 무료로 스카프를 증정한다고 했으므로 정답은 (C)이다.

12 이 특별 행사는 토요일에 끝난다고 했으므로 정답은 (C)이다.

1 (B)	2 (A)	3 (B)	4 (B)	5 (C)	6 (D)	7 (C)	8 (A)	9 (D)	10 (D)	11 (C)	12 (B)

New **Questions 1-3 refer to the following telephone message.**

미국

Hi, Keira. This is Robin Schneider from the same division. I'm calling because I heard you are organizing a special team to ¹⁾ participate in a design competition for the new building in a new town. I'm hoping that you consider putting me on that team. It's just a couple of months since I joined the company, but I think I can definitely help you. In my senior year of college, ²⁾ I won the second prize in a similar contest. Actually I've got great ideas, so ³⁾ I'd like to share them with you if you don't mind. Please let me know what you think. Thank you.

안녕하세요, Keira. 저는 같은 부서에서 근무하는 Robin Schneider입니다. 당신이 신도시에 지을 건물을 위한 디자인 공모전에 참가하려고 특별 팀을 조직한다는 이야기를 듣고 전화드립니다. 제가 그 팀에 합류하는 걸 고려해 주세요. 제가 이 회사에 근무한지 몇 달밖에 안 되었지만, 확실히 도움이 될 거라고 생각합니다. 저는 대학교 4학년 때 비슷한 공모전에서 2등으로 입상한 경력도 있습니다. 사실 좋은 생각이 있는데 괜찮으시다면 공유하고 싶은데요. 어떻게 생각하는지 알려주세요. 감사합니다.

1 Why is a special team being organized?

(A) To advertise a new product

(B) To attend a competition

(C) To request some contact information

(D) To arrange the annual meeting

왜 특별팀이 구성되는가?

(A) 신상품을 광고하기 위해

(B) 대회에 참가하기 위해

(C) 연락처를 요청하기 위해

(D) 연례 회의를 준비하기 위해

New **2** Why does the speaker imply when he says "I won the second prize in a similar contest"?

(A) He is eligible for the team.

(B) He is not satisfied with the condition.

(C) He wants to recommend his work.

(D) He will submit the design separately.

화자가 "비슷한 공모전에서 2등으로 입상했다"라고 말하는 의도는 무엇인가?

(A) 그 팀에 맞는 자격이 있다.

(B) 조건이 마음에 들지 않는다.

(C) 그의 작품을 추천하고 싶어 한다.

(D) 따로 디자인을 제출할 것이다.

3 What does the speaker say he will do?

(A) Send documents by e-mail

(B) Share some ideas

(C) Consider changing his job

(D) Meet the team leader

그는 무엇을 할 것이라고 말하는가?

(A) 이메일로 자료 보내기

(B) 아이디어를 공유하기

(C) 직업을 바꿀 것을 고려하기

(D) 팀 리더 만나기

어휘 division 부서 | organize 조직하다 | participate in ~에 참여하다 | competition 대회 | definitely 분명히 | senior 마지막 학년 [졸업반] | share 공유하다 | mind 꺼리다. 싫어하다 | eligible 자격이 맞는 | separately 따로

해설 **1** 디자인 공모전에 참가하려고 스페셜 팀을 구성한다고 했으므로 정답은 (B)이다.

　　패러프레이징 participate in → attend

2 화자는 스페셜 팀에 합류하고 싶어 하기 때문에, 그가 과거에 비슷한 공모전에서 2등으로 입상했다는 경험을 말하고 있다고 볼 수 있다. 따라서 정답은 (A)이다.

3 그는 좋은 아이디어를 갖고 있고, 이를 공유하고 싶다고 했으므로 정답은 (B)이다.

Hi, Carlos, this is Jessica. ⁴⁾Thank you for helping me to arrange the dinner party to celebrate our 30 years in business. I know we decided to reserve a grand ballroom in the Highland Hotel so we can accommodate all our new employees. But we have to consider moving the location since ⁵⁾more than 100 people are expected to attend the party. Fortunately, it's not too late to find an alternative place. ⁶⁾Do you have time to call some other venues this morning to hold our group size on the dates we need? I'll be here until 5 P.M. today, so please call me back and let me know.

안녕하세요, Carlos. Jessica입니다. 회사 30주년을 기념하는 저녁 만찬 준비를 도와주셔서 감사드립니다. 신입사원들도 모두 참석할 수 있도록 Highland 호텔 그랜드볼룸을 예약하기로 했다고 알고 있어요. 하지만 100명이 넘는 사람들이 파티에 참석할 것으로 예상이 되어 장소를 옮기는 것을 고려해야 합니다. 다행히도, 아직 다른 곳을 알아보기에 늦지 않았습니다. 오늘 아침에 우리가 원하는 날짜에 우리 인원을 수용할 수 있는 장소에 전화를 할 시간이 있나요? 저는 오늘 오후 5시까지 있을 예정이니 전화해서 알려주시기 바랍니다.

4 What is the speaker planning ?

(A) A charity event
(B) Her company's 30th party
(C) An awards banquet
(D) A welcoming ceremony

화자는 무엇을 계획하고 있는가?
(A) 자선 행사
(B) 회사 30주년 파티
(C) 시상식
(D) 환영 행사

New ▷ **5** What does the speaker imply when she says, "more than 100 people are expected to attend the party"?

(A) The company has been expanding larger.
(B) A catering service should be changed.
(C) The size of the place is inappropriate.
(D) The costs of hosting the event will be raised.

화자가 "100명 이상의 사람들이 파티에 참석할 것으로 예상된다."고 말하는 의도는 무엇인가?
(A) 회사 규모가 점점 커지고 있다.
(B) 요리 조달업체를 바꿔야 한다.
(C) 장소의 크기가 적절치 않다.
(D) 행사 주최비가 오를 것이다.

6 What does the speaker ask the listener to do?

(A) Compare prices
(B) Compile the guest list
(C) Hire new staff
(D) Make some phone calls

화자는 청자에게 무엇을 하라고 요청하는가?
(A) 가격 비교하기
(B) 손님 명단 수집하기
(C) 신규 직원 고용하기
(D) 전화하기

어휘 arrange 준비하다 | accommodate 수용하다 | location 장소 | alternative 대책의, 대안의 | venue 개최지 | hold 수용하다 | charity 자선 | ceremony 행사 | inappropriate 부적절한 | compile 수집하다

해설 4 화자는 회사 30주년을 기념하는 저녁 만찬 준비를 도와주어 고맙다는 인사를 하고 있으므로 정답은 (B)이다.

5 100명이 넘는 사람들이 참석할 것으로 예상되어 장소를 옮겨야 한다고 하므로, 장소 크기가 적절치 않다고 해석할 수 있다. 정답은 (C)이다.

6 우리가 원하는 날짜에 우리 인원을 수용할 수 있는 장소에 전화를 할 시간이 있는지 물어보고 있으므로 정답은 (D)이다.

7) Welcome to the Twinkle amusement park. We hope you enjoy your day here. For your convenience, parking is now available to all visitors for only five dollars. Just leave your car in our 8) parking area near the Twinkle entrance gate. And this year, for the first time Twinkle is offering a free pass. With the free pass, the holder is entitled to get on all the rides. And finally, a reminder that our dolphin show will begin in just 10 minutes. 9) People who have a free pass can enter the show at ten percent off of the original price.

Twinkle 놀이공원에 오신 것을 환영합니다. 이곳에서 즐거운 하루를 보내시기 바랍니다. 편의를 위해서 모든 방문객은 5달러에 주차 이용이 가능합니다. Twinkle 놀이공원 입구 근처 주차장에 그냥 차를 두시면 됩니다. 그리고 올해는 최초로 Twinkle 놀이공원이 자유이용권을 제공합니다. 자유이용권을 가진 사람은 모든 놀이기구를 탈 수 있습니다. 마지막으로 돌고래쇼가 10분 후에 시작됩니다. 자유이용권을 가지고 있는 사람은 정가에서 10% 할인된 금액으로 쇼를 볼 수 있습니다.

Twinkle Amusement Park Prices		
Category	Original Price	Membership Price
Admission	$50	$20
Parking	$5	$5
Ice Dancing	$25	$10
Dolphin Show	$50	$20
Night Party	$20	$5

Twinkle 놀이공원 가격		
종류	정가	회원가
입장료	50달러	20달러
주차	5달러	5달러
아이스 댄싱	25달러	10달러
돌고래 쇼	50달러	20달러
나이트 파티	20달러	5달러

7 Where is the announcement most likely being heard?

(A) At an art gallery
(B) At a swimming pool
(C) At an amusement park
(D) At a shopping center

이 공지는 어디에서 나올 것 같은가?
(A) 미술관
(B) 수영장
(C) 놀이공원
(D) 쇼핑센터

8 What does the speaker say about the parking area?

(A) It is near the entrance.
(B) It will begin the repair work.
(C) It will reduce waiting times.
(D) It offers higher prices.

화자는 주차공간에 대해 뭐라고 말하는가?
(A) 입구 근처에 있다.
(B) 보수 공사를 시작할 것이다.
(C) 대기 시간을 줄일 것이다.
(D) 좀 더 비싼 가격을 제공할 것이다.

New ▶ **9** Look at the graphic. How much does a free pass holder owe for the dolphin show?

(A) $10
(B) $20
(C) $25
(D) $45

시각 정보를 보시오. 자유이용권 소지자는 돌고래쇼를 보는 데 얼마를 지불할 것인가?
(A) 10달러
(B) 20달러
(C) 25달러
(D) 45달러

어휘 amusement park 놀이 공원 | entrance gate 출입문 | free pass 자유이용권 | be entitled to ~할 자격이 있다 | ride 놀이 기구 | reminder 상기시키는 것 | original price 정가

해설 **7** 서두에 Twinkle 놀이공원에 온 것을 환영한다고 했으므로 정답은 (C)이다.

8 차량을 놀이공원 입구 근처에 있는 주차장에 두면 된다고 했으므로 정답은 (A)이다.

9 자유이용권 소지자는 정가에서 10% 할인된 가격으로 돌고래 쇼를 볼 수 있다고 했기 때문에 정답은 (D)이다.

Attention, passengers. We are overbooked for flight C1077 to Florida and ¹⁰⁾are asking for volunteers to take the next flight. If you are available to take a next flight, please come to the airline service counter right away, and you will receive a voucher for duty free shopping. Besides, we are now scheduled to board at gate 19B. We apologize for the late notice, but ¹¹⁾ ¹²⁾the runway is blocked for repair works so we are being moved to a different gate. Thank you in advance for your patience and understanding.

승객 여러분, 주목해주십시오. 플로리다로 가는 C1077항공편 예약이 초과되어, 지원자 몇 분께 다음 항공편을 이용할 것을 요청합니다. 다음 항공편을 탈 수 있으신 분은 항공 서비스 카운터로 지금 와 주시기 바라며, 지원자분들께는 면세점 쇼핑 쿠폰을 드립니다. 뿐만 아니라, 저희는 19B 게이트를 이용할 예정입니다. 늦게 알려드려서 죄송합니다. 활주로가 보수 공사로 인해 차단되어 다른 게이트로 이동하는 중입니다. 여러분의 인내심과 이해심에 매우 감사드립니다.

Cape Town Airlines

To – Florida
Flight – C1077
Gate – 16B
Departure Time – 8:30 A.M.

Seat
30A

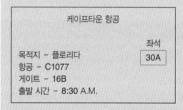

케이프타운 항공

목적지 – 플로리다
항공 – C1077
게이트 – 16B
출발 시간 – 8:30 A.M.

좌석
30A

10 According to the speaker, why should listeners visit the airline service counter?

(A) To file a complaint
(B) To check extra luggage
(C) To get airsickness pills
(D) To volunteer for a next flight

화자에 따르면, 왜 청자들은 항공 서비스 카운터를 방문해야 하는가?
(A) 불만을 제기하려고
(B) 여분의 짐을 맡기려고
(C) 멀미약을 받으려고
(D) 자진해서 다음 항공편을 타려고

New ▷ **11** Look at the graphic. Which information has changed?

(A) Florida
(B) C1077
(C) 16B
(D) 30A

시각 정보를 보시오. 어떤 정보가 변경되었는가?
(A) 플로리다
(B) C1077
(C) 16B
(D) 30A

12 According to the speaker, what is the reason for the change?

(A) Many planes are standing on the airstrip.
(B) A runway has been closed.
(C) The weather is severe.
(D) There's a patient in need of urgent care.

화자에 따르면, 변경의 이유는 무엇인가?
(A) 많은 비행기들이 활주로에 서 있다.
(B) 활주로가 닫혔다.
(C) 날씨가 좋지 않다.
(D) 긴급 치료를 요하는 환자가 있다.

어휘 overbook 예약을 한도이상으로 받다 | voucher 쿠폰 | duty free 면세품 | besides 게다가 | runway 활주로 | airsickness 비행기 멀미 | airstrip 활주로 | severe 혹독한, 극심한 | urgent care 긴급 치료

해설 **10** 지원자 몇 분에게 다음 항공편을 이용할 것을 요청한다고 했으므로 정답은 (D)이다.

11 활주로가 보수 공사 중이라 다른 게이트로 이동하고 있다고 했으므로 정답은 (C)이다.

12 활주로가 보수 공사로 차단되어 있다고 했으므로 정답은 (B)이다.

패러프레이징 the runway is blocked → A runway has been closed.

71 (B)	**72** (B)	**73** (B)	**74** (D)	**75** (A)	**76** (C)	**77** (C)	**78** (D)	**79** (B)	**80** (B)	**81** (C)	**82** (D)
83 (C)	**84** (A)	**85** (C)	**86** (B)	**87** (B)	**88** (D)	**89** (C)	**90** (A)	**91** (B)	**92** (A)	**93** (D)	**94** (C)
95 (C)	**96** (B)	**97** (A)	**98** (C)	**99** (A)	**100** (B)					

New **Questions 71-73 refer to the following telephone message.**　　영국

Hello, Christina. This is Abbey from Queen's Yoga. It's Monday, 3 o'clock. 71)I'm calling to reconfirm your booking. Your first yoga class starts at 7 P.M. tomorrow and lasts for one hour at studio C. However, 72)I suggest you arrive at least 10 minutes early so you can sign in and prepare for the class. Please give us 2 hours' advance notice if you cannot attend the pre-booked class so that we can release your booking to waitlisted students. All classes start on time. Once class starts, you will not be allowed entry. There are no classes on Saturday and Sunday. 73)I'm looking forward to seeing you on Tuesday.

안녕하세요, Christina. 저는 Queen 요가학원의 Abbey입니다. 월요일 3시네요. 예약 재확인차 전화드립니다. 당신의 첫 요가 수업은 내일 오후 7시에 시작하고 C스튜디오에서 1시간 동안 진행됩니다. 하지만 서명을 하고 수업을 준비할 수 있게 최소한 10분 정도 일찍 오세요. 만약 예약한 수업에 올 수 없으면, 대기자 명단에 있는 수강생들에게 당신의 예약을 양도할 수 있도록 2시간 전에 알려주시기 바랍니다. 모든 수업은 정시에 시작합니다. 일단 수업이 시작되면 입장할 수 없습니다. 토요일과 일요일에는 수업이 없습니다. 그러면 화요일에 뵙겠습니다.

Queen's Yoga Evening Schedule					
Time	Mon	Tue	Wed	Thu	Fri
7:00 P.M.	Heal StudioA	73)Vinyasa StudioC	Heal StudioA	Vinyasa StudioC	Heal StudioA
8:00 P.M.	Pilates StudioB	Heal StudioA	Pilates StudioB	Heal StudioA	Pilates StudioB
9:00 P.M.	Heal StudioA	Hatha StudioC	Heal StudioA	Hatha StudioC	Heal StudioA

Queen 요가 저녁 시간표					
시간	월요일	화요일	수요일	목요일	금요일
7시	치유 A스튜디오	빈야사 C스튜디오	치유 A스튜디오	빈야사 C스튜디오	치유 A스튜디오
8시	필라테스 B스튜디오	치유 A스튜디오	필라테스 B스튜디오	치유 A스튜디오	필라테스 B스튜디오
9시	치유 A스튜디오	하타 C스튜디오	치유 A스튜디오	하타 C스튜디오	치유 A스튜디오

71 What is the purpose of the message?

(A) To learn public etiquette

(B) To recheck a reservation

(C) To announce available discounts

(D) To cancel a subscription

이 메시지의 목적은 무엇인가?

(A) 공공에티켓을 배우기 위해

(B) 예약을 재확인하기 위해

(C) 이용 가능한 할인을 알리기 위해

(D) 구독을 취소하기 위해

72 What does the caller recommend that Christina do?

(A) Add her name to the standby list

(B) Arrive at the studio early

(C) Show a studio pass at the front desk

(D) Fill out a registration form

전화 건 사람은 Christina에게 무엇을 하라고 권장하는가?

(A) 대기자 명단에 이름 올리기

(B) 스튜디오에 일찍 도착하기

(C) 스튜디오 출입증을 안내데스크에 보여주기

(D) 등록양식 작성하기

New **73** Look at the graphic. Which class is Christina joining for the first time?

(A) Heal

(B) Vinyasa

(C) Pilates

(D) Hatha

시각 정보에 의하면, Christina는 어떤 요가 수업에 처음으로 참여할 것인가?

(A) 치유반

(B) 빈야사반

(C) 필라테스반

(D) 하타반

어휘 reconfirm 재확인하다 | prepare 준비하다 | advance notice 사전 통보, 예고 | pre-booked 예약한 | release 양도하다, 풀어 주다 | waitlisted 대기자 명단에 있는 | entry 들어감, 입장 | standby 대기자

해설 **71** 전화 건 사람은 예약을 재확인하기 위해 전화한다고 하고 있으므로 정답은 (B)이다.

패러프레이징 reconfirm your booking → recheck a reservation

72 전화 건 사람은 스튜디오에 도착해 서명을 하고 수업을 준비하려면 10분 일찍 오라고 제안하고 있으므로 정답은 (B)이다.

73 수업 시작은 화요일 7시이고, C스튜디오라고 했으므로 정답은 (B)이다.

New **Questions 74-76 refer to the following announcement.**　　　　　　　　　미국

Hello, everyone. 74) I appreciate your taking the time to be here, the preview of my newest film *Heart of a Gypsy*. 75) I apologize again for starting a little late because the audio device wasn't functioning correctly. Before I show the film, I'd like to tell you about the background of my movie. About a year ago, I traveled to Spain and fell in love with its music and its awe-inspiring scenery. You can see the beautiful coastline in the north to the south and watch a fantastic flamenco show in the movie. 76) When the screening is over, the actors who star in the movie will appear on the stage. A signing event and a question and answer session will follow the stage greeting.	안녕하세요, 여러분. 제 최신 영화 〈집시의 마음〉의 시사회에 시간을 내어 참석해 주셔서 감사드립니다. 오디오 장치가 올바르게 작동하지 않아서 시작이 늦어지게 된 점에 대해 다시 사과드립니다. 영화를 보여드리기 전에, 영화의 배경에 대해 말씀드리고 싶습니다. 약 1년 전에 저는 스페인으로 여행을 갔고 그곳에서 스페인의 음악과 장엄한 경치와 사랑에 빠졌습니다. 여러분들은 스페인 북쪽에서 남쪽으로 이어지는 아름다운 해변과 환상적인 플라멩코 공연을 영화에서 보실 수 있습니다. 상영이 끝나면, 영화의 주연 배우들이 무대에 오를 것입니다. 사인회와 질의응답 시간이 무대인사가 끝난 후에 이어집니다.

74 Who most likely is the speaker?

(A) A tour guide
(B) A dancer
(C) A news reporter
(D) A film maker

화자는 누구인 것 같은가?
(A) 관광 가이드
(B) 댄서
(C) 뉴스 기자
(D) 영화 제작자

75 What caused the delay?

(A) An equipment problem
(B) A traffic congestion
(C) A major car accident
(D) A release date

무엇 때문에 지연되었는가?
(A) 기기 문제
(B) 교통 혼잡
(C) 대형 교통사고
(D) 개봉 날짜

New **76** Why does the speaker say, "the actors who star in the movie will appear on the stage"?

(A) To advertise his another film
(B) To ask audience to prepare questions
(C) To advise people to stay afterward
(D) To explain a scheduling conflict

화자는 왜 "영화의 주연 배우들이 무대에 오를 것입니다"라고 말하는가?
(A) 그의 다른 영화를 광고하려고
(B) 관객에게 질문을 준비할 시간을 부탁하려고
(C) 사람들에게 나중에도 머무를 것을 권장하려고
(D) 일정 충돌에 대해 설명하려고

어휘 preview 시사회 | audio device 오디오 장치 | function 작동하다, 움직이다 | correctly 바르게 | awe-inspiring 장엄한 | scenery 경치 | coastline 해안선 | flamenco 플라멩코 | screening 상영 | star 주연을 맡다 | appear 출연하다 | follow 뒤를 잇다 | stage greeting 무대 인사

해설 **74** 화자의 최신 영화 시사회를 열고 있으므로 정답은 (D)이다.

75 오디오 기기가 바르게 작동하지 않아서 늦어졌으므로 정답은 (A)이다.

패러프레이징 device → equipment

76 상영이 끝나도 여러 행사가 이어질 것을 소개하는 이유는, 관객들의 참여를 유도하기 위함으로 유추할 수 있으므로 정답은 (C)이다.

Questions 77-79 refer to the following talk.

⁷⁷⁾I'm pleased to announce the winner of the Community Impact of the Year Award. This year's recipient is Dr. George K. Lamb. Dr. Lamb has provided tireless support to and advocacy for people with intellectual and developmental disabilities across the state in his 40 years working in the field. In 2015, ⁷⁸⁾he established a program to ensure that specialized providers are on-call to meet the challenges of the person in need. After he retires this summer, ⁷⁹⁾Dr. Lamb plans to contribute all his property to an Employment Agency for the disabled. Please join us in congratulating Dr. Lamb as we honor him with the Community Impact Award.

올해의 지역 공로상 수상자를 발표하게 되어 기쁩니다. 올해의 수상자는 George K. Lamb 박사입니다. Lamb 박사는 이 분야에서 40년 동안 주 전역에 걸쳐 지적 및 발달 장애를 가진 사람들에게 끊임없는 지원을 제공했습니다. 2015년에는 어려운 사람들이 시련을 이겨낼 수 있도록 전문기관이 대기할 것을 보장하는 프로그램을 설립했습니다. 그는 올여름 퇴직한 후에, 전 재산을 장애인 고용단체에 기부할 계획도 갖고 있습니다. 지역 공로상 수상자인 Lamb 박사에게 경의를 표하면서 그를 축하하는 자리에 함께 해주세요.

77 What is the purpose of the talk?

(A) To describe his leadership

(B) To declare his retirement

(C) To announce an award winner

(D) To request help on a campaign

이 담화의 목적은 무엇인가?

(A) 그의 리더십을 묘사하기 위해

(B) 그의 퇴직을 선언하기 위해

(C) 수상자를 발표하기 위해

(D) 캠페인에 도움을 요청하기 위해

78 What is mentioned about the program?

(A) It creates inclusive opportunities.

(B) It focuses on person-centered services.

(C) It'll be spread around the country.

(D) It provides specialized support.

프로그램에 대해 무엇이 언급되는가?

(A) 폭넓은 기회를 만들어낸다.

(B) 사람 중심의 서비스에 초점을 둔다.

(C) 전국적으로 확대될 것이다.

(D) 전문적인 후원을 제공한다.

79 What does Dr. Lamb plan to do?

(A) Raise funding for a campaign

(B) Donate money to an organization

(C) Assume the role of chairman

(D) Collaborate with the local community

Dr. Lamb은 무엇을 할 계획인가?

(A) 캠페인을 위해 기금을 모금한다.

(B) 어떤 기관에 돈을 기부한다.

(C) 의장 역할을 맡는다.

(D) 지역 사회와 협력한다.

어휘 recipient 수상자 | tireless 지칠 줄 모르는 | support 지원, 후원 | advocacy 옹호 | disability 장애 | state 주 | establish 설립하다 | ensure 보장하다 | specialized provider 전문 기관 | on-call 대기 중인 | meet the challenge 시련에 대처하다 | in need 어려움에 처한 | retire 퇴직하다 | contribute 기부하다 | property 재산 | the disabled 장애인 | honor 경의를 표하다 | declare 선언하다 | inclusive 폭이 넓은 | assume 맡다 | collaborate 협력하다

해설 **77** 지역 공로상 수상자를 발표하는 것으로 담화가 시작하기 때문에 정답은 (C)이다.

78 곤경에 처한 사람들을 위해 대기 중인 전문 기관을 보장한다고 했으므로 정답은 (D)이다.

79 Dr. Lamb은 퇴직 후에 전 재산을 기부할 계획이라고 했으므로 정답은 (B)이다.

패러프레이징 contribute all his property → Donate money

Questions 80-82 refer to the following excerpt from a meeting.

Good morning, everyone. 80) Starting next week, we are going to carry a different brand of electrical appliances at our store. The selection will include equipment such as humidifiers, and air cleaners. As sales representatives, it's crucial that you become familiar with the products and know how to use each appliance. So, I'll be distributing each of you a pamphlet with pictures and descriptions of all the appliances. 81) Please, read through this information. This Friday, a technician from the manufacturer will come to the store and 80) 82) show us how to use the new equipment.

안녕하세요, 여러분. 다음 주부터, 매장에서는 다양한 전자 제품 브랜드를 취급할 예정입니다. 가습기와 공기 청정기 같은 장치가 포함될 것입니다. 영업 사원으로서, 각 제품의 사용법을 알고 익숙해지는 일은 중요합니다. 그래서 저는 여러분들에게 모든 장비의 사진과 설명서가 들어 있는 소책자를 나누어 줄 것입니다. 이 정보를 꼼꼼히 읽어보세요. 이번 주 금요일에 제조업체에서 기술자가 와서 새 장치를 사용하는 방법을 보여 줄 것입니다.

80 What is the speaker mainly discussing?

(A) A revised policy

(B) New equipment

(C) Broken machinery

(D) A door-to-door sales

화자는 주로 무엇을 논의하는가?
(A) 개정된 정책
(B) 새로운 장비
(C) 고장 난 기계
(D) 방문판매

81 What are the listeners asked to do?

(A) Contact a production plant

(B) Inspect old machines

(C) Read about some items

(D) Send out a brochure

청자들에게 무엇이 요청되는가?
(A) 생산 공장에 연락하기
(B) 오래된 기계 검사하기
(C) 몇몇 제품에 대해 읽어 보기
(D) 브로슈어 발송하기

82 According to the speaker, what will occur this Friday?

(A) A bargain sale

(B) A grand opening

(C) An urgent meeting

(D) A demonstration

화자에 따르면, 이번 금요일에 무슨 일이 있을 것인가?
(A) 바겐세일
(B) 개장
(C) 긴급회의
(D) 시연

어휘 carry 취급하다 | electrical appliance 전자 제품 | selection 선택된 것들 | humidifier 가습기 | air cleaner 공기 청정기 | crucial 중대한 | description 설명서 | read through ~을 꼼꼼히 읽다 | technician 기술자 | manufacturer 제조업자 | door-to-door 집집마다의 | inspect 검사하다 | demonstration 시연

해설 **80** 첫 부분과 마지막 부분에 힌트가 있다. 화자는 다음 주부터 다양한 브랜드의 제품을 취급할 것이라고 했고, 마지막 부분에 제조업체에서 기술자가 새 장비를 사용하는 법을 보여주겠다고 했으므로 정답은 (B)이다.

81 새 장비의 사진과 설명서가 들어 있는 팸플릿을 잘 읽어보라고 당부하고 있으므로 정답은 (C)이다.

82 이번 주 금요일에 기술자가 와서 새 장비의 사용법을 보여준다고 했으므로 정답은 (D)이다.

패러프레이징 show us how to use the new equipment → A demonstration

Questions 83-85 refer to the following broadcast.

This is Morning Update on radio PBS. Today, we'll be talking about the concert tour for [83)] R&B singer Chuck Montgomery which will take place tomorrow. According to the weather forecast, it is certain to rain tomorrow. So [84)] the concert previously planned on City Hall Plaza finally will take place inside the Grand Theater in downtown. Chuck Montgomery has willingly agreed to join us in the studio today. We'll be talking with him about the tomorrow's performance in just a moment. And remember, [85)] PBS will be giving away tickets for the concert to the first 5 callers to the station. So call now at 080-555-0900.

라디오 PBS의 모닝 업데이트입니다. 오늘은 내일 열리는 R&B 가수 Chuck Montgomery의 콘서트 투어에 대해 얘기하려고 합니다. 일기 예보에 의하면, 내일 비가 올 것이 확실하다고 합니다. 그래서 원래 시청광장에서 열릴 계획이었던 콘서트는 시내에 있는 대극장 안에서 열릴 것입니다. Chuck Montgomery는 오늘 우리 스튜디오에 기꺼이 와 주셨습니다. 그와 함께 잠시 후에 내일 콘서트에 대해서 이야기를 나눠볼 것입니다. PBS에서 처음 전화 걸어주신 5분께는 콘서트 티켓을 무료로 드립니다. 그러니 지금 080-555-0900으로 전화하세요.

83 Who is Chuck Montgomery?

(A) A radio host

(B) A novelist

(C) A musician

(D) A weather forecaster

Chuck Montgomery는 누구인가?

(A) 라디오 진행자

(B) 소설가

(C) 음악가

(D) 일기예보관

84 What has changed?

(A) The event venue

(B) Concert tour dates

(C) Ticket prices

(D) Band members

무엇이 변경되었는가?

(A) 행사 장소

(B) 콘서트 투어 날짜

(C) 티켓 가격

(D) 밴드 멤버들

85 Why should listeners call the station?

(A) To get the singer's autograph

(B) To attend a fan meeting

(C) To win tickets

(D) To talk to a guest

왜 청자들은 방송국에 전화해야 하는가?

(A) 가수의 사인을 받으려고

(B) 팬 미팅에 참가하려고

(C) 티켓을 받으려고

(D) 초대 손님과 얘기하려고

어휘 take place 개최되다, 일어나다 | previously 미리, 사전에 | willingly 기꺼이 | performance 공연 | give away 거저 주다, 선물로 주다 | caller 전화 건 사람 | station 방송국 | autograph 사인

해설 83 Chuck Montgomery는 R&B 가수라고 했으므로 정답은 (C)이다.

　　패러프레이징 R&B singer → A musician

83 원래는 시청광장에서 열리기로 한 콘서트가 날씨 때문에 극장 안에서 열린다고 했으므로 정답은 (A)이다.

85 처음 전화 건 5명에게 콘서트 티켓을 무료로 준다고 했으므로 정답은 (C)이다.

Questions 86-88 refer to the following telephone message.

Good morning, Ms. Cooper. This is Alex Gates from Speedy auto repair shop. ⁸⁶⁾ I've just finished putting the new bumpers on your van, ⁸⁷⁾ so you can pick it up this afternoon anytime after 2 o'clock. Oh, and I noticed that ⁸⁸⁾ one of your windshield wiper was defective, so I went ahead and replaced the wiper for you. There is no extra charge for that. If you have any questions, please give me a call. Otherwise I'll see you later this afternoon. Thanks.

안녕하세요, Cooper씨, 저는 Speedy 자동차 수리점의 Alex Gates라고 합니다. 귀하의 밴에 새 범퍼 작업을 막 끝냈으니, 오늘 오후 2시 이후에 언제든지 찾으러 오시면 됩니다. 아, 그리고 당신 와이퍼 중 하나가 결함이 있어 교체했습니다. 이것에 대한 추가 요금은 없습니다. 질문이 있으면 저에게 전화 주세요. 그렇지 않으면 오늘 오후에 뵙겠습니다. 감사합니다.

86 What is the purpose of the call?

(A) To charge an extra amount

(B) To inform the completion of the work

(C) To promote an auto part

(D) To extend the warranty period

이 전화의 목적은 무엇인가?
(A) 추가 요금을 지불하기 위해
(B) 작업이 끝났음을 알리기 위해
(C) 자동차 부품을 홍보하기 위해
(D) 보증기간을 늘리기 위해

87 When is the customer asked to return?

(A) This morning

(B) This afternoon

(C) Tomorrow morning

(D) Tomorrow afternoon

손님은 언제 다시 찾아오라고 요청받는가?
(A) 오늘 아침
(B) 오늘 오후
(C) 내일 아침
(D) 내일 오후

88 What did the speaker notice?

(A) An estimate was wrong.

(B) A delivery was not allowed.

(C) A license was left in her car.

(D) A wiper was broken.

화자는 무엇을 알아차렸는가?
(A) 견적서가 잘못되었다.
(B) 배송이 허용되지 않았다.
(C) 그녀의 차에 면허증이 놓여 있었다.
(D) 와이퍼가 고장 났다.

어휘 bumper 자동차 범퍼 | pick up 찾아오다 | windshield 방풍 유리 | defective 결함이 있는 | replace 교체하다 | extra charge 추가 요금 | otherwise 그렇지 않으면 | warranty period 보증기간 | estimate 견적서

해설 **86** 밴의 범퍼 교체작업을 끝냈다고 했으므로 정답은 (B)이다.

패러프레이징 finished putting the new bumpers → the completion of the work

87 오늘 오후 2시 이후 언제든지 찾으러 오라고 했으므로 정답은 (B)이다.

88 와이퍼 중의 하나가 결함이 있다고 했으므로 정답은 (D)이다.

패러프레이징 defective → broken

Hello, this is Jimmy Donovan from Royal Park Hotel & Resort. 89) I just wanted to thank you for participating in our customer satisfaction survey. 90) Everyone who completed a survey will receive a 20% off voucher which can be used for your next room reservation. I've already attached it to your e-mail. Also, looking at your feedback, I see that you've given very high ratings overall for our hotel. Thank you. 91) For the category that you gave the lowest rating to, I'd like to ask you a few more questions. If you have time, please give me a call back at 700-6753.

Customer Survey	
Price	★★★★☆
Food	★★★☆☆
Location	★★★★☆
Cleanliness	★★★★★
Service Quality	★★★★☆

안녕하세요, 저는 Royal Park 호텔&리조트의 Jimmy Donovan입니다. 저희 호텔의 고객 만족도 조사에 참여해 주셔서 감사합니다. 설문을 끝낸 모든 사람은 다음번 객실 예약 시 쓸 수 있는 20% 할인 쿠폰을 받으실 것입니다. 이미 이메일에 첨부되었습니다. 또한, 귀하의 피드백을 보면, 우리 호텔에 대해 전체적으로 높은 평가를 해주셨습니다. 감사합니다. 그중에서 가장 낮은 평가를 주신 부분에 대해 몇 가지 질문이 있습니다. 시간이 있으시다면, 700-6753으로 회신 전화 주세요.

고객 만족도 조사	
가격	★★★★☆
음식	★★★☆☆
위치	★★★★☆
청결도	★★★★★
서비스의 질	★★★★☆

89 Who is the message most likely for?

(A) A receptionist
(B) A consultant
(C) A hotel guest
(D) A service professional

이 메시지는 누구를 위한 것인가?
(A) 접수원
(B) 컨설턴트
(C) 호텔 투숙객
(D) 서비스 전문가

90 What is attached to the e-mail?

(A) A discount voucher
(B) Driving directions
(C) Check-in time
(D) Brief comments

이메일에 무엇이 첨부되어 있는가?
(A) 할인 쿠폰
(B) 운전 경로
(C) 체크인 시간
(D) 간단한 논평

New ▶ **91** Look at the graphic. Which category does the speaker request more opinions about?

(A) Cleanliness
(B) Food
(C) Service Quality
(D) Price

시각 정보를 보시오. 화자가 어떤 항목에 더 많은 의견을 요청하는가?
(A) 청결
(B) 음식
(C) 서비스 품질
(D) 가격

어휘 customer satisfaction survey 고객 만족도 조사 | complete 완성하다 | attach 첨부하다 | feedback 의견, 반응 | rating 평가 | overall 전체적으로 보아 | lowest 가장 낮은 | cleanliness 청결 | brief 간단한

해설 **89** 호텔의 고객 설문조사에 참여해주어 감사하다는 인사를 하고 있으므로 정답은 (C)이다.

90 이메일에 20% 할인 쿠폰을 첨부했다고 했으므로 정답은 (A)이다.

91 가장 낮은 평가를 준 항목에 대해 질문이 더 있다고 했으므로 정답은 (B)이다.

패러프레이징 questions → opinions

Questions 92-94 refer to the following announcement.

May I have everyone's attention, please? One of the economic experts supposed to speak in tonight's program, the nationally well-known Gerald Green is sick. Because of this illness ⁹²⁾ he'll be unable to give a speech in this evening's talk show. The other two featured economists are ready to talk on the stage, so we'll be going ahead with our scheduled show. However, ⁹³⁾ we know that many of you may have purchased tickets to this event to meet Mr. Green. As a token of our apology, ⁹⁴⁾ we'll be issuing everyone a ticket voucher for 10% off your next purchase. Again, we apologize and we hope you enjoy tonight's show.

여러분, 주목해 주시기 바랍니다. 오늘밤 프로그램에서 강연하기로 했던 경제 전문가 중의 한 명이자 전국적으로 유명한 Gerald Green이 아프십니다. 그래서 그는 오늘 저녁의 토크 쇼에서 강연할 수 없습니다. 다른 두 명의 특별 경제학자들은 무대에서 강연할 준비가 되었고, 그래서 우리는 예정된 쇼를 진행하려고 합니다. 하지만, 많은 분이 Green씨를 만나려고 이 행사의 티켓을 구매했다는 사실을 알고 있습니다. 사과의 표시로, 모든 분들에게 다음번 구매 시 10%를 할인해 드리는 쿠폰을 발급해 드릴 예정입니다. 다시 한 번 사과드리며 오늘 행사를 즐기시기를 바랍니다.

92 What event is taking place?

(A) **A talk show**

(B) A festival

(C) A drawing

(D) A job fair

어떤 행사가 개최되고 있는가?

(A) 토크 쇼

(B) 축제

(C) 추첨행사

(D) 취업 박람회

93 Why does the speaker apologize?

(A) A show will be canceled.

(B) Ticket prices have risen.

(C) Some information is incorrect.

(D) **A speaker will not appear.**

화자는 왜 사과하는가?

(A) 쇼가 취소될 것이므로

(B) 티켓 가격이 올랐으므로

(C) 몇몇 정보가 부정확하므로.

(D) 강연자가 출연하지 않아서

94 According to the speaker, what will all listeners receive tonight?

(A) A full refund

(B) A free meal

(C) **A discount coupon**

(D) Economic books

화자에 따르면, 청자들은 오늘 밤 무엇을 받을 것인가?

(A) 전액 환불

(B) 무료 식사

(C) 할인 쿠폰

(D) 경제 서적

어휘 expert 전문가 | nationally 전국적으로 | illness 아픔, 병 | featured 특색으로 하는 | economist 경제학자 | issue 발급하다 | drawing 제비뽑기

해설 **92** Gerald Green이 몸이 아파서 오늘 토크 쇼 강연이 불가능하다고 했으므로 정답은 (A)이다.

93 많은 사람이 Gerald Green을 보기 위해 오늘 토크쇼에 왔을 텐데, 그가 강연할 수 없어서 죄송하다고 언급하고 있으므로 정답은 (D)이다.

94 사과의 표시로 10% 할인 쿠폰을 제공한다고 했으므로 정답은 (C)이다.

패러프레이징 voucher → coupon

Good morning and ⁹⁵⁾ thanks for taking a break from your scheduled factory shifts for this quick meeting. ⁹⁶⁾ I called this meeting to discuss our safety policy. As you know, a factory is full of safety hazard. So everyone here is required to wear safety gear in the plant. I know that some of you have been bringing in your own protective equipment. But we have to be sure that everything meets our safety requirements. ⁹⁷⁾ If you use your own equipment instead of what we've supplied, please visit the employee lounge after this meeting so that I can inspect your equipment.

안녕하세요. 갑작스러운 회의 때문에 예정된 교대근무 중에 잠시 시간 내주셔서 감사드립니다. 우리의 안전 수칙을 논의하려고 회의를 소집했습니다. 공장은 안전 위험 요소들로 가득 차 있습니다. 그래서 여기 계신 여러분 모두는 반드시 공장 안에서 안전 장비를 착용하셔야 합니다. 여러분들 중에 몇 분은 자신의 안전 장비를 가지고 오는 것으로 알고 있습니다. 하지만 우리는 모든 것을 안전 기준에 맞춰야 합니다. 만약 제공되는 것 대신에 자신의 장비를 사용한다면, 회의가 끝나고 제가 당신의 장비를 검사할 수 있도록 직원 휴게실로 와 주세요.

95 Who most likely are the listeners?

(A) Civil engineers
(B) Major clients
(C) Factory workers
(D) Store managers

청자들은 누구일 것 같은가?
(A) 토목 기사
(B) 주요 고객들
(C) 공장 근로자들
(D) 점장들

96 What is the purpose of the meeting?

(A) To modify a new rule
(B) To inform a safety policy
(C) To introduce a packaging machine
(D) To replace some old equipment

회의의 목적은 무엇인가?
(A) 새 규칙을 수정하려고
(B) 안전 정책을 알리려고
(C) 포장 기계를 소개하려고
(D) 오래된 장비를 교체하려고

97 Who is asked to visit the employee lounge?

(A) Workers using their own equipment
(B) Employees needing uniforms
(C) Engineers handling machines
(D) Non-smokers taking a break

누가 직원 휴게실을 방문해야 하는가?
(A) 자신의 장비를 사용하는 근로자들
(B) 유니폼이 필요한 직원들
(C) 기계를 다루는 기술자들
(D) 휴식을 취하고 있는 비흡연자들

어휘 take a break 휴식을 취하다 | factory shift 공장 교대 근무 | call 소집하다 | safety policy 안전 정책 | hazard 위험 요소 | safety gear 안전 장비 | plant 공장 | protective 보호하는 | safety requirement 안전 요건 | instead ~ 대신에 | modify 수정하다

해설 **95** 예정된 공장 근무 중에 잠깐 시간을 내어 회의하고 있으므로 정답은 (C)이다.

96 안전 수칙을 논의하려고 회의를 소집했다고 하고 있으므로 정답은 (B)이다.

97 자기 자신의 장비를 사용하는 사람은 검사를 받을 수 있도록 직원 휴게실에 방문하라고 하고 있으므로 정답은 (A)이다.

Questions 98-100 refer to the following tour information.

Hello, everyone and ⁹⁸⁾ welcome to the Orion Motor Manufacturing Factory. Before we start the tour of our assembly line, there are a few things I'd like to mention. Orion Motor has become one of the leading companies in the auto industry and we are about to celebrate our 70th anniversary. ⁹⁹⁾ That makes us the oldest car manufacturer known basically for its range of smaller models and off-road vehicles. Now, we go into the production facility to see how our cars are made. Please note that ¹⁰⁰⁾ photography is not allowed during the tour as it is disturbing to our workers. Follow me.

여러분, 안녕하세요. Orion 자동차 제조 공장에 오신 것을 환영합니다. 저희 생산 조립라인을 둘러보기 전에, 몇 가지 언급할 사항이 있습니다. Orion 자동차 회사는 자동차 업계를 선도하는 회사 중의 하나이며, 곧 70주년 기념일을 맞이합니다. 저희 회사는 원래 오프로드 차량과 다양한 소형 차량으로 알려져 있는 가장 오래된 자동차 제조업체라고 할 수 있습니다. 이제, 저희 자동차가 어떻게 만들어지는지 보여주기 위해 생산 시설로 들어갑니다. 견학하는 동안 근로자들이 방해받을 수 있으므로 사진 촬영은 금지됨을 유념해 주세요. 저를 따라오세요.

98 What does Orion Motor make?

(A) Crystals

(B) Computers

(C) Automobiles

(D) Cosmetics

Orion 자동차는 무엇을 만드는가?

(A) 수정

(B) 컴퓨터

(C) 자동차

(D) 화장품

99 What is said about Orion Motor?

(A) It is the oldest in the field.

(B) It has gained profits.

(C) It has been acquired.

(D) It has reduced employees.

Orion 자동차에 대해서 무엇이 언급되는가?

(A) 해당 분야에서 가장 오래되었다.

(B) 이익이 늘었다.

(C) 인수되었다.

(D) 직원을 줄였다.

100 What does the speaker mention about the tour?

(A) A certificate is required.

(B) Photography is not permitted.

(C) Making a noise is not allowed.

(D) Protective equipment is needed.

화자는 견학에 대해 무엇을 언급하는가?

(A) 자격증이 요구된다.

(B) 촬영이 허가되지 않는다.

(C) 소음을 내면 안 된다.

(D) 보호 장비가 필요하다.

어휘 assembly line 생산 조립 라인 | leading 선도하는 | be about to 막 ~하려는 참이다 | basically 원래 | a range of 다양한 | off-road vehicle 오프로드 차량 | production facility 생산 시설 | note 주의하다 | photography 사진 촬영 | disturb 방해하다 | cosmetic 화장품 | profit 이익

해설 **98** 담화의 초반부에서 Orion 자동차 제조 공장에 오신 것을 환영한다고 했으므로 정답은 (C)이다.

99 Orion 자동차는 곧 70주년 기념을 앞두고 있고, 또한 가장 오래되었다고 했으므로 정답은 (A)이다.

100 근로자들이 방해받을 수 있으므로 사진 촬영이 금지된다고 했으므로 정답은 (B)이다.

패러프레이징 allowed → permitted

1 (D)	2 (A)	3 (B)	4 (B)	5 (D)	6 (A)

1

미국

(A) He is washing the glass.
(B) He is looking through his bag.
(C) He is boarding the plane.
(D) He is gazing out the window.

(A) 그는 유리를 닦고 있다.
(B) 그는 가방을 살펴보고 있다.
(C) 그는 비행기에 탑승하고 있다.
(D) 그는 창밖을 내다보고 있다.

어휘 glass 유리 | look through 살펴보다 | board 타다, 승선하다 | plane 비행기 | gaze 응시하다, 바라보다

해설 (A)는 동작 및 목적어 모두 오답이고 (B)는 가방을 손에 쥐고 있기 때문에 오답이며 (C)는 비행기를 바라보고 있으므로 오답이다.

2

미국

(A) A man is watering plants.
(B) A man is putting on sunglasses.
(C) A woman is crouching in the bushes.
(D) A woman is wearing a safety helmet.

(A) 남자가 식물에 물을 주고 있다.
(B) 남자가 선글라스를 쓰고 있다.
(C) 여자가 덤불 속에 웅크리고 앉아 있다.
(D) 여자가 안전모를 착용하고 있다.

어휘 water 물을 주다 | put on ~을 입다 [쓰다/끼다/걸치다] | crouch 쭈그리다, 몸을 구부리다 | bush 덤불 | safety helmet 안전모

해설 (B)는 남자가 선글라스를 쓰고 있지 않아서 오답이고 (C)는 장소(in the bushes)가 틀렸으며 (D)는 여자가 안전모를 착용하고 있지 않기 때문에 오답이다.

3

영국

(A) A band is performing on stage.
(B) Some people are enjoying a performance.
(C) Musicians are playing at the indoor stadium.
(D) Band members are packing up their instruments.

(A) 밴드가 무대 위에서 공연하고 있다.
(B) 몇몇 사람들이 공연을 즐기고 있다.
(C) 음악가들이 실내 경기장에서 연주하고 있다.
(D) 밴드 멤버들이 그들의 악기를 챙기고 있다.

어휘 perform 공연하다 | performance 공연 | indoor stadium 실내 경기장 | pack up (짐을) 싸다 | instrument 악기, 기구

해설 (A)는 사진에 무대가 보이지 않아서 오답이고 (C)는 장소(indoor stadium)가 틀리며 (D)는 악기를 챙기는 동작 부분이 오답이다.

4

호주

(A) All of the seats are being used.
(B) Shadows are being cast on the floor.
(C) A woman is walking into a restaurant.
(D) Plants are sitting on the window sill.

(A) 모든 자리가 찼다.
(B) 바닥에 그림자가 드리우고 있다.
(C) 여자가 식당에 걸어 들어가고 있다.
(D) 식물들이 창턱에 놓여 있다.

어휘 seat 자리, 좌석 | shadow 그림자 | cast 드리우다 | sit 위치하다, 놓여 있다 | window sill 창턱, 창틀

해설 (A)는 좌석이 하나만 사용 중이라 오답이고 (C)는 여자가 식당에 걸어 들어가는 게 아니라 앉아 있어서 (D)는 식물이 바닥에 놓여 있기 때문에 오답이다.

5
미국

(A) Tourists are viewing a city from a distance.
(B) The city skyline is obscured by clouds.
(C) Several boats are anchored in the port.
(D) Some buildings overlook a water.

(A) 여행객들이 멀리서 도시를 보고 있다.
(B) 도시의 스카이라인이 구름에 가려 있다.
(C) 배 몇 척이 항구에 정박해 있다.
(D) 몇몇 빌딩에서 물이 내려다보인다.

어휘 tourist 여행객 | view 바라보다, 보다 | from a distance 멀리서 | skyline (산 · 건물 따위가 하늘을 배경으로 하는) 선 | obscure 가리다, 감추다 | anchor 정박시키다 | port 항구 | overlook 내려다보다

해설 (A)는 여행객들이 보이지 않아서 (B)는 빌딩이 구름에 가려있지 않기 때문에 (C)는 배가 항구에 정박하고 있지 않으므로 오답이다.

6
영국

(A) Some people are riding an escalator.
(B) Some people are seated in a circle.
(C) Some people are descending a staircase.
(D) Some people are strolling through the entrance.

(A) 몇몇 사람들이 에스컬레이터를 타고 있다.
(B) 몇몇 사람들이 원형으로 앉아 있다.
(C) 몇몇 사람들이 계단을 내려가고 있다.
(D) 몇몇 사람들이 입구를 통해 어슬렁어슬렁 들어오고 있다.

어휘 ride 타다 | escalator 에스컬레이터 | in a circle 원형으로 | descend 내려가다 | staircase 계단 | stroll (어슬렁어슬렁) 거닐다 | entrance 입구

해설 (B)는 원형으로 앉아 있는 사람들이 없어서 (C)는 계단이 사진에 보이지 않아서 (D)는 입구가 보이지 않기 때문에 오답이다.

실전모의고사 Part 2				
7 (B)	**8** (A)	**9** (A)	**10** (C)	**11** (B)
12 (C)	**13** (B)	**14** (B)	**15** (C)	**16** (A)
17 (C)	**18** (A)	**19** (B)	**20** (B)	**21** (A)
22 (C)	**23** (A)	**24** (C)	**25** (A)	**26** (A)
27 (C)	**28** (C)	**29** (A)	**30** (C)	**31** (B)

7 What's your favorite part of the movie?

미국 … 영국

(A) We've seen him in his recent film.

(B) I really like the ending scene.

(C) It was a part time job.

영화의 가장 좋았던 부분은 무엇인가요?
(A) 우리는 최신 영화에서 그를 보았어요.
(B) 저는 마지막 장면이 정말 좋아요.
(C) 그건 아르바이트였어요.

어휘 recent 최근의 | film 영화 | ending scene 마지막 장면

해설 영화의 가장 좋았던 부분을 묻는 질문이므로 (B)가 정답이다. (A)는 movie – film의 같은 의미를 가진 단어를 이용한 오답이고 (C)는 질문의 part를 반복한 오답이다.

8 Who's uploading the videos for others to view?

호주 … 미국

(A) Janet Chang is handling that, I guess.

(B) Yes, she'll download it from the site.

(C) When we can brainstorm our ideas.

누가 다른 사람들이 볼 수 있도록 영상을 올리죠?
(A) Janet Chang이 담당하는 것 같아요.
(B) 네, 그녀가 사이트에서 그것을 다운로드할 거예요.
(C) 우리가 아이디어를 생각해 냈을 때요.

어휘 view 보다 | handle 다루다, 처리하다 | site 컴퓨터 사이트 | brainstorm 브레인스토밍하다

해설 누가 영상을 올리냐고 묻는 의문사 who 질문에 사람 이름으로 응답한 (A)가 정답이다. (B)는 upload – download의 반의어 관계를 사용한 오답이고 (C)는 직접적인 관련이 없는 오답이다.

9 Could you order some refreshments for the meeting?

미국 … 미국

(A) OK, I'll do that.

(B) It is a refreshing day.

(C) I'll be delivering a keynote.

회의를 위해 다과를 주문해 주실래요?
(A) 네, 제가 할게요.
(B) 상쾌한 하루입니다.
(C) 제가 기조연설을 하겠습니다.

어휘 refreshments 다과 | refreshing 상쾌한 | deliver a keynote 기조연설을 하다

해설 다과를 주문해 달라고 요청하는 질문이므로 (A)가 정답이다. (B)는 refreshment – refreshing의 파생어 오답이고 (C)는

질문의 회의(meeting)와 관련되는 표현이지만 오답이다.

10 Weren't you planning to take a trip next week?

영국 … 미국

(A) No, I was in a hurry to get a ride.

(B) That's the best place for a trip.

(C) Yes, but just a couple days.

다음 주에 여행갈 계획이 아니었나요?
(A) 아니요, 타려고 서둘렀어요.
(B) 그곳은 최고의 여행 장소입니다.
(C) 네, 단지 며칠 정도요.

어휘 be planning to ~할 계획이다 | take a trip 여행하다 | in a hurry 서둘러, 급히 | get a ride 타다

해설 다음 주에 여행갈 계획이었냐고 묻는 질문에 (C)가 정답이다. (A)는 관련이 없으며 (B)는 질문의 trip을 반복한 오답이다.

11 Who did you contact to prepare for the luncheon?

미국 … 호주

(A) Yes, next to the main lobby.

(B) The same caterer we used last year.

(C) I'll transfer your call to the Bill's café.

오찬 준비를 위해 누구에게 연락했나요?
(A) 네, 메인 로비 옆이에요.
(B) 작년에 이용했던 같은 연회업체요.
(C) 전화를 Bill의 카페로 돌려드리겠습니다.

어휘 luncheon 오찬 | caterer 음식공급업체 | transfer (전화를) 돌리다

해설 오찬 준비를 위해 누구에게 연락했냐고 묻는 질문에 (B)가 정답이다. (A)는 의문사 의문문에 Yes로 대답했으므로 오답이고 (C)는 질문의 contact와 연관성 있는 단어인 call을 사용한 오답이다.

12 Do you want to see a musical tonight?

호주 … 영국

(A) Give me two tickets for the evening.

(B) He got a front row seat.

(C) I'd rather stay at home.

오늘 밤에 뮤지컬을 보러 가고 싶나요?
(A) 저녁 표를 두 장 주세요.
(B) 그는 앞줄에 있는 좌석을 잡았어요.
(C) 집에 있는 편이 나을 것 같아요.

어휘 front row seat 앞줄 좌석 | would rather ~하고 싶다

해설 오늘 밤 뮤지컬을 보러 가고 싶냐고 묻는 질문에 (C)가 정답이다. (A)는 뮤지컬에서 연상할 수 있는 티켓(tickets)을 사용한 오답이고 (B)는 뮤지컬 극장 안에서 일어날 수 있는 상황 표현이지만 오답이다.

13 When did you get back from your honeymoon?

미국 … 미국

(A) I've got to get back to work.

(B) The day before yesterday.

(C) Two days in Las Vegas.

신혼여행에서 언제 돌아왔나요?

(A) 일하러 가야겠어요.

(B) 그저께요.

(C) 라스베이거스에서 이틀이요.

어휘 get back 돌아오다 | the day before yesterday 그저께

해설 신혼여행에서 언제 돌아왔냐고 묻는 질문에 (B)가 정답이다. (A)는 질문의 get back을 반복한 오답이고 (C)는 질문의 신혼여행(honeymoon)에서 연상할 수 있는 도시 이름(Las Vegas)을 이용한 오답이다.

14 Are you ready to go grab a bite or do you want more time?

(A) Where did you have lunch today?

(B) I just need a few more minutes.

(C) They guarantee the lowest price.

뭐 좀 먹으러 갈 준비가 되었나요, 아니면 시간이 더 필요한가요?

(A) 오늘 점심 어디서 드셨어요?

(B) 단지 몇 분 더 필요해요.

(C) 그들은 최저가를 보장합니다.

어휘 grab a bite 간단히 먹다 | guarantee 보증하다 | lowest price 최저가

해설 먹으러 갈 준비가 되었는지 아니면 시간이 더 필요한지 물어보는 질문에 (B)가 정답이다. (A)는 질문의 grab a bite(간단히 먹다)에서 연상할 수 있는 표현(have lunch)을 사용한 오답이고 (C)도 직접적인 연관성이 없는 오답이다.

15 Have you seen the national ballet performance?

(A) I was proud to play a main role.

(B) It affected system performance.

(C) Yes, they offered fantastic amusement.

국립 발레단 공연을 본 적이 있나요?

(A) 저는 중요한 역할을 해서 자랑스러웠어요.

(B) 이것은 시스템 성능에 영향을 주었어요.

(C) 네, 공연은 환상적인 기쁨을 선사했어요.

어휘 play a role 역할을 맡다 | affect ~에게 영향을 주다 | performance 공연; 성능 | offer 선사하다 | amusement 즐거움

해설 국립 발레단의 공연을 본 적이 있는지 물어보는 질문에 (C)가 정답이다. (A)는 질문의 단어 performance를 통해 연상할 수 있는 단어 play를 이용한 오답이고 (B)는 질문의 performance를 반복 이용한 오답이다.

16 How long have you been working for this firm?

(A) Since its foundation.

(B) I employed 100 new staff.

(C) I'd lived more than 15 years at the farm.

이 회사에서 일한 지 얼마나 되셨나요?

(A) 창업한 이후부터요.

(B) 저는 100명의 새 직원을 고용했어요.

(C) 저는 농장에서 15년 이상을 살았어요.

어휘 firm 회사 | foundation 창립 | employ 고용하다

해설 이 회사에서 일한 지 얼마나 되었는지 물어보는 질문에 (A)가 정답이다. (B)는 질문의 work(일하다)와 연관성 있는 단어인 employ(고용하다)를 사용한 오답이고 (C)는 firm - farm의 유사발음 오답이다.

17 When can I expect to get approval for the loan?

(A) The budget is far from enough.

(B) We requested a loan from the bank.

(C) By the end of the month.

대출 허가를 언제쯤 받을 수 있을 거라고 생각하나요?

(A) 예산이 턱없이 부족해요.

(B) 우리는 은행에 융자를 신청했어요.

(C) 이번 달 말쯤에요.

어휘 get approval 허가를 받다 | loan 융자, 대여 | far from 전혀 ~이 아닌 | request 요청하다

해설 대출 허가를 언제쯤 받을 수 있냐고 묻는 질문에 (C)가 정답이다. (A)는 질문의 loan(융자)과 관련성 있는 단어인 budget(예산)을 이용한 오답이고 (B)는 질문의 loan을 반복 사용한 오답이다.

18 Should we meet inside the theater or in front of it?

(A) How about by the ticket booth?

(B) I'm really honored to meet you.

(C) People will be lined up to buy tickets.

극장 안에서 만날까요, 아니면 앞에서 만날까요?

(A) 매표소 옆은 어때요?

(B) 당신을 만나서 영광입니다.

(C) 사람들이 티켓을 사려고 줄을 설 겁니다.

어휘 ticket booth 매표소 | honor ~에게 경의를 표하다 | be lined up 줄을 서다

해설 극장 안에서 만날지 아니면 앞에서 만날지 묻는 질문에 (A)가 정답이다. (B)는 질문의 meet을 반복 이용한 오답이고 (C)는 질문의 내용과 관련성이 있지만 오답이다.

19 I hope everyone gather here at an appointed time.

(A) No, I'm leaving at the end of the week.

(B) I'll pass the message on.

(C) The boss accepted an appointment.

저는 모든 사람이 정해진 시간에 이 장소에 모이기 바랍니다.

(A) 아니요, 이번 주말에 떠날 거예요.

(B) 그렇게 전할게요.

(C) 사장이 임명을 수락했어요.

어휘 appointed time 정해진 시간, 약속된 시간 | pass on 전달하다 | accept 받아들이다 | appointment 임명

해설 모든 사람이 정해진 시간에 모였으면 좋겠다고 말하고 있으므로 (B)가 정답이다. (A)는 질문과 관련성이 없는 오답이고 (C)

는 appointed – appointment의 파생어 오답이다.

20
미국
…
미국

Why are there the boxes scattered on the floor?

(A) They'll be delivered on Friday.

(B) We're cleaning up the office.

(C) Yes, I unpacked the crate.

왜 바닥에 상자들이 흩어져 있나요?
(A) 금요일에 배송될 겁니다.
(B) 우리는 사무실을 청소 중이에요.
(C) 네, 저는 상자의 포장을 풀었어요.

어휘 scatter 흩어지다 | clean up 청소하다 | unpack 꾸러미를 풀다 | crate 상자

해설 왜 바닥에 상자들이 흩어져 있는지 묻는 질문에 (B)가 정답이다. (A)는 관련성이 없는 오답이고 (C)는 질문의 box와 같은 의미의 단어인 crate를 사용한 오답이다.

21
미국
…
호주

Does your store carry any chicken stock?

(A) At the end of aisle 16.

(B) Thanks, but I'm a vegetarian.

(C) Yes, they serve an excellent cuisine.

당신의 가게에서 치킨 육수를 파나요?
(A) 16번 통로 진열대 끝에요.
(B) 감사하지만, 저는 채식주의자입니다.
(C) 네, 그들은 훌륭한 요리를 제공합니다.

어휘 carry (물건을) 취급하다 | aisle 통로 | vegetarian 채식주의자 | cuisine 요리(법)

해설 가게에서 치킨 육수를 파는지 묻는 질문에 (A)가 정답이다. (B)는 내용과 관련이 없는 오답이고 (C)는 레스토랑에 대해 언급할 때 쓸 수 있는 표현으로 오답이다.

22
영국
…
미국

We can see the top of the mountain from here.

(A) Yes, with a heavy climbing rope.

(B) I don't want to go down the hill.

(C) How long does it take to get there?

우리는 여기서 산 정상을 볼 수 있어요.
(A) 네, 무거운 등산용 밧줄로요.
(B) 저는 언덕을 내려가고 싶지 않아요.
(C) 거기까지 얼마나 걸리나요?

어휘 climbing rope 등산용 밧줄 | take (시간이) 걸리다

해설 여기서 산 정상을 볼 수 있다는 말에 대한 답변으로 (C)가 정답이다. (A)는 질문의 mountain과 연관성 있는 단어인 climbing을 사용한 오답이고 (B)도 질문의 mountain과 비슷한 단어인 hill을 이용한 오답이다.

23
미국
…
미국

You sent a fax directly to the courier, didn't you?

(A) Yes, I did it this morning.

(B) No, it takes over an hour.

(C) It'll be shipped directly from our factory.

배달원에게 직접 팩스를 보냈죠, 그렇지 않았나요?
(A) 네, 오늘 아침에 했어요.
(B) 아니요, 한 시간 넘게 걸려요.
(C) 우리 공장에서 직접 배송할 겁니다.

어휘 directly 직접적으로 | courier 배달원 | take (시간이) 걸리다

해설 배달원에게 직접 팩스를 보냈는지 묻는 질문에 (A)가 정답이다. (B)는 직접적인 연관성이 없는 표현이고 (C)는 질문의 directly를 반복 사용한 오답이다.

24
영국
…
미국

Can you give me some help to edit the draft?

(A) He doesn't need any help right now.

(B) Did you edit that scene?

(C) I have to finish my review first.

초안을 편집하는 것을 도와줄래요?
(A) 그는 지금 당장 어떤 도움도 필요치 않아요.
(B) 당신이 그 장면을 편집했나요?
(C) 저는 제 논평을 먼저 끝내야 해요.

어휘 edit 편집하다 | draft 초안 | scene 장면 | review 논평

해설 초안을 편집하는 일을 도와줄 수 있는지 요청하는 질문에 (C)가 정답이다. (A)는 질문의 help를 반복 사용한 오답이고 (B)도 질문의 edit을 반복 사용한 오답이다.

25
미국
…
미국

Which is the projector that isn't working?

(A) The one in the auditorium.

(B) Monday at the latest.

(C) Actually, it is out of order.

작동하지 않는 영사기가 어느 것인가요?
(A) 강당에 있는 것이요.
(B) 늦어도 월요일이요.
(C) 사실 그것은 고장 났어요.

어휘 work 작동하다 | auditorium 강당 | at the latest 늦어도 | out of order 고장 난

해설 작동하지 않는 영사기가 무엇인지 물어보는 질문에 (A)가 정답이다. (B)는 관련이 없으며 (C)는 질문의 내용과 같은 표현 (out of order)을 사용한 오답이다.

26
호주
…
영국

Would you mind filling out a questionnaire?

(A) I'm afraid I don't have time.

(B) Is he filling in for you?

(C) Responses to the survey.

설문지 좀 작성해 주시겠어요?
(A) 죄송하지만, 시간이 없어요.
(B) 그가 당신을 대신하나요?
(C) 조사에 대한 응답들이요.

어휘 fill out 작성하다 | questionnaire 설문지, 앙케이트 | fill in for ~을 대신하다 | response 응답 | survey 설문조사

해설 설문지를 작성해 줄 수 있냐고 요청하는 질문에 (A)가 정답이다. (B)는 질문의 filling을 반복한 오답이고 (C)도 질문의

questionnaire와 유사한 단어인 survey를 사용한 오답이다.

27
미국
...
미국

We just opened a new branch in the financial district.

(A) I'd be delighted to.

(B) In the beautiful residential district.

(C) Do you know the exact location?

우리는 금융 지역에 새 지사를 열었어요.

(A) 기꺼이 할게요.

(B) 아름다운 주거 지역이에요.

(C) 정확한 위치를 알고 있나요?

어휘 branch 지사 | financial district 금융 지역 | delighted 아주 기뻐하는 | residential district 주거지역 | location 위치

해설 금융 지역에 새 지사를 열었다는 말에 (C)가 정답이다. (A)는 제안문에 어울리는 응답이며 (B)는 질문의 district를 반복한 오답이다.

28
호주
...
영국

Didn't Ms. Williams leave the company?

(A) Yes, it will be held next year.

(B) Are you attending her retirement party?

(C) No, she transferred to a foreign branch.

Williams씨는 회사를 그만두지 않았나요?

(A) 네, 그것은 내년에 열릴 겁니다.

(B) 당신은 그녀의 퇴임 파티에 참석할 건가요?

(C) 아니요, 그녀는 해외 지점으로 전근 갔어요.

어휘 leave the company 회사를 그만두다 | hold 열다, 개최하다 | attend 참석하다 | retirement 퇴직, 퇴임 | transfer 이동하다 | foreign branch 해외 지사

해설 Williams씨가 회사를 그만두지 않았냐고 묻는 질문에 (C)가 정답이다. (A)는 회의나 행사에 대한 내용이며 (B)는 질문의 leave the company(회사를 그만두다)와 내용상 관련 있는 단어인 retirement를 사용한 오답이다.

29
영국
...
미국

I'd like you to wrap up the contract by May 20.

(A) Sure, I'll try my best.

(B) Haven't you finished your report?

(C) Contact your sales representative.

저는 당신이 5월 20일까지 계약을 마무리 지었으면 해요.

(A) 물론이죠. 최선을 다할게요.

(B) 보고서를 끝내지 않으셨나요?

(C) 영업담당자에게 연락하십시오.

어휘 wrap up the contract 계약을 마무리 짓다 | try one's best 최선을 다하다

해설 5월 20일까지 계약을 마무리 지었으면 좋겠다는 말에 (A)가 정답이다. (B)는 질문의 wrap up(마무리 짓다)과 의미상 비슷한 finish를 이용한 오답이고 (C)는 contract - contact의 유사발음 오답이다.

30
미국
...
미국

Let's wait a few more minutes to start the debate.

(A) He is entitled to a rebate.

(B) No, It was boring.

(C) Yes, the chairman telephoned to say he'd be late.

토론이 시작될 때까지 조금 기다립시다.

(A) 그는 환불받을 자격이 있어요.

(B) 아니요, 지루했어요.

(C) 네, 의장이 늦을 거라고 전화했어요.

어휘 debate 토론 | be entitled to ~할 자격이 있다 | rebate 환불 | boring 지루한 | chairman 의장 | telephone 전화하다

해설 토론이 시작할 때까지 기다리자는 제안에 (C)가 정답이다. (A)는 debate - rebate의 유사발음 오답이고 (B)는 토론이 어땠냐고 물어볼 때 할 수 있는 응답으로 오답이다.

31
미국
...
미국

Wasn't that new restaurant supposed to be open by now?

(A) I believe they passed health inspection.

(B) The opening was delayed due to interior construction.

(C) The restaurant received five out of five stars.

지금쯤이면 새 레스토랑을 개장하기로 하지 않았나요?

(A) 그들이 보건 검사를 통과했다고 생각해요.

(B) 개장은 내부공사 때문에 연기되었어요.

(C) 그 레스토랑은 별 다섯 개 중 다섯 개를 받았어요.

어휘 by now 지금쯤 | pass 통과하다 | health inspection 보건검사 | interior 내부의

해설 새 레스토랑이 오픈할 때가 되지 않았냐고 묻는 질문에 (B)가 정답이다. (A)는 직접적인 연관성이 없고 (C)는 레스토랑 평가에 대한 응답으로 오답이다.

32 (B)	**33** (A)	**34** (C)	**35** (A)	**36** (C)	**37** (A)	**38** (B)	**39** (A)	**40** (B)
41 (C)	**42** (D)	**43** (B)						
44 (C)	**45** (D)	**46** (D)	**47** (A)	**48** (A)	**49** (D)	**50** (A)	**51** (B)	**52** (B)
53 (D)	**54** (B)	**55** (D)						
56 (B)	**57** (D)	**58** (A)	**59** (A)	**60** (D)	**61** (C)	**62** (D)	**63** (A)	**64** (D)
65 (A)	**66** (C)	**67** (A)						
68 (C)	**69** (D)	**70** (C)						

Questions 32-34 refer to the following conversation. 미국 – 미국

W: Hello, this is Cathy Green in room 907. ³²⁾When I turn on the bath tap, any water doesn't come out. But a faucet in the kitchen has a drip.

M: I'm sorry about that, ma'am. Unfortunately, all our maintenance crew are tied up at the moment. I can offer you another room. ³³⁾I'll upgrade you to a room with a view at the same prices.

W: That'd be great. ³⁴⁾Could you send someone up to bring my luggage to the new room right away? I have an important meeting with one of my clients in half an hour. So I don't have time to do it myself.

여: 안녕하세요, 저는 907호실의 Cathy Green이라고 합니다. 제가 욕실 수도꼭지를 틀면, 물이 나오지 않아요. 부엌 수도꼭지에서는 물방울이 떨어지고요.
남: 죄송합니다. 유감스럽지만 현재 모든 정비 직원이 바빠요. 제가 다른 방을 제공해 드리겠습니다. 같은 가격에 전망을 볼 수 있는 방으로 업그레이드 해 드리겠습니다.
여: 좋아요. 지금 당장 제 짐을 먼저 새 방으로 옮겨줄 누군가를 보내주실 수 있나요? 30분 후에 고객 한 분과 중요한 회의가 있어서요. 그래서 직접 할 시간이 없어요.

32 What is the woman's complaint?

(A) Her room is too hot.

(B) Her bath tap does not work.

(C) Her keys are missing.

(D) Her bathroom door is locked.

여자의 불만은 무엇인가?
(A) 방이 너무 덥다.
(B) 욕실 수도꼭지가 작동하지 않는다.
(C) 열쇠가 분실되었다.
(D) 욕실 문이 잠겼다.

33 What does the man offer the woman?

(A) A room upgrade

(B) A spa gift certificate

(C) A complementary shuttle bus

(D) A courtesy telephone

남자는 여자에게 무엇을 제공하는가?
(A) 방 업그레이드
(B) 온천 상품권
(C) 무료 셔틀버스
(D) 무료 전화

34 What does the woman ask the man to do?

(A) Vacate another room

(B) Access to free Wi-Fi

(C) Have someone carry her luggage

(D) Contact a maintenance crew

여자는 남자에게 무엇을 해달라고 요청하는가?
(A) 다른 방을 비워 주기
(B) 무료 와이파이에 접속하기
(C) 그녀의 짐을 옮겨줄 사람을 보내 주기
(D) 정비 직원에게 연락하기

어휘 bath tap 욕실 수도꼭지 | faucet 수도꼭지 | drip 물이 똑똑 떨어짐 | maintenance crew 정비 요원 | tied up 바빠서 꼼짝 못 하는 | room with a view 전망 좋은 방 | luggage 짐 | gift certificate 상품권 | complementary 무료의 | courtesy telephone (호텔의) 무료 전화 | vacate 비우다 | access 접속하다

해설 **32** 욕실 수도꼭지를 틀었는데 물이 나오지 않았다고 했으므로 정답은 (B)이다.

33 전망 좋은 방으로 업그레이드 해주겠다고 했으므로 정답은 (A)이다.

34 누군가에게 그녀의 짐을 방으로 옮겨달라고 부탁하고 있으므로 정답은 (C)이다.

패러프레이징 send someone up to bring my luggage to the new room → Have someone carry her luggage

W: Hello. My name is Lily Bryson. I'm calling because I was looking at the job in the local newspaper and ³⁵⁾ saw that there was a vacancy for a marketing consultant. Is that position still open?

M: Of course, it is. Do you have experience in marketing consultant?

W: I do. ³⁶⁾ I've worked as a consultant at V&W marketing agency in Chicago for the last 3 years. But I left last month to move to Detroit to be close to my family.

M: Oh, I see. I'm familiar with that company. ³⁷⁾ Why don't you e-mail us your résumé first? We'll give you a call back as soon as we look it over.

여: 안녕하세요. 제 이름은 Lily Bryson이라고 합니다. 저는 지역 신문에서 일자리를 보고 있었는데 마케팅 상담사 자리에 공석이 있다고 해서 전화드립니다. 아직도 공석이 있나요?

남: 물론입니다. 마케팅 상담사 경력이 있나요?

여: 네. 그렇습니다. 시카고에 있는 V&W 마케팅 회사에서 상담사로 3년 동안 일했습니다. 하지만 지난달에 가족들과 가깝게 지내려고 디트로이트로 이사 왔습니다.

남: 알겠습니다. 저는 그 회사를 잘 알고 있어요. 일단 이력서를 이메일로 보내 줄래요? 검토하자마자 전화 드릴게요.

---

35 What type of position has been advertised?

(A) **Marketing consultant**

(B) City official

(C) Real estate agent

(D) Newspaper reporter

어떤 직책이 광고되었는가?

(A) 마케팅 상담사

(B) 공무원

(C) 부동산 중개인

(D) 신문 기자

36 Where did the woman work most recently?

(A) In Ottawa

(B) In Detroit

(C) **In Chicago**

(D) In Melbourne

여자는 최근에 어디서 일했는가?

(A) 오타와

(B) 디트로이트

(C) 시카고

(D) 멜버른

37 What does the man ask the woman to do?

(A) **Send a résumé**

(B) Apply for a position

(C) Submit a cover letter

(D) Arrange an interview

남자는 여자에게 무엇을 하라고 요청하는가?

(A) 이력서 보내기

(B) 구직 신청하기

(C) 자기소개서 제출하기

(D) 인터뷰 자리 마련하기

어휘 local newspaper 지역 신문 | vacancy 공석 | familiar 잘 알고 있는 | look over ~을 검토하다 | real estate 부동산 | cover letter 자기소개서

해설 **35** 마케팅 상담사 자리가 공석이 있다고 전화하고 있으므로 정답은 (A)이다.

36 시카고에 있는 마케팅 회사에서 일했다고 했으므로 정답은 (C)이다.

37 일단 이력서를 보내 달라고 요청하고 있으므로 정답은 (A)이다.

Questions 38-40 refer to the following conversation.

M: Hi, Leslie. It's Danny Freeman. I know this is really short notice, but 38) I won't be able to come in to work in the hotel today. 39) I've got the flu, so I can't stop sniffing and sneezing.

W: Oh, that's too bad. You're right to stay home and rest though. Have you asked one of your colleagues to fill in for you in the front desk?

M: You know the newest recruit, David Carrl. I asked him a favor a minute ago. He said he'd be willing to do it. But he doesn't have an experience checking guests in and out on his own yet.

W: No problem. I'll call him and ask him to arrive half an hour early. 40) This would be a great training opportunity to learn how to deal with customers.

남: 안녕하세요, Leslie. 저는 Danny Freeman입니다. 갑작스러운 건 알지만, 제가 오늘 호텔에 출근을 못할 것 같습니다. 독감에 걸려서 코를 훌쩍이고 기침이 멈추지 않아요.

여: 안됐군요. 집에 머물면서 휴식을 취하는 게 옳은 것 같아요. 동료에게 안내 데스크 일을 대신해 줄 수 있는지 물어봤나요?

남: 가장 최근에 입사한 David Carrl 아시죠? 몇 분 전에 그에게 부탁했어요. 기꺼이 해주겠다고 합니다. 하지만 그분은 아직 스스로 고객 체크인과 체크아웃을 해 본 경험이 없어요.

여: 문제없어요. 제가 전화해서 30분 일찍 도착하라고 할게요. 아마 고객을 대하는 방법을 배울 좋은 기회가 될 거예요.

---

38 Where do the speakers work?

(A) At a factory

(B) At a hotel

(C) At a restaurant

(D) At a doctor's office

화자들은 어디에서 일하는가?
(A) 공장
(B) 호텔
(C) 레스토랑
(D) 병원

39 Why will the man be absent from work today?

(A) He is not in a good condition.

(B) He is meeting a client.

(C) He had a traffic accident.

(D) He is still on his vacation.

남자는 왜 오늘 결근할 것인가?
(A) 몸이 좋지 않다.
(B) 고객을 만나고 있다.
(C) 교통사고가 났다.
(D) 아직 휴가 중이다.

40 What do the speakers say about David Carrl?

(A) He is very punctual.

(B) He needs some extra training.

(C) He is late for work often.

(D) He has lots of experience.

화자들은 David Carrl에 대해 무엇이라고 말하는가?
(A) 시간을 매우 잘 지킨다.
(B) 추가 교육이 필요하다.
(C) 자주 지각한다.
(D) 경력이 많다.

어휘 short notice 촉박한 통보 | get the flu 독감에 걸리다 | sniff 코를 훌쩍이다 | sneeze 재채기를 하다 | fill in for ~을 대신하다 | recruit 입사한 직원 | ask a favor 부탁을 하다 | be willing to 기꺼이 ~을 하다 | deal with ~을 대하다 | punctual 시간을 지키는

해설 **38** 남자가 오늘 호텔에 출근할 수 없다고 하므로 정답은 (B)이다.

39 독감에 걸려서 코를 훌쩍이고 기침이 멈추지 않는다고 했으므로 정답은 (A)이다.

패러프레이징 I've got the flu, so I can't stop sniffing and sneezing. → He is not in a good condition.

40 아마도 좋은 교육기회가 될 수 있겠다고 했으므로 정답은 (B)이다.

M: Hi, Ellen. ⁴¹⁾ Is everything ready for when the clients arrive?

W: Yes, I have checked again and everything is running on schedule. The clients will be here by 3:30 as planned ⁴²⁾ so you can start your presentation at 4:00.

M: Wonderful. The auditorium is all set up for me ⁴²⁾ to show them a new line of silver jewelry. Oh, and did you make arrangements for dinner afterwards?

W: Yes, I was able to find a caterer that will offer the meal right after your presentation. ⁴³⁾ I just need to call them to confirm the arrival time.

남: 안녕하세요, Ellen. 고객들이 도착할 텐데 준비는 다 되었나요?

여: 네, 다시 한 번 점검했고 모든 것이 일정대로 잘되고 있어요. 고객들이 예정대로 3시 30분에 도착할 테니 4시에 발표를 시작하시면 됩니다.

남: 좋아요. 새로운 은 장신구를 선보일 수 있게 강당이 다 준비되었어요. 그리고 나중에 저녁 식사를 할 준비는 했나요?

여: 네, 발표가 끝나고 식사를 제공할 출장음식업체를 찾았어요. 전화해서 언제 도착할지 확인해 봐야겠네요.

---

41 Who are the speakers expecting?

(A) Small business owners

(B) Event organizers

(C) Business clients

(D) Jewelry designers

화자들은 누구를 기다리는가?
(A) 소규모 자영업자들
(B) 행사 기획자들
(C) 업무 고객들
(D) 보석 디자이너들

42 What will the man do later this afternoon?

(A) Conduct a survey

(B) Host a fashion show

(C) Celebrate the opening

(D) Present a new line of merchandise

남자는 오늘 오후 늦게 무엇을 할 것인가?
(A) 설문조사 하기
(B) 패션쇼 개최하기
(C) 개업 축하하기
(D) 신제품 발표하기

43 What does the woman say she needs to do?

(A) Provide a detailed solution

(B) Contact a caterer

(C) Set up a big screen

(D) Fill out a questionnaire

여자는 무엇을 해야 한다고 말하는가?
(A) 세부적인 해결책 제시하기
(B) 출장 음식 업체에 연락하기
(C) 대형 스크린 설치하기
(D) 설문지 작성하기

어휘 run (일이) 진행되다 | on schedule 예정대로 | auditorium 강당 | set up 준비하다 | make an arrangement 준비하다 | afterwards 나중에, 후에 | caterer 출장음식업체 | arrival time 도착 시간 | conduct (특정한 활동을) 하다 | merchandise 제품 | questionnaire 설문지

해설 **41** 고객들이 도착할 텐데 준비는 끝났는지 묻고 있으므로 정답은 (C)이다.

42 오후 4시에 발표를 한다고 했으므로 정답은 (D)이다.

패러프레이징 a new line of silver jewelry → a new line of merchandise

43 연회 업체 도착 시간을 확인하기 위해 전화해본다고 했으므로 정답은 (B)이다.

Questions 44-46 refer to the following conversation.

미국 – 호주

W: Hi! I'm Scarlet Burke. I'm a recruiter for Angle Creative. Thanks for stopping by our job fair booth. Are you interested in one of our job positions?

M: Yes, 44)I saw some job news on the Internet lately and I realized that you're searching for people for your online and mobile game company. 45)I've just finished my degree in visual design.

W: That's great. We're planning to hire new graphic designer in the next few months. 46)Have you worked in a field related to your major?

M: Yes, I was an assistant art director at The Venice Biennale during summer vacation.

여: 안녕하세요! 저는 Scarlet Burke이고 Angle Creative의 사원모집 담당자입니다. 우리 취업박람회 부스에 방문해 주셔서 감사합니다. 우리 일자리 중에 관심 있는 것이 있나요?

남: 네, 최근에 인터넷으로 취업 뉴스를 봤는데, 여기 온라인 모바일 게임회사에서 사람을 찾고 있다는 걸 알게 되었습니다. 저는 시각 디자인 학위를 받은 지 얼마 안되었어요.

여: 잘됐네요. 저희는 몇 달 후에 그래픽 디자이너를 고용할 계획이에요. 전공과 관련된 분야에서 일해 본 적 있나요?

남: 네, 저는 여름방학 동안 베니스 비엔날레에서 아트 디렉터 보조로 있었어요.

44 Why is the man at the Angle Creative's booth?

(A) To meet a graphic designer
(B) To get a reference letter
(C) To get information about a job
(D) To sign up for an event

남자는 왜 Angle Creative의 부스에 있는가?
(A) 그래픽 디자이너를 만나려고
(B) 추천서를 받으려고
(C) 일자리에 관한 정보를 얻기 위해서
(D) 행사에 신청하려고

45 What has the man recently done?

(A) Passed an exam
(B) Designed a game
(C) Entered a college
(D) Completed a degree

남자는 최근에 무엇을 했는가?
(A) 시험 합격
(B) 게임 디자인
(C) 대학교 입학
(D) 학위 수료

46 What does the woman want to know about?

(A) A present residential address
(B) Licenses or certifications
(C) His educational background
(D) Relevant job experience

여자는 무엇에 대해 알고 싶어 하는가?
(A) 현재 거주지 주소
(B) 자격증이나 증명서
(C) 그의 학력
(D) 관련된 업무 경험

어휘 recruiter 사원 모집 담당자 | stop by ~에 들르다 | search 찾다 | degree 학위 | field 분야 | related to ~와 관련 있는 | major 전공 | reference letter 추천서 | residential 주거의 | relevant 관련 있는

해설 **44** 최근에 인터넷에서 취업 뉴스를 보고, 회사에서 사람을 찾고 있다는 걸 알게 되었다고 했으므로 정답은 (C)이다.

45 최근에 시각디자인 학위를 받았다고 했으므로 정답은 (D)이다.
패러프레이징 finished my degree → Completed a degree

46 전공과 관련된 분야에서 일해 본 적 있는지 물어보고 있으므로 정답은 (D)이다.
패러프레이징 related to your major → Relevant job experience

W: Hello, Mr. Lloyd. This is Jenny Abdul from Glory Publishing. I'm calling to let you know that ⁴⁷⁾ we'd like to publish your book about your experiences selling thousands of insurance policies.

M: ⁴⁸⁾ That's excellent. I know several books from your company stay on the best-seller list for years. Especially, you published some of my favorite books, too. So I was hoping you'd think my book would be a good fit.

W: Sure we do. Actually, ⁴⁹⁾ I'd like you to come in and to talk about doing a series of books for us about steps to success in the insurance industry. These days, the finance books are popular in the world market.

여: 안녕하세요. Lloyd씨. 저는 Glory 출판사의 Jenny Abdul입니다. 저희 회사는 수천 개의 보험 증서를 판매한 당신의 경험에 관한 책을 출판하고 싶습니다.

남: 훌륭해요. 저는 당신 회사에서 출판한 여러 권의 책이 수년간 베스트셀러라고 알고 있어요. 특히 제가 가장 좋아하는 책들도 출판했더라고요. 그래서 저는 당신의 출판사에 제 책도 잘 어울릴 거라고 생각하길 바라고 있었어요.

여: 물론 그렇게 될 겁니다. 실은 보험업계에서 성공하기 위한 단계에 관해서 시리즈로 책을 출판하려 하는데, 이에 관해 이야기를 나눠보고 싶습니다. 요즘에는 금융 서적이 세계 시장에서 인기가 있어요.

47 What did the man write about?

(A) His sales experiences
(B) Successful marketing strategies
(C) Traveling around the world
(D) Leadership effectiveness

남자는 무엇에 관해 썼는가?

(A) 그의 판매 경험
(B) 성공적인 마케팅 전략
(C) 전 세계 여행
(D) 리더십 효과

48 Why is the man pleased?

(A) His book will be published.
(B) His earned a lot of money.
(C) He bought an insurance company.
(D) He became a best-selling author.

남자는 왜 기뻐하는가?

(A) 그의 책이 출판될 것이기 때문에
(B) 많은 돈을 벌었기 때문에
(C) 보험회사를 인수했기 때문에
(D) 베스트셀러 작가가 되었기 때문에

49 Why does the woman want to meet with the man?

(A) To discuss a book design
(B) To extend the contract
(C) To conduct an interview
(D) To discuss an upcoming project

여자는 남자를 왜 만나고 싶어 하는가?

(A) 책 디자인을 논의하기 위해
(B) 계약을 연장하기 위해
(C) 인터뷰하기 위해
(D) 앞으로의 프로젝트에 대해 논의하기 위해

어휘 publishing 출판사 | insurance policy 보험 증서 | fit 적합한, 어울리는 | a series of 일련의 | finance 재정, 금융 | strategy 전략 | effectiveness 효과 | extend 연장하다

해설 **47** 출판사에서 보험판매에 관해 쓴 남자의 책을 출판하고 싶어하므로 정답은 (A)이다.

48 남자는 책을 출판하고 싶다는 의견에 매우 좋다고 답했으므로 정답은 (A)이다.

49 앞으로 시리즈의 책을 더 출판하기 위해 이야기를 나눠보고 싶다고 했으므로 정답은 (D)이다.

패러프레이징 I'd like you to come in and to talk about doing a series of books → discuss an upcoming project

M: Good evening, ⁵⁰⁾I'm the main cook of the restaurant. Our manager told me that you wanted to speak with me. I hope you enjoyed today's special.

W: That meal was delicious. In fact that's the reason I wanted to talk with you. I'm a reporter for *Gourmet Food Magazine* and I'm writing a column about local cuisine. The seafood pasta that I just had was excellent and ⁵¹⁾I wonder if you can give me the recipe to include in that column.

M: That sounds great. That would be great publicity for us especially ⁵²⁾since we only opened last month. I'm sure our manager would like to accept your proposal.

남: 안녕하세요. 저는 이 레스토랑의 셰프입니다. 매니저가 그러는데 저와 이야기를 나누고 싶다고 하셨다고요. 오늘의 요리가 마음에 드셨기를 바랍니다.

여: 식사는 맛있었습니다. 사실 제가 이야기를 나누고 싶은 이유가 그겁니다. 저는 Gourmet Food 잡지의 기자인데, 지역 요리법에 관한 칼럼을 쓰고 있어요. 방금 먹은 해산물 파스타가 훌륭해서 제 칼럼에 포함시킬 수 있게 조리법을 알려주실 수 있는지 해서요.

남: 물론이죠. 저희 식당도 지난달에 오픈했으니 좋은 홍보가 될 것 같아요. 매니저도 틀림없이 제안을 받아들일 겁니다.

50 Who is the man?

(A) A chef
(B) A manager
(C) A food columnist
(D) A restaurant owner

남자는 누구인가?

(A) 셰프
(B) 매니저
(C) 푸드 칼럼니스트
(D) 레스토랑 소유주

51 What does the woman say she would like to do?

(A) Change the menu
(B) Get a recipe
(C) Interview a manager
(D) Order some dessert

여자는 무엇을 하고 싶다고 말하는가?

(A) 메뉴 바꾸기
(B) 조리법 얻기
(C) 매니저 취재하기
(D) 디저트 주문하기

52 What does the man say about the restaurant?

(A) It opened a new location.
(B) It only opened recently.
(C) It has improved its service.
(D) It features a nice atmosphere.

남자는 레스토랑에 대해 무엇을 말하는가?

(A) 새 지점을 오픈했다.
(B) 최근에 문을 열었다.
(C) 서비스가 개선되었다.
(D) 좋은 분위기가 특징이다.

어휘 today's special 오늘의 요리 | cuisine 요리(법) | recipe 조리법 | publicity 홍보 | atmosphere 분위기

해설 **50** 남자는 레스토랑의 주방장이므로 정답은 (A)이다.

패러프레이징 the main cook → A chef

51 칼럼을 쓰는 데 필요한 조리법 알려줄 수 있냐고 했으므로 정답은 (B)이다.

52 레스토랑이 지난달에 오픈했다고 하고 있으므로 정답은 (B)이다.

패러프레이징 we only opened last month → It only opened recently.

M: Excuse me. ⁵³⁾ Do you know where the Hammond convention center is? I've been trying to find it but the directions I was given at the subway station seem to be wrong.

W: Actually, I'm heading there myself. I work at the exhibit hall of the convention center. Let's walk over together.

M: Will it be quicker to take a taxi or a bus? ⁵⁴⁾ I'm delivering the keynote address in 20 minutes and I don't want to be late for it.

W: You don't need to take a taxi or a bus. ⁵⁵⁾ The convention center is very close. It maybe a five-minute walk and rush hour at this time of day is unbelievable.

남: 실례합니다. Hammond 컨벤션 센터가 어디 있는지 아시나요? 계속해서 찾아봤는데 지하철역에서 받은 약도가 잘못되었나 봐요.

여: 실은 저도 거기에 가는 중입니다. 저는 컨벤션 센터의 전시실에서 근무해요. 함께 걸어가요.

남: 택시나 버스를 타면 더 빠르지 않을까요? 저는 20분 후에 기조연설을 할 예정이라 늦고 싶지 않거든요.

여: 택시나 버스를 탈 필요는 없어요. 컨벤션 센터는 아주 가까워요. 걸어서 5분 정도이고 지금 이 시간에 교통체증은 장난 아니에요.

53 Where are the speakers going?

(A) To a trade show

(B) To a tourist office

(C) To a bus terminal

(D) To a convention center

화자들은 어디에 가고 있는가?

(A) 무역 박람회

(B) 관광 안내소

(C) 버스 터미널

(D) 컨벤션 센터

54 What will begin in twenty minutes?

(A) A campaign

(B) A speech

(C) A contest

(D) An exhibition

20분 후에 무엇이 시작되는가?

(A) 캠페인

(B) 연설

(C) 콘테스트

(D) 전시회

55 Why does the woman suggest that she and the man walk?

(A) Walking is good for the health.

(B) Every bus is full of passengers.

(C) A road is closed for construction.

(D) They are near their destination.

여자는 왜 그녀가 남자와 걸어야 한다고 제안하는가?

(A) 걷기가 건강에 좋다.

(B) 모든 버스가 만원이다.

(C) 도로가 공사 때문에 폐쇄되었다.

(D) 그들이 목적지 가까이에 있다.

어휘 directions 길 안내, 약도 | head 향하다, 진행하다 | exhibit hall 전시관 | keynote address 기조연설 | unbelievable 믿을 수 없는 | destination 목적지

해설 **53** 컨벤션 센터를 찾고 있으므로 정답은 (D)이다.

54 20분 후에 기조연설을 한다고 얘기하고 있으므로 정답은 (B)이다.

패러프레이징 the keynote address → A speech

55 컨벤션 센터가 가까운 곳에 있다고 했으므로 정답은 (D)이다.

패러프레이징 The convention center is very close. → They are near their destination.

W: Hi, Tony. 56) Some of us in this office are planning to start the tennis team as a way to get some exercise after work. Are you interested in joining?

M: Well, I really enjoy tennis and I need to exercise to stay healthy. But I'm relatively busy on weekdays. 57) I do volunteer work at the local medical center after work.

W: I see. 58) Why don't we meet on the weekend instead? Would you be able to participate if we take on Saturday morning?

M: Definitely. Let me know where the place is. I'll be sure to come.

여: 안녕하세요, Tony. 사무실 직원 몇 명이서 퇴근 후 운동으로 테니스 팀을 시작하려고 해요. 합류할 생각 있나요?

남: 음, 저는 테니스를 정말 즐기고 건강해지기 위해 운동이 필요해요. 하지만 저는 주중에 상대적으로 바빠요. 퇴근 후에 지역 병원에서 자원봉사를 하고 있거든요.

여: 그렇군요. 그렇다면 주말에 만나는 건 어때요? 토요일 아침이라면 참석할 수 있나요?

남: 당연하죠. 장소가 어디인지 알려주세요. 꼭 갈게요.

56 What are the speakers mainly discussing?

(A) Preparing a contract

(B) Forming a sports team

(C) Selling tennis game tickets

(D) Participating in community volunteering

화자들은 무엇에 관해 논의하고 있는가?

(A) 계약서 준비하기

(B) 스포츠 팀 구성하기

(C) 테니스경기 티켓 판매하기

(D) 지역 봉사활동에 참가하기

57 What does the man usually do after work?

(A) Exercise at a gym

(B) Learn a foreign language

(C) Jog in a park

(D) Offer volunteer medical services

남자는 퇴근 후에 보통 무엇을 하는가?

(A) 체육관에서 운동한다.

(B) 외국어를 배운다.

(C) 공원에서 조깅한다.

(D) 의료 자원봉사를 한다.

58 What does the woman suggest?

(A) Gathering on the weekend

(B) Moving to a new location

(C) Finding a place to park

(D) Paying an additional charge

여자는 무엇을 제안하는가?

(A) 주말에 모이는 것

(B) 새 장소로 옮기는 것

(C) 주차할 장소를 찾는 것

(D) 추가 요금을 지불하는 것

어휘 get some exercise 운동을 하다 | after work 퇴근 후에 | relatively 상대적으로 | weekday 평일 | definitely 틀림없이, 분명히 | form 구성하다 | gather 모이다

해설 **56** 사무실에 몇몇 직원들이 테니스 팀을 시작할 계획이라고 하고 있으므로 정답은 (B)이다.

패러프레이징 start the tennis team → Forming a sports team

57 퇴근 후에 지역병원에서 자원봉사를 하고 있다고 했으므로 정답은 (D)이다.

패러프레이징 do volunteer work at the local medical center → Offer volunteer medical services

58 주말에 만나는 것은 어떠냐고 물어보고 있으므로 정답은 (A)이다.

Questions 59-61 refer to the following conversation.

미국 – 호주

W: Hi, this is Jennifer College in the PR department. ⁵⁹⁾I sent you a fax yesterday about the advertising budget for the new line of air purifiers, but I'm not sure you got it. Did I send it to the right fax number?

M: Hello, Jennifer. ⁶⁰⁾Sorry, I didn't get back to you yesterday. The number was right, and I did get your message. I should be able to send you feedback about your questions by the end of the day.

W: Thanks. I have a meeting scheduled with the major clients at 10 A.M. tomorrow, and ⁶¹⁾I'd really like to present budget figures at the meeting.

여: 안녕하세요, 저는 홍보 부서의 Jennifer College입니다. 어제 새로운 공기 청정기 광고 예산을 팩스로 보냈는데요, 혹시 받았는지 모르겠어요. 올바른 팩스 번호로 보낸 건가요?

남: 안녕하세요, Jennifer. 죄송하지만 어제 회신을 못 보냈어요. 번호는 맞고요, 메시지는 받았습니다. 오늘 퇴근 전까지 질문에 대한 의견을 보낼게요.

여: 고마워요. 저는 내일 오전 10시에 중요한 고객들과 회의가 있는데, 그 자리에서 예산 수치를 발표하고 싶어요.

59 What does the woman say she is unsure about?

(A) Whether a message was received
(B) How to use the air purifier
(C) When the task is complete
(D) Which e-mail address she entered

여자는 무엇에 대해 확신할 수 없다고 말하는가?
(A) 메시지를 받았는지 아닌지
(B) 공기 청정기를 어떻게 사용하는 것인지
(C) 언제 업무가 끝날지
(D) 어떤 이메일 주소를 입력했는지

60 Why does the man apologize?

(A) He was too busy to arrange a meeting.
(B) He has misplaced the document.
(C) He forgot the woman's phone number.
(D) He did not contact the woman yesterday.

남자는 왜 사과하는가?
(A) 회의준비를 하기에 너무 바빴다.
(B) 서류를 잘못 두었다.
(C) 여자의 전화번호를 잊어버렸다.
(D) 어제 여자에게 연락하지 않았다.

61 What does the woman want to have for a meeting?

(A) Advertising posters
(B) A revised estimate
(C) A budget information
(D) An original document

여자는 회의를 위해 무엇을 원하는가?
(A) 광고 포스터
(B) 수정된 견적서
(C) 예산 정보
(D) 원본 서류

어휘 PR(public relations) department 홍보 부서 | air purifier 공기 청정기 | figure 수치 | misplace 제자리에 두지 않다 | revised 수정된

해설 **59** 광고예산을 팩스로 보냈는데 받았는지 모르겠다고 하고 있으므로 정답은 (A)이다.

60 여자에게 회신하지 않았다고 했으므로 정답은 (D)이다.
패러프레이징 I didn't get back to you → He did not contact the woman

61 회의에서 예산 수치를 발표하고 싶다고 했으므로 정답은 (C)이다.
패러프레이징 budget figures → A budget information

M: Hi, ⁶²⁾ I'm calling to make a dinner reservation for a party of four tomorrow night. Do you have anything available may be around 8 P.M.?

W: ⁶³⁾ I'm sorry, our restaurant is closed every Sunday. But our president runs a bistro called Old Factory Bar-B-Que. It's just three blocks away and maybe a five-minute walk. And it opens seven days a week.

M: The most important thing is the menu. I really like your restaurant's food.

W: Don't worry about that. ⁶⁴⁾ Both locations have a lot of similar items on the menu because they are operated by the same owner. I can transfer you to the bistro's booking line right now if you want.

남: 안녕하세요, 저는 내일 밤 4명의 저녁 식사를 예약하려고 전화드립니다. 오후 8시쯤에 가능할까요?

여: 죄송하지만, 레스토랑은 매주 일요일에 문을 닫습니다. 하지만 사장님이 Old Factory Bar–B–Que라고 불리는 작은 식당을 운영합니다. 3블록 떨어진 곳인데 걸어서 5분 정도입니다. 그리고 일주일 내내 영업합니다.

남: 가장 중요한 것은 메뉴예요. 저는 이곳 레스토랑의 음식을 정말 좋아하거든요.

여: 그 점은 걱정하지 마세요. 두 지점 모두 같은 소유주가 운영하기 때문에 메뉴에 비슷한 품목이 많아요. 원하신다면 그 레스토랑의 예약 번호로 전화를 돌려드릴게요.

---

62 Why is the man calling?

(A) To receive a discount

(B) To confirm a date

(C) To taste some samples

(D) To make a reservation

남자는 왜 전화하는가?
(A) 할인을 받으려고
(B) 날짜를 확인하려고
(C) 샘플을 맛보려고
(D) 예약하려고

63 What problem does the woman mention?

(A) A business does not open.

(B) The booking line is always busy.

(C) The service has become worse.

(D) The owner priced up the food.

여자는 어떤 문제를 언급하는가?
(A) 업체가 문을 열지 않는다.
(B) 예약 전화가 항상 통화 중이다.
(C) 서비스가 점점 나빠졌다.
(D) 주인이 음식 값을 올렸다.

64 What does the woman say about the bistro's menu?

(A) It has recently revised.

(B) It is rather extensive.

(C) It contains a variety of desserts.

(D) It is not much different from the restaurant.

여자는 작은 식당의 메뉴에 대해서 뭐라고 말하는가?
(A) 최근에 수정되었다.
(B) 꽤 다양하다.
(C) 다양한 디저트가 있다.
(D) 레스토랑과 크게 다르지 않다.

어휘 party 일행 | bistro 작은 식당 | operate 운영하다 | extensive 많은 | contain ~이 들어 있다

해설 **62** 저녁 식사를 예약하고 싶다고 하고 있으므로 정답은 (D)이다.

63 레스토랑은 일요일에 문을 닫는다고 했으므로 정답은 (A)이다.
패러프레이징 our restaurant is closed every Sunday. → A business does not open.

64 두 식당 모두 소유주가 같아서 메뉴도 비슷하다고 했으므로 정답은 (D)이다.
패러프레이징 have a lot of similar items → not much different

M: Cameron, [65] I just had a call from Kerr Research Institute about the cake they ordered for their tenth anniversary tomorrow. [66] They'd like to have extra dessert like carrot cake, cheese cake, red velvet cake and lemon cupcakes.

W: That's no problem. I think we have enough ingredients to do that. It's scheduled for the morning, right now. But we have to change the time of the delivery since we need more time to do the additional arrangements.

M: Well, I'm sure the Royal Wedding Hall wouldn't mind getting the cake earlier in the day. [67] Let's move them to the morning and give that delivery time to Kerr Research Institute.

Afternoon Delivery Schedule	
Royal Wedding Hall	2 P.M.
Oriental Art Gallery	3 P.M.
Pho Thai Restaurant	4 P.M.
MIU Global Law Firm	5 P.M.

남: Cameron, 방금 Kerr 연구소에서 내일 있을 10주년 기념일을 위해 주문한 케이크에 관해 전화를 한 통 받았어요. 그들은 당근 케이크, 치즈 케이크, 레드 벨벳 케이크 그리고 레몬 컵케이크 같은 추가 디저트를 주문하고 싶어 해요.

여: 문제없어요. 만들 만한 재료는 충분해요. 배송은 지금 당장 아침으로 예정되어 있어요. 하지만 추가분을 준비를 할 시간이 필요하기 때문에 배달 시간을 바꿔야 해요.

남: 음, Royal 웨딩홀은 일찍 배달해도 상관없을 거라 확신해요. 웨딩홀을 오전으로 옮기고 그 시간을 Kerr 연구소를 위해 쓰죠.

오후 배달 일정	
Royal 웨딩홀	오후 2시
Oriental 미술관	오후 3시
Pho 태국 음식점	오후 4시
MIU 국제 법률 회사	오후 5시

65 Where do the speakers most likely work?

(A) At a cake shop
(B) At a wedding hall
(C) At a delivery company
(D) At a cooking school

화자들은 어디에서 일하는 것 같은가?
(A) 케이크 가게
(B) 예식장
(C) 택배 회사
(D) 요리학원

66 What did Kerr Research Institute call about?

(A) Decreasing menu items
(B) Changing the event venue
(C) Placing further orders
(D) Lowering the price

Kerr 연구소는 무엇에 관해 전화했는가?
(A) 메뉴 항목 줄이기
(B) 행사 장소 바꾸기
(C) 추가로 주문 하기
(D) 가격 깎기

New > **67** Look at the graphic. When will the Kerr Research Institute delivery most likely be made?

(A) At 2 P.M.
(B) At 3 P.M.
(C) At 4 P.M.
(D) At 5 P.M.

시각정보에 의하면, Kerr 연구소는 언제 배송을 받을 것 같은가?
(A) 오후 2시
(B) 오후 3시
(C) 오후 4시
(D) 오후 5시

[어휘] research institute 연구소 | anniversary 기념일 | ingredient 재료 | arrangement 준비 | decrease 줄이다 | lower 낮추다

[해설] **65** 주문한 케이크에 관해 이야기하고 있으므로 정답은 (A)이다.

66 추가로 다양한 케이크를 주문하고 있으므로 정답은 (C)이다.
[패러프레이징] They'd like to have extra dessert → Placing further orders

67 웨딩홀에 케이크를 일찍 배달하고, 원래 웨딩홀에 배달하기로 한 시간에 Kerr 연구소에 배달을 한다고 하고 있으므로 정답은 (A)이다.

New **Questions 68-70** refer to the following conversation and price list.

W: ⁶⁸⁾ Good afternoon. Welcome to the White Plus Hotel. How may I help you?

M: I have a reservation for today. It's under the name of Crawford.

W: Yes, Mr. Crawford. We've reserved a double room for you with a view of the ocean for two nights. Is that suitable?

M: Yes, it sounds like everything I expected. By the way, ⁶⁹⁾ is there some place in the hotel where I can use a laundry service? I got soaked in the rain outside.

W: Yes, we offer laundry facility or room service laundry and dry cleaning.

M: Great! ⁷⁰⁾ I'll head up there now.

WHITE PLUS HOTEL

Floor 1	Reception Lobby
Floor 2	Grand Ballroom
Floor 3	Guest Laundry
Floor 4	Swimming Pool
Floor 5-10	Guest Rooms

여: 안녕하세요? White Plus 호텔에 오신 것을 환영합니다. 무엇을 도와드릴까요?

남: 오늘 날짜로 예약했어요. Crawford라는 이름으로 되어 있을 겁니다.

여: 네, Crawford씨. 이틀 밤에 바다가 보이는 더블룸으로 예약하셨네요. 맞나요?

남: 네, 모든 게 예상했던 대로네요. 그건 그렇고 호텔 안에 세탁 서비스를 이용할 수 있는 곳이 있을까요? 바깥에서 비를 맞고 옷이 젖어서요.

여: 네, 저희는 세탁실이 있고, 세탁 및 드라이 클리닝 룸서비스를 제공합니다.

남: 좋네요. 지금 당장 거기로 가야겠어요.

WHITE PLUS 호텔

1층	안내데스크
2층	대 연회실
3층	고객 세탁실
4층	수영장
5-10층	객실

68 What most likely is the woman's job?

(A) A travel agent
(B) A telephone operator
(C) An information desk clerk
(D) A hotel bellboy

여자의 직업은 무엇인 것 같은가?
(A) 여행사 직원
(B) 전화 교환원
(C) 안내데스크 직원
(D) 호텔 벨보이

69 What does the man say he needs to do?

(A) Call a dry cleaner's
(B) Check the price
(C) Upgrade a room
(D) Wash his clothes

남자는 무엇을 해야 할 필요가 있다고 말하는가?
(A) 세탁소에 전화하기
(B) 가격 확인하기
(C) 방 업그레이드하기
(D) 옷 세탁하기

New **70** Look at the graphic. Which floor will the man go to next?

(A) Floor 1
(B) Floor 2
(C) Floor 3
(D) Floor 4

시각정보에 의하면, 남자는 다음에 몇 층으로 갈 것인가?
(A) 1층
(B) 2층
(C) 3층
(D) 4층

어휘 under the name of ~라는 이름으로 | suitable 적합한, 어울리는 | laundry 세탁소, 세탁물 | get soaked 흠뻑 젖다

해설 **68** 호텔 예약을 도와주고 있으므로 정답은 (C)이다.

69 남자는 비에 젖어서 세탁 서비스를 이용하고 싶어 하므로 정답은 (D)이다.

패러프레이징 use a laundry service → Wash his clothes

70 남자는 당장 호텔의 세탁실로 간다고 했으므로 정답은 (C)이다.

71 (A)	**72** (B)	**73** (D)	**74** (A)	**75** (A)	**76** (B)	**77** (C)	**78** (D)	**79** (A)	**80** (A)	**81** (D)	**82** (D)
83 (C)	**84** (B)	**85** (C)	**86** (C)	**87** (D)	**88** (C)	**89** (B)	**90** (C)	**91** (C)	**92** (D)	**93** (B)	**94** (B)
95 (D)	**96** (B)	**97** (C)	**98** (C)	**99** (B)	**100** (A)						

Questions 71-73 refer to the following recorded message.

미국

This is an automated message from the Dixon engineering company to all employees. Due to the inclement weather predicted for this afternoon, ⁷¹⁾the company has decided to close the office early at 1 P.M. According to the weather forecast, temperatures are falling rapidly and ⁷²⁾roads will likely become slippery and dangerous in the evening. ⁷³⁾Please remember to shut down your computers before you leave. This will prevent any damage which occur and cause serious. Thank you.

Dixon 엔지니어링 회사가 모든 직원에게 남기는 자동메시지입니다. 오늘 오후에 악천후가 예상되기 때문에 회사는 조금 이른 오후 1시에 문을 닫기로 결정했습니다. 일기예보에 따르면 온도가 빠르게 내려가고 있어, 저녁에는 도로가 미끄럽고 위험해질 거라고 합니다. 퇴근하기 전에 컴퓨터를 끄는 것을 명심하시기 바랍니다. 심각한 상황이 발생해서 일어날 손상을 예방하기 위함입니다. 고맙습니다.

71 What is the main purpose of the message?

(A) **To inform an early closing**
(B) To request some contact information
(C) To report an equipment problem
(D) To suggest some future repairs

이 메시지의 주요 목적은 무엇인가?
(A) 문을 일찍 닫는다고 알리는 것
(B) 연락 정보를 요청하는 것
(C) 장비 문제를 보고하는 것
(D) 향후 수리를 제안하는 것

72 What is expected to happen by the evening?

(A) A light bulb will burn out.
(B) **Roads will be in bad condition.**
(C) Light showers are expected to fall.
(D) The database will be set up.

저녁에는 무엇이 예상되는가?
(A) 전구가 꺼질 것이다.
(B) 도로 사정이 나빠질 것이다.
(C) 가벼운 소나기가 내릴 것이다.
(D) 데이터베이스가 설치될 것이다.

73 What are listeners reminded to do?

(A) Shut the main gate
(B) Call a repairman
(C) Use public transportation
(D) **Switch off some equipment**

청자들은 무엇을 하라고 당부받는가?
(A) 정문 닫기
(B) 수리공에게 전화하기
(C) 대중교통 이용하기
(D) 장비 전원 끄기

어휘 automated message 자동 메시지 | inclement weather 악천후 | predict 예보하다 | temperature 온도 | rapidly 빠르게 | slippery 미끄러운 | shut down (기기를) 끄다 | prevent 예방하다 | cause ~의 원인이 되다 | burn out 다 타서 꺼지다

해설 **71** 회사는 조금 이른 오후 1시에 문을 닫기로 결정했다고 했으므로 정답은 (A)이다.

72 저녁에는 도로가 미끄럽고 위험해질 거라고 했으므로 정답은 (B)이다.

패러프레이징 roads will likely become slippery and dangerous → Roads will be in bad condition.

73 퇴근 전에 컴퓨터 끄는 것을 명심하라고 했으므로 정답은 (D)이다.

패러프레이징 shut down your computers → Switch off some equipment

Questions 74-76 refer to the following introduction.

74) Today on Chuck's Late Night radio show, we'll be talking to Helen Myers, a neuroscientist and philosophy professor. She had her name up after appearing on a Discovery Channel special in 2015 called *When Brain Cells Die*. 75) A months ago, Dr. Myers proved a theory that men's brains age more quickly than those of women. Dr. Myers will be taking your calls during the show. 76) Please call in to the station with any questions you have about neuroscience.

오늘 Chuck의 늦은 밤 라디오 쇼에서는 신경과학자 겸 철학 교수이신 Helen Myers와 이야기를 나눠보려고 합니다. 그녀는 2015년 〈뇌세포가 죽을 때〉라는 디스커버리 채널 스페셜에 출연하면서 유명해졌습니다. 한 달 전에 Myers 교수는 남자의 뇌가 여자의 뇌보다 더 빨리 늙는다는 이론을 증명해 냈습니다. Myers 교수는 쇼가 진행되는 동안 여러분들의 전화를 받을 것입니다. 신경과학에 대해 질문하고 싶으신 분은 방송국으로 전화해 주세요.

74 Where does the man most likely work?

(A) At a radio station
(B) At a magazine publisher
(C) At a university
(D) At a research laboratory

남자는 어디서 일하는 것 같은가?
(A) 라디오 방송국
(B) 잡지사
(C) 대학교
(D) 연구소

75 What has Helen Myers recently done?

(A) Demonstrated a theory
(B) Published her first book
(C) Obtained a doctor's degree
(D) Won the prize for her discovery

Helen Myers는 최근에 무엇을 했는가?
(A) 이론을 증명했다
(B) 첫 책을 출판했다
(C) 박사학위를 취득했다
(D) 발견으로 상을 받았다

76 What are listeners encouraged to do?

(A) Register for a lecture
(B) Call with questions
(C) Write her a fan letter
(D) Attend a talk show

청자들은 무엇을 하라고 권장받는가?
(A) 강연회에 신청하라고
(B) 전화로 질문을 하라고
(C) 그녀에게 팬레터를 쓰라고
(D) 토크쇼에 참가하라고

어휘 neuroscientist 신경과학자 | philosophy professor 철학 교수 | have one's name up 유명해지다 | brain cell 뇌 세포 | prove 증명하다 | theory 이론 | take a call 전화를 받다 | neuroscience 신경과학 | demonstrate 증명하다 | obtain 취득하다 | degree 학위 | register 신청하다

해설 **74** 늦은 밤 라디오 쇼라고 했으므로 정답은 (A)이다.

75 한 달 전에 이론을 증명했다고 했으므로 정답은 (A)이다.

패러프레이징 proved a theory → Demonstrated a theory

76 방송국으로 전화해서 질문을 하라고 했으므로 정답은 (B)이다.

77) The next item on our agenda is our microwave sale. Lauren is going to announce total revenue and sales tactics, but before she does, let me go over a brief overview. We made a profit this quarter for the first time in two years. Our research shows that this profit is primarily because 78) we began advertising on the Internet. In fact, web-based ads have been so successful that we're now considering the possibilities of advertising with TV channels, too. Now 79) let's start with a presentation on the sales revenue.

우리 안건의 다음 품목은 전자레인지 판매입니다. Lauren이 총수입과 판매 전략에 대해 발표할 것입니다. 하지만 그 전에 간단히 개요를 짚고 넘어가려고 합니다. 우리는 이번 분기에 2년 만에 처음으로 수익을 올렸습니다. 저희 조사에 의하면 이 수익은 인터넷 광고를 시작한 것이 주요한 원인입니다. 사실 인터넷 광고는 매우 성공적이어서 텔레비전 채널로 광고를 할 가능성도 고려하고 있습니다. 이제 판매 수익에 관한 프레젠테이션을 시작하겠습니다.

77 What is the talk mainly about?

(A) Home appliances
(B) Price decreases
(C) Company Sales
(D) A research project

담화는 무엇에 관한 것인가?
(A) 가전제품
(B) 가격 하락
(C) 회사 매출
(D) 연구 프로젝트

78 Where does the speaker say the company currently advertises?

(A) In some newspapers
(B) On the television
(C) In the subway
(D) On the Internet

화자는 회사가 현재 어디에 광고하고 있다고 말하는가?
(A) 몇몇 신문
(B) 텔레비전
(C) 지하철역
(D) 인터넷

79 What will happen next?

(A) Present sales figures
(B) Distribute handouts
(C) Review some policies
(D) Promote a product

다음에는 무슨 일이 일어날 것인가?
(A) 판매 수치를 발표한다
(B) 자료를 나눠준다
(C) 몇몇 정책을 검토한다
(D) 품목을 홍보한다

어휘 microwave 전자레인지 | total revenue 총 수입 | sales tactics 판매 전략 | go over 검토하다 | brief 간단한 | overview 개요 | make a profit 이윤을 내다 | quarter 분기 | for the first time 처음으로 | primarily 주로 | web-based 인터넷의 | possibility 가능성 | decrease 하락 | sales figures 판매 수치 | distribute 나눠주다

해설 **77** 안건의 다음 품목은 회사의 전자레인지 판매라고 했으므로 정답은 (C)이다.

78 인터넷으로 광고를 시작했다고 했으므로 정답은 (D)이다.

79 판매 수익에 관한 프레젠테이션을 시작하겠다고 하므로 정답은 (A)이다.

패러프레이징 sales revenue → sales figures

I called this meeting to let you know an unexpected decision. In the middle of July, ⁸⁰⁾our hotel will be merging with Best Eastern Hotel, Asia's largest hotel group. This merger would be a huge step in the right direction. The biggest change is that we'll be moving to Best Eastern Hotel's second location. ⁸¹⁾It is located close to the subway station, so it will reduce your commuting time in half. Besides, we will follow Best Eastern Hotel's payroll system. So, ⁸²⁾all employees will now be given performance-based bonuses quarterly. Does anybody have any questions?

갑작스러운 결정을 알려드리려고 회의를 소집했습니다. 7월 중순에, 우리 호텔은 아시아의 최대 호텔 그룹인 Best Eastern 호텔과 합병을 할 것입니다. 이 합병은 옳은 방향으로 크나큰 도약이 될 것입니다. 가장 큰 변화는 우리가 Best Eastern 호텔의 두 번째 지점으로 이사를 간다는 점입니다. 지점은 지하철역과 가까운 곳에 위치해 있기 때문에 여러분들의 통근 시간을 반으로 줄여 줄 겁니다. 그리고 우리는 Best Eastern 호텔의 급여 시스템을 따를 것입니다. 그래서 모든 직원은 실적에 따른 분기별 보너스를 받을 것입니다. 질문 있으십니까?

80 What kind of business does the speaker work in?

(A) A hotel
(B) An auto shop
(C) A moving company
(D) A technology company

화자는 어떤 업종에 종사하는가?

(A) 호텔
(B) 자동차 정비소
(C) 이삿짐 운송회사
(D) 기술회사

81 According to the speaker, what advantage does the new location have?

(A) It offers complimentary snacks.
(B) It has longer break time.
(C) It has spacious employee lounge.
(D) It is easily accessible by public transit.

화자에 따르면, 새 장소는 어떤 이점이 있는가?

(A) 무료 간식을 제공한다.
(B) 휴식시간이 더 길다.
(C) 넓은 직원 휴게실이 있다.
(D) 대중교통 이용에 쉽다.

82 What policy change does the speaker mention?

(A) Working hours will be flexible.
(B) The new dress code will go into effect.
(C) Free parking is unavailable.
(D) Employees will have more incentives.

화자는 어떤 정책변화를 언급하는가?

(A) 출퇴근 시간이 자유로워질 것이다.
(B) 새 복장 규정이 시행될 것이다.
(C) 무료주차가 이용 불가능하다.
(D) 직원들은 더 많은 보너스를 받을 것이다.

어휘 call a meeting 회의를 소집하다 | unexpected 예기치 않은 | merge 합병하다 | huge 큰 | reduce 줄이다 | payroll system 급여 체계 | performance-based 실적에 기반을 둔 | quarterly 분기별의 | complimentary 무료의 | spacious 넓은 | flexible 유연한 | go into effect 시행되다

해설 **80** 우리 호텔이 곧 합병을 한다고 하고 있으므로 정답은 (A)이다.

81 새 장소는 지하철역과 가깝다고 했으므로 정답은 (D)이다.
패러프레이징 It is located close to the subway station → It is easily accessible by public transit.

82 실적에 따른 보너스를 분기별로 받는다고 했으므로 정답은 (D)이다.
패러프레이징 employees will now be given performance-based bonuses → Employees will have more incentives.

Questions 83-85 refer to the following advertisement.

If you're looking for the best meeting facilities in town, then Hub Galleria Center is for you. 83) The Hub Galleria Center is our city's premier convention center. We have a variety of large and small meeting rooms and the most up-to-date electronic equipment. Whether you need lunch for a party of 12 or a banquet for 50, 84) we can now provide exceptional on-site catering service to meet your needs. Give us a call to discuss your conference or party needs. 85) If you mention this advertisement, you will get 15% off your next reservation.

이 지역 최고의 회의시설을 찾고 있다면, Hub Galleria 센터가 있습니다. Hub Galleria 센터는 우리 도시 제1의 컨벤션 센터입니다. 우리는 크고 작은 다양한 회의실과 가장 최신의 전자기기를 보유하고 있습니다. 12명을 위한 점심식사를 원하든 50명을 위한 연회장이든 저희는 여러분의 요구에 맞게 특별한 현장 연회 서비스를 제공할 수 있습니다. 여러분의 회의나 파티에 관해 의논하기 위해서 전화 주십시오. 이 광고를 언급하시면, 다음 예약 때 15%를 할인받을 수 있습니다.

83 What business is being advertised?

(A) A new shopping mall
(B) A stationery store
(C) A convention center
(D) An electronic store

어떤 업체가 광고되고 있는가?

(A) 새로운 쇼핑몰
(B) 문구점
(C) 컨벤션 센터
(D) 전자매장

84 What exceptional service is now available?

(A) Wireless Internet
(B) A catering service
(C) A cutting-edge technology
(D) Video conferences

어떤 특별한 서비스가 이용 가능한가?

(A) 무선 인터넷
(B) 출장 연회 서비스
(C) 최첨단 기술
(D) 화상 회의

85 How can listeners get a discount?

(A) By presenting a membership card
(B) By showing a coupon
(C) By referring the advertisement
(D) By downloading the app

청자들은 어떻게 할인받을 수 있는가?

(A) 회원 카드를 제시함으로써
(B) 쿠폰을 보여주면서
(C) 광고를 언급함으로써
(D) 앱을 다운로드 받음으로써

어휘 premier 제1의 | a variety of 다양한 종류의 | up-to-date 최신의 | electronic 전자의 | party 일행 | banquet 연회 | exceptional 특별한 | on-site 현장의 | wireless 무선의 | cutting-edge 최첨단

해설 83 도시 제1의 컨벤션 센터를 홍보하고 있으므로 정답은 (C)이다.

84 현장에서 연회업체의 서비스를 받을 수 있다고 했으므로 정답은 (B)이다.

85 광고를 언급하면 할인을 받을 수 있다고 했으므로 정답은 (C)이다.

패러프레이징 mention this advertisement → By referring the advertisement

Questions 86-88 refer to the following telephone message.

Hello, Ms. Davidson. 86)This is Rick from Eco Cleaner's calling. I want to let you know that your suit is ready. You can pick it up whenever it's convenient for you. Unfortunately, there is a black stain on your white shirt you dropped off. 87)I need a special detergent to remove the stain, but I don't have any in stock. If you'd like me to order a detergent for you, it will be 10 dollars. It should arrive on Monday and you could have your white shirt back that evening. Please call me at 700-5353 as soon as possible to let me know 88)if you want me to order the detergent for the shirt. Thanks, and have a good day.

안녕하세요, Davidson씨. 저는 Eco 세탁소의 Rick이라고 합니다. 당신의 정장이 준비되었습니다. 언제든지 편한 시간에 가져가세요. 안타깝게도 당신이 맡긴 흰 셔츠에 검은 얼룩이 있습니다. 저는 그 얼룩을 제거하기 위해 특별세제가 필요한데, 지금 재고가 없습니다. 제가 그 세제를 주문하기를 원하시면, 10달러의 비용이 듭니다. 세제는 주문하면 월요일에 도착할 것이고, 당신은 그날 저녁에 셔츠를 찾을 수 있을 겁니다. 제가 셔츠를 위해 세제를 주문하길 원하는지 700-5353으로 가능한 한 빨리 전화해서 알려주세요. 감사드리고 좋은 하루 보내세요.

86 Who most likely is the speaker?

(A) A laborer

(B) A courier

(C) A laundryman

(D) A technician

화자는 누구일 것 같은가?

(A) 노동자

(B) 배송원

(C) 세탁업자

(D) 기술자

87 What problem does the speaker mention?

(A) The store is closing tomorrow.

(B) The machine is out of order.

(C) There is an error in the billing.

(D) A detergent is unavailable now.

화자가 무슨 문제를 언급하는가?

(A) 매장이 내일 문을 닫는다.

(B) 기계가 고장 났다.

(C) 계산서에 오류가 있다.

(D) 세제가 현재 이용 불가능하다.

88 What is the listener asked to do?

(A) Pick up a client

(B) Get a refund

(C) Confirm an order

(D) Drop by the store

청자는 무엇을 하라고 요청받는가?

(A) 고객을 마중 나가라고

(B) 환불을 받으라고

(C) 주문을 확인하라고

(D) 매장에 들르라고

어휘 cleaner 세탁소 | suit 정장 | stain 얼룩 | drop off 맡기다 | detergent 세제 | remove 없애다, 제거하다 | have ~ in stock ~의 재고가 있다 | courier 배송원 | billing 계산서 발부

해설 **86** Eco 세탁소에서 전화하고 있으므로 정답은 (C)이다.

87 특별 세제가 필요하지만 지금 재고가 없다고 하므로 정답은 (D)이다.

패러프레이징 I need a special detergent to remove the stain, but I don't have any in stock. → A detergent is unavailable now.

88 세제를 주문해서 세탁할 것인지 연락 달라고 했으므로 정답은 (C)이다.

Questions 89-91 refer to the following telephone message.

Hi, Britney. [89] This is Alice Fox from Paradise Property. My boss, Mr. Baldwin said you came in the other day to inquire about selling your ten-story building. He has asked me to meet with you to discuss the sale in more detail. Since he's away on business this week, [90] I'd like to arrange the time to meet with you over the next few days if you are available. I won't be back in the office today, [91] so you can reach me on my mobile phone at 610-800-3850. Thanks, I'll look forward to hearing from you soon.

안녕하세요, Britney. 저는 Paradise 부동산의 Alice Fox입니다. 우리 사장님이신 Baldwin씨가 지난번에 당신이 10층짜리 건물을 팔고 싶다고 문의를 했다고 하던데요. 사장님도 제가 당신을 만나서 좀 더 자세하게 판매에 대해 논의해달라고 하셨어요. 사장님은 이번 주에 출장 중이기 때문에, 제가 며칠 내로 당신이 가능한 날에 약속 시간을 정하고 싶습니다. 저는 오늘 사무실에 돌아오지 않으니, 제게 연락하고 싶으시면 제 휴대폰 번호 610-800-3850번으로 전화해 주세요. 고맙습니다. 전화 기다리겠습니다.

89 Who most likely is the speaker?

(A) A receptionist

(B) A realtor

(C) A stockbroker

(D) A hotel owner

화자는 누구일 것 같은가?
(A) 접수원
(B) 부동산 중개인
(C) 주식 중개인
(D) 호텔 소유주

90 What is the purpose of the message?

(A) To announce a new plan

(B) To sign a contract

(C) To schedule a meeting

(D) To ask about the ad

이 메시지의 목적은 무엇인가?
(A) 새로운 계획을 발표하기
(B) 계약서에 서명하기
(C) 미팅 일정 잡기
(D) 광고에 대해 물어보기

91 What does the speaker ask the listener to do?

(A) Call off the meeting

(B) Inform the cost of the building

(C) Call her mobile phone

(D) Ask for directions

화자는 청자에게 무엇을 하라고 요청하는가?
(A) 회의를 취소하라고
(B) 건물 시세를 알려 달라고
(C) 그녀의 휴대폰으로 전화하라고
(D) 길을 알려 달라고

어휘 property 부동산 | the other day 일전에 | inquire 문의하다 | in detail 상세하게 | reach 연락이 닿다 | mobile phone 휴대폰 | realtor 중개인 | call off 취소하다

해설 **89** 부동산에서 전화하고 있으므로 정답은 (B)이다.

90 만날 시간을 정하고 싶다고 했으므로 정답은 (C)이다.

패러프레이징 I'd like to arrange the time → To schedule a meeting

91 오늘은 사무실에 없으니 휴대폰으로 연락 달라고 했으므로 정답은 (C)이다.

Questions 92-94 refer to the following announcement.

92) That's all for today's cooking class, I hope that this class helped you learn how to prepare meals and desserts that will make mouths water. Before you leave, I'd really appreciate 93) if you'd fill out the blue sheet which I'm distributing now. It's a survey, the feedback you provide will help us to improve next classes. I welcome any comments you may have. When you finish, 94) I'll be in front of the cooking studio and I'd be happy to answer any of your questions about the culinary skills we acquired today. I'll look forward to seeing next class, and thanks for coming.

오늘의 요리교실은 여기까지입니다. 이 수업이 군침이 도는 식사와 디저트를 준비하는 방법을 배우는 데 도움이 되었기를 바랍니다. 나가기 전에, 제가 지금 나눠드리는 푸른색 종이를 작성해 주시면 감사하겠습니다. 이것은 설문조사지인데요, 여러분들이 의견을 주시면 아마 다음 수업을 발전시키는 데 도움이 될 것 같습니다. 어떤 의견도 환영합니다. 설문지 작성이 끝나면, 제가 요리 스튜디오 앞에 있을 테니, 오늘 배운 요리 기술에 관해 질문 주시면 기꺼이 답변해 드리겠습니다. 다음 수업을 기대하며 와주셔서 감사합니다.

92 Where are the listeners attending?

(A) A dinner party

(B) A marketing seminar

(C) A world expo

(D) A cooking class

청자들은 어디에 참석하고 있는가?

(A) 디너 파티

(B) 마케팅 세미나

(C) 월드 엑스포

(D) 요리 교실

93 What does the speaker ask the listeners to do?

(A) Turn off mobile phones

(B) Fill out a questionnaire

(C) Return cooking utensils

(D) Register for a next class

화자는 청자들에게 무엇을 하라고 요청하는가?

(A) 휴대폰을 끄라고

(B) 설문지를 작성하라고

(C) 조리도구를 반납하라고

(D) 다음 수업에 등록하라고

94 Why are listeners directed to the front of the studio?

(A) To get brochures

(B) To ask questions

(C) To try their cuisine

(D) To confirm a next reservation

청자들은 왜 스튜디오 앞으로 가는가?

(A) 브로슈어를 받기 위해

(B) 질문을 하기 위해

(C) 요리를 맛보기 위해

(D) 다음 예약을 확인하기 위해

어휘 make one's mouth water 군침을 흘리게 하다 | distribute 나누어주다 | culinary skill 요리 기술 | acquire 습득하다 | utensil 조리도구 | cuisine 요리

해설 **92** 오늘의 요리 교실이 끝났다고 했으므로 정답은 (D)이다.

93 종이를 작성해야 하는데, 바로 설문지라고 했으므로 정답은 (B)이다.

패러프레이징 survey → questionnaire

94 질문에 대답하기 위해 스튜디오 앞에서 있겠다고 했으므로 정답은 (B)이다.

New ▶ Questions 95-97 refer to the following tour information and brochure.

영국

Can I have your attention please? Well, I hope you enjoyed all of the different plant species at the Grand Garden. As I've explained before, 95) it houses the largest and most diverse botanical collections in the world. Now, if you look out the window on the left, you'll see the city's central plaza. 96) We'll be spending an hour here to walk around and visit the traditional shops and cafés. At 11:30, we will stop for an early lunch at the oldest restaurant in the city. And finally, 97) You'll be given a guided tour of the History Museum in the afternoon. We'll start about half an hour, so if you need to go to the bathroom, please go now.

여러분, 주목해 주시겠습니까? 저는 여러분들이 Grand 정원에서 다양한 종류의 식물을 즐겼기를 바랍니다. 제가 전에 설명했듯이, 이 정원은 세계에서 가장 크고 다양한 식물을 보유하고 있습니다. 이제 여러분의 왼쪽 창밖을 보시면, 도시의 중앙 광장을 볼 수 있습니다. 우리는 여기서 전통 가게와 카페를 둘러보며 한 시간을 보낼 것입니다. 11시 30분에 우리는 이른 점심을 먹기 위해 도시에서 가장 오래된 레스토랑에 정차할 것입니다. 마지막으로, 오후에는 역사박물관에서 가이드 투어를 하실 겁니다. 30분 후에 출발할 예정이니 화장실에 가고 싶으시다면 지금 다녀오세요.

TOUR SCHEDULE	
Grand Garden	9:00 A.M.
Central Plaza	10:30 A.M.
Lunch	11:30 A.M.
History Museum	1:00 P.M.

여행 일정	
Grand 정원	오전 9시
중앙 광장	오전 10시 30분
점심	오전 11시 30분
역사박물관	오후 1시

95 What does the speaker say about Grand Garden?

(A) It is located in the middle of the city.

(B) It is too huge to see in a day.

(C) It has recently been built by the city.

(D) It has the world's greatest diversity of plants.

화자는 Grand 정원에 대해서 뭐라고 하는가?

(A) 도시의 중앙에 위치한다.

(B) 너무 커서 하루 안에 다 볼 수 없다.

(C) 시에 의해 최근에 지어졌다.

(D) 세계에서 가장 다양한 식물을 보유하고 있다.

New ▶ **96** Look at the graphic. What time is this talk most likely being given?

(A) At 9:00 A.M.

(B) At 10:00 A.M.

(C) At 11:30 A.M.

(D) At 1:00 P.M.

시각정보에 의하면, 이 담화는 몇 시에 이루어졌을 것 같은가?

(A) 오전 9시

(B) 오전 10시

(C) 오전 11시 30분

(D) 오후 1시

97 What will take place in the afternoon?

(A) A tour of historic sites

(B) A safari in a park

(C) A visit to a history museum

(D) A guided tour of a palace

오후에는 어떤 일이 일어날 것인가?

(A) 유적지 투어

(B) 공원 둘러보기

(C) 역사박물관 방문

(D) 궁전 가이드 투어

어휘 **species** 종 (種: 생물 분류의 기초 단위) | **house** 수용하다 | **diverse** 다양한 | **botanical** 식물의 | **plaza** 광장 | **traditional** 전통의

해설 **95** 세계에서 가장 크고 다양한 식물을 보유하고 있다고 했으므로 정답은 (D)이다.

패러프레이징 it houses the largest and most diverse botanical collections in the world
→ It has the world's greatest diversity of plants.

96 지금은 정원 투어가 막 끝났고 그다음 행선지가 중앙 광장이라고 했으므로 정답은 그 중간 시간인 (B)이다.

97 오후에는 역사박물관을 간다고 했으므로 정답은 (C)이다.

New ▶ Questions 98-100 refer to the following instruction and schedule.

Good morning, everyone. We're going to have a busy day ⁹⁸⁾because of the computer malfunction this morning. A new kind of computer virus spread quickly through e-mail, so several computers have been infected with a virus. However, the head of the public relations' team said that ⁹⁹⁾they can't reschedule the monthly marketing meeting they've got this afternoon. So, I'm going to head over now to make sure that the computer is working properly in the conference room. ¹⁰⁰⁾I asked Ashley Kay to contact Mr. Peterson, an expert in the field of computer virus detection as soon as possible. The rest of you should get back to work right now.

Friday Afternoon Schedule		
2:00	Job Interview	Room 708
2:30	Marketing Meeting	Room 908
3:30	New Hire Orientation Software Training	Auditorium
4:30	CEO's Speech	Lecture Hall

안녕하세요, 여러분. 아침에 있었던 컴퓨터 오작동 때문에 오늘은 바쁜 날이 될 것입니다. 새로운 종류의 바이러스가 이메일을 통해 빠르게 확산되어서 몇몇 컴퓨터가 바이러스에 감염되었습니다. 그러나 홍보팀장이 오늘 오후의 월간 마케팅 회의를 조정할 수 없다고 합니다. 그래서 저는 지금 회의실에 컴퓨터가 잘 작동되는지 확인하기 위해 가보려고 합니다. 저는 Ashley Kay에게 컴퓨터 바이러스 퇴치 분야의 전문가인 Peterson씨에게 가능한 한 빨리 연락하라고 부탁했습니다. 나머지 분들은 지금 바로 업무에 복귀하십시오.

금요일 오후 일정		
2:00	취업 면접	708호
2:30	마케팅 회의	908호
3:30	신입 오리엔테이션 소프트웨어 교육	강당
4:30	CEO 연설	강연장

98 What happened this morning?

(A) A leak has been found.
(B) The elevator suddenly broke down.
(C) Some computers did not work.
(D) Power supplies were shut off.

오늘 아침에 무슨 일이 일어났는가?
(A) 누수가 발견되었다.
(B) 엘리베이터가 갑자기 고장 났다.
(C) 컴퓨터가 작동하지 않았다.
(D) 전기 공급이 차단되었다.

New ▶ 99 Look at the graphic. Which room does the speaker go to next?

(A) Room 708
(B) Room 908
(C) Auditorium
(D) Lecture Hall

시각 정보에 의하면, 화자는 다음에 어떤 방에 갈 것인가?
(A) 708호
(B) 908호
(C) 강당
(D) 강연장

100 According to the speaker, what will Ashley Kay do next?

(A) Get in touch with an expert
(B) Purchase a new computer
(C) Reschedule the meeting
(D) Answer the telephone

화자에 의하면, Ashley Kay는 다음에 무엇을 할 것인가?
(A) 전문가에게 연락한다.
(B) 새 컴퓨터를 구입한다.
(C) 회의 일정을 재조정한다.
(D) 전화를 받는다.

어휘 malfunction 오작동 | spread 퍼지다 | infect 감염시키다 | public relations 홍보 | properly 적절히 | expert 전문가 | field 분야 | virus detection 바이러스 퇴치 | rest 나머지 | leak 누출 | get in touch with ~에게 연락하다

해설 **98** 오늘 아침에 컴퓨터 오작동이 있었다고 했으므로 정답은 (C)이다.
패러프레이징 the computer malfunction → Some computers did not work.

99 월간 마케팅 회의 일정을 변경할 수 없다고 했으므로 정답은 (B)이다.

100 Ashley Kay에게 바이러스 퇴치 전문가에게 연락하라고 했으므로 정답은 (A)이다.
패러프레이징 contact Mr. Peterson, an expert in the field of computer virus detection → Get in touch with an expert

新 완전절친

토익 LC

- 고득점 달성을 위한 기본서
- 신유형 완벽 분석 및 풀이 전략 제시
- 실제 시험과 유사한 실전문제 수록
- mp3 파일 무료 제공